KB052664

다롄, 환황해권 해항도시 100여 년의 궤적

이 저서는 2008년 정부(교육부)의 재원으로 한국연구재단의 지원을 받아 수행된 연구임(NRF-2008-361-B00001).

다롄, 환황해권 해항도시 100여 년의 궤적

초판 1쇄 발행 2016년 5월 20일

편저자 | 권경선 · 구지영
펴낸이 | 윤관백
펴낸곳 | 도서출판 선인

등 록 | 제5-77호(1998.11.4)
주 소 | 서울시 마포구 마포대로 4다길 4 곶마루 B/D 1층
전 화 | 02)718-6252/6257
팩 스 | 02)718-6253
E-mail | sunin72@chol.com
Homepage | www.suninbook.com

정가 43,000원
ISBN 978-89-5933-977-8 93300

[해항도시문화교섭학연구총서 13]

다롄, 환황해권 해항도시 100여 년의 궤적

권경선 · 구지영 편저

발 간 사

한국해양대학교 국제해양문제연구소는 한국연구재단의 지원을 받아 2008년부터 2017년까지 인문한국지원사업인 '해항도시 문화교섭학' 연구를 수행하고 있다. 이 연구의 개요를 간략히 소개하면 다음과 같다. 먼저, 해항도시 문화교섭 연구는 바다로 향해 열린 해항도시(seaport city)가 주된 연구대상이다. 해항도시는 해역(sea region)을 구성하는 요소로서 그 자체가 경계이면서 동시에 원심력과 구심력이 동시에 작동하는 공간으로, 배후지인 역내의 각지를 연결할 뿐만 아니라 먼 곳에 있는 역외인 해역의 거점과도 연결된 광범한 네트워크가 성립된 공간이다. 해항도시는 근대자본주의가 선도하는 지구화 훨씬 이전부터 사람, 상품, 사상 교류의 장으로서 기능해 온 유구한 역사성, 국가의 영역에 머무르지 않은 초국가적인 영역성과 개방성, 그리고 이문화의 혼교 · 충돌 · 재편이라는 혼효성의 경험과 누적을 사회적 성격으로 가진다.

다음으로 해항도시 문화교섭 연구는 해항도시를 필드로 하여 방법론적 국가주의를 넘어 방법론적 해항도시를 지향한다. 연구필드인 해항도시를 점으로 본다면 해항도시와 해항도시를 연결시킨 바닷길은 선으로 구체화되며, 바닷길과 바닷길을 연결시킨 면은 해역이 된다. 여기서 해역은 명백히 구획된 바다를 칭하는 자연 · 지리적 용법과 달리 인간이 생활하는 공간, 사람 · 물자 · 정보가 이동 · 교류하는 장이자 사람과 문화의 혼합이 왕성하여 경계가 불분명하여, 실선이 아니라 점선으로 표현되는 열린 네트워크를 말한다. 해역과 해역은 연쇄적으로 연결된다. 해항도시 문화교섭 연구는 국가와 민족이라는 분석단위를 넘어서, 해항도시와 해항도시가 구성하는 해역이라는 일정한 공간을 상정하고, 그 해항도시와 해역에서의 문화생성, 전파, 접촉, 변용에 주목하여 문화교섭 통째를 복안적이고 종합적인 견지에서 해명하고자 하는 시도다.

여기에 기대면, 국가 간의 관계 시점에서 도시 간 네트워크 시점으로의 전환, 지구화와 지방화를 동시에 반영하는 글로컬 분석단위의 도입과 해명, 중심과 주변의 이분법을 해체하고 정치적인 분할에 기초한 지리단위들에 대한 투과성과 다공성을 부여할 수 있다. 뿐만 아니라 해항도시 문화교섭 연구는 역사, 철학, 문학 등 인문학 간의 소통뿐 아니라 사회과학과 자연과학 등 모든 학문과의 소통을 전제한다는 점에서, 모든 학문의 성과를 다 받아들인다는 의미에서 '바다' 인문학을 지향한다.

이처럼 해항도시 문화교섭 연구는 '연구필드로서의 해항도시'와 '방법론으로서의 해항도시'로 대별되며, 이는 상호 분리되면서도 밀접하게 연관된다. 연구필드로서의 해항도시는 특정 시기와 공간에 존재하는 것이며, 방법론으로서의 해항도시는 국가와 국가들의 합인 국제의 틀이 아니라 해항도시와 해역의 틀로 문화교섭을 연구하는 시각을 말한다. 이런 이유로 해항도시 문화교섭학 연구총서는 크게 두 유형으로 출간될 것이다. 하나는 해항도시 문화 교섭 연구 방법론에 관련된 담론이며, 나머지 하나는 특정 해항도시에 대한 필드연구이다. 우리는 이 총서들이 상호 연관성을 가지면서 해항도시 문화교섭 연구의 완성도를 높여가길 기대한다. 그리하여 국제해양문제연구소가 해항도시 문화교섭 연구의 학문적 · 사회적 확산을 도모하고 세계적 담론의 생산 · 소통의 산실로 자리매김하는 데 일조하리라 희망한다. 물론 연구총서 발간과 그 학문적 수준은 전적으로 이 프로젝트에 참여하는 연구자들의 역량에 달려있다. 연구 · 집필자들께 감사와 부탁의 말씀을 드리면서.

2016년 1월

한국해양대학교 국제해양문제연구소장

정문수

▎일러두기 ▎

* 외국의 지명과 인명은 국립국어원의 외국어표기법에 따라 원음으로 표기하되, 성(省), 시(市), 구(區)와 같은 행정 단위와 만(灣), 항(港), 역(驛)은 지명의 표기 뒤에 한 칸을 비우고 한국어 음으로 표기했다. 예) 다롄 시, 다롄 항. 단 지명의 표기 방식에 대해 별도의 설명을 덧붙인 장에서는 장의 설명에 준하여 표기했다.
* 만주(滿洲)와 관동주(關東州)는 한국에서 통용되는 한국어 음으로 표기했다.
* 각 장마다 지명과 인명이 처음 나올 때는 괄호 안에 한자를 병기하고, 두 번째부터는 한자 병기를 생략했다.
* 만주, '만주', 둥베이 삼성 등 중국의 둥베이 지방(東北地方: 遼寧省, 吉林省, 黑龍江省)을 가리키는 용어들은 각 연구자들이 다루는 시대적 맥락이나 관점을 존중하여 통일하지 않았다.
* 일본식 약자(略字)와 중국식 간체자(簡體字)는 모두 한자 정자(正字)로 표기했다.
* 외국문헌의 제목은 본문에서는 한글로 번역하고 괄호 안에 원전을 정자로 표기했다. 단 미주에서는 번역하지 않고 원전 만을 정자로 표기했다.
* 문헌에 사용된 중국과 일본의 연호는 모두 서기로 표기했다.

차례

제3부 식민지도시의 공간과 표상

제4부 대외개방과 도시의 변용

들어가는 글

왜 지금 다롄인가

권경선

Ⅰ. 어떤 지금인가

왜 지금 다롄인가? 이 질문을 책의 구성과 내용에 맞추어 좀 더 구체적으로 풀어쓴다면, '왜 지금 한국, 중국, 일본의 연구자가 공동으로 다롄을 연구해야 하는가?'가 될 것이다. 이 질문에 답하기 위해, 먼저 공동연구의 참가자들이 주목하고 고민하고 있는 지금의 상황, 즉 어떤 지금인가에서부터 고찰을 시작할 필요가 있다.

편자의 부족함으로 인해 반 년 가량 연기되었으나 당초 이 책은 2015년 말에 출판될 예정이었다. 2015년은 동북아시아는 물론 전 세계적으로 '70주년'이라는 단어가 화제가 되었던 해였다. 이 70주년이 가리키는 것은 말할 것도 없이 제2차 세계대전의 종식이다. 그러나 제2차 세계대전을 전후한 제 관계가 지금의 상호간 또는 다자간 관계에 복잡하게 작용하고 있는 한중일 삼국에게 그 의미는 각각 다르게 읽힌다. 먼저 우리에게 이 70주년이란 일본 제국주의로부터의 해방 70주년이자, 여전히 우리의 정치와 경제, 사회 전반을 옭아매고 있는 분단 70주년을 의미한다. 그리고 중국에게는 이른바 항일전쟁(抗日戰

爭)과 제2차 세계대전 승리의 70주년을 의미하며, 일본에게는 제국주의의 종식과 '패전' 70주년을 의미한다.

비록 70주년의 의미는 달랐지만 중국 정부와 일본 정부는 이를 자국을 둘러싼 패러다임의 전기로 활용하고자 했고, 이러한 움직임은 여전히 진행 중이다. 중국은 막강한 경제력과 국제 사회에서의 발언권을 바탕으로 '초강대국'으로서의 행보를 강화하고 있고, 일본은 자국을 둘러싼 안보 환경의 변화를 내세워 안보 관련 법안을 제·개정하며 이른바 보통국가로의 전환을 노리고 있다. 한편 우리나라는 남북이 나눠진 분단 상황과 중국, 일본, 미국, 러시아 등 한반도를 둘러싼 강대국들과의 복잡한 관계로 인해 정치군사적 긴장이 계속되는 가운데, 국제 관계의 변화에 따라 정부의 방침은 물론 사회 전반의 안정이 흔들리는 상황에 처해있다.

이와 같은 동북아시아의 현 상황은 한국, 중국, 일본, 미국, 러시아, 북한이 주축이 되는 국제 관계의 틀 안에서 읽혀야 하는 동시에, 오늘날의 관계를 만든 역사의 궤적 안에서 고찰되어야 한다. 70주년이라는 숫자가 가리키는 것은 1945년 이후의 오늘이지만, 탈냉전 이후 세계화의 기치 아래 경제 분야를 중심으로 협력이 강화되는 한편 정치군사적 마찰이 격화되고 있는 오늘날의 제 상황들은, 19세기 중반에서 20세기 전반에 걸친 동북아시아 내 제국주의의 확대와 식민지·반식민지의 경험, 20세기 중후반에 걸친 냉전의 역사를 바탕으로 한 것이자 그 연장선상에 있는 것이기 때문이다.

1945년 이후의 70년 동안 한중일 삼국 사이에는 제국주의의 상흔이 작용하는 가운데, 정치경제 패러다임의 전환 속에서 상호 인식과 관계가 변화해왔다. 냉전 시대 동안 한일 간의 국교(1965년)와 중일 간의 국교(1972년)가 정상화하고, 1980년대에 접어들어 중국 잔류 일본인 고아 및 부인 문제, 일본 관동군의 생체실험 문제, '종군위안부' 등의 문제가 부상하여 일본 학계의 성찰과 일본 사회의 인식 변화로 이어지면서, 1990년대에는 제국주의와 식민지 지배에 대한 사죄를 담은 일본 정부의 정치적 제스처가 이어졌다. 더불어 중국의 대외개방 및 세계적인 냉전 구도의 해체와 함께 한중 수교(1992년)가 이루어지면서 삼국을 아우르는 국가 차원의 교류가 재개되었으며, 경제 영역을 중심으로 협력 관계가 강화되어 갔다. 이와 같은 정치적 화해와 경제 협력의 흐름 속에서 1990년대 후반부터 2000년대에 걸쳐서는 학술문화 분야 등에서 민간 차원의 교류가 확산되고, 사회 전반에서 상호 인식의 변화가 생겨났다.

그러나 화해와 협력의 흐름 속에서도 계속적으로 상충하고 논란을 빚던 삼국 간 역사인식 문제와 영토 문제는 2010년의 센카쿠 열도·댜오위다오(尖閣諸島·釣魚台列嶼) 분쟁으로 격화되었고, 아시아를 둘러싼 중국과 미국의 패권 다툼이 치열해지면서 더욱 복잡한 양상을 보이고 있다. 중국의 대외개방 이후 동북아시아 지역 내 경제 분업을 바탕으로 이루어지던 경제 협력이 저성장 시대에 접어들며 흔들리고 있는 상황에서, 격화되는 정치군사적 갈등은 각국 간 경제 협력을 더욱 제약하는 요인이 되고 있다. 또한 이와 같은 정치경제적 상황 속에서 민간 차원의 관계도 복잡한 양상을 보여, 상대국을 방문하는 한중일 관광객이 계속 증가하는 한편, 온오프라인에서의 상호 혐오행위가 심화되며 심각한 사회적 문제로 떠오르고 있다.

급변하는 국제 관계 속에서 역사 문제와 영토 문제가 복합적으로 얽히며 전개되고 있는 지금의 동북아시아 관계는, 정치군사적 사안과 논리가 그밖의 다양한 사안과 가치에 대한 논의와 그로부터 생겨날 가능성을 압도하는 상황에 처해 있다. 일례로 올해 초 '북핵' 문제를 둘러싼 일련의 과정 중에 이루어진 우리 정부의 개성공단 폐쇄 조치와 북한의 한국 자산 청산 선언은, 분단 논리와 이념, 국가 안보의 논리 아래 서로를 향한 정당한 대응으로 강조되었다. 그리고 그러한 '정당성'이 힘을 얻을수록, 그 과정에서 발생한 공단 입주업체나 협력업체의 피해, 노동자들의 휴업과 실업, 그로부터 파급될 당사자와 가족들의 경제적 어려움은 부차적인 것이 되고, 그것을 토로했을 때 찍힐 일종의 사회적 낙인은 당사자들의 목소리는 물론 당연히 보장되어야 할 생존권에 대한 논의마저 속박하고 있다.

이처럼 우리는 복잡해지는 국제 관계와 그에 따른 정치군사적 논리가 인근 국가와의 경제 협력과 사회문화적 교류를 제약하고, 사회 전반에 만연한 다양한 갈등의 요인—경제적 효율성과 이익 극대화를 우선하는 경제논리, 불평등, 격차 등—을 가려버리면서 문제 원인의 규명과 해결 방안의 모색을 어렵게 하며, 개인의 일상생활과 기본권까지 제약하는 시대에 살고 있다. 물론 국제 관계와 정치군사적 사안이 사회와 개인을 제약하는 양상은 인류가 정치공동체를 중심으로 사회를 구성하고 생활을 영위해 온 이래 계속 있어 왔던 것으로, 특히 지금의 국민국가 체제하에서 그것이 가진 실질적 중요성은 절대 부정할 수 없다. 그러나 그럼에도 불구하고 그 시대의 국가 논리와 정치군사적 상황에 의해 개인의 삶과 사회의 진보가 부차적인 것이 되거나 심지어 몰가치한 것으로 폄하되어서는 안 된다.

격변하는 국제 관계 속에서 국가의 논리가 사회와 개인을 제약하는 속도가 빨라지고 그 파급력이 강화되어 가고 있는 지금, 동북아시아 내 국가 간 관계는 물론 사회 전반과 개인 수준에서의 대립과 갈등을 해소하고, 국가의 논리에 매몰되어 버린 다양한 가치를 복원하기 위하여 어떤 구상과 실천을 내놓아야 하는가. 우리의 공동연구는 바로 이러한 지금에 대한 고민에서부터 시작되었다. 그리고 그 해결을 위한 실마리이자 방법으로 착목한 것이 해역(海域)과 해항도시(海港都市)이다.

Ⅱ. 체제로서의 해역, 방법으로서의 해항도시, 그리고 다롄

오늘날의 바다는 영해나 배타적 경제수역과 같이 국가 단위의 힘이 크게 작용하는 공간으로, 중일 간의 센카쿠 열도·댜오위다오 분쟁이나 한일 간의 독도 영유권 분쟁과 같은 영토 분쟁을 촉발시키기도 한다. 동시에 바다는 국경선과 그것을 지키는 수비대와 같이 견고한 장치를 통해 고정된 육지에 비해 유연하고 유동적인 공간으로, 개별 국가들의 영토를 묶으며 일정한 구역—해역을 형성하기도 한다.

해역은 일정 구역의 바다와 그것을 매개로 이어진 육역이라는 물리적 범위와 기반 위에서 다양한 층위의 주체와 세력들이 상호 작용하는 가운데 나름의 질서와 양식을 구축하며 만들어낸 유기체로서, 해역을 이루는 각 부분이 귀속되는 국가의 영향을 받는 동시에 국가 간 관계에 영향을 미치는 하나의 역동적인 단위이자 체제라고 할 수 있다.

해역 체제의 기반이 되는 다양한 주체와 세력들의 활동은 바다 위에서보다 연해지역에서 더욱 빈번하고 직접적인 영향력을 발휘해왔다. 이러한 움직임이 가장 잘 드러나는 곳이 바다를 통한 인적·물적 이동의 결절점인 해항도시와 그 배후지이다. 해항도시는 거시적 패러다임의 변화가 직격하는 지점이자, 그 과정에서 발생한 다양한 접촉과 갈등의 경험이 축적되며 만들어진 공간이다. 우리는 역사와 구조와 현상이 켜켜이 축적되고 생생하게 반영되어 있는 해항도시를 고찰함으로써, 지금의 구조와 문제를 만든 원인과 과정을 해명하고 현안 해결의 방법을 찾아내며 앞으로의 전망을 제시할 수 있다.

우리의 공동연구는 이와 같은 해역 및 해항도시의 의의와 가능성에 동의하는 한중일 인문사회과학 분야의 연구자들이, 역사적 의의와 현재적 의의를 지닌 특정의 해역을 상정하고, 인적·물적 이동에 초점을 맞추어 해역 내의 주요 해항도시와 그 배후지의 사회적 변용 그리고 그것을 둘러싼 네트워크를 연구함으로써, 동북아시아를 둘러싼 현상(現狀)의 역사적 맥락과 구조적 원인을 규명하고, 현상(現象) 속에 드러난 접촉과 갈등의 양상을 복원하며, 그것이 오늘날에 던지는 시의성과 시사성을 찾아나가는 작업이라 할 수 있다.

지금의 동북아시아 상황을 제국주의가 이 지역을 직격한 19세기 중반 이래의 역사적 축적이라고 한다면, 시대에 따른 역사적 맥락이 뚜렷하게 드러나는 지점으로 한반도를 둘러싼 황해(黃海)와 동해(東海)를 주목할 필요가 있다. 제국주의 시대 열강의 동북아시아 침투와 팽창의 통로였던 황해와 동해는, 냉전 시대에 들어서는 바다를 통한 이동과 교류가 경직되면서 동북아시아 내의 얼어붙은 관계를 반영했으며, 국제 사회에서 중국의 정치경제적 힘이 급부상하고 있는 지금은 중국 패권 출해(出海)의 통로로 인식되고 있다. 우리는 시대에 따른 패러다임의 변화와 동북아시아 관계의 변화가 선명하게 읽히는 황해와 동해, 그리고 이들 바다에 연한 해항도시와 그 배후지를 묶어 환황해권(環黃海圈)과 환동해권(環東海圈)이라는 해역을 설정하고, 우선 환황해권에 착목하여 「환황해권과 해항도시」 프로젝트를 진행하고 있다.

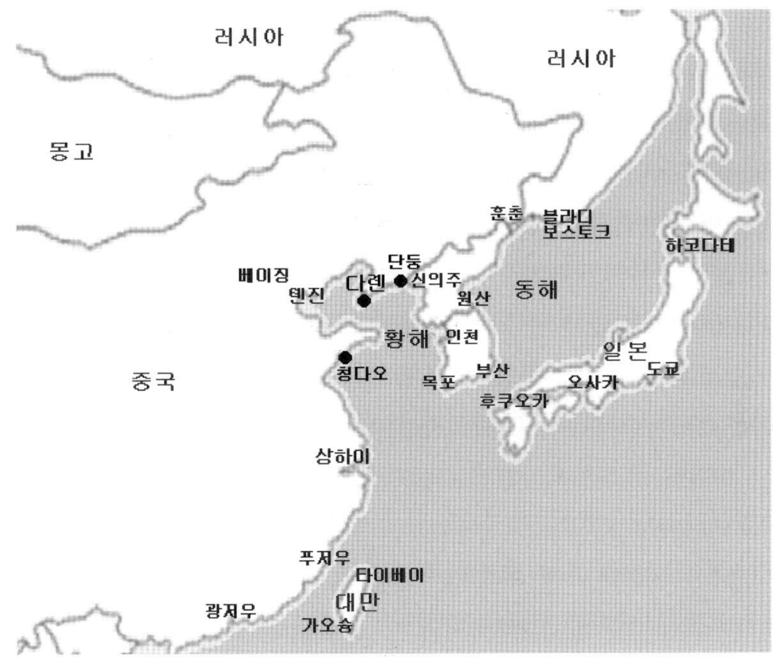

〈그림 1〉 한반도와 그 주변의 해항도시

환황해권의 정의와 범위는 용어를 사용하는 주체의 관점과 목적에 따라 다르다. 우리는 19세기 중반 이래의 역사적 맥락이 동북아시아 내 인적·물적 이동과 그에 따른 사회의 변용을 추동한 과정을 해명하고, 그 역사적 축적물로서 지금의 동북아시아 상황을 고찰하기 위해 환황해권이라는 연구 틀을 설정했다. 따라서 우리가 상정하는 환황해권은 황해를 통한 인적·물적 이동과 그로 인한 접촉, 갈등, 교섭이 활발하던 공간, 즉 중국과 한반도의 황해 연해지역, 그리고 일본 규슈(九州)와 혼슈(本州)의 태평양 연해지역들이 각각의 배후지와 외부 세계를 이으며 만들어내는 느슨한 공간이라 할 수 있다.

구체적인 연구 필드로는 중국 남부의 해항도시들과 비교하여 인문사회과학 분야에서 활발히 다루어지지 않은 중국 북부의 해항도시, 즉 ①중국 산둥(山東) 지방과 화베이(華北) 지방을 배후에 둔 산둥 반도(山東半島)의 칭다오(靑島), ②랴오닝 성(遼寧省), 지린 성(吉林省), 헤이룽장 성(黑龍江省)을 배후에 두고 멀리 러시아까지 연결되는 랴오둥 반도(遼東半島)의 다롄, ③북한의 신의주와 접경하며 중국과 한반도를 잇는 단둥(丹東)을 선정하고, 단계별로 연구를 개진하고 있다. 첫 번째 과제인 칭다오 공동연구(2012~2014년 진행)는 2014년 최종 성과물을 공저(구지영 · 권경선 · 최낙민 편저, 『칭다오, 식민도시에서 초국적도시로』, 선인)로 발간하여 일단락을 지었고, 이 책은 칭다오에 이은 두 번째 과제인 다롄 공동연구(2013~2015년 진행)의 최종 성과물이다.

다롄은 근현대 중국 둥베이(東北) 지방의 관문으로, 특히 19세기 말 러시아의 관동주(關東州) 조차와 달니(Дальний: 다롄의 러시아명) 건설을 통해 근대도시로 등장한 이래 100여 년에 걸친 동북아시아 관계의 궤적을 가장 잘 보여주는 해항도시이다. 제국주의 시대 다롄은 이른바 '만주'(滿洲: 지금의 중국 둥베이 지방과 네이멍구 자치구 동부 지역)의 관문으로서, 청일전쟁 · 러일전쟁 · 중일전쟁이 치러진 열강 세력들의 충돌지점이었으며, 일본－한반도－중국 대륙을 잇는 일본 제국주의 확장의 거점도시였다. 냉전 시대에 접어들며 다롄과 그 배후지 둥베이 지방은 중국과 소련이라는 사회주의 세력 관계의 결집지가 되었고, 중공업 기반과 풍부한 원료를 바탕으로 중국 경제의 전초기지로 기능했다. 그러나 탈냉전과 중국 대외개방의 움직임이 가속화되면서 주장(珠江) 삼각주, 창장(長江) 삼각주, 징진지(京津冀: 베이징 · 톈진 · 허베이 성) 지역을 중심으로 외자 유입과 경제 발전이 가시화된 것과 달리 다롄과 둥베이 지방의 경제는 점차 낙후되었다.

2000년대에 들어 둥베이 지방에 대한 중국 정부의 진흥정책('振興東北')이 추진되고 냉전 시대 관계가 단절되었던 한국과 일본 등지로부터 외자를 적극 유치하며 지역 발전을 꾀하고 있지만, 불안정한 동북아시아 정세와 저성장의 흐름은 이 지역의 전망을 불투명하게 하고 있다.

이처럼 다롄은 동북아시아 근현대사의 큰 흐름이 투영되고 응축된 곳이자, 거시적 패러다임과 관련 정세 및 상황의 변화가 현지 사회에 직접적으로 작용하는 지점이다. 따라서 다롄에 대한 고찰은 지금의 동북아시아 관계를 둘러싼 현상의 역사적 맥락과 구조적 원인을 규명하고, 현상 속에 드러난 접촉과 갈등의 양상을 파악하며, 현안의 해결과 앞으로의 전망을 위한 실마리를 제공할 수 있다.

먼저 다롄은 동북아시아 관계의 역사적 맥락과 전개 과정, 그리고 그것을 바탕으로 형성된 현재의 상황을 해명하고 쟁점들을 확인할 수 있는 지점이다. 이 책의 1부, 2부, 3부는 20세기 전반 다롄과 그 배후지를 중심으로 전개된 역사적 맥락을 거시적 구조 속에 새겨진 다롄의 식민 맥락(1부), 사회와 개인 수준에서의 식민지 경험(2부), 공간과 표상에 드러난 식민 역사의 흔적(3부)을 통해 해명하고 있다. 중국에서 전개된 일본 제국주의의 역사와 기억은 센카쿠 열도·댜오위다오 분쟁 이후 칭다오나 선양(瀋陽) 등지에서 발생한 반일시위의 밑거름이 되었다. 그러나 구지영의 연구들(4부)이 밝히고 있듯이 40년이라는 짧지 않은 기간 동안 일본 제국주의의 영향 아래 있었던 다롄에서 눈에 띄는 반일 시위가 없었다는 점은 많은 생각거리를 던져준다. 이는 일본과의 관계가 큰 영향력을 발휘하고 있는 현재 다롄의 사회경제적 상황을 반영하는 동시에, 논쟁의 여지가 있지만 중국의 대외개방 후 일본의 인적·물적 유입을 추동할만한 모종의 조건으로서 다롄의 역사적 맥락을 연상시킨다. 한편 격렬한 시위는 없었다고 하더라도 일본 제국주의의 상징물로서 다롄에 남아있던 만철(滿鐵) 기관차 아시아호의 이전은 경제 협력관계의 이면에 존재하는 미묘한 정치적 · 사회적 긴장 상태를 보여준다.

다롄은 그 배후지와 외부 세계를 잇는 네트워크의 결절로서 시기에 따른 사회구조적 변화가 해역의 광범위한 사회와 그 구성원의 삶에 미치는 영향을 확인할 수 있는 지점이기도 하다. 다롄의 한인(韓人) 사회를 다룬 류빙후의 연구(7장)는, 일본 제국주의의 팽창 아래 한반도의 한인이 다롄과 그 배후지로 이동, 정착하여 사회를 형성해나가는 과정과 냉전 시대에 조선족 사회로 전향하는 과정, 그리고 탈냉전 시대의 관계 변화가 한인사회에 미치는 영향을 고찰함으로써, 동북아시아를 둘러싼 패러다임의 변화와 구조적 변동이 인적 이동과 공동체의 형성 및 변화에 미치는 영향을 통시적 관점에서 해명하고 있다. 이러한 통시적 해명은 해항도시를 매개로 나날이 활발해지는 조선족의 이동이 옌볜 조선족자치주(延邊朝鮮族自治州) 사회와 이를 대중(對中) 파이프의 하나로 활용하고 있는 우리 사회에 어떤 영향을 미칠 것인가와 같은 과제를 던져주기도 한다.

다롄은 시대별 패러다임에 따른 권력 관계와 사회구조의 양상, 그리고 그 속에서 발생하는 사회 문제가 잘 드러나는 지점이기도 했다. 다롄에서 보이던 사회 문제들은 시기와 지역에 따른 특수성과 함께 권력과 사회의 보편적인 작동 방식을 내포하여 지금의 사회 문제를 바라보는 관점을 제공해준다. 일본 제국주의 통치하 다롄의 노동자를 다룬 권경선의 연구(6장)는, 일본 식민 세력이 식민지사회의 저변을 이루는 노동자계층의 민족 내원(來源)을 활용하여 사회 안정을 기도하고, 저렴한 노동력을 수요에 맞춰 사용하기 위하여 외지(주로 산둥)

출신 중국인 노동자를 청부업체(청부업자)를 통해 임시공으로 고용하거나 출신지 내원을 활용한 노무관리방식을 통해 제어하는 양상을 고찰했다. 이것은 신자유주의 경제의 심화에 따라 경기 침체를 구실로 노동시장의 유연성을 제고하고자 하는 움직임이 강화되고, 양질의 일자리가 감소하는 가운데 이주노동자를 둘러싼 사회적 갈등이 고조되고 있는 우리 사회에 시사하는 바가 적지 않다.

다롄은 인적·물적 이동의 통로이자 유입지로서, 가속화되는 이동으로 인해 발생하는 문제에 대해 시사점을 제공하기도 한다. 일본 제국주의 통치하 다롄의 말라리아 문제를 다룬 김정란의 연구(5장)는 인적·물적 이동이 수반하는 질병의 통로로서 해항도시를 환기시키고, 권력(민족) 관계에 따라 질병에 대한 대처가 달랐던 당시의 양상을 고찰한다. 이는 이동과 접촉을 통한 질병의 확산이 전 지구적 문제로 떠오르고, 병에 대한 통제가 사람에 대한 통제로 화하며 갈등을 빚고 있는 우리 사회에 많은 시사점을 던져준다.

본론에 수록된 연구들은 공간적 범위로는 환황해권과 다롄, 시간적 범위로는 도시 다롄이 등장한 19세기 말부터 지금에 이르는 100여 년에 초점을 맞추어, 도시(정치, 경제, 사회, 공간)의 형성과 변화, 인적 이동(경유, 일시체류, 장기체류, 정주)과 그로부터 파생되는 사회 변화에 착목하고 있다. 다음 장에서는 본론의 구성과 내용을 간단히 정리하고, 이번 공동연구의 한계와 과제를 짚어보고자 한다.

Ⅲ. 다롄 읽기와 과제

1. 다롄 읽기-본문의 구성과 내용

본문은 크게 제국주의 시대를 중심으로 하는 '1부 식민지도시의 구조와 기능', '2부 식민지도시의 사회와 문화', '3부 식민지도시의 공간과 표상', 그리고 중국의 개혁개방 이래 다롄의 산업경제, 사회, 도시공간의 변용을 그린 '4부 대외개방과 도시의 변용'의 네 개 부분으로 구성되어 있다.

'1부 식민지도시의 구조와 기능'은 제국주의 시대 다롄의 역사적 전개와 도시건설 과정, 식민 권력의 통치방식, 산업구조, 주민의 거주지 분석을 통해 식민지도시로서 다롄의 구조와 기능을 밝혔다.

1장 장샤오강의 「식민지도시 다롄의 건설」은 러시아와 일본이 관동주를 조차해가는 과정과 각 시기별 통치방식, 다롄 건설 과정과 그 가운데 전개된 주민의 생활을 개설적이고 종합적으로 서술한 글로서, 뒤이은 연구들의 도입부와 같은 역할을 하고 있다.

2장 진완홍의 「일본 제국주의 시기 다롄의 식민통치기관과 사법제도」는 일본의 다롄 통치방식과 사법제도의 변화과정, 당시 시행된 주요 법률에 대한 고찰을 통해 식민지 통치제도와 사법제도의 반문명적이고 반민주적인 본질을 분석하고자 했다.

3장 권경선의 「20세기 초 다롄의 산업구조와 주민의 직업구성」은 일본 제국주의 통치하 다롄 경제의 실태를 산업구조와 주민의 직업구성을 통해 고찰했다. 다롄은 배후지 '만주'와 일본 사이에 구축된 식민지 종속경제구조의 거점 역할을 하며 상공업 중심의 산업구조를 형성했고, 그 성격은 주민의 직업구성에도 반영되었다.

4장 권경선 · 사카노 유스케의 「식민지도시 다롄과 주민의 생활공간」은 1930년대 중반의 다롄을 중심으로, 주민의 생활공간을 구역 용도와 주민의 민족 구성 및 계층 구성에 따라 유형화하고, 각 유형별로 필수 재화와 서비스에 대한 접근성을 분석함으로써, 식민 권력과의 관계에 따라 생활의 기본요소에 대한 접근성에 차등이 있었음을 공간적으로 규명했다.

'2부 식민지도시의 사회와 문화'는 제국주의 시대 또는 그때부터 지금까지 이어지는 다롄의 사회상을 민족, 계층, 종교, 질병 등 다양한 관점에서 고찰했다.

5장 김정란의 「20세기 초 해항도시 다롄과 말라리아」는 일본 제국주의하 다롄과 그 배후지를 대규모 인구 유출입과 지역 개발이 야기한 전염병을 통해 고찰했다. 다롄과 배후지에서 이루어진 일본 식민당국의 질병 대책은 주둔군과 자국민의 건강을 보장하고 일본의 근대화 정도와 식민지 개척 능력을 증명하기 위한 것이었으며, 그 과정에서 대다수의 중국인은 소외되고 있었음을 밝혔다.

6장 권경선의 「식민지도시 다롄과 노동자」는 20세기 전반 다롄 노동자들의 구성과 노무관리방식의 분석을 통해, 일본 식민당국과 자본가들이 도시 경영에 필요한 많은 노동력을 외부로부터 공급받는 과정에서 노동자의 민족별 · 출신지별 내원을 활용함으로써 높은 노동생산성을 보장받고 식민지사회의 안정을 기도했음을 고찰했다.

7장 류빙후의 「한인의 다롄 이주와 민족사회의 형성」은 일본 제국주의의 확장, 남북한의 분단과 냉전, 중국의 대외개방과 한중수교 등 시대와 정세의 변화에 민감할 수밖에 없었던 다롄의 한인 이민과 한인 사회를 고찰하며, 소수 세력으로서 한인이 민족사회를 형성하고 유지해 온 과정을 규명했다.

이어지는 한현석과 김윤환의 연구는 일본의 식민지 건설 과정에서 현지 일본인사회의 안정을 도모하기 위한 장치이자 정신적 구심점 역할을 한 종교를 중심으로, 다롄 일본인사회의 형성 과정과 그 속에서 발생한 종교와 지역사회의 유착관계를 고찰했다.

8장 한현석의 「다롄 일본인사회의 신사 창건과 지역 유력자」는 다롄신사 창건 과정에서 막대한 지원과 영향력을 발휘한 지역 유력자와 일본 식민당국의 유착 관계를 아편의 전매와 밀수를 통해 풀어나갔다.

9장 김윤환의 「다롄 일본인사회와 일본불교」는 서본원사를 중심으로 한 일본불교의 역할과 기능, 일본불교와 일본 정부 및 현지 식민당국의 유착관계를 분석함으로써, 행정 · 종교 · 거류민 사이의 구조적 안정을 통해 초기 다롄의 일본인사회가 구축되어가는 과정을 고찰했다.

'3부 식민지도시의 공간과 표상'은 제국주의 시대 다롄의 지도와 공원에 드러난 식민지도시의 공간적 표상과 문학 작품에 드러난 일본인의 다롄 경험과 기억, 표상을 다루었다.

10장 사카노 유스케의 「식민지도시 다롄을 그린 도시도」는 일본 제국주의가 다롄을 식민지로 확보하고 유지해가는 과정에서 지도가 어떤 기능을 했는지를 밝히고, 지도의 내용과 성격, 기록 방식의 변화에 반영된 일본 제국주의의 전개 양상을 고찰했다.

11장 리웨이 · 미나미 마코토의 「식민지도시 다롄의 도시공원」은 러시아와 일본 통치하에 진행된 다롄 도시공원의 건설과 변천 과정을 고찰했다. 특히 40년에 걸친 일본 제국주의 통치하에서 다롄의 공원은 식민지 근대성을 과시하는 장이자 일본인의 향수를 달래고 국민의식을 고양하기 위한 장치였으며, 공공 공간의 이용을 둘러싼 민족위계가 현저히 드러나는 식민지도시의 공간적 표상이었음을 밝혔다.

이어지는 이수열과 히구치 다이스케의 연구는, 이른바 '패전'을 전후한 일본인의 다롄 경험이 드러난 작품을 중심으로 일본 사회의 다롄 표상을 고찰했다.

12장 이수열의 「지배와 향수—근현대 일본의 다롄 표상」은 제국주의 시대 일본 '내지' 출신 지식인의 관찰자적 시각과 경험이 반영된 여행기, 그리고 식민지 다롄에서 나고 자란 이른바 식민 2세의 경험이 담긴 전후 회고적 소설을 통해, 식민지도시 다롄을 경험한 일본인의 대조적인 다롄 인식과 표상을 고찰했다.

13장 히구치 다이스케의 「일본 '패전'과 다롄 표상」은 다롄 식민 2세의 경험을 바탕으로 '패전' 이후에 쓰인 소설을 통해, '가해자가 된 피해자'로서의 트라우마적 체험과 성찰을 고찰하고, 그 속에서 역사의 상흔이 작용하는 지금의 제 문제를 극복할 맹아를 찾고자 했다.

'4부 대외개방과 도시의 변용'은 중국의 대외개방 이후 다롄의 산업구조 변동과 도시 공간 및 사회 공간의 변용을 다룬 부분이다. 현대 중국을 다루는 연구자들이 토로하듯이 하루가 다르게 변화하는 도시를 특정 관점이나 가정에 기초하여 분석하는 것은 쉽지 않은 작업이다. 현대 다롄을 다루는 4부의 내용 중에는 이미 과거의 사실이 되거나 연구자의 분석이나 전망과는 다른 양상으로 전개되고 있는 부분이 있을 수 있음을 밝혀둔다.

14장 구지영의 「다롄의 대외개방과 산업구조 변동」은 중국 대외개방 후의 다롄을 통해 동북아시아 초국적 관계의 실태를 파악하고 환황해권이라는 권역 형성의 가능성과 한계를 검토했다. 권역 내 '경제주체'로서 다롄의 실질과 '경제주체'의 활동범위를 결정하는 '정치주체'의 영향력을 분석하여, 국가 그리고 국가 간의 복잡한 이익 관계를 권역 구상에 앞서 극복해야할 과제로 상정하면서도, 다양한 영역에서 실질적인 교섭 경험을 축적해온 다롄(해항도시)의 경험이 환황해권 내 지속가능한 관계 형성의 가능성을 보여주고 있음을 역설했다.

15장 구지영의 「개혁개방 후 다롄의 도시 공간」은 현재 다롄의 도시 공간을 일본과의 연관성을 중심으로 고찰한 글로서, 급변하는 정치경제 환경 속에서 변용하는 도시 공간의 양상과 그 속에 반영된 타자 간 관계를 고찰하고 전망했다.

16장 우양호 · 김상구의 「현대 다롄의 항만과 해양경제, 그리고 도시발전」은 해항도시의 주요 구성요소인 항만과 도시의 관계를 다룬 글로, 다롄과 항만의 지정학적 의의, 항만과 지역경제의 관계, 항만의 운영 및 관리체계의 분석 등을 통해, 다롄(해항도시)의 발전과 항만을 중심으로 한 해양경제가 불가분의 관계에 있음을 밝혔다.

17장 구지영의 「개혁개방 후 다롄의 일본인사회」는 대외개방 후 다롄의 산업화, 도시화 과정에서 중요한 동반자 역할을 한 일본인들의 활동에 착목했다. 행정 단위, 기업, 은행, 개인 등 다양한 레벨에서 이루어지는 일본인의 활동과 대응을 통해 끊임없이 변용하는 다롄의 사회 공간을 분석했다.

2. 한계와 과제

끝으로 근현대 다롄에 관한 연구서, 환황해권 해항도시 연구 시리즈의 일부, 국제공동연구의 성과물로서 이 책의 한계와 과제를 짚어

보고자 한다.

먼저 근현대 다롄을 다루는 연구서로서 짜임새 있는 구성을 이루지 못했다는 점이 아쉽다. 전체 4부 중에서 1부, 2부, 3부는 제국주의 시대, 특히 일본 제국주의 아래에서의 상황을 다룬 연구가 다수를 이루었고, 4부는 대외개방 후 현재의 상황을 다루면서 시대별 연구가 균형적으로 이루어지지 못했다. 특히 앞선 칭다오 연구에 이어 반복되는 문제로, 냉전 시대 다롄과 관련한 연구가 결여되면서 근현대 다롄의 통시적 고찰이나 연속성과 단절성의 확인이 거의 이루어지지 않았다. 이 책에서는 제국주의 시대부터 냉전 시대를 거쳐 오늘날에 이르기까지 다롄 한인사회의 변화 궤적을 조명한 류빙후의 연구 외에는 통시적 관점에서 주제를 논한 연구가 거의 없다. 물론 냉전 시대가 한중일 삼국 간은 물론 중국 내에서의 인적·물적 이동마저 제한되었던 단절과 정체의 시대였다고 하더라도, 그러한 역사의 단절성과 연속성을 사유할 수 있는 중요한 주제이자 해결해야 할 현안으로서 다롄과 배후지의 일본인 잔류 고아와 잔류 부인 문제를 고찰하지 못했다는 점은 매우 아쉽다.

다음으로 환황해권을 시야에 넣은 시리즈물이지만 다롄과 해역 내 다른 지역과의 관계 규명을 통해 해역의 형성 과정과 작동 방식을 확인하고자 한 연구가 부족하다는 점을 들 수 있다.

무엇보다 다롄의 역사적 형성을 다루면서도 뤼순(旅順)에 대한 심도 있는 고찰이 이루어지지 않았다는 점을 지적할 필요가 있다. 다롄의 등장은 19세기 후반 청과 러시아의 뤼순 항 및 부근 도시 건설에서부터 시작되었으며, 일본 제국주의하에서도 뤼순은 관동주의 정치군사적 거점 역할을 하고 있었다. 따라서 뤼순에 대한 고찰은 다롄의 도시 형성 과정과 역사적 맥락의 해명에 있어서 필수불가결한 작업이라고 할 수 있다. 향후 계속적인 연구가 요구된다.

해역의 포착을 위해서는 다롄과 인접한 기타 해항도시나 배후지 내륙도시와의 비교 또는 관계의 확인이 필요하다. 1858년의 톈진조약(天津條約)을 통해 개항한 잉커우(營口)와 옌타이(煙臺)는 각각 랴오둥 반도와 산둥 반도의 유일한 통상항구도시로 성장하지만, 근대적 항만시설과 철도를 갖춘 다롄과 칭다오가 등장하면서 침체와 쇠퇴의 양상을 보이게 된다. 같은 시기 다롄과 그 배후지의 선양, 칭다오와 배후지의 지난(濟南)은 제국주의 열강의 식민지도시와 중국 지방정부의 중심도시라는 구도 아래에서 경쟁하고 대립하는 양상을 보였다. 특히 일본 제국주의의 팽창 과정 중 발생한 일본군의 산둥 출병(山東出兵)과 지난 사건(濟南事件), 선양을 근거지로 벌어진 '만주사변'은 이들 도시를 중심으로 한 일본 세력과 중국 세력의 충돌을 상징적으로 보여준다. 환황해권과 동북아시아라는 보다 광범위한 영역의 역사적 맥락을 파악하기 위해서 다롄과 인접 도시 또는 배후지 도시와의 관계 규명은 반드시 해결되어야 할 과제이다.

다음으로 해역과 해항도시의 가능성은 개별 도시 내에서 완결되는 것이 아니라, 외부와 배후지를 잇는 해역 내 네트워크의 결절이라는 측면에서 고찰되어야 한다. 환황해권 내 인적 이동에 중점을 둔 연구라면 인적 이동이 송출지와 유입지 사회에 미친 영향, 송출지와 유입지의 관계, 송출지와 유입지를 잇는 이동 과정의 전모(全貌), 그 과정에서 이동 네트워크의 결절로 기능한 해항도시의 역할을 밝혀야 한다. 이와 관련해서 앞선 칭다오 연구와 연결지어 20세기 전반 산둥 성 출신 노동자의 산둥 성 내륙－칭다오－다롄－둥베이 지방을 잇는 이동 네트워크라든지, 오늘날 칭다오와 다롄 등 해항도시를 매개로 환황해권 각지를 넘나드는 조선족의 이동 네트워크와 커뮤니티 구성 등을 다루지 못한 점이 아쉽다.

끝으로 국제공동연구라는 작업 방식에 따른 한계도 있었다. 다양한 국적과 전공의 연구자들이 모였기 때문에 협업 과정이 항상 원활하지만은 않았으며, 각자의 관점과 입장, 방법론에 따라 동일한 이슈에 대해서도 각기 다른 해석과 평가를 내리거나, 심지어 상반되는 입장을 취하는 경우도 있었다. 이런 까닭에 이 책에 수록된 개별연구들은, 공동연구의 전반적인 의의에 동의하고 다른 연구자들의 입장을 일정 정도 고려했음에도 불구하고, 특정 이슈에 대한 해석은 물론 용어의 사용에 이르기까지 반드시 일관되고 통일된 입장을 취하고 있는 것은 아니다.

비록 이와 같은 한계와 어려움은 있었지만 민감한 주제와 대상에 대해 한중일의 연구자들이 상호 조율하고 협업하여 결과물을 도출했다는 점에서 우리의 작업은 중요한 시도라고 할 수 있다. 또한 협업 과정에서 드러난 인식과 입장의 차이를 한계와 문제점으로 돌리는 것에 멈추지 않고 계속적인 논의를 이어나간다면, 학술적인 교류뿐만 아니라 상호 인식과 이해를 위한 하나의 중요한 실천이 될 수 있을 것이다.

상술한 한계와 문제들은 칭다오와 다롄에 대한 계속적인 연구를 통해서는 물론, 새로운 연구과제인 단둥 공동연구에서 보완하고 해결해 나갈 필요가 있다. 환황해권의 해항도시이자 국경도시로서 단둥은 제국주의 시대와 냉전 시대, 그리고 지금의 복잡한 국제 관계가 직격하는 민감한 지역이다. 때문에 연구 방법과 주제에 따라서는 도시에 대한 접근 자체에 어려움이 있을 것으로 여겨지지만, 지금의 복잡한 관계와 문제를 보다 직접적이고 구체적으로 포착할 수 있는 현장이라는 점에서 기대가 높다. 또한 다른 해항도시 또는 국경도시에 비해 선행연구가 많지 않은 편이기에 연구사적 축적을 바탕으로 한 보다 심도 있는 연구가 어렵다는 한계가 있지만, 다양한 관점과 방법을 통한 연구의 여지와 가능성이 있다는 점에서 고무적이다.

이처럼 개별 연구과제로서 단둥에 대한 고민과 기대도 많지만, 「환황해권과 해항도시」 프로젝트의 마지막 과제로서 칭다오와 다롄 연구과정에서 산적한 문제들을 해결하고 환황해권 구상과 그 의의에 대한 일단의 결론을 도출해야 한다는 점은 상당한 부담으로 다가온다. 쉽지 않은 환경에서 이루어지고 있는 한중일 연구자들의 협업이 보다 의미 있는 작업이 될 수 있도록, 이 책이 다루고 있는 개별연구를 비롯하여 공동연구 전반의 내용과 구성, 관점과 방법은 물론, 단둥과 관련된 앞으로의 전개, 환황해권 구상에 대한 독자 여러분들의 고견과 질정(叱正)을 부탁드린다.

제1부

식민지도시의 구조와 기능

1.
식민지도시 다롄의 건설

장샤오강(張曉剛)

I. 들어가며

북위 38도 56분, 동경 121도 36분에 걸쳐있는 다롄(大連)은, 중국 랴오둥 반도(遼東半島) 남단에 위치하며 중국의 톈진(天津)과 북한의 평양과 비슷한 위도에 있다. 다롄의 해안은 곡절이 많고 수심이 깊으며 연중 얼지 않는 천연 양항(良港)의 조건을 갖추고 있다. 다롄은 황해(黃海)와 발해(渤海) 사이에 위치하며 산둥 반도(山東半島)와 마주하는 독특하고 중요한 전략적 위치로 인해 역사적으로도 중요한 군사상 요충지였다. 중국의 장야오휘(蔣耀輝) 선생은 『다롄 개항과 도시건설(大連開埠建市)』의 서언에서 "근대 이후 중국사에서 다롄과 같이 도시의 탄생과 동시에 격렬한 전투를 겪으며 참혹한 전장이 되었던 곳은 없다"고 했다.[1] 두 차례의 아편전쟁(阿片戰爭) 중 영국의 함선이 랴오둥 반도의 고요함을 깨뜨렸고, 청일전쟁(淸日戰爭) 시기에는 일본이 다시 이 지역에서 살육을 행했다. 일본의 총포성이 멈추자마자 러시아가 뤼순커우(旅順口)를 조차하고 도시를 건설했으나, 곧 일본이 다시 돌아와 러시아를 몰아내고 다롄을 40년간 점령, 통치했다. 러시아와 일본의 식민통치를 거치며 다롄에는 제국주의 식민문화의 낙인이 새겨졌다.

Ⅱ. 러시아 식민시기 다롄의 도시건설

청일전쟁에서의 패배와 「시모노세키조약(下關條約)」의 체결은 청(淸)에 심각한 타격을 준 동시에, 중국 둥베이 지방의 사안에 적극적으로 간섭하고 있던 러시아에게 세력 부식(扶植)의 기회를 주었다. 당시 러시아의 재무대신이었던 비테는 회고록에서 일본의 세력 확장에 대해 다음과 같이 우려하였다. "「시모노세키조약」으로 일본은 우리의 권익 범위 내에서 대륙으로 진격할 수 있는 발판을 획득했다." "우리는 일본이 중국의 심장에 침투하고 랴오둥 반도의 근거지를 탈취하도록 두어서는 안되었는데, 왜냐하면 이 지역은 전략적 요충지에 해당했기 때문이다." "러시아의 근본적인 이익을 생각한다면 중국의 현상을 유지해야 하며, 그 어떤 국가도 중국의 영토를 탈취하게 해서는 안된다."[2] 러시아는 「시모노세키조약」으로 청이 일본에 지불해야 할 거액의 배상금을 일본을 저지할 기회로 포착하고, 청과 차관계약('四厘借款合同')을 체결했다. 러시아 차관의 도입으로 청은 외교 분야에서 러시아와 가까워지고 '친밀한' 공통 입장을 유지할 수밖에 없었다. 게다가 이 차관은 해관(海關) 수입을 담보로 하고 있었으므로 러시아는 청의 재정에 더욱 쉽게 관여할 수 있었다. 그 후 러시아는 청과 「중러밀약(中俄密約)」을 맺고, 동청철도(東淸鐵道) 부설사업을 통해 자국의 세력범위를 중국 둥베이 지방 전역으로 확장했다.

그러나 러시아의 야심은 여기서 그치지 않았다. 1897년 11월 11일 러시아 외교대신은 차르에게 올린 상소에서, 러시아 극동함대는 줄곧 일본의 항구에서 겨울을 보내왔으나 러일 관계의 악화에 따라 새로운 기지를 찾을 필요가 있음을 피력했다. 단 새로운 기지 후보로 부산항은 피해야한다고 했는데, 일본 세력이 한반도에 침투해 있는 상황에서 러시아가 성급하게 조선에 관여한다면 일본은 러시아를 적대시하게 될 것이며, 게다가 부산항은 시베리아 철도와 너무 멀리 떨어져 있다는 이유에서였다. 한편 러시아 주옌타이영사(駐煙臺領事)의 조사에 따르면, 다롄 만(大連灣)은 수심이 깊은데다 겨울에 얼지 않고 여름에는 바람을 피할 수 있으며, "시베리아 철도의 주요 동맥과 지린(吉林), 펑톈(奉天)을 특별철도간선으로 연결할 경우 다롄 만과 시베리아 간선 간의 거리는 조선의 항구보다 가까울 것"으로 여겨졌다.[3] 이에 따라 러시아는 다롄 만을 점령하기로 결정하고 청에 압력을 행사했다.

청은 러시아의 협박과 회유에 다롄 만을 양보 할 수밖에 없었다. 1898년 3월 27일 청의 대표 리훙장(李鴻章), 장인환(張蔭桓)과 러시아의 대표 파블로프는 베이징(北京)에서 9개 조항으로 구성된 「중러뤼순다롄조차조약(中俄會訂旅順大連灣租地條約)」(「旅大租地條約」이라고도 함)을 체결했다. 제1조에는 대청국 대황제는 중국 북방 연안에서 러시아 해군이 온전하게 보호받으며 주둔할 수 있도록 뤼순커우와 다롄 만 및 그 부근 수역을 러시아에게 조차하되, 이는 전적인 조차로서 이 지역에 대한 중국 대황제의 주권은 결코 침해되지 않음을 명기했다. 제3조에서는 조차기한을 조약 체결일로부터 25년으로 하며, 기한 만료 후에는 양국의 협의 하에 기한을 연장할 수 있음을 약속했다. 제6조에는 양국 정부는 뤼순 항을 군사항구로 삼아 청과 러시아 선박의 출입과 이용을 허가하고, 기타 각국의 군선과 상선에는 개항하지 않을 것을 명기했다. 다롄 만의 항구 중 일부는 청과 러시아 군함 전용으로 제한하고, 그 밖의 구역은 통상항구로서 각국의 상선이 자유롭게 이용하도록 했다. 제8조에서 청은 동청철도공사의 철도 부설과 운영을 허가하고, 동청철도공사는 조약 체결일부터 간선철도를 랴오둥 반도까지 부설하며, 잉커우(營口)와 압록강 사이 연해의 적당한 곳에 지선을 건설함을 명기했다.[4)]

이상의 조약에 근거하여 러시아는 뤼순 항과 다롄 만을 조차하고 동청철도 지선 부설의 권리를 획득했으나, 동청철도 간선을 항구까지 연장하고자 했던 당초의 목적을 달성한 것은 아니었다. 따라서 조약 체결 후 쌍방은 곧 6개 조항으로 이루어진 「속정뤼순다롄조차조약(續訂旅大租地條約)」을 체결했다. 러시아는 동 조약의 제3조를 통해 시베리아 철도와 랴오둥 반도의 지선을 연결하고, 지선의 종착점을 뤼순 항과 다롄 만에 둘 것을 확인했다. 또한 동청철도공사와 협의하여 지선 통과 지역 내의 철도 이익을 다른 국가에 넘기지 않되, 이후 청이 부설하는 산하이관(山海關)과 이 지선을 연결하는 철도의 통과 지역에 대해서는 러시아가 개입하지 않을 것을 결정했다.[5)] 러시아는 조약에 의거한 '정당한 명분'을 바탕으로 철도 지선의 종착역을 뤼순 항과 다롄 만까지 연장했다. 중국 둥베이 지방 내 수륙교통망의 구축은 러시아의 뤼순 항과 다롄 만 통치에 편의를 제공했을 뿐만 아니라, 지역 권익 독점의 기초가 되었다.

뤼순 항과 다롄 만을 조차한 후, 러시아는 군정합일(軍政合一)의 군정부(軍政部)를 설립하여 식민통치를 시작했다. 먼저 조차지를 관동주(關東州)로 개칭하여 4개의 시(市)와 5개의 구(區)로 나누고, 구 아래에 회(會)와 둔(屯)을 설치했다. 러시아 식민당국은 관동주청(關東州廳)을 설립하고 「잠행관동주통치규칙(暫行關東州統治規則)」을 반포했으며,[6] 관동주 초대 장관인 예브게니 알렉세예프는 「뤼순시잠시관리조례(旅順市暫時管理條例)」를 비준했다. 러시아 식민당국은 통치기구의 정비와 규칙 제정을 바탕으로 조차지 내의 도시건설과 식민통치를 신속하게 전개해나갔다.

조차지 통치에 있어서 러시아의 가장 큰 목표는 부동항을 획득하여 태평양으로 나가는 입구로 삼는 것이었다. 러시아 식민당국은 항구를 중심으로 한 도시건설을 원칙으로, 같은 시기에 건설된 하얼빈(哈爾濱), 블라디보스토크, 상하이(上海), 톈진 등의 건설과정을 참고하여 조차지의 시정기능에 관한 계획을 수립했다. 당시 다롄 만 내의 항구 건설부지 및 도시 건설부지는 대부분이 미개간 상태였으므로, 식민당국의 의향대로 개발할 수 있는 여지가 있었다.

러시아는 다롄 항을 자유항으로 전 세계의 상선에게 개방하는 동시에,[7] 다롄 만의 칭니와(青泥窪) 일대에 도시를 건설하고 달니(Дальний)로 명명했다.[8] 식민당국은 항구와 도시 건설임무를 동청철도공사에 맡기고, 블라디보스토크의 계획 및 건설에 참여하여 항구와 도시 건설 경험이 풍부했던 러시아 교통부 소속 문관 사하로프를 수석 기사(技師)로 임명하여 다롄 항과 도시의 계획과 건설을 맡겼다.

러시아는 도시 건설 초기부터 다롄을 상업도시이자 군사기지, 해변휴양지의 종합체로 계획하고, 유럽 근대도시의 건축풍격과 근대 식민문화의 특색을 갖추도록 노력했다. 사하로프는 다롄 시내를 행정구, 유럽구, 중국구로 나누고, 유럽구를 다시 상업구, 시민구, 관리저택구로 나누었다. 상업구는 동쪽으로 부두와 연결된 평평한 지대로 각종 회사와 은행, 상점 등이 들어서 다롄 상업의 중심을 이룰 구역이었다. 시민구는 유럽계 회사와 상회의 하급직원과 중류 이하의 일반시민이 생활할 곳으로 계획되었다. 관리저택구는 면적이 좁고 도로가 구불구불한 지대였으나, 도심 및 항구와 떨어진 고즈넉한 구역이었다.[9] 시가의 구획과 더불어 동서를 잇는 주요 간선도로인 키예프 대로, 모스크바 대로, 상트페테르부르크 해안대로 등이 건설되었다. 모스크바 대로는 시내를 관통하는 도로서 시장 관저와 교회, 경찰국 등의 기관이 들어섰다. 러시아는 이처럼 주요 간선도로에 통치기관을 집중시켜 시가에 대한 통제를 강화하고자 했다.

이와 같은 사하로프의 설계는 뒤이어 업무를 인수한 스콜리모프스키에 의해 수정되었다. 그는 사하로프의 설계에서 지형 조건을 충분히 고려하지 않았기 때문에 발생할 수 있는 심각한 결함을 발견했다. 당시 뤼순과 다롄은 구릉 지형에 속했으므로 사하로프의 방식대로 시공하면 도로 내의 기복이 커질 수밖에 없었고, 시공의 난도로 인해 건설비용이 올라갈 뿐만 아니라, 현지 주민의 일상생활에 불편을 초래하고 도시 미관을 해칠 것이 예상되었다.

업무 인수 시 스콜리모프스키에게는 "최고의 상업항을 건설하고, 러시아 국내외에서 대량의 자본을 유치하는 동시에 저렴하고 순종적인 중국인노동자를 이용하여 다롄을 대형 공업도시로 건설"하고자 하는 계획이 있었다. 그는 상업항과 공업도시라는 두 가지 조건이 충족되어야지만 철도 건설비용의 부분적 회수가 가능하고, 영국과 미국의 막강한 상업무역과 일본의 염가 공업시스템에 맞설 수 있다고 보았다.[10] 스콜리모프스키는 이와 같은 명확한 목적을 바탕으로 사하로프의 계획에 수정을 가했다. 기존 설계에서 도시를 세 개 구역으로 나누는 부분은 그대로 두되, 구릉 지형을 극복하기 위해 구역의 경계와 범위를 조정했다. 점유면적 0.44평방킬로미터의 행정구는 오늘날의 성리 교(勝利橋) 북쪽을 경계로 구획되었다. 점유면적 4.14평방킬로미터의 유럽구는, 동쪽으로는 다롄 항, 서쪽으로는 서공원(西公園: 지금의

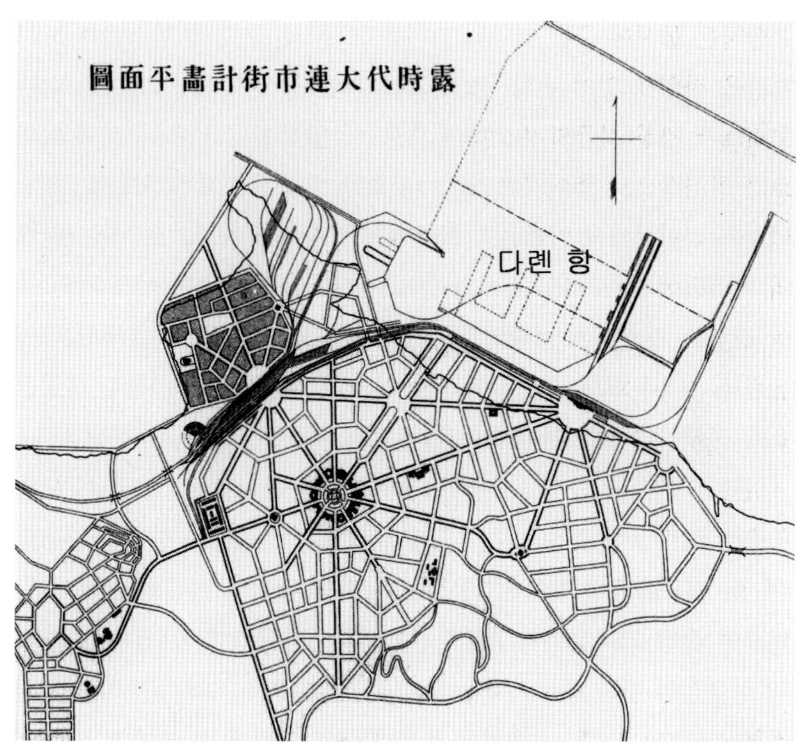

〈그림 1〉 러시아 식민시기의 다롄 시가 계획

· 출처: 『露時代大連市街計劃平面圖』, 日本國立國會圖書館 近代 Digital Library 게재 자료를 바탕으로 작성.

勞動公園)을 경계로 하며, 북쪽으로는 행정구와 성리 교, 남쪽으로는 남산(南山)과 접하는 교통이 편리하고 입지조건이 양호한 구역이었다. 중국구는 당초 방사상(放射狀) 형태로 설계되었으나 후에 격자 형태로 바뀌는 등, 행정구나 유럽구처럼 면밀하게 계획되지 못했다.

당시 유럽의 도시, 특히 파리의 도시 배치는 다롄 도시계획에 큰 영향을 주었다. 스콜리모프스키는 당시 유럽에서 유행하던 도시계획 사조인 광장(廣場)을 도시계획에 융합시켰다. 광장은 각 구역을 명확히 분할하는 동시에 구릉 지형의 기복을 보완하는 기능을 함으로써 도시 경관을 짜임새 있게 변화시켰다. 대표적인 광장은 직경 213미터의 니콜라예프 광장(지금의 中山廣場)으로, 이 광장을 중심으로 열 개의 대로가 방사상으로 뻗어나가 도시 내 교통 흐름에 중요한 역할을 했다. 러시아 식민시기의 다롄은 니콜라예프 광장에서 사방으로 뻗은 열 개의 대로들이 각 도로의 지선과 만나 환형도로를 이루며 여러 개의 소형 광장을 연결하는 형태의 소도시였다. 당시 다롄의 건축계획은 서유럽의 건축문화를 유라시아 대륙의 동쪽에 이식한 것으로, 다롄의 초기 도시골격을 구성했다.[11)]

다롄의 건축물에서도 유럽의 건축풍격을 확인할 수 있었다. 도시 곳곳에 프랑스식 건축물이 세워졌고 독일식 건축물도 상당수 존재했다. 이 건축물들의 문화유형은 비슷했지만 각각의 형태와 특징이 뚜렷하여 유럽 건축문화의 특징을 충분히 구현하고 있었다. 당시 다롄의 전형적인 건축물은 1900년에 착공된 건축면적 4,889평방미터의 시정청(市政廳)이었다. 시정청은 19세기 중엽 이래 흔히 보이던 고전 건축양식을 채용하여 건설한 벽돌 및 콘크리트조의 지상2층, 지하1층의 건축물로서, 안정된 형상과 치밀한 비율을 갖춘 르네상스건축 특유의 매력을 지니고 있었다.[12)]

다롄의 건축양식과 더불어 다롄의 도시문화 역시 모두 유럽식이었다. 앞서 살펴본 것처럼 러시아 식민당국은 러시아인의 거주구역을 유럽구라 칭하고, 중심 광장을 니콜라예프 광장이라 했으며, 주요 가로를 모스크바 대로, 키예프 대로라 명명함으로써 지명 속에 유럽과 러시아의 색체를 넣었다. 또한 러시아인들이 자유롭게 산책할 수 있도록 상트페테르부르크 해안대로를 설계하고, 방추이다오(棒槌島), 라오후탄(老虎灘), 푸자좡(傅家莊), 마란허(馬蘭河) 등의 해수욕장을 설계했으며, 요양원과 별장, 경마장을 건설하여 서양의 문명과 문화를 다롄에 이식하고자 했다.

이처럼 식민지 통치자들은 다롄을 '동방의 파리'로 건설하고자 했지만, 다롄은 식민지 침략문화의 관점에서 서양의 문화부호만을 따온, 서양 혹은 러시아 문화가 착근하지 못한 도시였으며, 심지어는 침략자의 병영이었다고 할 수 있다. 러일전쟁 직전 다롄 시내의 일반 주민의 수는 약 4만 4천 명 정도였으나, 다롄과 뤼순에 주둔한 러시아군인의 수는 6만 명을 넘었다.[13] 행정구의 구획과 성리 교의 배치에서도 군사적 기능을 중시한 러시아의 의도를 확인할 수 있다. 행정구는 배후에 바다를 두고 철로와 마주하고 있었다. 성리 교는 행정구와 시내를 연결하는 유일한 통로로 행정구에 대한 군사적 방어를 고려하여 설계된 것이었으며, 중국구의 공원을 차단하고, 항구와 기차역으로 통하는 전략적 요충지의 기능을 했다.

1904년 2월 6일 러일전쟁이 발발했다. 펑톈 회전(奉天會戰) 후 러일 양국은 각각 뤼순의 바이위 산(白玉山), 펑톈의 랑쑤 광장(浪速廣場: 지금의 瀋陽 中山廣場)에 전몰장병기념비와 일본승리기념탑을 세워 새로운 건축군을 창출했다. 이는 청일전쟁 중 일본군에 의해 목숨을 잃은 수많은 양민을 추모하기 위해 만든 만충묘(萬忠墓)나 일본 관동군이 수많은 양민을 학살했던 진저우 룽왕묘 만인갱(金州龍王廟萬人坑)에 대한 일본의 침묵과는 강렬한 대비를 이룬다.

러일전쟁에서 일본이 승리하면서 러시아와 일본은 1905년 9월 5일 미국 포츠머스에서 강화조약인 「포츠머스조약」을 체결했다. 러시아는 동 조약을 통해 조선에 대한 일본의 우월권을 승인하고, 일본이 조선에 취하는 어떠한 조치에 대해서도 방해하거나 간섭하지 않을 것을 확인했다. 또한 러시아는 관동주 조차권 및 관련 권익, 창춘(長春)과 뤼순 항 사이의 철도 간선과 지선, 탄광을 비롯한 철도에 부속된 모든 권리와 재산을 일본정부에 양도했다. 같은 해 12월 22일, 청은 일본과 「중일회의동삼성정약(中日會議東三省事宜正約)」을 체결하여 「포츠머스조약」을 통해 러시아가 일본국에 양도한 일체의 내용을 수락했다. 러일전쟁은 러시아와 일본이라는 두 제국주의 국가가 중국과 조선의 영토에서 진행한 약탈전쟁으로, 중국인과 조선인에게 심각한 재난을 초래했다.

Ⅲ. 일본 식민 초기 다롄의 도시건설

일본 식민시기 다롄의 도시계획 및 건설 과정은 크게 초기, 중기, 후기로 나눌 수 있다. 초기(1905~1919년)는 일본의 다롄 점령 직후부터 관동청(關東廳)이 설립될 때까지이고, 중기(1919~1931년)는 관동청이 설립된 이후부터 이른바 '만주사변(滿洲事變)'이 발발하기 이전까지이며, 후기(1931~1945년)는 '만주사변' 이후부터 일본이 연합국에 투항할 때까지이다. 일본 식민시기는 그 통치방식에 따라 다시 군정 시기(1904년 5월~1906년 8월), 관동도독부(關東都督府) 시기(1906년 9월~1919년 4월), 관동청 시기(1919년 4월~1934년 12월), 관동주청(關東州廳) 시기(1934년 12월~1945년 8월)로 나눌 수 있다.

식민 초기 일본은 주로 러시아가 제정한 계획을 기초로 도시구획을 조정하고 새로운 관리 기구를 설치하며 관리 체계를 만들어갔다. 러일전쟁이 종식되기 전부터 일본군은 이미 다롄에 대한 '행정관리'를 시작했다. 러일전쟁 중인 1905년 2월 11일, 일본의 랴오둥수비군사령부(遼東守備軍司令部)는 다롄의 당시 명칭, 즉 중국명 칭니와, 러시아

명 달니를 다롄(大連: 일본명 다이렌)으로 개칭했다. 일본은 러시아로부터 조차권을 넘겨받은 후에 관동주라는 명칭을 연용하고, 다롄과 뤼순을 중심으로 식민통치기구를 갖추어나갔다.

일본은 조차지에 대한 보다 광범위하고 공고한 통치를 위해 조차지 행정구역에 대한 새로운 계획을 수립하고 식민관리체제를 구축했다. 일본 대본영(大本營)의 의도에 따라 진저우에 랴오둥수비군사령부가 세워졌고(이후 다롄으로 이전), 진저우 군정서와 다롄 군정서, 뤼순 군정서가 잇따라 설치되어 랴오둥수비군사령부의 관리감독을 받았다. 랴오둥수비군사령부는 「랴오둥수비군행정규칙(遼東守備軍行政規則)」, 「랴오둥수비군행정규칙실시세칙(遼東守備軍行政規則實施細則)」을 반포했다. 「랴오둥수비군행정규칙」은 제1조에서 랴오둥수비군사령부에 군정장관 및 군정사무관 약간 명을 두어 군정사무를 관리할 것을 규정하고, 제5조에서 랴오둥수비군의 관할 지구를 러시아 조차지역(즉 다롄과 뤼순)과 그 밖의 지역으로 나눌 것을 명기했다. 제6조에서 러시아 조차지역은 다시 뤼순 정구(政區), 칭니와 정구 및 진저우 정구로 나뉘었고, 각 구역에는 관할 군정서가 설치되었다.[14]

1905년 6월 일본은 다롄의 행정관리를 강화하기 위해 관동주민정서(關東州民政署)를 설치할 것을 결정했다. 같은 해 9월 26일 일본은 다시 「관동총독부근무령(關東總督府勤務令)」을 제정하여, 랴오양(遼陽)에 조차지 내 일본 제국주의 최고 권력기관인 관동총독부(關東總督府)를 세웠다. 이어서 「군관서실시군관조례(軍管署實施軍管條例)」가 정식 공포되었다. 군관서는 관구 내 군사사무를 책임지고 현지주민을 보호하는 기관으로서, 군관 집행은 군사목적의 완성과 일본 권리의 보호, 현지주민의 발전에 중점을 두며, 이를 위해 군사사무를 지원하고 현지주민의 계발지도와 일본어교육에 힘쓸 것을 규정했다.[15] 해당

조례는 어떠한 수단을 사용해서라도 최종적인 '군사목적'을 완성하겠다는 일본의 의지를 반영한 것으로, 점령지에 대한 일본의 군사관치를 보다 용이하게 했다.

1906년 5월 일본은 관동총독부를 랴오양에서 뤼순으로 이전했다. 같은 해 7월에는 칙령 제196호 「관동도독부관제(關東都督府官制)」를 공포한 후, 9월 1일 관동총독부를 폐지하고 관동도독부를 설립했다. 이로써 일본의 다롄 식민통치에서 군사사무와 민정사무가 분리되었다. 동 관제는 관동도독의 직책, 관동도독부 기구의 설치, 행정구분 등에 대해 상세하게 규정했다. 먼저 관동도독을 두어 관동주를 관할하고, 남만주철도(南滿洲鐵道)를 보호감독하며, 남만주철도주식회사(南滿洲鐵道株式會社. 이하 만철)[16]의 업무를 감독하도록 했다. 도독은 친임직(親任職)으로 육군대장 혹은 육군중장 중에서 임명하도록 규정되었다. 관동도독부 아래에는 육군부와 민정부를 설치하고, 민정부 산하에 서무과, 재무과, 토목과, 경무과, 감옥서를 두었다. 또한 관동주를 세 구역으로 나누고 각 구역에 민정서를 두었으며, 도독 아래에 민정장관을 두어 통치구역의 일반 행정사무를 처리하도록 했다. 동 관제의 실시에 따라 통치수장의 명칭은 총독에서 도독으로 바뀌었으나, 실질적으로는 군정과 민정이 합치된 통치체제가 계속 시행되고 있었다.

일본은 다롄과 뤼순 침략 후, 공공연하게 조차지 밖의 땅에 침입했다. 일본은 독단으로 지역을 동서로 나누어, 푸란뎬(普蘭店)의 장자툰(姜家屯)에서 시작하여 동쪽의 다샤허(大沙河)까지 30여 개 촌락을 제3구로 구획하고, 다샤허에서 동쪽 잔쯔허(贊子河)까지의 90여 개 촌락, 다시 잔쯔허에서 동쪽 비류허(碧流河)까지의 30여 개 촌락을 제5구로 구획했다.[17]

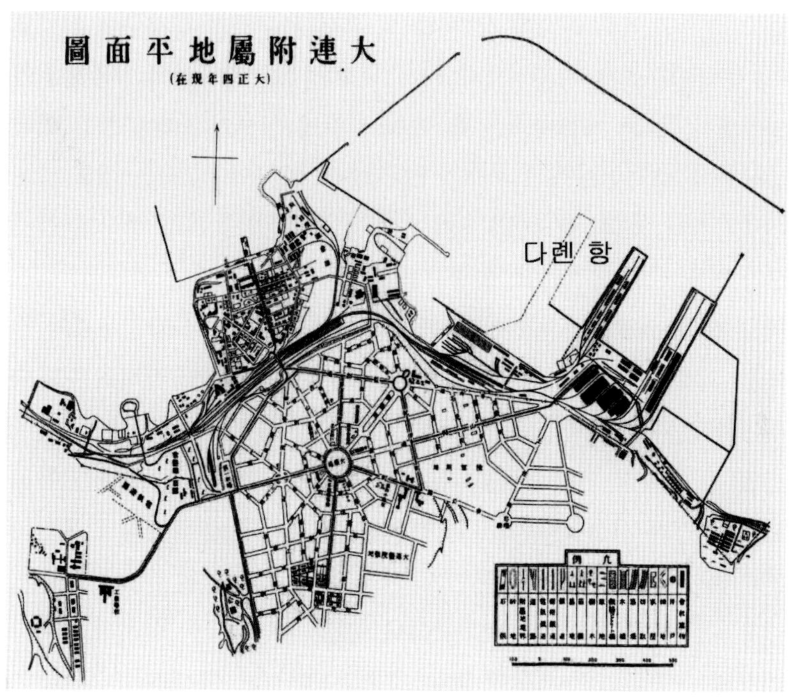

〈그림 2〉 1915년 다롄 시가

· 출처: 『大連附屬地平面圖(大正四年現在)』, 日本國立國會圖書館 近代 Digital Library 게재 자료를 바탕으로 작성.

일본은 다롄과 뤼순을 일본 제국주의의 확장을 위한 동아시아 내 중점도시로 건설하고자 했다. 1905년 4월 일본 식민당국은 「다롄전관지구설정규칙(大連專管地區設定規則)」을 공포했다. 해당 규칙에 따라 다롄 시내는 군용지구, 일본인거주구, 중국인거주구의 세 개 구역으로 나뉘었다.[18] 동 규칙은 러시아가 설정한 다롄의 도시기능과 기본 구조를 답습한 것으로, 러시아의 도시계획이 일본 식민 초기의 수요를 충족시켰음을 알 수 있다. 군용지구는 지금의 다롄 동역(東驛)과 중산 광장(中山廣場), 옌안루(延安路)가 교차하는 동쪽지구에 위치했다. 일본인구역은 러시아 식민시기의 유럽구 구간과 행정구에 위치했다. 중국인구역은 기본적으로 러시아 식민시기 중국인의 거주범위와 일치했다. 일본 식민당국은 동 규칙에 따라 일본인구역에 살고 있던 중국인을 중국인구역인 샤오강쯔(小崗子: 지금의 西崗區) 내로 강제 이주시켰다. 이후 중국인노동자와 소상인 및 기타 하층 중국인이 샤오강쯔 일대로 이주하고, 병원과 시장 등의 시설이 세워지면서 이 구역도 점차 번창하기 시작했다. 일본 식민당국은 시내 공장용지의 절약을 위해 새로운 공장구역을 개발하기로 결정하고, 샤허커우(沙河口) 일대를 공장구역으로 선택하여 소학교, 상점, 병원 등의 시설을 세웠다. 이처럼 일본 식민당국이 대규모의 인적·물적 투자를 통해 도시 구역과 시설을 구획하고 건설한 큰 목적은 중국인과 일본인의 혼주(混住)를 방지하여 일본인의 권익 일체를 보호하는 것에 있었다. 비록 중국인구역도 날로 번화했으나, 일본 식민당국이 실시한 민족분리정책은 중국인의 생활에 많은 고초와 재난을 가져왔다.

다롄의 초기 도시기능이 완성되면서 일본은 식민통치의 속도를 가속화했다. 1907년 4월에는 만철이 도쿄에서 다롄으로 본사를 옮겨 정식 영업을 시작했다. 관동도독부 고문과 만철 초대총재인 고토 신페이(後藤新平)의 지휘 아래에, 관동도독부 토목과의 마쓰무로 시게미쓰(松室重光)와 만철 지방부 건축과 과장(小野木孝治)이 중심이 되어 1906년의 시가 건설계획에 수정을 가했다. 새로운 도시계획은 1905년 이후 일본인 이민의 격증에 따라 앞서 설정한 전관지구가 도시의 발전 수요를 충족시키지 못하게 되었음을 인식하고, 조차지를 뤼순 행정구와 다롄 중심구의 양대 부분으로 나누었다. 뤼순 행정구는 관동도독부를 중심으로 한 행정사무구역과 룽허(龍河)를 경계로 나눈 그 밖의 구역을 중심으로 계획되었다. 다롄중심구는 도시 기능과 인종(민족)에 따라 항만구역, 상공업구역, 혼합구역, 거주생활구역, 관광휴양구역으로 나누어졌다. 상업구역은 지금의 중산 광장과 요우하오 광장(友好廣場) 및 톈진제(天津街) 일대의 약 4,356,000제곱미터였다. 혼합구역은 지금의 라오둥 공원(勞動公園)의 서쪽에서 위징 상무구(裕景商務區)에 이르는 약 3,656,500제곱미터의 구역이었다. 거주생활구역은 남산, 샤허커우와 라오둥 공원의 동쪽 구역으로, 총면적은 약 1,237,500제곱미터에 달했다. 공업구역은 주로 샤허커우와 마란허(馬欄河) 동쪽 일대의 구역으로 약 897,400제곱미터에 이르렀다.[19)]

일본은 도시건설과 동시에 자국민의 이식을 통한 경제수탈을 기도하며 다양한 계획과 정책을 추진했다. 1905년 9월 1일 일본 식민당국은 일반 일본인의 자유도항과 다롄 이주를 허가했다. 1929년 만철은 천만 엔(円)을 투자하여 일본 농업이민을 추진했고, 1936년에는 '20년 백만 호'의 이민계획을 통과시켰다. 이러한 흐름 속에서 다롄의 일본 이민은 1915년 38,428명에서 1941년에는 187,951명으로 증가했고, 이들을 수용할 도시계획면적도 러시아 식민시기의 10배에 달하는 416평방킬로미터로 확장되었다. 도시에는 도로, 급배수시설, 가스, 교통, 전기통신과 상업서비스체계가 구축되었다. 특히 일본인 거주구역에는 여유 있고 고요한 환경에 녹지공간이 많았으며 넓게 트인 가로에 정원식 건축이 저밀도로 분포하고 있었다.[20)] 새롭게 건설된 서부 구역은 격자식 구도가 주를 이루었고, 곳곳에 정부기구, 일본인공장과 상점, 문화시설이 들어섰다.

러시아와 일본의 도시계획은 기초시설이 완비되고, 도로가 넓고 교통이 편리하며, 공간 분할이 비교적 자유로운 근대 상공업도시의 발전요구에 부합하는 문화적 특성을 지니고 있었다. 그러나 도시계획의 목적이 중국인에 대한 침략과 수탈, 억압을 통해 자국 세력을 부식하는 것에 있었으므로 식민문화의 특성을 극복하기 어려웠다.

일본 식민당국은 다롄을 제국주의 침략 '성취'의 모범으로 내세우기 위하여 거액을 투자하여 상징적인 공공건축물을 건설했다. 이들 공공건축물 중 가장 먼저 착공한 것이 오히로바(大廣場: 러시아 식민시기의 니콜라예프 광장, 지금의 중산 광장) 주변의 건축군인 이른바 '8대 건축'이었다. 일본 건축사들은 서양의 건축양식과 동아시아의 전통건축양식을 융합한 절충주의 건축군을 설계하여, 광장 주변을 엄격한 규격에 맞춘 입체건축공간으로 조성했다. 1909년 완공된 다롄 민정서는 고딕 리바이벌의 풍격이 농후한 건축물이었다. 1910년 준공한 요코하마 정금은행(橫濱正金銀行) 다롄 지점의 건물(지금의 中國銀行 遼寧省 分行)은, 르네상스양식과 비잔틴양식을 혼합한 건축풍격을 지녔다. 같은 해에 완공된 대청은행(大淸銀行: 지금의 中信實業銀行 大連

〈그림 3〉 일본 식민시기 오히로바와 주변의 가로망

· 출처: 新光社 編(1930), 『世界地理風俗大系 第一卷』, 新光社, 135쪽.

中山廣場 支行)은 19세기에 유행했던 절충주의식 건축풍격을 지니고 있었다. 1913년에는 다롄 중요특산물거래소(大連重要特産物取引所: 지금의 五金鑛産進出口公司) 건물이 완성되었다. 1914년에는 야마토 호텔(大和ホテル: 지금의 大連賓館)이 준공되었다. 바로크식 건축풍격을 지니고 있던 야마토 호텔은, 근대적 표준을 갖춘 당시 중국 동베이 지방 제일의 호화 서양식 호텔이었다. 1919년에는 일본식 건축풍격과 유럽식 건축풍격이 절충된 다롄 시역소(大連市役所: 지금의 中國工商銀行 大連 分行)가 준공되었다. 같은 시기에 낙성된 조선은행(朝鮮銀行: 지금의 中國工商銀行 中山廣場 支行)은 르네상스식 건축풍격을 갖추었다. 이보다 조금 늦은 시기에 준공된 다롄 체신국(大連遞信局: 지금의 大連郵政局)은 일본식 건축풍격과 유럽식 건축풍격을 절충한 건축풍격을 갖추었다.[21] 일본 식민당국은 오히로바에 이어 지금의 런민루(人民路), 스지제(世紀街), 루쉰루(魯迅路) 양쪽에 중점건축물을 부분적으로 배치했다. 이 시기에 등장한 상징적 건축물이 1907년 완공된 만주일일신문(滿洲日日新聞) 건물, 1910년에 완공된 만철본사, 1911년에 완공된 만철도서관, 1916년에 완공된 다롄박애의원(大連博愛醫院), 1917년에 완공된 신명여자고등학교(神明女子高等學校)와 만철중앙시험실, 뤼순 관동도독부의 만몽물산관(滿蒙物産館), 1920년 완공된 다롄 부두사무소 등이다. 이들 건축물은 지금까지도 높은 건축적 가치를 자랑하며, 다롄의 역사건축박물관과 같은 기능을 하고 있다.

Ⅳ. 일본 식민 중후기의 도시건설

일본 식민 초기와 비교하여, 중후기의 도시계획은 다롄을 동아시아의 주요 도시로 건설한다는 목표에 따라 뚜렷한 연속성을 띠면서 보다 전면적이고 완비된 성격을 갖추고 있었다. 관동주의 도시 수요를 충족시키기 위하여 일본 식민당국은 먼저 식민통치기구를 조정했다. 1919년 4월 12일, 일본정부는 칙령을 반포하여 관동도독부를 폐지하고 관동청관제(關東廳官制)의 실시를 공포했다. 동시에 관동도독부에 예속되어 있던 육군부는 분리되어 관동군사령부(關東軍司令部)로 독립했다. 이로써 일본은 행정기관인 관동청(뤼순 소재)과 군사기관인 관동군사령부(뤼순 소재)를 통한 완전한 군민분치제(軍民分治制)를 수립했고, 행정과 군사 양 방면에서 새로운 식민통치를 실행하게 되었다. 1930년 10월, 일본 식민당국은 식민통치의 수요에 따라 관동주를 다시 뤼순, 다롄, 진저우, 푸란뎬, 피쯔워(貔子窩)의 다섯 개 행정구로 나누고, 관동청 민정부가 직접 각 행정구의 지방행정업무를 지도 감독했다.

1934년 12월 일본정부는 칙령 348호를 반포하여, 주만주국(滿洲國) 일본대사관에 관동국을 설치하고, 관동군사령관이 대사와 관동국장관을 겸임하도록 규정했다. 관동주에는 관동주청(關東州廳)을 설립하고 관동주청장관을 두어 관동국 최고수장의 지휘 아래에 관동주 내의 행정사무를 관장했다. 1937년 5월에는 관동주청을 뤼순에서 다롄으로 이전했고, 같은 해 12월에는 다롄 민정서가 폐지되고 다롄 시는 독립 지방행정기구가 되었다.

식민기구에 대한 조정과 동시에 식민당국은 다롄과 뤼순에 대한 시제행정을 조정했다. 초기 다롄 시의 시정구역은 다롄 시가, 샤오강쯔,

스얼거우(寺兒溝) 일대였다. 1921년 다롄 민정서는 시정행정구역을 31개 정구(町區)로 나누고, 이후에 33개 정구로 확대했다. 1924년에는 헤이스자오(黑石礁) 일부와 라오후탄을 시구로 편입했다. 뤼순 시의 시정구역은 뤼순 전체를 포괄하고 있었다. 식민당국은 당초 이곳에 14개 정구를 설치했으나, 1937년에는 76개로 늘어나 있었다.

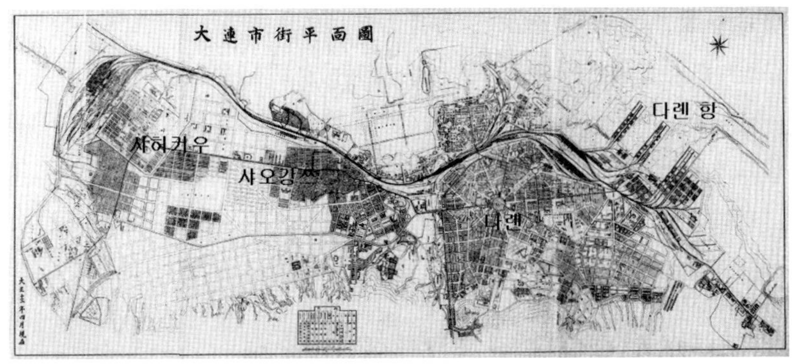

〈그림 4〉 1924년 다롄 시가

· 출처: 『大連市街平面圖(大正十三年四月)』, 日本國立國會圖書館 近代 Digital Library 게재 자료를 바탕으로 작성.

도시 개발에 따라 인구가 계속적으로 증가하면서 도시의 규모가 점차 인구 증가세를 따라가지 못하는 상황이 벌어졌다. 1919년 식민당국은 도시를 확장하기로 결정하고, 러시아 식민시기에 제정된 도시계획에 당시 유행하던 구미 도시계획의 선진이념을 융합하여 주택구역, 공장구역, 혼합구역, 상업구역의 네 개 구역을 구획했다. 식민당국은 확충된 서부 구역의 건설 과정에서 지형 등을 고려하여 광장을 중심에 두는 건설방식을 핵심으로 삼되, 동부의 광장을 중심으로 한 방사상 형태의 도로건설과는 달리, 광장과 격자형 도로를 조합한 방식을 채용하여 구역의 이용률을 크게 향상시켰다. 도시규모의 확대에 따라, 식민당국은 다롄의 건설 방침과 건설 정위(定位)를 조정했다. 1919년부터 진행된 도시시가계획은 1931년 '만주사변' 전에 기본적으로 완성되었다. 지금의 라오둥 공원 북부와 톈진제 일대가 상업구역이 되었고, 중산루(中山路) 이남과 남산 주택가 일대가 상업 및 주택의 혼합구역이 되었다. 또한 지금의 샤허커우에서 시강쯔(西崗子), 링첸(岭前) 등지가 시구건설구역으로 편입되었다.

1930년 3월 관동청은 「다롄도시계획위원회규칙(大連都市計劃委員會規則)」을 근거로 도시계획을 위한 자문기구로서 다롄도시계획위원회를 설립했다. 동 위원회는 도시자연환경, 도시기초시설, 공공사업 등의 항목을 전면조사하여 통계와 분석을 도출하고, 도시계획 제정 및 실시를 위한 준비 작업을 진행했다. 또한 수차례에 걸친 회의와 토론을 통해, 초보적인 도시발전계획방안, 즉 헤이스자오 부근지구계획방안, 스얼거우 부근지구계획방안, 간징쯔(甘井子) 부근도로계획방안, 샤쟈오허쯔(夏家河子) 부근도로계획방안, 창판 교(常盤橋: 지금의 青泥窪橋) 부근교통완화규칙방안, 다롄 역 이전 및 상응가로계획방안, 간선도로계획방안, 기능에 따른 구역구획계획방안 등을 제정했다.[22] '만주사변' 이후에도 일본 식민당국은 여전히 다롄을 '만주 경영의 근거지'로 중시하면서, 다롄 항을 자유항으로 건설한다는 방침을 견지하는 동시에, 만철을 중심으로 '다롄중심주의(大連中心主義)' 정책을 실시했다. 항구 무역이 계속적으로 번창하면서 다롄 경제의 성장을 촉진하고 이에 연동하여 도시 인구가 급격하게 팽창하자, 일본 식민당국은 장기적이고 안정적인 식민통치를 위해 재차 상세한 도시계획을 제정했다. 1936년에는 총체적인 도시계획방안을 세워 인구 백만 명을 수용할 수 있는 도시건설을 목표로, 도시의 범위를 창판챠오를 중심으로 한 면적 4,159,600제곱킬로미터로 확정했다.[23] 1930년대 중반 이후 일본 식민당국은 도시의 범위를 계속 확대하는 동시에, 샤허커우와 스얼구 일대 등 구도심에 대한 개조를 실시했다. 그러나 중일전쟁과 아시아태평양전쟁의 발발로 인해 상술한 도시계획들은 완전히 실현되지는 못했다.

일본은 다롄을 점령한 후, 러시아 식민시기의 가(街)나 로(路) 등의 명칭을 수정하고, 통치수요와 문화풍속에 따라 도로를 새롭게 명명했다. 1920년 7월, 다롄 민정서장은 새로운 시가명을 확정했다. 철도 선로를 향하거나 비스듬히 놓인 가로는 도오리(通)라고 하고, 철도 선로와 평행하는 가로를 초 또는 마치(町)라고 했으며, 비교적 긴 도오리 혹은 초 안에 초메(町目)를 부설했다. 지도상에서 확인하면 도오리는 선상(線狀)의 도로개념으로 지금의 루(路)에 상당하고, 초는 편상(片狀)의 도로개념으로 장방형의 기하하적 형태를 띠고 있음을 알 수 있다.[24]

러시아 식민시기와 일본 식민시기의 도시계획은 도로 설계 방면에서 큰 변화가 있었다. 일본 식민당국은 광장과 방사상 도로의 조합으로 이루어졌던 기존의 도로 설계를 광장과 격자형 도로의 조합으로 바꾸었다. 특히 새롭게 확장한 서부의 가로 설계에서 격자형 가로망에 대각선의 간선도로를 조합하는 방식을 대대적으로 채용했다. 이러한 변화로 인해 다롄 시의 동부와 서부에는 서로 완전히 다른 풍격의 도로 형태가 출현하게 되었다. 1906년 착공한 야마가타도오리(山縣通: 지금의 中山路 동단과 人民路)는 일본 식민당국이 가장 먼저 착공한 특급도로로서, 오히로바 등 세 개의 원형광장과 이어져있었다. 1907년부터 그 밖의 간선 및 지선도로가 연이어 건설되었다. 1914년에는 구도심의 주요간선도로가 기본적으로 완성되었고, 1915년부터는 샤오강쯔 구역의 도로 건설에 착수하여 1920년대 중반에는 기본 간선도로망이 형성되었다. 구도심과 달리 샤오강쯔 구역의 많은 지선도로는 중국인 상공업자가 자발적으로 건설한 것으로, 경제적 실력의 한계로 인해 다수의 도로가 구도심에 비해 협소했다.

일본 식민당국은 또한 다롄의 도시기능을 확대하기 위하여 다롄 시내에서 교외로 통하는 도로를 건설했다. 1921년부터 3년 동안 135만 엔의 자금을 들여 해안선을 따라 다롄과 뤼순 간 도로('南線')를 건설했는데, 이는 랴오닝 성 최초의 아스팔트도로였다. 그밖에도 다롄에서 진저우와 피쯔워, 진저우에서 청쯔탄(城子坦) 등에 이르는 지선도로를 건설했다.

일본 식민당국은 교통운수산업에도 큰 힘을 쏟았다. 다롄 시내를 달리는 최초의 자동차는 1910년에 등장했다. 1923년에 이르러 다롄 지역에는 이미 229대의 자동차가 있었다.[25] 1909년에는 부두와 다롄 시가 사이 2.45킬로미터의 노면전차 선로가 운영에 들어갔고, 다음 해에는 샤허커우까지 선로를 연장했다. 1911년에는 베이허커우(北河口)와 지금의 싱하이 공원(星海公園) 간에 노면전차가 개통되면서, 노면전차를 주요교통수단으로 하는 다롄의 초기 공공교통체계가 형성되었다.

일본 식민시기 외래문화건축군은 한층 확대되었고, 전통 건축군은 주로 샤오강쯔, 간징쯔와 산지의 교통이 불편한 구역에 보존되었다. 1905년 지어진 쇼토쿠 태자당(聖德太子堂)은 900제곱미터의 면적에 당조(唐朝) 건축양식이 뚜렷한 전형적인 일본 고대궁전의 건축풍격을 띠고 있었다.[26] 1915년 건축면적 1,282제곱미터로 지어진 다롄 서본원사(西本願寺)는 고대 불교문화사원의 풍격을 지닌 대표적인 건축물로서, 중국 명식(明式) 사원 풍격의 건축물이었다.[27] 두 건축물은 모두 일본건축문화와 중국고대건축문화의 관계를 체현하고 있었다. 한편 1920년대 이후부터는 새로운 사조인 모더니즘 건축풍격의 영향에 따라 다롄 도시건축의 풍모에도 뚜렷한 변화가 발생했다. 이 시기의 상징적인 건축물로는 1920년에 지어진 다롄 해관장관관저(大連海關長官官邸: 지금의 南山路 大連市政協), 1922년에 지어진 남만주공업전문학교(지금의 大連理工大學化工學院), 다롄 상업학교(지금의 大連一中), 1926년 완공된 만철병원(지금의 大連大學附屬醫學院), 1929년 완공된 다롄 우편국 신청사(지금의 大連 勝利橋郵政局), 1930년에 지어진 랴오둥 여관(遼東旅館: 지금의 大連飯店), 관동주지방법원(지금의 人民廣場 大連中級人民法院), 1935년 준공된 동양척식주식회사(지금의 中山廣場 交通銀行 大連 支行), 다롄 적십자병원(지금의 長春路 大連醫科大學附屬第一醫院), 1937년에 완공된 관동주청 청사(지금의 人民廣場 大連市人民政府) 등이 있다. 이들 건축물 중에서 대표성을 띤 것은 만철병원과 다롄 역 및 관동주청 청사였다. 어떤 학자의 말을 빌리자면 1920년대 이후 다롄은 모더니즘 건축의 대거 출현으로 인해 고전주의와 모더니즘 문화가 어울리며 혼재하는 도시경관을 갖추게 되었다.[28)]

일본 식민당국은 공원과 휴양지의 건설에도 박차를 가했다. 러시아 식민시기에 이미 서공원과 북공원(北公園: 지금의 北海公園), 뤼순 공원(旅順公園)이 건설되어 있었다. 일본 식민당국은 서공원을 쥬오 공원(中央公園)으로 개명하고 원내를 개조했으며, 서부 구역의 비교적 높은 지대에 쇼토쿠 공원(聖德公園: 지금의 中山公園)을 건설했다. 식민당국은 쥬오 공원을 개조하면서 원내에 전망대를 설치하여 다롄 시 전체의 면모와 다롄 항을 한눈에 관망할 수 있도록 했고, 쇼토쿠 공원의 고지에서도 동쪽 및 서남쪽 방향으로 바다를 볼 수 있었다. 러일전쟁의 전승자들이 공원의 고지에서 승전의 '과실(果實)'을 부감하는 것은, 다롄이라는 유럽식 도시가 그들에게 제공할 수 있는 절호의 여가 방식이었음은 말할 필요도 없을 것이다. 1909년 만철은 호시가우라

(星が浦: 지금의 星海公園)지구를 건설했다. 1920년에는 남산 공원(南山公園: 지금의 大連植物園)을 건설하고, 1929년에는 뤼순 동물원을 건설했다. 그밖에 라오후탄, 샤쟈허쯔, 뤼순 황진산(黃金山) 등 해수욕장을 개발했다. 다롄과 뤼순을 잇는 도로 양쪽에는 팔경(八景: 黑石礁, 小平島, 龍王塘, 白銀山 등)의 표기를 설치했다.

일본 식민당국은 사회체육활동을 매우 중시하여, 다롄의 체육시설은 수량과 규모 면에서 중국 둥베이 지방 내 최고 수준에 있었다. 식민당국이 건설한 최초의 체육시설은 1907년 완공한 무도관이었다. 1912년 이후부터는 다롄 시 중심과 샤허커우에 검도장, 유도장, 야구장, 테니스장 등을 만들었다. 1914년 호시가우라 부근에 둥베이 지방 최초의 골프장이 만들어졌고, 1923년에는 저우수이쯔 경마장(周水子競馬場)이 만들어졌다. 1925년 식민당국은 뤼순의 타이양거우(太陽溝)에 종합체육장을 지었고, 1926년에는 만철의 출자로 다롄 탄쟈툰(譚家屯: 지금의 人民體育場)에 종합운동장을 지었다. 1933년에는 식민당국의 투자로 쥬오 공원을 증축하여 양궁장, 경식테니스장, 야구장, 스모장을 증설했다. 이렇게 1945년까지 다롄에 만들어진 대형 공공체육시설은 60개가 넘었다.

일본 식민당국은 제2차 세계대전에서 패전하여 투항할 때까지 다롄의 장기 점령을 기도하며 도시계획과 건설에 힘을 쏟았고, 다롄 항은 일약 잉커우 항(營口港)을 넘어 중국 둥베이 지방의 주요 수출입화물항이자 세계적인 무역항이 되었다. 그러나 다롄의 이러한 발전은 식민통치 아래, 민족과 계층에 따른 차별구도 속에서 이루어지고 있었다. 일본 식민시기 다롄 시 총인구의 25%를 점하고 있던 일본인은 도시주택면적의 60%를 차지하고 있었다. 광장과 공원은 모두 일본인거주구역 내에 있었고, 공원 입구에는 중국인 육체노동자, 즉 쿨리(苦力)는 입장할 수 없다는 팻말이 걸려있었다.[29] 일본인의 대거 이민으로 다롄에는 일본 자본 중심의 상업번화가가 형성되었다. 그 대표적인 장소가 구도심의 나니와초(浪速町: 지금의 天津街)와 이와키초(磐城町: 지금의 天津街 서단)였다. 상업의 발전과 더불어 이 일대의 지가와 임대료가 폭등하자 자금력이 부족했던 일본 영세 상인들은 그곳에서 퇴거하여 지가와 임대료가 낮은 곳으로 이동할 수밖에 없었다.[30]

한편 중국인주민의 거주환경과 생존공간은 더욱 협소하고 열악했다. 중국인주민의 대다수는 열악한 환경의 산지에 살았는데, 특히 중국인노동자의 집거지인 스얼거우의 치웅한링(窮漢岭), 랑워(狼窩), 홍팡쯔(紅房子: 福昌公司의 중국인노동자수용소인 碧山莊의 별칭) 등의 환경은 더욱 열악했다. 최대 만 오천 명의 노동자를 수용할 수 있었던 홍팡쯔는 삼만여 명의 중국인노동자들로 꽉 차 있었고, 총 오만여 명에 달하는 노동자들이 열악한 노동환경과 거주환경으로 인해 고통을 받고 목숨을 잃었다. 인력거꾼의 집거지인 샤오차다위안(小車大院)에는 20제곱미터 정도의 집에 20~40명의 인력거꾼이 살았고, 가족동반 인력거꾼의 주택은 6제곱미터에 지나지 않았다. 샹루쟈오(香爐礁) 빈민촌에는 만여 명의 노동자가 도살장과 쓰레기장으로 둘러싸인 황무지에 다년간 대형 천막을 친 채 거주했다. 일본인 영세 상인의 이동과 중국인의 거주지에 관해서는 이 책에 수록된 「식민지도시 다롄과 주민의 생활공간」(권경선 · 사카노 유스케)에 보다 구체적으로 서술되어 있으므로 참고하길 바란다.

Ⅴ. 나오며

러시아와 일본의 다롄 건설은 뚜렷한 목적 아래 장기적인 계획을 바탕으로 절차 있게 진행되었다.

러시아는 극동지역에 부동항을 획득하고 항구를 중심으로 하는 도시를 건설함으로써 현지 자원을 수탈하고 자국의 패권을 실현할 수 있는 기지를 구축하고자 했다. 러시아는 각고의 노력을 기울여 지리적 위치가 우월하고 시베리아 철도와 연접할 수 있는 다롄을 부지로 선택했다. 러시아 식민당국은 다롄의 도시건설과 관리 과정 중, 면밀한 설계를 통해 식민지 경영상의 요구를 도시계획에 유기적으로 결합시키고, 현지의 지형적 특성을 고려하여 도시구획과 관리를 진행했으며, 유럽에서 유행하고 있던 건축 사조를 도시 건축 속에 녹여 넣고자 했다. 그러나 다롄과 뤼순을 극동과 전 세계를 잇는 무역 중심지로 건설하고자 했던 러시아의 의도는 러일전쟁의 발발로 저지되었다.

이어서 이 지역을 점령한 일본은 러시아의 시정계획과 야심을 이어받았다. 시간이 흐르면서 러시아의 도시계획과 건설방침이 점차 지역발전의 수요를 충족시킬 수 없게 되자 일본 식민당국은 도시의 범위를 확대하고 도시건설을 가속화했다.

이처럼 러시아 식민시기와 일본 식민시기 다롄은 근대도시로서의 체계를 갖추었다. 각 시기별 도시계획과 건설 활동은 도시의 기초를 만들었고, 다롄은 이를 바탕으로 쾌속 발전의 단계에 진입할 수 있었다. 다롄은 같은 시기 중국의 다른 도시들과 비교하여, 선진적인 도시의 설계이념과 시설을 갖추고 있었다. 다롄의 도시기능과 구역배치는 합리적이었고, 필요시설이 완비된 상공업구역과 주민거주구역은 지속적인 발전이 가능한 공간으로 전망되었다.

그러나 이러한 다롄의 발전이 식민세력의 자원 수탈과 중국 인민에 대한 억압과 착취의 기초 위에서 이루어진 것이었음을 간과해서는 안 될 것이다. 즉 식민시기 동안 이루어진 다롄의 급속한 발전은 동아시아에 식민 거점을 건설하여 극동에서 전 세계로 세력을 확장하고자 했던 러시아의 목적과, 중국 둥베이 지방을 자원의 수탈지이자 자국 상품의 시장으로 확보하고 나아가 중국 전체를 침략하여 소위 '대동아전쟁'을 발동하고자 한 일본의 목적과 분리해서 생각할 수 없다. 장기간 다롄을 통치한 일본은 러시아를 대체한 세력이었으나, 실질적으로는 근대 다롄 건설의 주체로서 다롄을 동북아시아 내 주요도시로 만들었다. 그러나 당시 다롄의 발전과 번영은 군사적 실력을 등에 업고 식민통치를 수단으로 삼은 일본 제국주의가 중국을 야만적으로 침략하는 과정 중에 만들어진 기형적인 것이었으므로, 다롄은 시종 식민지도시의 특징에서 벗어날 수 없었다.

장샤오강 | 다롄대학 교수

▣ 주

1) 蔣耀輝(2013), 『大連開埠建市』, 大連出版社, 2쪽.
2) 維特伯爵著, 肖洋 · 柳思思譯(2011), 『維特伯爵回憶錄』, 中國法制出版社, 60~61쪽.
3) 張蓉初譯(1957), 『紅檔雜志有關中國交涉史料選譯』, 三聯書店, 190~194쪽.
4) 孫寶田編著(2008), 『旅大文獻征存』, 大連出版社, 103~ 104쪽.
5) 孫寶田編著(2008), 앞의 책, 104~105쪽.
6) 『1900-1901年關于關東州統治狀況一阿列克謝耶夫總督上奏文』, 1쪽.
7) 상동, 5쪽.
8) 淺野虎三郎(1936), 『大連市史』, 大連市役所, 29쪽. 오늘날의 다롄 시는 바로 이칭니와 촌(青泥洼村)에서부터 시작된 것이다. 러시아인은 모스크바와 상트페테르부르크에서 멀리 떨어진 머나먼 곳이라는 의미에서 달니라는 이름을 붙였다.
9) 淺野虎三郎(1936), 앞의 책, 113~116쪽.
10) 蔣耀輝(2013), 앞의 책, 145~148쪽.
11) 闇保平(2003), 「論"大大連"本土文化理念的形成與發展」, 『大連大學學報』 2003年第3期.
12) 宋增彬主編(2003), 『大連老建築』, 新華出版社, 44쪽.
13) 顧明義等主編(1991), 『大連近百年史(上)』, 遼寧人民出版社, 142쪽.
14) 淺野虎三郎(1936), 앞의 책, 223~232쪽.
15) 滿史會編(1988), 『滿洲開發四十年史(下卷)』, 新華出版社, 400쪽.
16) 만철은 1906년 6월 7일 칙령 142호에 의해 설립이 명해진 후, 같은 해 11월 26일 도쿄에 본사를 두고, 다롄에 중국 총부를 두며 영업을 시작했다. 초기에는 총무부, 운수부, 광업부, 부속지행정부의 네 개 부를 두었다가, 정식영업을 시작한 달에 총재 직속의 조사부를 설치했다. 만철은 표면상으로는 하나의 주식회사처럼 보였으나, 실제로는 일본의 국책회사로 중국 내 일본의 최대 독점조직이자 식민기구였다.
17) 大連通史編纂委員會編(2010), 『大連通史(近代卷)』, 人民出版社, 448쪽.
18) 淺野虎三郎(1936), 앞의 책, 652쪽.
19) 大連市役所編(1941), 『大連市政概要』, 5쪽.
20) 闇保平(2003), 앞의 논문.
21) 중산 광장 주변에 출현한 이들 건축군은 20세기 초 중국 둥베이 지방 내 최고 수준의 건축설계와 건조기술을 자랑했다. 중국국가문물부문(中國國家文物部門)은 이들 건축군을 중점문물보호단위(군)로 지정, 공포했다.

22) 郭鐵樁, 關捷主編(2008), 『日本殖民統治大連四十年史』(上册), 社會科學文獻出版社, 577쪽 ; 蔣耀輝著(2013), 앞의 책, 275~282쪽.

23) 淺野虎三郎(1936), 앞의 책, 657쪽.

24) 大連市城市建設檔案館, 大連市地名辦公室(2004), 『解讀大連市區道路名稱』, 大連出版社, 14쪽.

25) 曲曉範(2001), 『近代東北城市的曆史變遷』, 東北師範大學出版社, 168쪽.

26) 쇼토쿠 태자당은 일본 아스카 시대(飛鳥時代)의 적극적인 개혁가 쇼토쿠 태자를 기념하기 위해 건축한 것으로, 일본의 '천황' 숭배와 밀접한 관련이 있었다.

27) 宋增彬主編(2003), 앞의 책, 203쪽.

28) 曲曉範(2001), 앞의 책, 173쪽.

29) 閻保平(2002), 「論大連廣場的曆史文化與發展趨向(上)」, 『大連大學學報』 2002年 第1期.

30) 顧明義等主編(1991), 『大連近百年史(下)』, 遼寧人民出版社, 943쪽.

2.
일본 제국주의 시기 다롄의 식민통치기관과 사법제도

진완훙(金万紅)

Ⅰ. 들어가며

1895년 청일전쟁에서 패한 청(淸)은 일본과 「시모노세키조약(下關條約)」을 체결했다. 동 조약에는 청이 일본에 은화 2억 냥의 전쟁배상금과 함께 타이완(臺灣) 섬과 펑후 열도(澎湖列島) 및 랴오둥 반도(遼東半島)를 넘겨준다는 조항이 포함되어 있었다. 「시모노세키조약」의 체결은 서방 열강들의 중국 내 세력 확장에 걸림돌이 되었다. 특히 중국 둥베이 지방에 대한 러시아의 이익을 저해하게 되자, 러시아는 프랑스, 독일과 함께 일본을 견제했고, 일본은 이들 삼국의 간섭으로 조약 체결 6일 만에 랴오둥 반도의 반환에 동의해야만 했다. 이로써 청은 랴오둥 반도 반환의 대가로 은화 3천만 냥을 일본에 추가 지급하게 되었다.

일본의 랴오둥 반도의 반환에 공이 있음을 자처한 러시아는, 1898년

3월 청을 협박하여 베이징(北京)에서 「뤼순다롄만조지조약(旅順大連灣租地條約)」을 체결하고, 같은 해 5월 상트페테르부르크에서 「속정뤼다조지조약(續訂旅大租地條約)」을 체결했다. 이로써 러시아는 25년간 다롄 지역을 점거하고 사용할 권리를 취득하게 되었고, 뤼순 항은 러시아의 해군기지가 되었다. 1898년 러시아 황제 니콜라이 2세는 뤼순, 다롄, 피쯔워(貔子窩), 진저우(金州), 푸란뎬(普蘭店) 등의 지역을 관동주(關東州)[1]로 명명했다. 또한 예브게니이 이바노비치 알렉세예프를 초대 관동주총독으로 임명하고, 관동주 내에 육군부, 해군부, 민정부, 재정부의 4부를 설치했으며, 다롄 지역을 상술한 다섯 개의 행정구역으로 나누어 통치했다.[2]

러시아의 뤼순 및 다롄 점령은, 중국 둥베이 지방을 선점하고 나아가 중국 대륙 전체를 넘보려는 일본의 침략 의도와 전면적으로 충돌했다. 1904년 2월 8일, 일본은 영국과 미국의 지지 아래 뤼순 항에 정박한 러시아함대에 포격을 가했고, 러일전쟁이 발발했다. 전쟁은 러시아의 패배로 귀결되었다. 1905년 9월 5일, 「포츠머스조약」을 통해, 러시아는 뤼순과 다롄 만 및 부근 영토와 영해, 조차지 내의 모든 권리와 재산을 일본에 양도하게 되었다. 1905년 12월 22일, 일본은 청을 협박하여 「중일회의동삼성사의조약(中日會議東三省事宜條約)」 및 부속협약을 체결했고, 청이 「포츠머스조약」의 권리양도를 승인하도록 강제했다.

1915년 1월 18일, 중국 위안스카이(袁世凱) 베이징정부는 일본과 매국적인 21개조 협약을 체결했다. 일본은 「남만주 및 내몽고에 관한 조약(關于南滿洲及內蒙古之條約)」을 통해 뤼순과 다롄의 조차기간을 본래 러시아와 청이 체결한 25년에서 99년으로 연장했다. 이로 인해 뤼순과 다롄은 일본이 패망하는 1945년까지 40여 년간 일본의 식민통치를 받게 되었다. 이 글은 40년에 걸친 일본 제국주의 통치 시기(이하 일제시기) 동안, 다롄의 식민통치기관과 사법제도의 변화과정 및 당시 시행된 중요법률에 대한 고찰을 통하여, 식민지 제도의 반문명적이고 반민주적인 본질을 분석하고자 한다.

Ⅱ. 일제시기 식민통치기관의 설립과 변화

일본은 다롄 지역의 식민통치를 위하여, 관동총독부(關東總督府: 1905~1906), 관동도독부(關東都督府: 1906~1919), 관동청(關東廳: 1919~1934), 관동주청(關東州廳: 1934~1945)을 최고통치기관으로 하고, 민정서(民政署)와 민정지서(民政支署), 회(會), 둔(屯) 등을 지방행정기관으로 하는 식민통치기관을 설립했다. 일본의 다롄 식민통치는 통치방식에 따라, 군사관제기(1904년 5월~1905년 5월), 군민합동통치기(1905년 6월~1919년 4월), 그리고 민정기(1919년 4월~1945년 8월)의 세 단계로 나눌 수 있다.

1. 군사관제기(1904년 5월~1905년 5월)

군사관제기는 군사점령기라고도 한다. 이 시기의 특징은 다롄 점령지에 군정서(軍政署)를 설립한 것으로, 이는 점령지에 대한 군사관제를 의미할 뿐만 아니라 식민지 통치의 시작을 의미한다. 군정서는 1904년 5월 8일 안둥(安東)을 시작으로, 펑청(鳳城) · 다구산(大孤山) · 진저우 · 다롄 · 푸저우(復州) · 슈옌(岫岩) · 카이핑(蓋平) · 잉커우(營口) · 하이청(海城) · 랴오양(遼陽) · 옌타이(煙臺) · 뤼순 · 펑톈(奉天) ·

톄링(鉄嶺) · 신민(新民) · 파쿠(法庫) · 창투(昌圖) · 카이위안(開原) · 와팡뎬(瓦房店) 등 20개 지역에 설립되었다가, 1906년 12월 1일 잉커우 군정서를 마지막으로 모두 취소되었다.

다롄 지역에 최초로 군정서가 설립된 것은 러일전쟁이 진행 중이던 1904년 5월이었다. 같은 달 26일 일본군이 진저우를 점령한 후, 현지에 보병소좌 사이토 스에지로(齋藤季治郎)를 군정위원으로 하고, 중국인 류위톈(劉雨田)을 부군정위원으로 하는 군정서가 설립되었다. 5월 31일에는 다롄군정서가 설립되었고, 1905년 1월 뤼순 점령 후에 뤼순 군정서가 설립되면서 다롄 지역에 세 개의 군정서가 설립되었다.[3)]

군정서는 점령지 통치와 민심의 무마, 그리고 군의 후방작전과 관련이 있었다. 도쿄(東京) 대본영(大本營)은 일본군이 중국 둥베이 지방에 진출하기 전인 1904년 4월 17일에 대본영 육군막료 소속 만주군정위원을 설립하기로 하고, 같은 달 21일에는 위원을 위임하였다. 군정서의 설립 전에는 군정위원이 중국과 관련된 각종 업무를 처리하였는데, 육군 장교 중에서 중국어에 능통하고 중국의 풍속 및 관습과 국민성을 잘 아는 이른바 '중국통(中國通)'이 군정위원으로 위임되었다. 군정위원의 주요한 임무는 "군사외교관의 신분으로 일본군과 중국관원 간의 교섭을 담당하고, 점령지역 내 일본교민을 보호 관리하며, 일본군의 후방사무를 관리하는 등 점령지의 군정사무를 관리"하는 것이었다.[4)]

군정서 직원은 통상적으로 군정관, 부관, 통역, 헌병장 등으로 구성되었으나, 후기에 접어들어 식민통치의 수요가 늘어나면서 인원이 증가하고 규모가 확대되었다. 예컨대 뤼순군정서 내에는 서무과 · 재무과 · 토목과 · 실업과(實業課) · 위생과 · 법무과 · 조사과 등 일곱 개 과(課)와 헌병대가 설치되었다.[5)]

군정서를 관할하는 상급기관은 그 지역 주둔군사령관이었다. 따라서 한 지역을 점령한 야전군이 지방 치안 등 업무를 관리하기 위하여 군정서를 설립했다가 다른 지역으로 진격하면서 주둔군이 변경되면, 군정서의 상급기관도 본래 군정서를 설립한 야전군에서 현재의 주둔군으로 변경되었다. 다롄에 처음 설립된 군정서는 일본 제2군 소속이었으나 제2군이 북진하면서 주둔군이 제3군으로 변경되자 군정서 역시 제3군 소속으로 변경되었다. 1904년 9월 14일, 일본은 군정서의 통일적 관리 및 전방에 대한 효율적인 지원을 위하여, 육군대장 니시 간지로(西寬二郎)를 사령관으로, 육군소장 가미오 미츠오미(神尾光臣)를 참모장으로 하는 랴오둥수비군사령부(遼東守備軍司令部)를 랴오양에 설립했다. 랴오둥수비군사령부는 랴오양 이남 각 군정서의 사무와 만주군 병참 관할지역, 수비대, 각 병참 기관, 만주군 창고, 관할지역 내의 치안유지 및 민정 사무 등을 통일적으로 관장했다.[6)]

1905년 1월부터 시행된 「랴오둥수비군행정규칙(遼東守備軍行政規則)」에 의하면, 랴오둥수비군은 군정장관과 군정사무관 약간 명을 두고(제1조), 군정장관은 랴오둥수비군 참모장이 겸임하고 군정사무관은 사령부의 고급문관 또는 막료장교가 겸임하며(제2조), 군정장관은 군 사령관의 지휘 아래 관할지역 내의 일반 군정과 군정위원을 감독한다(제3조). 관할지역은 러시아 조차지역과 조차지역 외의 지역으로 분할하여 관리하는데(제5조), 러시아 조차지역을 뤼순 · 칭니와(青泥窪: 즉 다롄) · 진저우의 세 개 구(區)로 나누어 각 구에 군정위원을 설치하고(제6조), 진저우는 지역이 광활하여 다시 다섯 개 관할구로 나누되 각 관할구에는 관할구장을 두어 관리하며, 관할구장은 육군사관 또는 고급문관이 담당한다(제14조). 진저우군정서 산하에는 진저우, 류수툰(柳樹屯), 량쟈뎬(亮甲店. 즉 푸란뎬), 피쯔워 관할구를 두었다.

관할구장은 일본인이 맡되, 관할구 소속으로 민무소(民務所)를 설치하고 민무소장은 그 지역의 유지에게 맡김으로써 치안관리와 일본군에 대한 협조, 교통노선의 보호, 중국인 간 민사소송업무 등을 관장하도록 하였다.7)

2. 군정기(1905년 6월~1919년 4월)

군정기는 군대가 행정사무를 관리하던 군사관제기를 끝내고, 군민이 공동으로 통치하는 시기를 의미한다. 최고통치기관의 변화에 따라 다시 다음의 세 단계로 구분할 수 있다.

1) 만주군총병참감부(滿洲軍總兵站監部) 시기

만주군총병참감부의 통치는 1905년 6월부터 같은 해 10월까지 4개월 간 이어졌다. 다롄 등지로 유입되는 일본인이 증가하고 행정업무가 복잡해지자, 일본정부는 1905년 5월 19일 랴오둥수비군사령부를 만주군총병참감부로 변경하고, 뤼순 · 진저우 · 다롄의 군정서를 취소했다. 1905년 6월 8일, 일본정부는 칙령 제156호「점령지 민정서의 직원에 관한 건(占領地民政署ノ職員ニ関スル件)」을 반포하고, 만주군총병참감부에 예속된 관동주민정서(關東州民政署)를 설립했다. 상기의 규정에 따라 민정서 직원은 군인이 아닌 문관이 담당했다. 일본은 이를 군사통치가 아닌 문관에 의한 통치를 의미한다고 했으나, 관동주민정서가 만주군총병참감부에 소속되어 그 지휘 하에 있었으므로, 실제로는 군민이 공동으로 점령지역을 통치했던 시기라고 할 수 있다. 관동주민정서는 뤼순 · 다롄 · 진저우에 세 개 지서를 설립하여 다롄 지역 내 식민통치 행정기관을 조직했다.

2) 관동총독부(關東總督府) 시기

관동총독부 시기는 1905년 10월부터 1906년 8월까지 이어졌다. 이 시기는 러일전쟁이 종식되고 중국 둥베이 지방에 재류하던 일본군이 점차 귀국하면서 현지의 행정업무가 더욱 증가하는 시기였다. 특히 군부대의 철수 후에 조차지 및 남만주철도 수비 등과 관련한 여러 가지 문제가 제기되면서, 1905년 10월 18일 일본정부는 「관동총독부관제(關東總督府官制)」를 발포하고 관동총독부를 설립하여 만주군총병참감부를 대체하고자 하였다. 10월 31일, 랴오양에 관동총독부가 설립되고, 육군대장 오시마 요시마사(大島義昌)가 초대 관동총독이 되었다. 1906년 5월 관동총독부는 뤼순으로 이전하였다.

관동총독부는 도쿄 대본영 직속기관으로, 설립 후 만주군총병참감부 소속의 관동주민정서 및 기타 다롄 지역 주둔 일본군 등 모든 군사기관을 접수하였다. 이로써 관동총독부는 당시 중국 둥베이 지방을 통치하는 일제 최고군정기관이 되었다.

관동주민정서가 관동총독부로 이관된 후에도 민정서 기구나 행정관할지역에는 변화가 없었으며, 다롄 · 뤼순 · 진저우 지서를 두고 치안유지와 조세, 군수물자조달 등의 업무를 관장했다.

3) 관동도독부(關東都督府) 시기

관동도독부 시기는 1906년 9월부터 1919년 4월까지 이어졌다. 관동총독부는 민정사무를 관장했으나 직제에 있어서는 여전히 군사통치의 성격을 가지고 있었다. 따라서 일본정부는 1906년 7월 31일에 칙령 제196호 「관동도독부관제(關東都督府官制)」를 발포하여, 9월 1일부로 관동총독부를 폐지하고 관동도독부를 설치할 것을 공고했다. 동 관제는 도독부의 직권, 기관 설치, 행정구역, 임관 등에 대한 규정을 두고 있다. 규정에 따르면 관동도독부는 관동주를 관할하고, 남만주철도를 보호 감독하며, 남만주철도주식회사의 업무를 감독한다(제2조). 도독은 육군대장 또는 육군중장이 담당하고(제3조), 부하 군대를 통솔하고 외무대신의 감독 하에 일체의 정무를 관장하며(제4조), 특별위임에 의거하여 중국 지방관헌과 교섭할 수 있고(제5조), 육군대신의 명령에 따라 육군과 육군 관련사항 및 작전, 군사동원을 할 수 있다(제6조). 민정서장은 사무관이 담당하고, 도독의 지휘감독 하에 법률과 명령을 집행하고 행정사무를 관할하며(제25조), 관할지역 내의 행정사무와 관련하여 그 직권 또는 특별한 위임에 의거하여 민정서령을 발포할 수 있고, 50원 이하의 벌금이나 구류 등의 처벌을 할 수 있다(제26조). 이 규정을 통해 관동도독부가 행정 · 외교 · 군사 등에 막강한 권력을 가지고 있었으며, 군인이 최고통치자인 식민지통치기구였음을 알 수 있다.

관동총독부가 관할하던 군정업무 중의 일부는 관동도독부의 설립 후에 도독부로 이관되었고, 나머지는 펑톈 일본영사관과 남만주철도주식회사로 이관되었다. 일본은 이를 군사통제에서 민정통치로의 중대한 변혁이라고 하지만, 실상은 이름만 바뀌었을 뿐 내용이나 성격에서는 여전히 군민이 공동으로 통치하는 시기였다.[8)]

관동도독부의 산하에는 관방(官房), 육군부, 민정부의 세 개 부서가 있었다. 육군부는 군사를 관장하고, 민정부는 본래 민정서가 관장하던 업무, 즉 군사업무를 제외한 모든 행정업무를 관할하게 되었다. 민정부는 당초 다롄에 설치되었다가 후에 뤼순으로 이전하였다. 뤼순 · 다롄 · 진저우에 민정서를 설치했고, 진저우민정서 아래에는 푸란뎬과 피쯔워 민정지서를 두었다. 1908년 11월, 관동도독부는 행정관할구역을 변경하여 다롄과 뤼순 두 개의 행정구를 설치하고, 진저우행정구는 다롄에 예속시켰다. 따라서 민정서 역시 다롄 · 뤼순의 두 개가 되었고, 진저우에는 민정지서, 그 아래의 푸란뎬과 피쯔워에는 두 개의 출장소를 두었다.[9)]

3. 민정기(1919년 4월~1945년 8월)

민정기의 특징은 군부대의 관리와 일반 행정업무가 완전히 분리된 것이다. 비록 관동도독부 시기에도 민정부를 두어 행정업무를 관장했으나, 도독부 내에 육군부가 있었고, 도독 또한 현역의 육군대장이나 중장이 겸임하였으므로 군사통치의 성격을 띠고 있었다. 관동도독부의 설립 후, 도독부는 관동주뿐만 아니라 남만주철도 및 남만주철도주식회사의 업무에 대한 감독 책임과, 남만주철도 부속지의 경찰 및 사법기관에 대한 관할권을 가지고 있었다. 당시 일본이 중국 둥베이 지방에 설치한 기관으로는 관동도독부 외에도 펑톈의 총영사관과 남만주철도주식회사가 있었는데, 세 기관이 업무상 충돌하는 경우가 종종 발생하여 그 해결책이 요구되었다. 민정기는 다시 관동청(關東廳) 시기와 관동주청(關東州廳) 시기로 나누어진다.

1) 관동청 시기(1919년 4월~1934년 12월)

1919년 4월 12일, 일본정부는 칙령 제94호를 통해 관동도독부를 폐지하고 관동군사령부와 관동청을 설치하면서, 관동도독부의 육군부를 관동군사령부로, 민정부를 관동청으로 개편했다. 관동군사령부는 군사업무를 전담하는 조직으로, 당초 뤼순에 본부를 두었다가 1931년 9.18사변 후에 펑톈으로 이전하였고, 1932년 '만주국(滿洲國)'이 수립된 후에는 신징(新京: 지금의 長春)으로 이전하였다.

행정업무를 전담하는 관동청의 설립은, 일제의 다롄 통치가 군민공동통치에서 군민분치로 완전히 전환되었음을 의미한다. 「관동청관제(關東廳官制)」의 규정에 의하면, 관동청에는 관동청장관을 두는데, 관동청장관은 관동주의 행정업무와 남만주철도의 경찰업무 및 남만주철도주식회사의 관련 업무를 감독했다. 관동청장관은 일본 내각 총리대신의 감독을 받고, 외교 사무와 관련해서는 외무대신의 지시와 허가를 받았으며, '천황'이 직접 임명하되 군대 장교뿐만 아니라 문관도 담당할 수 있다고 규정되어 있었다. 관제의 규정을 통해 당시 관동청은 일본이 관동주에 설치한 최고행정기관임을 알 수 있다.

관동청 내부에는 장관관방(長官官房)과 민정부 및 외사부를 설치했다. 장관관방 아래에는 비서와 문서의 두 개 과를 설치하고, 민정부 산하에는 지방 · 식산(殖産: 상공업무 담당) · 토목(건설사무 담당) · 경무(경찰업무 담당) · 재무 등의 다섯 개 과를 설치했다.[10] 이들 과는 이후 몇 차례 변경되었다.

관동청 민정부 산하의 지방기관은 뤼순 · 다롄 · 진저우를 기본으로 하되, 수차례의 변경이 있었다. 1930년 10월에는 관동주의 행정구역을 재분할하여, 뤼순 · 다롄 · 진저우 · 푸란뎬 · 피쯔워의 다섯 개 행정구로 나누고, 각 행정구에 민정서를 설치했다.

2) 관동주청 시기(1934년 9월~1945년 8월)

1934년 12월 일본정부는 「관동국관제(關東局官制)」를 발포하여, '만주국' 주재 일본대사관에 관동국을 설치했다. 관동국장관은 '만주국' 주재 일본대사가 겸임했고, 관동청은 관동주청으로 변경하여 관동국의 관할에 예속시켰으며, 관동주청장관은 관동국장관의 지휘와 감독 아래 관동주 내부의 행정사무를 관할했다.[11] 관동군사령관은 '만주국'

주재 일본대사와 관동국장관을 겸임하여, 중국 둥베이 지방의 실질적인 지배자가 되었다.

관동주청 내에는 장관관방 외에 내무 · 경제 · 경찰 등 세 개의 부(部)를 두었고, 부설기관으로는 뤼순 시와 다롄 시, 민정서 · 경찰서 · 세무서 · 전매국 · 고등법원 · 지방법원 · 고등법원검찰국 · 지방법원검찰국 · 감옥 · 우체국 · 해무국(海務局) · 학교 등이 있었다.

Ⅲ. 일제시기의 사법제도

앞서 살펴본 바와 같이 일제의 다롄 식민통치기관은 점령방식과 식민통치의 수요에 따라 몇 차례의 변화를 겪었다. 같은 시기 일제가 다롄 지역에서 실시한 사법제도 역시 식민통치수단의 일환으로 행정기관의 변화과정과 연계되어 있었다. 그러나 행정기관의 변화와 사법제도의 변화가 언제나 연동했던 것은 아니다. 일제시기 다롄 지역의 사법제도는 크게 다음의 두 단계로 나누어 살펴 볼 수 있다.

1. 군민재판합일 시기(1904년5월~1906년 6월)

군민재판합일 시기[12]의 특징은 군인과 민간인에 대한 심리를 모두 동일한 재판기관에서 담당했다는 점이다. 이 시기의 사법제도는 다시 두 단계로 나누어 살펴볼 수 있다.

1) 군정위원 시기(1904년 5월~1905년 8월)

1904년 5월 일본은 진저우와 다롄에 군정서를 설립한 후, 식민통치의 합법화를 표방하기 위하여 "특별 재판기관과 확정절차가 있는 군법제도 확립의 필요성"[13]을 인식하고, 군정서 산하에 위원장 한 명과 위원 두 명으로 구성된 군벌처분회의(軍罰處分會議)를 구성했다. 군벌처분회의는 군령과 군법을 위반한 경우, 군인과 민간인, 내국인과 외국인을 불문하고 군법 내지 기타 처벌규정에 따라 심리, 처벌했다.

이 시기 일제는 다롄 지역의 통치를 위하여 여러 가지 군법 및 처벌규정을 제정하고 공포했다. 당시 제정, 공포된 「군벌규칙 및 군벌심리절차」, 「뤼순커우(旅順口) 요새 지역관리에 관한 군령」, 「군령위반심리절차」, 「구류, 벌금재판규칙 및 위경죄목(違警罪目)」, 「랴오둥수비군행정규칙」 등은 중국의 법률법령 및 관습과 일본의 법령을 참조하여 제정되었다.[14]

당시 군벌처분회의의 처벌에 대해 당사자는 이의를 제기할 수 없었다. 형벌의 종류로는 사형 · 감금 · 유배 · 태형 · 재산몰수 · 벌금의 여섯 가지가 있었다.

2) 사법위원 시기(1905년 8월~1906년6월)

1905년 5월, 일제는 랴오둥수비군사령부를 만주군총병참감부로 변경하며 관동주민정서를 설립했다. 같은 해 8월, 만주군총사령관은 군령의 형식으로 형사 및 민사처분령을 발포하고, 민정서 내에 사법위원을 설치하여, 군사재판뿐만 아니라, 관할지역 내 민간인의 형사 · 민사사건을 심리하도록 했다. 사건의 재판은 지방법규와 관습 외에도 일본 육해군형법, 일본형법 · 민법 · 상법 및 부속법규에 따라 심리하였고, 형사 · 민사사건은 모두 1심 종심제를 채택했다. 즉, 사법위원은 민정서장이나 경시(警視), 경부(警部)가 수사하여 이송한 사건에 대해 예심이나 공판의 구별 없이 1심으로 종결했는데, 변호제도나 당사자

지위에 대한 개념이 없었으며, 상급심 제도도 없었다. 경시와 경부는 사건 심리 시에 출두하여 진술할 수 있었고, 사법위원은 경시, 경부의 조사결과에 따라 판결을 내렸다. 형 집행 시에는 필요에 따라 사형 선고 전에 민정장관의 비준을 받을 수 있었는데, 민정장관이 판결된 형벌에 착오가 있음을 인정할 경우에는 사법위원에게 재심을 명령할 수 있었다. 만주군총사령관은 사형집행을 명령할 권한과 형벌의 전부 또는 일부를 사면할 권한을 가졌다. 이 시기의 형벌은 군정위원시기와 동일했다. 민사재판은 판결과 조정 두 가지로 나뉘는데, 조정 역시 판결과 같은 법적 효력을 가졌다.

2. 군사재판과 일반재판 분리 시기(1906년 7월~1945년 8월)

일제는 1906년 7월부터 군사재판기관과 민간인재판기관을 별도로 설치하여 군민에 대한 사법관할권을 행사했다. 이 시기는 크게 세 단계로 나눌 수 있다.

1) 심리소(審理所) 시기(1906년 7월~1906년 8월)

1905년 10월 31일, 만주군총병참감부가 관동총독부로 변경되면서 만주군총병참부에 소속되었던 민정서가 총독부 산하에 배치되었다. 총독부는 이듬해 6월에 재판제도를 개혁하여 사법위원제도를 폐지하고, 민정서 산하에 관동주심리소를 설치하였다. 그 후 「관동주심리소조례(關東州審理所條例)」, 「관동주형사재판규칙」, 「관동주민사재판규칙」, 「관동주형벌령(關東州刑罰令)」 등을 제정하여 1906년 7월 1일부터 시행했다. 상기 조례와 규정들에 의하면, 심리소는 소장 · 재판관(판사) · 검사 · 통역 · 서기로 구성되었으며, 관할구역 내의 형사 · 민사사건의 재판을 담당했다.

심리소는 2심제를 시행하여 초심부(初審部)와 복심부(覆審部)를 설치했다. 초심부는 재판관 한 명의 단독심리로 민사조정과 민사 · 형사재판을 담당했고, 복심부는 세 명의 재판관이 합의부를 구성하여 초심부 판결에 불복하여 항소한 사건이나 황실이나 국사범죄(國事犯罪)에 대한 초심 또는 복심 판결을 담당했다. 심리소는 지방법규 · 관습법 · 일본 형법 등 다양한 준거법을 이용했으나, 적용에 있어서는 일본인과 중국인을 차별했다. 준거법 중에서 관습법은 중국인에게만 적용하였고, 형벌의 적용에 있어서도 차별이 존재했다. 예컨대, 굴욕적 육형(肉刑)인 태형은 중국인에게만 적용했고, 재산몰수도 거의 중국인에 대해서만 적용했으며, 특수한 경우, 즉 중국인이 일본의 식민통치에 반항하는 경우에는 일본 형법을 적용하여 가중처벌이 가능했다. 사형집행 판결에서는 필요시 관동총독의 명령이 있어야 했는데, 관동총독은 수형자에 대한 사면권을 가지고 있었으므로, 이 특권을 이용하여 일본 교민과 중국인에 대한 차별적인 법 집행이 가능했다.

형식적으로 심리소의 2심제는 앞선 1심 종심제 보다 공정한 법 집행이 기대되었으나, 실제로는 민족 억압과 차별로 사법의 공정성을 갈음했다.[15)]

2) 2심제 법원시기(1906년 9월~1924년 12월)

1906년 9월, 식민통치기관이 관동총독부에서 관동도독부로 개편되었다. 이와 함께 심리소가 폐지되고, 「도독부법원령(都督府法院令)」에 근거하여 뤼순에 관동도독부 고등법원과 지방법원이, 다롄과 진저우에 지방법원 출장소가 설치되었다.[16)] 고등법원은 세 명의 재판관으로 합의부를 구성하여, 지방법원의 재판에 불복하는 항소사건에 대해 심리했다. 지방법원은 단독판사가 형사 · 민사사건의 초심과 비송사건(非訟事件)에 대해 심리했다. 고등법원과 지방법원에는 각기 한 명의 검사를 두었는데, 고등법원의 검사는 사법경찰을 지휘하여 형사사건에 대한 소추와 지방법원 검사에 대한 지휘를 담당했고, 지방법원의 검사는 경시, 경부를 지휘하여 검사업무를 수행했다. 각 법원의 재판관(판사)과 검사는 행정상 고등법원 원장의 감독을 받도록 되어 있었고, 법원 내에는 번역관 한 명과 번역 두 명, 서기관 일곱 명을 두었다. 「재판소구성법(裁判所構成法)」의 규정에 의하여, 판사와 검사는 임용자격을 갖춘 자만이 임용될 수 있었으므로, 기존의 재판기관보다 전문성이나 효율성이 상당히 제고되었다고 할 수 있었다.

1908년 일본개정형법의 시행은 관동주의 관제나 법규 개정에 많은 영향을 주었다. 식민지 당국은 관동주의 안과 밖에 거주하는 일본인에게 거주지에 따라 적용되는 법률과 법의 작용이 상이할 경우, 법의 공정한 집행과 일본인의 권리보호 및 정확한 죄명의 확정에 불리하다고 여겼다. 또한 식민지인 관동주에 거주하는 일본인과 일본 국내의 일본인은 일본법의 적용에 있어서 동등한 지위를 가져야하며, 그렇지 않을 경우 조차지 내에 거주하는 일본인의 이익은 물론, 식민지 통치에 불리하다고 여겼다. 이에 일제는 1908년 9월 '천황'의 칙령으로 「관동주재판령」과 「관동주재판사무집행령」을 발포하고, 동시에 「관동도독부법원령」, 「형벌령」, 「민사, 형사재판규칙」을 폐지했다.

새로 발포된 「관동주재판령」, 「관동주재판사무집행령」과 기존의 「법원령」은 다음과 같은 차이가 있었다. 첫째, 새로운 법령에 따라 변호사제도가 시행되어 당사자는 변호사를 선임하여 소송에 임할 수 있게 되었다. 둘째, 본래 법원에서 관할하던 구류 · 벌금과 1년 이하의 징역, 비송사건 등의 경범죄 사건은 민정서장과 민정지서장이 관할하도록 했다. 셋째, 만주 주재 영사의 재판에 불복하여 항소한 사건이나 영사가 예심한 사건은 본래 나가사키 항소법원(長崎抗訴法院)과 나가사키 지방법원이 관할하고 있었으나, 새로운 법령에 의해 관동도독부 고등법원과 지방법원이 관할하게 되었다. 이는 관동주 거주 일본인의 소송상의 편의를 도모하고, 일본 국내와의 법 적용의 형평성을 감안한 조치였다. 식민지 당국이 인정하는 바와 같이 "만주 주재 영사관이 재판한 사건의 항소심 종심을 관동도독부 고급법원이 담당하고, 만주 주재 영사관이 예심하던 중죄사건을 관동도독부 지방법원이 심리함으로써, 법원소재지가 너무 멀어 발생했던 당사자의 불편을 해소하고, 당사자의 권리를 보호하는데 기여했다."[17] 그러나 이러한 조치는 일본 교민의 사법 편의를 위한 것으로, 식민지의 중국인에게는 실익이 없었으며, 중국인만을 상대로 한 굴욕적이고 차별적인 태형 등은 여전히 존재했다.

뤼순·다롄 지역의 개발과 인구 증가에 따라 경범죄를 민정서장이나 지서장이 재판할 경우에 공정한 재판효과를 기대할 수 없다고 여긴 식민지 당국은, 1919년 6월 제1차 「관동주재판령」 개정을 통해 구류와 과태료, 3개월 이내의 징역 및 100원 이하의 벌금 등을 부과하는 경범죄행위도 모두 법원에서 관할하도록 했다. 관동도독부가 관동청으로 변경됨에 따라, 사법기관 역시 관동청 고등법원과 지방법원으로 변경되었고 재판 인원을 충원했다.

중국 둥베이 지방의 최남단에 위치한 다롄은, 둥베이 지방과 화베이(華北) 지방 및 화둥(華東) 지방을 연결하는 통로이자, 남만주철도를 통해 배후지와 해상통로를 잇는 유일한 항구로, 화물과 인적 교류의 집산지로 성장했다. 인적·물적 교류의 증가와 경제 발전에 따라 다롄 내 민사·형사 분쟁도 증가했다. 당시 일본의 기록에 의하면, 1920년

한 해 동안 발생한 사건은 374건으로, 지방법원 다롄출장소에서 수리한 민사소송 사건이 361건이었고, 소송가액은 148만 엔에 이르렀다고 한다.[18)]

1923년 5월, 일제는 제2차 「관동주재판령」 개정을 통해, 법원 원장이 직접 지휘하고 감독하던 검사 업무를 관동청장관의 지도로 변경하고, 법원에 검찰국을 설립하고 검사장을 두어 관동주의 검사업무를 지휘, 감독하도록 했다. 관동청 시기에는 검사가 법원에서 독립하여 독립기구가 되었는데, 이는 재판제도의 진일보한 개선과 함께 식민통치기관의 강화를 의미한다. 1923년 8월, 관동청 지방법원이 뤼순에서 다롄으로 이전하면서 1919년 10월에 설립되었던 지방법원 다롄출장소는 취소되었다.

3) 3심제 법원시기(1924년 12월~1945년 8월)

1924년 12월, 일제는 제3차 「관동주재판령」 개정을 시행했다. 이로써 1908년부터 관동주와 남양군도(南洋群島)에서 시행해오던 2심제 법원이 3심제 법원으로 개정되었고, 내용면에서는 일본 법률의 관동주 적용 시 중국인에게 유리한 조항이 개정되었다. 이는 당시 식민지 관동주의 일본 교민과 중국인은 평등한 민족이 아니었음을 의미한다.[19)]

3심제란 지방법원에서 민사·형사 사건의 1심을 진행하고, 고등법원의 복심부에서 1심에 불복한 사건의 항소심을 진행하며, 이에 불복할 경우, 다시 고등법원에 설립된 상고부에서 3심을 진행하는 제도를 말한다. 고등법원의 상고부는 일본 국내의 대심원(大審院)에 해당하는 권한을 행사하는 기관이었다. 식민당국은 3심제의 시행목적을 '거민(居民)의 이익' 보호를 위한 것이라고 했으나, 실상은 식민 통치를 강화하고, 일본인과 중국인을 차별 대우하며, 식민지 민중을 탄압하는 수단에 지나지 않았다. 『관동국시30년사(關東局施三十年史)』는 "관동주에 있는 벌금, 태형은 모두 식민지에만 있는 특이한 규정이고", "태형은 중국인을 징벌하는 재판에 의한 형벌이며" "식민지 형사 정책상 필요하고 적당한 제재이다"라고 기록했다.[20] 식민지 사법당국은 식민지주민들을 상대로 태형뿐만 아니라 물고문, 주리 틀기 등 여러 가지 육형을 가했는데, 일본 『관동청요람(關東廳要覽)』의 불완전통계에 의하면 1930년의 수형자가 276,000명에 달했다.[21] 1934년 12월, 일제는 신징에 관동국을 설립했다. 이로써 관동청은 관동주청으로 개편되었고, 고등법원과 지방법원은 '만주국' 주재 일본 대사의 지도를 받게 되었다.

3심제의 시행이 식민지 사법 환경의 개선과 민중의 정당한 권리 보장으로 이어진 것은 아니었다. 일본의 중국 침략이 확장되고 이에 저항하는 항일운동이 확산되면서 이를 탄압하기 위한 악법(惡法)들이 일본 본토와 관동주 지역에서 제정, 집행되었다.

예컨대, 이 시기에 일본에서 제정된 「치안유지법(治安維持法)」(1925년 4월 22일 발포, 5월 12일 시행)이 관동주 지역에서도 실시되었다. 이 법안의 주요내용은 국체(國體)의 변경이나 사유재산제도를 부정할 목적으로 단체를 조직하거나 또는 그러한 성질의 조직임을 알고도 가입한 자는 10년 이하의 유기징역이나 금고형에 처한다는 것이었다. 1928년의 「치안유지법 중 개정의 건(治安維持法中改正ノ件)」(칙령 제129호) 및 1941년 3월 10일의 수정안(법률 제54호) 등 두 차례의 개정을 거치면서, 치안유지법은 원래의 7개 조문에서 65개 조문으로 개정되었다. 1928년의 개정에서는 국체 변경의 최고법정형을 사형으로까지 높였고, "결사의 목적으로 행동한 자"도 2년 이하의 유기징역이나 금고에 처한다고 하여 결사의 목적을 가지고 있는 자나 가입한 자에게 동일한 형벌을 규정했다. 1941년의 개정으로 형벌의 수위가 전반적으로 높아졌다. 금고형을 취소하고 징역으로 바꾸었으며, '결사'를 준비하는 등의 '예비범죄행위'에 대해서도 처벌이 가능해지는 등, 치안유지법은 가혹한 통치수단으로 이용되었다. 또한 본래 형사소송법보다 더욱 편리한 특별절차를 적용했다. 판사가 발급할 구속영장을 검사가 발급할 수 있게 되었고, 3심제를 2심제로 바꾸었으며, 변호사는 사법대신이 지정하고 개인은 변호사를 선임할 수 없도록 했다. 형기를 만료한 자에 대해서도 재범의 우려가 있다고 인정될 경우, 구금소에 2년(기간 연장 가능) 간 구금할 수 있게 하는 등, 가혹한 사법통치가 이루어졌다.

1932년 '만주국'이 수립된 후, 일제는 '만주국' 명의로 일련의 법규를 제정하여 식민통치를 강화하고 반항 세력을 탄압했다. 1932년 9월 12일에는 「치안경찰법」이 발포되었다. 이 법에 따라 결사 조직자는 결사 후 3일 이내에 조직의 명칭 · 정관 · 인원 등의 사항을 관할경찰서에 보고해야 했고, 관동청장관 등이 필요를 인정할 경우에는 어떠한 결사행위도 금지할 수 있었다. 가두나 공공장소에서 표어 · 전단 · 그림 등의 형식의 선전을 금지했고, 위반 시에 경찰은 사회 질서를 해한다는 명목으로 이를 금지하거나 '범법자'를 구속할 수 있었다. 또한 중국 둥베이 지방 밖에서 공부하는 학생들의 귀향을 제한했고, 경찰이나 헌병이 출판물을 사전 검열하는 등, 언론의 자유와 문화 교류를 금지했다.

관동군 부참모장 오카무라 야스지(岡村寧次) 등의 주도 아래 제정된 「잠행변절자징계법(暫行懲治叛徒法)」, 「잠행비적징계법(暫行懲治盜匪法)」이 관동주와 둥베이 지방에서 시행되면서, 일제 식민지에 반항하는 의용군 등을 비적(匪賊)으로 몰아 사살하는 등, 항일세력에 대한 무자비한 소탕을 진행했다.

1933년 12월 이후 발포한 「잠행보갑법(暫行保甲法)」, 「잠행보갑법시행규칙(暫行保甲法施行規則)」에 따라, 식민지당국은 보갑연좌제를 시행하여 식민지제도에 반항하는 민중을 탄압했다. 1936년에는 「공산당관련인원처리요강」을 제정하여 공산당과 항일민중을 탄압하였는데, 1937년 4월 15일부터 11월까지 체포된 관련자만 해도 754명에 달했으며, 그중 198명이 살해되었다.[22)]

1937년 1월에 발포된 '만주국' 「형법」에는 황실에 대한 죄, 내란죄 등의 규정을 포함하여, 식민당국이 내란 음모와 정부 전복 등의 죄목으로 민중을 탄압할 수 있는 근거를 마련하였다.

1939년 8월, 일본당국은 「관동주국가총동원령」을 발포하고, 관동주에서 전시총동원법을 시행했다. 다롄 지역에서 실시된 생필품 배급제에서 일본인 · 조선인 · 중국인에 대한 민족 차별적 배급이 이루어졌고, 그중에서도 중국인은 최하위 등급이었다. 1942년에 들어 중국인은 입쌀과 돼지고기를 먹을 수 없었고, 위반 시에는 경제범으로 처벌되었다.

1943년에는 「사상교정법」과 「보안교정법」을 발포하여, 식민지법률을 실제 위반한 사람뿐만 아니라, 보안과 사상 면에서 범죄의 우려가 있는 사람까지 처벌할 수 있게 되었다. 이에 앞서 1938년 일제는 관동주에서 「관동주사상범보호관찰령(關東州思想犯保護觀察令)」을 발포하고 「사상범보호관찰법(思想犯保護觀察法)」을 시행하였는데, 관동주법원에 보호관찰소를 설치하고 사상범에 대한 보호관찰을 실시했다. 보호관찰소 소장은 지방법원의 검사가 겸임하였으며, 관동보호관찰심리회를 구성하여 보호관찰대상의 보호관찰여부를 결정했다. 보호관찰의 대상은 주로 국민당정부와 공산당의 비밀요원, 동북군(東北軍) 군인 등이었다. 보호관찰의 방법으로는 사상범으로 의심되는 자를 집중 거주시켜, 거주 · 방문 · 통신 및 기타 활동을 제한했다. 보호관찰은 관찰소나 일본인 단체, 사원(寺院), 병원 또는 친일단체에 위임할 수도 있었다. 당시 다롄의 위인회(爲仁會), 성덕회(聖德會), 관동주노동보호회(關東州勞動保護會), 관동주조선인회(關東州朝鮮人會) 등은 모두 식민당국이 지정한 보호관찰의 집행이 가능한 단체였다. '사상범'에 대한 처벌은 일제의 식민지 통치가 얼마나 가혹했는지를 말해주는데, '나는 중국인이다'라는 한마디로도 사상범과 정치범으로 몰려 처벌을 받을 수 있었다.[23)]

1944년에는 「시국특별형법」을 제정, 시행했다. 이 법을 통해 태평양전쟁에서 일본에 불리한 언행을 단속하고, 군경의 권한과 체포 가능 대상이 확대되었다. 법에 규정된 '사상범', '경제범', '국사범'의 죄명이 포괄적이고 임의적이었으므로, 식민통치기관의 자의적인 법집행이 가능했다.

Ⅳ. 맺음말

1905년 러일전쟁에서의 승리로 다롄과 뤼순 지역을 점령한 일본은, 1945년의 패전에 이르기까지 40여 년간 다롄과 뤼순 지역을 식민통치했다. 일본의 다롄 식민통치는 통치방식에 따라 군사통제기, 군민이 공동으로 관리하는 군정기, 문관이 행정을 관리하는 민정기에 걸쳐 진행되었다. 식민지 사법제도 역시 통치방식과 상응하여 군사재판과 민간재판 합일기, 군사재판과 민간재판 분리기의 두 단계를 거쳤고, 민간재판이 군사재판과 분리된 후에도 심리소와 법원의 심리, 법원에서의 2심제와 3심제 등 여러 단계의 발전을 거쳤음을 알 수 있다.

이러한 식민통치기관이나 사법제도의 변화는, 통치 방식이 군사 통치에서 민간인에 의한 통치로, 사법 절차가 군법재판에서 법에 의한 절차와 공정성이 보장된 일반재판으로 발전해 간 것처럼 보인다. 그러나 실질적으로는 일제가 식민통치를 더욱 공고화하는 방편에 지나지 않았고, 식민지 민중이 이러한 변화로 인한 혜택을 받았다고 볼 수는 없다. 오히려 이러한 통치방식과 사법제도의 변화는 문관통치와 사법공정 등을 내세워 식민지 민중을 기만하는 수단으로 이용되었다.

1924년 12월, 관동주재판령의 제3차 개정으로 법원에서 3심제를 실시했다. 그러나 식민통치에 위협을 주는 행위 등 특수한 범죄에 대해서는, 그 후에도 2심제로 전환하여 빠른 시일 내에 절차의 공정성 등을 무시하고 처벌할 수 있었다. 즉 식민지에서 식민지 현지 주민과 일본인 간에는, 실정법상의 평등은 말할 것도 없고, 절차법상의 공정이나 평등 역시 보장받을 수 없었던 것이다. 「치안유지법」 위반행위는 2심제를 실시했고, 1941년 발포한 「특별법정 설정의 건(特別法庭設定ノ件)」을 통해 임시특별법정을 개설하여 사상범을 비밀리에 처분할 수 있었으며, 경제범죄의 신속한 처벌을 위하여 3심제를 2심제로 변경할 수 있었다.[24)]

1908년 9월 30일에 발포된 「관동주 벌금 및 태형 처분령 시행세칙(關東州罰金及笞刑處分令施行細則)」에 따르면, "태형의 수형자는 관동주 내에 명확한 주소지가 있는 자"(제1조)로 규정함으로써 수형자를 식민지 주민에게만 한정했다.[25)] 태형을 집행하기 전에는 수형자가 태형을 받을 수 있는지 의사가 신체검사를 실시하고(제2조), 명절의 경우에는 태형집행일을 앞당기거나 뒤로 미룰 수 있으며(제7조), 두 차례 이상 태형을 집행할 때에는 일정기간의 간격을 두고 집행해야 한다(제10조)는 규정 등을 두었다. 이러한 규정에 따르면 태형의 집행이 문명적이고 인도적으로 이루어진 것 같이 보이지만, 실제 식민지 주민만을 상대로 한 야만적인 육형에 지나지 않았다.

일제의 다롄, 뤼순에 대한 40년간의 통치는, 비인간적이고 깊이 반성해야 할 잔혹한 식민통치였으며, 다시는 이러한 역사가 되풀이되지 않도록 후세에 중대한 교훈을 주는 역사의 한 단락이기도 하다.

진완홍 | 다롄해사대학 교수

▣ 주

1) 관동주라는 명칭은 당시 산하이관(山海關) 이동 지역을 관동(關東)이라 한 것에서 유래했다.
2) 王毅(1991), 「沙俄對大連的殖民統治」, 『遼寧師範大學學報』(社科版), 1991(5), 83쪽.
3) 满史會編著, 東北淪陷十四年史遼寧編寫組譯(1987), 『滿洲開發四十年史』(下卷), 遼寧人民出版社, 398쪽.
4) 浅野虎三郎編著(1936), 『大連市史』, 210쪽.
5) 關東都督府陸軍部(1916), 『明治三十七八年战役滿洲軍政史』(第三卷), 陸軍省, 67쪽.
6) 浅野虎三郎編著(1936), 앞의 책, 211~212쪽.
7) 關東都督府陸軍部(1916), 앞의 책, 12쪽.
8) 王健(2006), 「"關東州"的殖民統治機構」, 『日本學論壇』, 2006年3期, 22쪽.
9) 關東州廳内务部民生課(1941), 『關東州的地方行政』, 滿洲日日新聞社, 22쪽.
10) 關東廳(1926), 『關東廳施政二十年史』, 滿洲日日新聞社, 22쪽.
11) 關東州廳內務部民生課(1941), 앞의 책, 26쪽.
12) 郭鐵椿(2006), 「日本侵占大連40年」, 『日本對華侵略與殖民統治』(關捷主編), 社會科學文獻出版社, 76쪽.
13) 高橋勇入(1931), 『大連市』, 大陸出版協會, 219쪽.
14) 關東局編(1944), 『關東局施政三十年史』, 關東局, 235쪽.
15) 张淑香 · 趙光珍(1999), 「淺析日本殖民統治旅大40年的司法制度」, 『遼寧師範大學學報』(社科版), 1999年第3期, 86쪽.
16) 지방법원의 출장소는 1907년 10월 31일에 철수되었다.
17) 张淑香 · 趙光珍(1999), 앞의 글, 87쪽.
18) 筱崎嘉郎(1921), 『大連』, 大阪書屋, 146~148쪽.
19) 张淑香 · 趙光珍(1999), 앞의 글, 87쪽.
20) 關東局編(1974), 『關東局施政三十年史』, 247쪽.
21) 關東長官官房文書編譯(1930), 『關東廳要覽』, 滿文協會, 129~130쪽.
22) 霍燎原(1996), 『日僞憲兵與警察』, 黑龍江人民出版社, 377쪽.
23) 张淑香 · 韩俊英(2004), 「三审制司法制度與日本對大連的殖民統治」, 『江橋抗戰與近代中日關係研究研討會論文集』(下), 741~742쪽.
24) 楊清林, 「僞滿時期的罪與罰」, 『遼寧法制日報』, 2011.9.2.
25) 문언적인 해석으로는 관동주에 명확한 주소가 있는 일본 거주민에 대해서도 태

형이 적용될 여지가 있었으나, 앞선 자료에서 알 수 있듯이 일본인에게는 적용되지 않았다.

3.
20세기 초 다롄의 산업구조와 주민의 직업구성

권경선

Ⅰ. 들어가며

이 글은 일본 제국주의하에 전개된 다롄 식민지 경제의 실태를 산업구조와 주민의 직업구성을 통해 고찰하고자 한다. 일본 제국주의는 관동주(關東州) 조차지와 만철부속지를 세력 기반으로 구축하고, 이를 거점으로 배후지 '만주(滿洲)'[1]를 자국의 원료공급시장이자 상품판매시장으로 포섭하고자 했다. 관동주 조차지의 중핵도시였던 다롄의 경제는 이와 같은 일본과 '만주' 간 종속경제구조의 구축 과정 속에서 전개되었다. 일본 제국주의가 세력권 내의 요지에 거점도시를 구축하여 그 배후지의 경제를 포섭해가는 방식은 같은 시기 조선과 타이완에서도 작동하고 있었다. 그러나 조선과 타이완이 조약 등을 통해 국제적으로 인정받은 일본의 식민지였던 것과 달리, 다롄을 비롯한 관동주 조차지는 이른바 반식민지, 즉 실질적으로는 식민지였으나 법적으로는 조차지라는 중층적 성격을 띠고 있었다. 이러한 중층성은 다롄 경제의 전개 과정 중, 배후지와의 관계 그리고 다롄 내 각 민족 간 관계에 작용하고 있었다.

배후지 '만주'의 존재는 일본이 다롄을 통치하는 주요 목적이자, 다롄 발전의 전제조건이었다. 러일전쟁 후 일본은 관동주에 대한 조차권을 획득함으로써 조차지 내에서의 배타적이고 독점적인 권리를 법적으로 보장받게 되었다. 그러나 관동주 조차지를 기반으로 법적 세력권 밖에 있는 광활한 배후지를 포섭하기에는 조차지 면적이 협소하고 조차기간 또한 짧았다.[2] 조차지 밖의 '만주'는 관동주 조차지와 마찬가지로 중국이 주권을 가지고 있는 지역이자, 동청철도(東淸鐵道)를 기반으로 한 러시아가 영향력을 행사하고 있던 지역이었다. 따라서 일본은 이들 세력에 대항하며 조차지를 중심으로 배후지에 세력을 확장하기 위한 정치적, 경제적 대책을 강구했다. 일본은 제1차 세계대전을 틈탄 대중국 '요구'(1915)를 통해 관동주의 조차기간을 99년으로 연장하고, 「남만주 및 동부 내몽고에 관한 조약(南滿洲及東部內蒙古ニ關スル條約)」을 맺어 조약 해당지역 내 일본 '신민(臣民)'의 영사재판권과 토지상조권(土地商租權)을 획득함으로써 배후지 침투를 위한 법적 기반을 마련했다.[3] 또한 전면적인 식민기구를 내세울 수 없는 상황에서 남만주철도주식회사(南滿洲鐵道株式會社, 이하 만철)를 통해 다롄을 중심으로 한 교통운수체계와 관련 정책을 정비하여 '만주'와 다롄의 연계를 강화하고, 다롄에 '만주' 수출입무역과 관련된 상공업을 집중시켜 배후지 경제를 포섭해갔다.

반식민지로서 다롄의 중층성은 민족 간 관계에도 작용하고 있었다. 신생도시인 다롄의 도시 발전은 외부인구의 대규모 유입을 바탕으로 이루어지고 있었다. 1906년 4만 명에 미치지 못했던 다롄의 총인구는 매년 급증하여 1935년에는 50만 명을 넘어섰다. 다롄의 인구 급증은 총인구의 과반을 차지하던 중국인[4]과 3분의 1에서 4분의 1가량을 차지하던 일본인의 유입에 의한 것이었다. 인구의 양대 세력을 점한 중국인과 일본인은, 법적으로는 각각 현지 주권국가의 인민과 조차권을 가진 국가의 인민이었으나, 실질적으로는 거대 '피지배' 민족 집단인 중국인 집단과 거대 '지배' 민족 집단인 일본인 집단으로 화했다. 일본은 자국 세력의 부식(扶植)을 위해 다롄의 주민을 제국 '신민'인 일본인, 제국 식민지의 '신민'으로서 이른바 '이등국민'인 조선인, 법적으로는 일본 제국주의에 종속되지 않았으나 실질적으로는 피식민자였던 중국인으로 위계화했다. 일본인 우위의 민족위계는 다롄 경제에서 일본의 독점적 지위를 보장하는 동시에 민족 간 마찰의 전제가 되었다.

이처럼 일본 제국주의하 다롄의 경제는 그 반식민지적 성격을 바탕으로, 안으로는 민족위계의 불평등구조를 활용하여 일본 세력의 부식과 공고화를 도모하고, 밖으로는 외부 세력에 대항하며 배후지에 대한 세력 확대를 기도하는 과정 속에서 전개되었다고 할 수 있다.[5] 이 글은 상술한 다롄의 반식민지적 특성에 유의하며, 중일전쟁 발발 이전 다롄의 경제 실태에 대해 다음의 두 가지 과제를 중심으로 접근하고자 한다. 먼저 일본이 관동주 조차지에 자국 경제 세력을 부식하고 배후지 경제를 포섭해가는 과정 속에서 형성된 다롄의 산업구조를 고찰한다. 다음으로 산업구조와 연계된 주민의 직업구성을 확인하고 그 속에 반영된 민족위계와 불평등을 고찰함으로써 식민지도시로서 다롄 경제의 실태를 파악하고자 한다.

Ⅱ. 다롄의 산업구조와 그 특징

일본은 관동주 조차지를 기반으로 일본과 '만주' 간에 고도의 식민지경제구조를 구축하고자 했다. 일본은 이를 위해 다롄을 조차지 행정과 경제의 중심지이자 '만주'와 일본을 잇는 거점도시로 위치 짓고, 만철과 행정당국[6] 등 식민기구와 각종 산업시설을 집중시켰으며, 일본 자본의 유치 및 산업 활성화를 위한 관련 조치를 실시했다.

일본은 조차권이 가진 법적 제약으로 인해 총독부와 같은 전면적인 식민기구가 아닌 반관반민(半官半民)의 만철을 내세워 현지 투자와 경영을 전개했다. 만철은 주식회사의 형식을 취하고 있었으나 실질적으로는 일본 정부가 강력한 권한을 가진 일본의 국책회사로서, 조차지 경영과 배후지로의 경제적 침투에 중요한 역할을 했다. 만철은 철도·항만·전기·가스·요업 등에 대한 투자와 경영을 통해 조차지의 산업 인프라스트럭처를 독점하고, 다롄 항 무역 활성화를 위한 철도운임정책을 실시했으며, 유망 공업부문에 대한 지원 등을 통해 조차지 내 일본 경제 부식의 기반을 마련했다. 또한 철도·항만·해운 등의 교통운수부문과 푸순 광산(撫順鑛山)·안산 제철소(鞍山製鐵所) 등의 자원개발부문, 창춘(長春)·펑톈(奉天: 지금의 瀋陽)·푸순·안둥(安東: 지금의 丹東)·잉커우(營口) 등 만철부속지의 경영을 통해 식민지 운영에 필요한 재원을 확보하고 배후지로의 침투기반을 구축했다.[7]

조차지의 일본 행정당국도 일본 세력의 부식과 확장을 위한 다양한 제도와 정책을 마련했다. 관동주 행정당국은 먼저 토지조사를 통해 재정수입을 늘리고 대량의 관유지를 점유하여 일본 민간에 대부하거나 불하했으며, 그밖에 민유지·군용지·만철용지 등의 각종 명목으로 토지를 점유하여 일본인의 활동에 편의를 제공했다.[8] 또한 수차례의 다롄 시구개발과 확장을 통해 식민기구와 일본계 은행 및 회사, 그리고 그 직원들에게 양호한 업무공간과 생활공간을 제공했을 뿐만 아니라, 시내 요지를 일본인 주택지구 및 상공업지구로 구획하여 자국민의 정착과 안정된 경제활동을 지원했다. 더불어 다롄 거래소, 증권상품거래소, 금융조합, 수입조합 등을 설립하여 다롄 특산물거래시장과 상품도소매시장을 장악했고, 일본인 상공업자들의 동업조합을 결성하여 중국인 상공업자들을 배척함으로써 자국민의 우세한 지위를 보호했다.[9)]

다롄은 상술한 일본의 제 조치와 함께, 광활한 배후지의 존재와 교통 중추로서의 입지조건, 그리고 이러한 복합적 요인에서 기인한 중국, 일본, 구미 각국의 인적·물적 집중을 바탕으로 조차지 최대의 산업도시로 성장했다. 다롄의 산업구조는 일본의 원료공급지이자 상품판매시장인 배후지 '만주'의 존재를 기반으로, 1차 산업은 주로 주변부에 의존하면서 상공업을 집중 발전시키는 가운데 형성되었다.

다롄의 상공업은 '만주'에서 생산되는 원료와 밀접한 관련을 맺고 있었다. 다롄의 공업은 '만주'산 대두를 콩깻묵(豆粕)과 두유(豆油)로 가공하는 유방업(油房業, 油坊業)과 지하자원을 이용한 요업(窯業)을 중심으로 발전했고, 다롄 항의 주요 수출 품목은 대두와 그 가공품, 만철부속지에서 생산된 석탄과 선철 등이었다. 그중에서도 대두는 다롄 경제를 떠받치는 가장 핵심적인 품목이었다. 다롄의 상공업자들은 '만주'에서 염가로 구입한 대두를 만철부속지로 집하한 후 만철(철도)을 이용해 다롄으로 운송하고, 그 자체를 수출품으로 취급하거나 혹은 가공한 후 다롄 항을 통해 일본, 중국 각지, 구미 각국으로 수출하여 막대한 이윤을 획득했다. 즉 대두 등 '만주'산 원료는 만철 교통운수부문의 주요 취급화물인 동시에 다롄 상공업의 주요 취급품목으로서 다롄 경제의 근간을 이루고 있었다고 할 수 있다.

다롄의 무역과 상업은 다롄 항을 통한 수출입무역, 조차지와 배후지 주민을 대상으로 한 상품의 유통판매 및 서비스업을 중심으로 이루어졌다. 일본은 1906년 9월에 다롄 항을 자유무역항으로 선포한 후, 다롄 항 무역 발전을 위한 제 조치를 취했다. 만철은 세력권에 속하던 '만주' 남부 지역뿐만 아니라, 북부 지역의 화물을 다롄으로 끌어들이기 위해 등가운송비정책을 시행하고, 화물의 운송과 보관 업무를 겸영하여 '만주' 화물의 독점 운송을 꾀했다.[10] 그 결과 다롄 항의 무역량은 계속적으로 증가하여 1912년에는 '만주' 최대 무역항이었던 잉커우 항을 넘어섰고, 1918년에는 상하이(上海)에 이어 중국 제2의 항구로 성장했다.[11]

이와 함께 일본의 다롄 무역 잠식도 심화되었다. 제1차 세계대전을 계기로 일본계 자본이 다롄의 해운업과 항로를 장악하면서 '만주' 무역에서 일본의 영향력은 점차 증대되어갔다.[12] 특히 '만주사변'은 '만주' 무역을 둘러싸고 중국 관내(關內: 山海關 이남의 중국 대륙)와 경합을 벌이던 일본이 독보적인 지위를 차지하는 계기가 되었다. 1933년 '만주'의 주요 수출품은 대두를 비롯한 농산물, 콩깻묵과 두유 등 농산물 가공품, 석탄, 선철 등이었고, 주요 수입품은 면제품과 밀가루, 철과 강철, 차량 및 선박 등이었다. 일본은 이들 품목의 주요 교역국이자, '만주' 무역 총액의 절반을 차지하는 최대 교역국으로 성장했는데, '만주'에 대한 수출총액이 수입총액을 크게 상회하면서 일본과 '만주' 사이에는 공고한 종속경제구조가 구축되었다.[13]

다롄의 일본계 상업은 시기별로 부침(浮沈)을 겪으면서도 전반적으로 중국계 상업에 대한 우위를 유지하며 성장했다. 다롄의 일본계 상업은 1909년 말 회사 34개, 개인점포 1,144개에서 1920년에는 회사 378개, 개인점포 2,188개로, 1930년에는 회사 394개, 개인점포 약 2,400개로 증가했다. 중국계 상업도 계속적으로 성장하여 1930년 무렵에는 정식 상점 4,700개 외에 소규모 행상과 잡화 점포 종사자 1만 2천여 명이 있었다. 중국계 상업은 수적으로는 일본계 상업을 크게 상회하고 있었으나, 영세 상업이 주를 이루어 자본의 규모나 매출액에서는 열세에 처해 있었다. 기타 외국계 상업은 영국계 자본인 화기양행(和記洋行)을 비롯하여 수출입과 관련한 무역상들이 주를 이루었는데, 1909년 말 10개에서 1920년 이후 '만주' 특산물 수출업체가 증가하면서 1930년에는 20여 개, 1934년에는 78개로 증가했다.[14]

다롄의 공업은 일본의 관동주 조차 후에 일본계 회사와 공장을 중심으로 본격적으로 발전했다.[15] 러시아 조차기 관동주에는 러시아 동청철도공사의 도크공장, 발전소, 주철소, 목공소 및 벽돌공장과 중국 자본의 유방, 양조장, 음료공장 등이 있었으나, 동청철도의 공장 외에는 대개 규모가 영세했다. 일본의 조차 직후 다롄에는 만철 기계공장, 닛신 유방(日淸油房)과 산타이 유방(三泰油房) 등 일본 유력회사의 유방이 건설되었다.[16] 동시에 일본 공업의 활성화를 위해 관동주 행정당국과 만철이 유망사업에 대해 보조금을 지급하거나 자금 및 기계를 대여하면서, 다롄의 공업 투자와 생산액은 점차 증가했다. 제1차 세계대전 발발과 전쟁 특수는 다롄 공업 발전의 전기가 되었고, 전후 호황으로 각종 공업에 대한 투자와 공업 생산액이 급증했다. 그러나 1920년대 전반부터 다롄을 덮친 불황과 뒤이은 대공황 속에서 다롄의 공업은 계속적인 침체를 겪었다. 그러던 중 1931년에 발발한 '만주사변'은 다시 한 번 다롄 공업에 전기를 가져왔고 공업 생산액은 점차적인 회복 양상을 보였다.[17]

상술한 바와 같이 다롄의 공업은 '만주'산 원료의 가공과 밀접한 관련을 맺고 있었다. 제1차 세계대전이 발발한 1914년 관동주의 공업생산액을 보면, 일본계 및 중일합자 공업 총생산액 중 유방업(콩깻묵 47.2%, 두유 17.8%)이 3분의 2 가까이를 차지했고, 시멘트 · 벽돌기와 ·

기계제조 · 간장된장제조업이 뒤를 이었다. 중국계 공업에서는 유방업이 약 98%(콩깻묵 71.3%, 두유 26.6%)에 달하는 절대적 비중을 차지하고 있었다. 다롄 경제가 불황을 벗어나지 못하고 있던 1927년에도 콩깻묵과 두유의 생산액이 공업 총생산액의 과반을 차지하는 가운데, 시멘트 · 유리 · 면사포 · 마대 · 유지공업이 그 뒤를 이었다. '만주사변' 후에도 '만주'산 원료의 가공을 중심으로 한 공업이 주를 이루어, 1933년 관동주 내 공업 총생산액에서 콩깻묵(43.1%)과 두유(18.5%)가 전체의 62%가량을 차지하는 가운데, 면사 · 시멘트 · 유리 · 제재(製材) · 마대 · 유류(油類)의 생산액이 뒤를 이었다.[18)]

요컨대 다롄은 '만주'와 일본 사이에 구축된 식민지 종속경제구조의 거점 역할을 하며 상공업 중심의 산업구조를 형성했다. 다롄 산업화의 바탕이 된 일본 식민당국의 제 조치들은 일본계 경제의 우위를 보장하는 동시에, 중국계 경제에 대한 차별과 배제를 수반하며 그 성장을 저해했다. 다시 말해 일본 제국주의하 다롄의 산업화는 중국계 경제에 대한 차별을 바탕으로 일본계 경제를 공고히 하고, 그것을 기반으로 배후지 경제를 포섭하는 식민지경제의 전개과정에서 이루어진 것이었다. 이와 같은 다롄 경제의 식민지적 특성은 주민의 직업구성에 뚜렷하게 반영되었다.

Ⅲ. 주민의 직업구성과 민족위계

일본계 상공업에 대한 일본 식민당국의 비호와 지원은 다롄의 산업구조는 물론 주민의 직업구성에도 영향을 미쳤다. 이번 장에서는 주민의 직업구성을 통해 다롄의 산업구조를 재확인하고, 일본인 우위의

민족위계와 불평등구조가 민족별 직업구성과 계급관계에 어떠한 영향을 미쳤는지를 확인한다.[19]

1. 주민 직업구성의 추이

상공업을 중심으로 하는 다롄의 산업구조는 주민의 직업구성에도 반영되었다. 〈표 1〉은 1910~1935년 다롄민정서 관내 거주자(본업자 및 가족)의 직업을 농림목축어업(1차 산업), 광공업(2차 산업), 상업·공무자유업·서비스업·고용노동·기타 업종(3차 산업), 무직으로 나누어 정리한 것이다.

주민 종사 산업의 추이를 보면, 1차 산업 종사자의 비율이 감소하는 가운데, 2차 산업과 3차 산업 종사자가 증가하는 경향을 보였다. 1910년 당시 주민 직업의 40% 이상을 차지하던 1차 산업 종사자는 이후 계속적으로 감소하여 1935년에는 12%대로 떨어졌다. 반면 2차 산업 종사자는 1910년의 약 9%에서 제1차 세계대전 후의 호황과 공업화를 바탕으로 계속 증가하여 1935년에는 약 23%를 차지했다. 1910년에 이미 절반에 가까운 비율을 차지하고 있던 3차 산업 종사자도 계속적으로 증가하여 1935년에는 약 61%를 점하게 되었다.

주민의 종사 산업은 민족에 따라 일정한 경향을 띠고 있었다. 인구의 과반을 점하고 있던 중국인은 모든 산업에서 높은 비중을 차지하며 주민 종사 산업의 추이를 좌우하고 있었다. 1910년 약 58%를 차지하던 중국인 1차 산업 종사자의 비율은 계속적으로 감소하여 1935년에는 17%대까지 떨어졌으나, 전체 1차 산업 종사자의 약 96~98%라는 절대적 비율을 유지하며 다롄의 1차 산업을 지탱했다. 중국인 2차 산업 종사자는 1910년 약 5%에서 1935년에는 약 23%를 차지했고, 3차 산업

〈표 1〉 주민 종사 산업의 추이

연도·민족 \ 업종		농림목축어업	광공업	상업·공무자유업·서비스업·고용노동·기타	무직	총합
1910	중국인	34,659	2,840	21,319	274	59,092
	일본인	401	5,212	21,216	282	27,111
	기타 외국인	0	2	107	3	112
	합계	35,060(40.62%)	8,054(9.33%)	42,642(49.40%)	559(0.65%)	86,315
1916	중국인	38,637	7,746	51,741	660	98,784
	일본인*	460	11,018	29,860	644	41,982
	기타 외국인	0	7	70	0	77
	합계	39,097(27.76%)	18,771(13.33%)	*81,671(57.99%)	1,304(0.92%)	*140,843
1925	중국인	55,386	43,129	99,910	1,041	199,466
	일본인	825	23,717	52,181	1,290	78,013
	조선인	45	123	464	11	643
	기타 외국인	11	44	368	0	423
	합계	56,267(20.20%)	67,013(24.06%)	152,923(54.90%)	2,342(0.84%)	278,545
1935	중국인	62,071	85,465	214,887	7,109	369,532
	일본인	1,874	35,531	98,098	6,002	141,505
	조선인	425	455	1,712	49	2,641
	기타 외국인	13	151	1,060	94	1,318
	합계	64,383(12.50%)	121,602(23.61%)	315,757(61.31%)	13,254(2.57%)	514,996

· 주: 1916년의 일본인 항목에는 조선인이 포함되어 있다. 1916년의 기타 업종 항목과 총합의 수치는 세부항목의 수치를 바탕으로 필자가 계산하여 입력한 것이다. 1935년 기타 외국인 중에는 구 러시아 출신자(1,019명)가 가장 많았고, 그밖에 미국인(61명), 영국인(51명), 독일인(32명), 소비에트연방인(24명), 이란인(22명), 덴마크인(21명), 인도인(18명), 그리스인(14명), 라트비아인(10명), 리투아니아인(10명), 유고슬라비아인(9명), 폴란드인(8명), 스위스인, 이탈리아인, 에스토니아인, 몽고인, 헝가리인, 체코슬로바키아인 등이 있었다.

· 출처: 關東都督府(1912), 『關東都督府統計書. 第五. 明治四十三年』, 關東都督府, 45~46쪽 ; 大連商業會議所(1918), 『大連商業會議所統計年報. 大正五年』, 10~11쪽 ; 大連商業會議所(1926), 『大連商業會議所統計年報. 大正十四年』, 4~7쪽 ; 關東局(1936), 『關東局統計書. 第三十. 昭和十年』, 關東局, 42~43쪽.

종사자는 1910년 약 36%에서 1935년 약 58%로 증가하며, 다롄 상공업을 견인했다.[20] 한편 외국인 주민은 대다수가 2차 산업과 3차 산업에 종사하고 있었다. 일본인은 어업을 제외하고는 1차 산업 종사자가 거의 없는 가운데, 주로 2차 산업과 3차 산업에 종사하고 있었다. 조선인 역시 어업 외에 1차 산업 종사자가 거의 없는 가운데 3차 산업 종사자가 3분의 2가량을 차지하고 있었고, 기타 외국인은 대다수가 3차 산업에 종사하고 있었다.

주민의 종사 산업은 거주지에 따라서도 차이를 보였다. 1차 산업 종사자는 대개가 시외에 거주하고 있었으나, 2차 산업과 3차 산업 종사자는 시내에 집중되었다. 1906년 무렵 시외 거주자(51.5%)보다 약간 적었던 시내 거주자는 인구의 도심 집중과 시가지 확장의 영향으로 계속 증가하여, 1935년에는 전체 거주자의 70% 가까이를 차지하게 되었다. 시외 거주자의 절대 다수는 중국인으로, 다롄의 1차 산업은 이들 시외 거주 중국인 주민에 의해 지탱되었다고 할 수 있다. 그러나 시간의 추이에 따라 중국인 주민의 시내 집중도 점차 심화되어 1935년에는 시내 거주자가 약 61%를 차지하게 되었다. 외국인 주민의 경우에는 초기부터 시내 거주자의 비율이 높았는데, 일본인의 약 80~99%, 조선인의 90% 이상, 기타 외국인의 대다수가 시내에 거주하고 있었다. 시내 거주자 중에서는 3차 산업 종사자가 매우 많았으며, 특히 시내 거주 일본인의 70% 이상이 3차 산업에 종사하고 있었다.[21]

다롄의 산업화는 주민의 생활과 고차 산업에 필수적인 1차 산업 종사자의 비율이 계속적으로 감소하고, 2차, 3차 산업 종사자가 증가하는 가운데 이루어지고 있었다. 다시 말해 다롄의 산업화는, 증가하는 1차 산업 산물의 수요를 주변부와 배후지로부터 충족하고, 시내를 중심으로 상공업을 발전시키는 과정에서 가능했던 것이다.

다롄의 산업화가 주변부 및 배후지의 1차 산업에 대한 의존과 착취를 통해 자원을 마련했다면, 그것을 바탕으로 다롄의 상공업을 이끌고 있던 시내 인구는 어떻게 구성되고 어떤 직업적 특징을 가지고 있었는지를 확인해보도록 하자.

1935년 다롄 시내 주민(본업자 및 가족)의 직업구성을 보면, 1차 산업에 해당하는 직종의 종사자가 극히 적은 가운데, 2차 산업 종사자가 총 인구의 4분의 1가량을 차지하고, 3차 산업 종사자가 70% 이상을 차지하고 있었다. 업종별로는 교통운수업(약 18%)과 물품판매업(약 15%) 종사자의 비율이 매우 높은 가운데, 여숙 · 음식점 · 욕장업, 기계기구제조업, 토목건축업, 의류잡화제조업에 각각 만 명 이상이 종사하고 있었다.

주민의 민족별 종사 업종은 전반적으로는 유사성을 띠었으나, 구체적인 구성에서는 차이를 보였다.

중국인은 본업자의 절대다수가 남성으로, 여성 중 직업을 가진 경우는 약 6%에 지나지 않았다. 중국인의 종사 업종을 보면, 40% 가까이가 교통운수업과 물품판매업에 종사하는 가운데, 여숙 · 음식점 · 욕장업, 가사고용, 의류잡화제조업, 기계기구제조업, 음식료품 · 기호품제조업, 토목건축업 종사자가 다수를 차지했다. 중국인 가사고용인은 다롄 시내 동종업종 종사자의 80% 가까이를 점하고 있었는데, 일본인 가사고용인의 과반이 여성 종사자였던 것과 달리 남성 종사자가 절대다수를 차지하고 있었다.

일본인 본업자의 성별 구성을 보면 남성이 약 78%, 여성이 약 22%를 차지하고 있었다. 일본인 역시 교통운수업과 물품판매업 종사자가 다수를 차지하는 가운데, 공무, 기계기구제조업, 여숙 · 음식점 · 욕탕업, 토목건축업, 통신업 종사자가 많았으며, 특히 공무 종사자와 통신업

〈표 2〉 1935년 다롄 시내 주민의 직업구성

업종 \ 민족		중국인	일본인	조선인	기타 외국인	합계
농림축산 어업	농림축산업	2,312	382	15	-	2,709
	어업 · 제염업	1,590	711	294	-	2,595
	합계	3,902	1,093	309	-	5,304
광업		972	557	-	-	1,529
공업		55,619	32,106	445	134	88,304
상업		67,047	29,648	850	438	97,983
통신업		942	5,511	-	1	6,454
교통운수업		44,524	23,063	263	36	67,886
육해군인		2	308	-	-	310
공무(관공리고용)		2,679	10,145	84	33	12,941
자유업		15,834	16,341	77	195	32,447
기타업종		19,648	7,129	238	187	27,202
가사고용		8,638	2,604	38	44	11,324
소득생활자		2,884	2,936	2	4	5,826
무직		2,307	2,988	37	56	5,388
합계		228,900	135,522	2,652	1,128	368,202

· 주: 광업은 채광야금업(採鑛冶金業)과 토석채취업을 포함한다. 공업은 기계기구제조업, 토목건축업, 의류잡화제조업, 섬유공업, 음식료품 및 기호품제조업, 목죽류 관련 제조업, 금속공업, 제판인쇄제본업, 가스 · 전기업, 화학공업, 요업, 기타 공업을 포함한다. 상업은 물품판매업, 여숙 · 음식점 · 욕장업, 금융보험업, 매개주선업, 물품임대 · 보관업, 기타 상업으로 구성되었다. 자유업은 종교, 교육, 의무(醫務), 법무, 기자 · 저술, 예술가 및 기타 자유업을 포함한다.
· 출처: 大連市役所 編(1936), 『大連市史』, 大連市役所, 19~24쪽의 내용을 바탕으로 정리.

종사자는 다롄 시내 동종업종 종사자의 약 80% 정도를 차지하고 있었다. 여숙 · 음식점 · 욕장업은 여성 종사자의 수가 두드러지게 높은 업종으로 당시 일본인 여성 본업자의 4분의 1 이상이 종사하고 있었고,[22)]

가사고용인 역시 여성 종사자가 남성을 크게 상회하는 업종이었다.

조선인은 남성 본업자가 약 65%, 여성 본업자가 약 35%를 차지하고 있었다. 조선인의 종사 업종은 한정적으로, 주로 여숙·음식점·욕장업, 어업·제염업, 운수업, 물품판매업, 제판·인쇄·제본업에 종사했다. 여성의 종사 업종은 더욱 한정되어 여숙·음식점·욕장업에 60% 이상이 종사하고 있었다. 조선인 어업·제염업 종사자는 동종업종 종사자의 약 11%를 차지했는데, 조선인의 비율이 전체 인구의 0.6%에 지나지 않았음을 고려했을 때, 상당히 높은 비율을 점하고 있었음을 알 수 있다.

기타 외국인은 남성 본업자가 약 78%, 여성 본업자가 약 22%를 차지하고 있었다. 종사 업종은 물품판매업, 여숙·음식점·욕장업, 음식료품·기호품제조업, 가사고용인, 금융보험업, 운수업, 기계기구제조업, 공무, 교육관련, 종교관련, 예술가, 의류·잡화제조업, 법무관련 업종 등 주로 상공업과 공무, 자유업이었다. 여성의 종사 업종은 여숙·음식점·욕장업, 가사고용인, 종교관련 업무에 집중되어 있었다.

2. 주민 직업구성에서 드러나는 민족위계

식민지도시 내 주민의 직업구성은 식민권력과의 원근(遠近)에서 발로하는 민족과 계급 관계가 반영되어 있었다. 앞서 살펴본 것과 같이 중국인과 일본인은 다롄의 모든 직업군을 포섭하며 산업 인구의 양대 축을 이루고 있었으나, 구체적인 직업구성에서는 민족에 따른 차이가 드러났다. 이러한 차이는 식민지도시 내 민족위계가 작동한 결과로서, 특정 업종에서의 일본인 편중, 동종업종 내 일본인의 우위, 민족에 따른 계급 및 처우차별 등에서 확인할 수 있다.

상술한 1935년 다롄 시내 주민의 직업구성을 보면, 대부분의 업종에서 중국인 종사자가 일본인 종사자보다 수적 우위에 있었으나, 식민지 통치와 관련된 업종에서는 일본인 종사자의 집중이 두드러졌다. 예를 들어 군인, 공무, 통신업과 같이 식민지 통치와 직결되는 업종은 일본인 종사자가 대다수를 점하고 있었다. 자유업 종사자의 경우, 전체 비율에서는 일본인과 중국인이 양분하고 있었으나, 교육, 기자·저술, 종교, 법무, 예술, 의무 관련 업종과 같이 일정한 사회적 영향력을 가지면서 식민당국의 영향력이 크게 작용하는 업종에서는 일본인 종사자가 80% 가까이를 차지하고 있었다.

일본인 경제의 부식과 성장을 목적으로 한 일본 식민당국의 조치는 동종업종 내에서 일본인 종사자의 우위를 보장했다. 이것은 상공업 부문뿐만 아니라 어업에서도 확인할 수 있다. 어업은 일본 식민당국의 비호 아래, 일본인 종사자들이 대규모 자본을 투하하며 우위를 점했던 대표적인 업종 중 하나였다. 식민당국은 어업 관련 법령과 규칙을 제정하고 수산조합(수산회)과 수산시험장 및 만주수산주식회사(滿洲水産株式會社) 등을 설립하여 어업에 대한 통제를 강화하고 어업자원을 독점했다. 다롄의 중국인 어민들은 일본인 어민들에 비해 수적으로는 우세했으나 자본설비와 기술면에서 열세에 처해 있었으므로, 식민당국의 비호 아래 동력선과 수송선을 보유하고 앞선 어로기술을 이용하던 일본인 어민과의 경쟁은 근본적으로 불가능했다. 1933년 다롄(시내 및 시외 포함)의 중국인 어민은 3,727명으로 일본인 어민 400명에 비해 아홉 배 이상 많았으나, 어획고에서는 일본인 어민의 그것이 중국인 어민보다 다섯 배 이상 많았고, 수산물 가공품 생산고에서도 일본인 종사자의 그것이 중국인 종사자보다 여섯 배 이상 많았다.[23]

민족위계는 주민 직업상의 계급관계와 처우차별에서도 드러났다. 다롄의 상공업은 자본설비 면에서 일본계가 주도하고 있었다. 특히 다수의 노동자를 채용하고 있던 대형 업체의 대부분이 일본계로, 이들 업체에는 일본인 경영자, 소수의 일본인 관리자와 기술자, 다수의 중국인 노동자라는 계급구조가 형성되어 있었다.

이것은 만철의 종업원 구성에서 확인할 수 있다. 철도 · 항만 · 광산 · 공장 등 대규모 사업체를 경영했던 만철은 정규 사원과 함께 다수의 사원 외 종업원을 고용하고 있었다. 정규의 만철사원은 대개 일본인과 중국인으로 이루어졌는데, 민족에 따라 직급에서 큰 차이가 있었다. 1929년 당시 만철사원은 직원(職員), 준직원(准職員), 용원(傭員)으로 구성되었다. 그 내역을 보면 그중 높은 직급인 직원과 준직원은 모두 일본인이 차지했고, 중국인은 낮은 직급인 용원으로 고용되었다. 1935년에는 소수의 중국인이 직원으로 고용되기도 했으나, 중국인 사원의 대부분은 여전히 말단의 용원으로 고용되었고, 사원 외 종업원에 해당하는 대규모 비정규노동자는 대개 중국인으로 이루어졌다. 즉, 이 시기 만철에는 정규 사원이자 높은 직급을 독점하는 일본인과, 낮은 직급 및 비정규노동자층을 담당하는 중국인의 계급구조가 형성되어 있었던 것이다. 또 한 가지 특기할 만한 것은 같은 직급일지라도 민족에 따라 처우가 달랐다는 점으로, 예를 들어 용원 직급의 경우 일본인 사원의 임금이 중국인 사원의 3~4배에 달했다.[24] 당시 다롄 노동자계층 내에서 이루어지고 있던 민족에 따른 불평등에 관해서는 이 책에 수록된 「식민지도시 다롄과 노동자」(권경선)에서 보다 상세하게 다루고 있으므로 참고하길 바란다.

요컨대 다롄 주민의 직업구성에는 식민지로서 다롄의 성격이 뚜렷하게 반영되고 있었다. 중국인 주민과 일본인 주민은 모든 직업군을 포섭하고 있었으나, 구체적인 직업구성에서는 민족위계가 작동하고 있었다. 식민지 통치와 긴밀한 관련을 가진 업종이나 사회적 영향력이 큰 업종은 일본인이 독식하는 양상을 보이고 있었고, 동종업종이라도 식민기구의 조치와 자본설비의 차이로 인해 일본인이 우위를 점하고 있었으며, 계급관계 및 처우에서도 일본인 우위의 차별이 존재했다.

Ⅳ. 나오며

일본 제국주의 지배하의 다롄은 일본과 '만주' 간 식민지 종속경제구조의 구축 과정에서 거점으로 기능하며 성장했다. 일본은 관동주 조차지의 경영은 물론, 배후지 '만주' 경제를 세력권으로 편입시키기 위해 식민기구와 산업시설이 집적된 중핵도시 다롄을 발전시켰고, 이 과정에서 다롄은 배후지 경제와 긴밀하게 이어진 상공업 중심의 산업구조를 구축했다. 이러한 다롄의 산업화는 중국인 경제의 성장을 억제하고 일본인 경제의 부식과 강화를 도모하는 과정에서 이루어지면서 일본인 우위의 식민지적 성격을 배태했다.

다롄 경제의 식민성은 주민의 직업구성에도 반영되었다. 조차지 경영과 배후지 경제 수탈에 상응한 상공업 중심의 산업구조는 도시 내 상공업 종사자의 집중에서 드러났다. 다롄의 양대 민족 집단인 중국인과 일본인은 다롄의 주요 업종을 비롯하여 모든 직업군을 아우르며 주요한 산업 인구를 구성했지만, 구체적인 직업구성에서는 일본인 우위의 민족위계가 작동하고 있었다. 식민지 지배와 직접 관련된 업종은 일본인 종사자가 절대다수를 이루었고, 자유업과 같이 사회 상층부를 이루는 업종도 일본인 종사자가 독식하는 양상을 보였다. 동종 업종의 경영에서도 식민기구의 제 조치와 자본설비의 차이 등으로 일본인 종사자가 우위를 점하고 있었다. 일본인 우위의 민족위계는 계급관계와 처우에도 작용하며, 다수의 상공업 현장에서 소수의 일본인 경영주 및 관리자, 다수의 중국인 노동자라는 계급관계와 중일 노동자 간의 임금 격차를 만들어냈다.

이 글은 다롄 경제의 특성을 주로 '피식민자'로서 중국인과 '식민자'로서 일본인의 민족관계에 집중하여 고찰했다. 그러나 다롄 경제는 다양한 계층과 직업을 포섭하고 있던 중국인 주민과 일본인 주민이 생업을 비롯한 생활 전반에서 광범위하게 활동하고 접촉하는 가운데 이루어졌고, 그 과정에서 단순히 '식민자' 일본인과 '피식민자' 중국인의 도식으로 설명할 수 없는 양상이 전개되었다. 예를 들어 중국인 노동자의 쟁의는 민족 간 마찰뿐만 아니라 계급 간 마찰과 생업을 위한 투쟁으로서 일본인 공장은 물론 중국인 공장에서도 발생했으며, 만철 기계공장 등에서는 민족을 넘어 중국인 노동자와 일본인 노동자가 연대파업을 진행하기도 했다. 한편 일본인 주민들은 다롄 경제에서 중국인에 대한 우위를 점하고 있었지만, 반식민지 상태에서의 불안과 불만도 적지 않았다. 특히 1920년대 이래의 장기불황과 중국 국민정부의 전국 통일은 다롄 일본인 주민의 불안을 고조시켰고, 중국인 중소상공업자와 노동자의 대두는 생업 경쟁에서 부딪치는 일본인 중하층 주민들의 위기의식을 조성하며 일본이 '만주사변'으로 나가는 사회적 토양을 만들기도 했다.[25]

또한 다양한 민족과 계급계층이 교차하며 만들어 낸 다롄 경제의 실태를 확인하기 위해서는, 중국인과 일본인은 물론, 비록 소수에 지나지 않았으나 식민 세력이 창출한 민족위계와 그 활용에 깊이 관련되어 있던 조선인, 국제자유무역항으로서 다롄의 성격을 보여주던 구미 각국 사람들의 활동과 관계에도 주목할 필요가 있다. 계속적인 고찰이 필요한 과제이다.

권경선 | 한국해양대학교 국제해양문제연구소 HK연구교수

▣ 주

1) '만주'는 현재 중국의 랴오닝 성(遼寧省), 지린 성(吉林省), 헤이룽장 성(黑龍江省)과 네이멍구(內蒙古) 자치구 동부지역을 가리킨다. '만주'라는 용어에 대해서는 일본 제국주의가 해당지역의 세력권화를 기도하며 사용했던 용어라는 부정적 인식이 적지 않으나, 이 글에서는 그러한 역사적 맥락을 살려 '만주'라 표기한다.

2) 러일전쟁에서 승리한 일본은 1905년 러시아와 「포츠머스조약」을 체결하고, 러시아가 가지고 있던 관동주 조차권(25년간)과 동청철도의 뤼순(旅順)·창춘(長春) 간 철도, 이른바 남만주철도에 대한 권리를 위양 받았다. 관동주 조차지는 청의 주권 지역으로 청 정부의 승인 없이는 권리 양도가 불가능했으므로, 일본은 같은 해 청과 「만주에 관한 조약(滿洲ニ關スル条約)」(중국명 中日會議東三省事宜正約) 및 그 부약을 맺어 「포츠머스조약」의 권리를 승인받았다. 일본은 또한 동 조약을 통해 남만주철도를 지린까지 연장할 권리와 철도 수비를 위한 일본군의 상주권(常駐權), 철도 연선 광산의 채굴권을 보장받았다. 또한 청에게 남만주철도에 병행하는 철도를 부설하지 않을 것을 약속받고, 안둥(安東)과 펑톈(奉天) 간 철도사용권을 유지하고 양국이 공동사업화 할 것을 약속받았으며, 잉커우(營口)·안둥·펑톈 내 일본인거류지의 설치와 압록강 우안의 삼림벌채합변권 등을 인정받아 '만주' 경영의 기초를 마련했다.

3) 단 「남만주 및 동부 내몽고에 관한 조약」에서 남만주의 범위가 명확히 규정되지 않으면서 중국과 일본 간의 해석에 큰 차이가 발생했다. 일본이 남만주의 범위를 관동주 조차지와 만철부속지가 있는 펑톈 성(지금의 랴오닝 성)과 지린 성 전체로 상정한 것과 달리, 중국은 펑톈 성과 지린 성 일부로 한정했다. 남만주의 범위를 둘러싼 이견은 조선인이 집주하던 이른바 간도(間島) 지역의 포함 여부와도 관련이 있었다. 일본은 간도를 남만주에 포함시킴으로써 간도 내에 거주하는 일본 제국주의 '신민'인 조선인의 영사재판권과 상조권을 구실로 해당지역을 자국 세력권으로 포섭하고자 했다. 그러나 중국으로서는 간도 내 조선인에 대한 법권 상실이 사실상 간도에 대한 지배권 포기로 연결되었으므로 용인할 수 없었다. 이성환(1999), 「대중국 21개조 요구와 간도문제」, 『일본학지』 19, 119~141쪽. 특히 해당지역 내 일본인의 거주와 영업을 보장하는 상조권 문제는 일본이 중국의 조약 불이행을 내세워 '만주사변(滿洲事變)'으로 나아가는 구실로 기능했다. 상조권의 행사는 이후 '만주국(滿洲國)' 수립과 「일만의정서(日滿議定書)」의 체결을 통해 가능하게 되었다. 가토 요코 지음, 김영숙 옮김(2012), 『일본근현대사 시리즈 5 만주사변에서 중일전쟁으로』, 어문학사, 176쪽.

4) 당시 다롄의 화인(華人) 계열 인구는 산둥 성(山東省) 등지에서 건너온 한족(漢族)이 다수를 차지하는 가운데, 그밖에 만주족(滿洲族)과 몽고족(蒙古族) 등으로 이루어져 있었다. 각기 다른 민족들을 현재적 개념의 중국인으로 묶어서 다루는

것은 적절하지 않으나, 이 글에서는 일본 제국주의하의 민족위계에서 일본인에 대한 상대적 개념화를 위해 중국인으로 묶어 분석한다.

5) 일본 제국주의와의 관계 속에서 다롄(관동주) 경제를 다룬 연구들은 대개 다롄을 '만주'에 포함시켜 포괄적으로 다루어왔다. 예를 들어 일본 제국주의와 식민지의 관계를 분석한 『이와나미강좌 근대 일본과 식민지(岩波講座 近代日本と植民地)』 시리즈(전 8권)의 관련 연구들은 다롄을 독립적인 연구대상으로 다루기보다는 '만주'에 종속되는 일부로 다루고 있다. 이러한 시각은 식민지도시 다롄의 작동이 '만주'에 대한 일본의 영향력 확대를 전제로 하여 그 권역 내의 유기적인 관계 속에서 이루어지고 있었다는 점에서 타당하다. 그러나 일본 제국주의가 '만주'로 세력을 확장해나가는 거점으로서 다롄의 역할과 도시 내부에서 전개되고 있던 식민지구조의 규명을 위해서는, 다롄 자체에 초점을 맞추어 연구를 개진할 필요도 있다. 야나기사와 아소부(柳澤遊)의 관련 연구는, 다롄 경제를 둘러싼 대내외적 조건의 변화 속에서 만철 등 '국가'에 대한 의존을 심화하며 경제활동을 이어가던 일본인 상공업자의 모습을 부각시킴으로써, 식민지구조를 바탕으로 전개되던 다롄 경제에 관해 풍부한 시각과 정보를 제공해주고 있다. 柳澤遊(1999), 『日本人の植民地經驗: 大連日本人商工業者の歷史』, 青木書店.

6) 일본 관동주 조차지의 통치 기관은 통치 방식에 따라 관동총독부, 관동도독부, 관동청, 관동주청으로 변경되었다. 관동주 조차지 및 다롄의 통치 방식과 통치기관에 관해서는 이 책에 수록된 「식민지도시 다롄의 도시건설」(장샤오강)과 「일본 제국주의 시기 다롄의 식민통치기관과 사법제도」(진완훙)에 자세히 설명되어 있다.

7) 만철은 1906년의 칙령과 일본 체신대신 · 대장대신 · 외무대신의 명령서를 바탕으로 설립되었다. 일본 정부는 만철의 최대 주주로, 중역 조직은 칙재를 거쳐 일본 정부가 임명했고, 회사의 관리감독은 관동주 조차지의 일본 행정기관 및 일본 내각대신이 담당하는 등 일본 정부의 영향력이 절대적이었다. 만철의 사업부문은 농림업 · 광공업 · 상업 · 금융 · 운수 · 도시건설 · 호텔 · 신문 등 산업 전반에 걸쳐 있었으며, 철도부속지의 행정과 교육, 병원 등 공공사업부문도 담당했다. 만철의 사업비 내역을 보면, 1941년까지 철도에 약 43%, 광산에 약 18%, 항만에 약 12%가 사용되어, 철도항만과 광산업이 주요경영부문이었음을 알 수 있다. 만철은 당초 상술한 명령서에 따라 철도운수업과 철도 편익을 위한 부대사업으로서 광업 · 수운업 · 전기업 · 창고업 · 토지가옥(여관 포함) 등의 경영, 만철부속지 내 행정(토목 · 교육 · 위생)을 담당하다가, 1920년대 중반에는 가스 · 요업 · 전기부문을 특수회사 형태로 독립시켰고, 1933년에는 제철사업을 쇼와제강소(昭和製鋼所)에 양도했으며, 1937년에는 만철부속지 행정권의 '만주국' 이양에 따라 위생과 교육 부문을 '만주국'에 인계했다. 단 '만주국'의 수립 이후에도 주요사업부문인 철도항만 사업은 만철이 계속적으로 경영했다. 철도 경영에서는 기존의 다롄 · 창춘 간, 안둥 · 펑톈 간의 간선 및 기타 지선을 계속적으로 경영하는 가운데, 1933년에는 '만주국' 정부의 위탁을 받아 '만주국' 철도 및 그 부대

사업을 인수하고, 조선총독의 위탁으로 조선 북부 철도 및 그 부대사업을 인수했다. 항만 경영은 만철 직영의 다롄 항 · 뤼순 항 · 잉커우 항 · 안둥 항에 더해, '만주국' 수립 후에는 후루다오(葫蘆島) 항의 경영을 위탁받았으며, 조선총독의 위탁으로 조선 북부의 나진항 · 웅기항 · 청진항(1940년 상삼봉 · 청진 간 철도와 함께 청진항은 조선총독부에 반환)을 경영했다. 만철은 조차지와 '만주' 경영뿐만 아니라 일본 제국주의의 확장에도 큰 역할을 했다. 즉, '만주'를 중심으로 한반도와 중국 화베이 지방(華北地方)을 잇는 철도 노선을 구축하고, 만철조사부와 같이 '만주' 및 중국 전역과 러시아의 정치 · 경제 · 군사 정보를 수집 · 분석하는 조사기관을 운영했으며, 철도부속지에 수비군을 주둔시키고, 전시 · 준전시에 병력 및 군수물자를 수송하는 등 제국주의의 확장을 위한 준비 작업을 진행하고 있었다. 關東局(1942), 『關東局要覽. 昭和十六年』, 425~439쪽.

8) 관동도독부의 토지조사를 통해 일본이 획득한 관동주 내 관유지는 조차지 총 면적의 36%에 달했고, 1918년 농민이 납세해야 할 토지면적도 약 82% 증가했다. 궈톄좡 · 관제 저, 신태갑 역(2012), 『일본의 대련 식민통치 40년사 2권』, 선인, 147~153쪽. 관동도독부는 1907년 「관동주관유토지가옥대부내규(關東州官有土地家屋貸付內規)」를 공포하고, 공용 토지를 제외한 모든 관유지의 이용을 일본 국내보다 낮은 대부금으로 일본 민간에 위임했다. 제1차 세계대전의 발발 후 다롄 경제가 호황기에 접어들면서 주택난과 함께 과도한 부동산 투기 움직임이 일어나자, 관동도독부는 이를 억제하기 위하여 「관유지경매규칙」(1918), 「관유지경매에 관한 세칙」(1918), 「관유토지특매규칙」(1919) 등을 공포했으나, 이와 같은 조치들이 동양척식주식회사의 적극적 대출정책과 결합하면서 결과적으로 1918~1920년 다롄 부동산 투기의 직접적 계기가 되었다. 柳澤遊(1999), 앞의 책, 124~125쪽.

9) 궈톄좡 · 관제 저, 신태갑 역(2012), 앞의 책, 81~114쪽.

10) 궈톄좡 · 관제 저, 신태갑 역(2012), 앞의 책, 85~86쪽.

11) '만주'의 무역은 다롄 항, 안둥 항, 잉커우 항이 독점하는 형세를 보였다. 1929년 무역총액 1,178,199,766엔 중의 약 91%(다롄 67.3%, 안둥 12.2%, 잉커우 11.5%), 1933년의 무역총액 964,310,030엔 중 약 96%(다롄 76.4%, 안둥 11.2%, 잉커우 8.3%)가 이들 항을 통해 이루어졌다. 關東局(1935), 『關東局要覽. 昭和十年』, 379~381쪽.

12) 1915년 당시 다롄 항의 해운은 이미 38개의 일본계 해상운송회사가 독점하는 형세를 보이고 있었다. 다롄 항에 입항하는 정기선은 오사카 상선(大阪商船), 미쓰이 물산, 일본우선(日本郵船), 닛신 기선(日清汽船), 다롄 기선(大連汽船) 등 일본계 해운회사의 선박이 대다수를 차지하는 가운데, 소수의 중국 해운회사와 17개 국가 및 지역에 적을 둔 선박으로 이루어져 있었다. 주요 교역지인 일본 · 중국 관내 · 조선과 다롄 항을 잇는 항로는 오사카 상선(다롄－일본), 일본우선(다롄－일본), 조선우선(朝鮮郵船. 다롄－인천), 다롄 기선(다롄－칭다오, 다롄－안둥－톈진, 다롄－룽커우), 만철 소속선박(다롄－상하이, 다롄－광저우) 등이

독점하고 있었다. 궈톄좡 · 관제 저, 신태갑 역(2012), 앞의 책, 64~74쪽.

13) 1933년 '만주' 무역의 교역국을 보면, 전체 무역액 964,310,030엔(수출액 448,477,605엔, 수입액 515,832,425엔) 중 일본이 50.9%(수출액 39.5%, 수입액 60.8%), 중국이 15.7%(수출액 16%, 수입액 15.5%), 조선이 약 6.1%를 차지했다. 그밖에 대두 수출이 큰 비중을 차지하고 있던 독일(8%)과 이집트(3.9%)를 비롯해, 미국(3.8%), 러시아(2.2%), 영국(1.7%), 영국령 인도(1.6%. 면화 · 마대 수입), 홍콩(1.5%)이 있었다. 수출총액 423,789,142엔(만주국폐) 중, 대두 및 그 가공품이 약 57.5%(대두 39.9%, 콩깻묵 약 13.6%, 두유 약 4.2%), 석탄이 약 11.1%, 조(粟)가 약 3.5%, 선철이 약 2.5%를 차지했다. 주요 수출지는 대두가 독일 · 이집트 · 일본 · 러시아 · 중국 · 영국, 콩깻묵이 일본 · 중국 · 조선 · 미국, 두유가 중국 · 독일 · 영국이었다. 수입총액 515,687,078엔 중에서는, 면제품(면직물 · 면직사 · 면화 · 면봉사 · 기타 면 제품)이 약 21.7%, 밀가루가 11.4%, 철 및 강철이 약 7.8%, 차량 및 선박이 약 4.4%를 차지했다. 주요 수입지는 면제품이 일본 · 중국, 밀가루가 일본 · 중국 · 호주, 철 및 강철이 일본 · 독일 · 미국 · 조선, 차량 및 선박이 일본 · 미국이었다. 關東局(1935), 앞의 책, 385~390쪽.

14) '만주사변' 이후 다롄 일본인 상점의 평균 매출액은 4만 1,500엔으로 중국인 상점의 1만 8,262엔의 2배 이상을 차지하고 있었다. 궈톄좡 · 관제 저, 신태갑 역(2012), 앞의 책, 81~114쪽.

15) 관동주 조차지 및 만철부속지에서 다롄의 공업은 막강한 비중을 차지하고 있었다. 1932년 말 관동주 및 만철부속지 전체, 즉 다롄 · 뤼순 · 진저우(金州) · 푸란뎬(普蘭店) · 피쯔워(貔子窩) · 와팡뎬(瓦房店) · 다스챠오(大石橋) · 잉커우 · 안산(鞍山) · 랴오양(遼陽) · 수쟈툰(蘇家屯) · 펑톈 · 푸순(撫順) · 톄링(鐵嶺) · 카이위안(開原) · 스핑제(四平街) · 공주링(公主嶺) · 판쟈툰(范家屯) · 창춘 · 번시후(本溪湖) · 펑황청(鳳凰城) · 안둥의 공업현황을 보면, 146,963,252엔이 투하된 1,137개 공장에 종업원 56,136명이 종사하며 165,063,804엔의 생산액을 내고 있었다. 그 가운데 다롄은 공장 수 396개(전체의 34.8%), 종업원 수 25,548명(45.5%), 투자액 59,120,800엔(40.2%), 생산액 97,199,074엔(58.9%)을 차지함으로써, 관동주 및 만철부속지 공업 지수의 절반에 가까운 비중을 차지하고 있었다. 大連商工會議所編(1934), 『滿洲經濟圖表. 昭和九年版』, 98~103쪽.

16) 주식회사 산타이 유방은 중일합자회사였으나 실질적으로는 일본계 자본이 주식의 대다수를 보유하고 있었다. 1934년 7월 말, 회사의 총 주식 1만 주(주주 수 32명) 중에서 부사장직을 맡고 있던 선위톈(瀋玉田)의 보유 주식 1,120주를 제외한 9할 가까이가 미쓰이 물산(三井物產. 6,880주) 및 기타 일본인 대주주의 보유분으로 이루어져 있었다. 南滿洲鐵道株式會社經濟調查會(1936), 『滿洲會社考課表集成. 工業編』, 33쪽.

17) 일본의 조차 이후, 관동주의 공업은 계속적인 성장세를 보였다. 1909년 공장 수 127개, 생산액 4,246,368엔에서 1912년에는 공장 수 204개, 생산액 18,993,529엔으

로 성장했고, 제1차 세계대전의 특수를 바탕으로 급성장하여 1920년에는 공장 수 368개, 생산액 57,222,948엔, 1924년에는 공장 수 389개, 생산액 100,375,029엔의 규모를 이루었다. 그러나 다롄 경제의 장기불황과 대공황의 여파로 인해 관동주의 공업도 침체되어, 대규모 자본의 투하에도 불구하고 1929년에는 공장 수는 427개로 늘어났으나 생산액은 79,690,954엔으로 감소하고, 1931년에도 공장 수는 460개로 증가했으나 생산액은 59,607,379엔으로 크게 감소했다. '만주사변'의 발발은 관동주 공업에도 전기를 가져와, 1933년에는 공장 수 557개, 생산액 69,450,642엔으로 공업 경기가 서서히 회복되는 양상을 보였다. 關東局(1935), 앞의 책, 391~393쪽.

18) 1914년의 관동주 공업 내역은 淸水靜文著(1917), 『滿洲の經濟』, 六盟館, 41~45쪽을 참고. 1927년 다롄의 공업 내역은 大連民政署(1928), 『大連要覽』, 大阪屋號書店, 222~233쪽을 참고. 1933년 관동주의 공업 내역은 關東局(1935), 앞의 책, 393~396쪽을 참고. 일본 등지에서 비료로 이용되던 콩깻묵은 1920년대 후반 유안(硫安)의 보급으로 인해 수출량과 생산량이 줄어들었으나, 1930년대에도 여전히 다롄 상공업의 큰 부분을 차지했다.

19) 러시아 조차기 다롄 주민의 직업을 명확하게 파악할 수 있는 자료는 확인하지 못했다. 중국인의 다수는 철도 부설과 축항 및 도시건설과 관련된 토목건축업, 동청철도와 다롄 항을 통한 화물운수업, 무역과 상업 등 산업 전반에 주요 노동력으로 투입되었을 것으로 여겨진다. 한편 일본인은 매춘을 포함한 여숙업(旅宿業), 중개업 및 도시건설 등에 관계하고 있었고, 러시아인을 비롯한 기타 외국인들은 뤼순을 중심으로 잡화상, 청부업, 선박업에 종사하고 있었다. 외국기업 중 비교적 규모가 큰 것으로는 영국의 和記洋行(Cornabe, Eckford&Co.), 旭昇洋行(Clarkson&Co.), 미국의 茂生洋行(American Trading Co.)과 스미스 상회, 독일의 萬利洋行(Bismark&Co.)과 哈利洋行(Sietas&Block&Co.), 福來洋行(Grunbery&Co.), 프랑스 몬돈 상회 등이 있었고, 중국인 매판인 기봉대(紀鳳臺), 덕화호(德和號) 등이 세력을 형성하고 있었다. 上田恭輔 著(1918), 『露西亜時代の大連』, 大阪屋號書店, 41~42쪽.

20) 중국인 2차 산업 및 3차 산업 종사자의 증가는 해당 산업의 성장과 중국인 인구의 증가와 더불어, 1920년대 중국인 중소상공업자 및 노동자의 대두와 관련이 있었던 것으로 보인다. 야나기사와에 따르면, 제1차 세계대전 후 다롄 경제가 호황기에 접어들고 상공업이 계속적으로 성장하면서 일본인 노동자의 임금이 상승하고 노동력이 부족해지자, 다수의 일본 업체들이 저임금의 중국인 노동자를 고용했다. 그러나 1920년대 다롄 경제가 불황기에 접어들면서 일본 업체에서 일하던 중국인 노동자들 중에서 그동안 체득한 기술이나 영업방식을 이용하여 독립하는 경우가 늘었다. 일본인 영업자가 다수를 차지하던 세탁업, 이발업 등에서 일본인 종사자가 줄고 중국인 종사자가 늘어났으며, 일본인을 대상으로 하는 일본요리와 다다미 등의 업종에도 중국인의 진출이 두드러졌다. 또한 목수직 등 일정한 기술을 요하는 분야에서도 중국인노동자가 급증했고, 제조업노동자

의 경우에는 대다수를 중국인이 점하게 되었다. 불황기에도 다롄 경제의 상층부는 일본이 독식하고 있었으나, 중하층 수준에서는 중국인 중소상공업자와 노동자의 대두로 인한 일본인 주민의 위기의식이 고조되어 갔다 柳澤遊(1999), 앞의 책, 168~172쪽.

21) 關東州民政署(1906), 『關東州現住戶口. 明治三十八年九月・明治三十九年三月(市街地)』, 1~2쪽. 그 밖의 수치는 〈표 1〉에서 활용한 통계자료를 참고.

22) 유흥 및 매춘업 종사 여성이 많은 것은 당시 일본 이민의 특징이라 할 수 있다. 가노 미키요(加納實紀代)는 "선교사가 선도한 유럽과는 달리 근대 일본의 해외 팽창은 여자로부터 시작되어 여자로 끝났다고 할 수 있다"며 "그것이 가장 전형적인 형태로 이루어진" 지역으로 '만주'를 꼽았다. 즉 '만주' 내 일본 세력의 확대는, '낭자군(娘子軍)'으로 불리던 매춘여성의 진출로 시작되어, 패전 직전까지 자국민의 이식과 번식을 위해 남성 이민의 신부이자 이민 차세대의 어머니로서 만주로 보내지던 여성 이민으로 종결되었다는 것이다. 일본이 다롄을 점령한 직후 현지에는 오사카마치(逢坂町) 유곽이 만들어졌고, 일본 관동민정서가 관련규칙(貸座席規則 등)을 공포하면서 일본의 공창제도(公娼制度)가 '만주'에까지 퍼지게 되었다. 이로써 일본인 매춘여성은 일본 정부의 관리 아래서 일본인을 상대로 공공연히 영업을 하게 되었는데, 가노는 이를 '만주' 개발을 위한 '필요악'으로 일본인 매춘여성이 일본의 국가개발정책에 편입된 것으로 보았다. 이는 동남아시아나 미국의 일본인 매춘여성이 현지인들의 배척을 받아 1920년대 이후 급속히 감소한 것과 달리, '만주'에서는 일관되게 증가할 수 있는 배경이기도 했다. 加納實紀代(2005), 「滿洲と女たち」, 『近代日本と植民地』, 岩波書店, 201~205쪽.

23) 일본인 어민의 어획고는 5,983,192관(貫), 2,477,214엔(円), 중국인 어민의 어획고는 882,766관, 458,563엔이었고, 수산물 가공품 생산고는 일본인이 83,246관, 182,460엔, 중국인이 23,681관, 27,987엔이었다. 關東局(1935), 앞의 책, 408~411쪽.

24) 1929년 만철사원은 일본인 21,428명, 중국인 12,862명으로 구성되었다. 직급별로 보면 직원은 일본인 8,223명, 준직원은 일본인 2,848명으로 구성되었고, 용원은 일본인 10,357명, 중국인 12,862명으로 구성되었다. 즉 고위직급인 직원과 준직원은 일본인이 독식하고, 중국인 사원은 전원 하위직급인 용원으로 고용되어 있었다. '만주사변' 후인 1935년 만철사원은 일본인 41,261명, 중국인 12,370명으로 구성되었는데, 직원은 일본인 12,585명과 중국인 76명, 준직원은 일본인 6,292명, 고원(雇員)은 중국인 8명, 용원은 일본인 22,384명과 중국인 12,286명으로 구성되어, 높은 직급은 여전히 일본인이 독점하고 있었음을 알 수 있다. 한편 만철은 사원 외에 다수의 비정규노동자를 사용하고 있었다. 1940년 만철사원 및 사원 외 종업원 436,876명 중, 일본인은 116,127명으로 모두 사원이었고, 중국인은 모두 320,749명으로 사원이 88,050명, 사원 외 종업원이 232,699명(직할 종업원 128,050명, 직할 외 종업원 104,649명)을 차지하여, 정규사원의 수를 능가하는 광범위한 비정규노동자층을 중국인이 담당하고 있었음을 알 수 있다. 만철사원 중

에는 사업장에 따라 소수의 조선인, 타이완인, 러시아인도 고용되어 있었다. 伊藤一彦(2002), 「滿鐵勞動者と勞務體制」, 『滿鐵勞動史の硏究』, 日本經濟評論社, 123~175쪽.

25) 柳澤遊(1999), 앞의 책, 168~241쪽.

4.
식민지도시 다롄과 주민의 생활공간

권경선 · 사카노 유스케

Ⅰ. 들어가며

이 글은 일본 제국주의 통치하 다롄(大連) 주민의 생활공간을 주민의 민족별, 계층별 구성을 중심으로 유형화하고, 주민 생활에 필수적인 재화와 서비스에 대한 접근성을 분석함으로써 도시공간에 나타난 식민지적 성격을 고찰하고자 한다.

앞선 연구들이 밝힌 바와 같이 다롄은 근대 제국주의의 침략과 함께 탄생한 신생도시였다. 다롄은 일본의 랴오둥 반도(遼東半島) 할양을 저지한 러시아가 그 대가로 관동주(關東州)를 조차하고, 뤼순(旅順)을 군사행정중심지, 다롄 만(大連灣) 주변을 상업무역중심지로 건설하는 과정에서 등장했다. 러시아 통치시대 동안 기초적인 도시 형태를 갖춘 다롄은, 러일전쟁 후 40년간 일본의 통치 하에 이른바 대륙정책의 기지로 기능하며 식민지도시의 성격을 띠게 되었다. 신생도시로서 규모를 갖춘 원주민사회의 부재는 제국주의 세력이 현지 세력과의 큰 마찰 없이 식민지도시를 건설할 수 있었던 기반이 되었다. 다양한 계층으로 이루어진 대규모 식민을 동반하는 일본 제국주의의 특징은 다롄에서도 어김없이 나타났고, 일본은 시기에 따라 많게는 도시 인구의 절반에서 적게는 4분의 1을 점하던 자국민의 이식을 통해 다롄의 식민지적 성격을 강화할 수 있었다.

이러한 일본인의 이식과 정착, 나아가 일본인사회의 구축과 안정의 물리적 기반이 된 것이 일본 식민당국의 주도하에 구획, 배치된 도시공간이었다.[1] 일본 식민당국은 도시공간을 용도에 따라 구획, 활용하여 식민지도시의 기능을 극대화했다. 또한 일상생활에서 접촉면이 클 수밖에 없었던 중국인 주민과 일본인 주민의 거주지 및 생활 동선의 분화에 유의함으로써 민족 간 마찰을 방지하는 동시에, 주민의 경제적 실력과 사회적 실력이 반영된 계층을 고려하여 거주지를 배치, 조정함으로써 식민지 경영의 효율성을 높이고 사회질서를 유지하고자 했다. 이러한 과정에서 주민의 민족 구성과 계층 구성에 따라 주거, 생업, 교육, 소비, 여가 등의 일상생활이 이루어지는 생활공간이 구획되고 각 생활공간 사이의 불평등이 발생했으며, 나아가 식민지도시 다롄의 성격으로 고착되었다.

근대 다롄의 도시 공간에 대한 도시사적 연구는 건축학과 역사학 분야에서 상당 부분 축적되어 왔다. 건축학 분야에서는 도시의 공간 구획과 가로망, 건축양식의 분석에 집중했고, 역사학에서는 주로 식민지 지배와 수탈을 목적으로 한 식민자의 도시 설계와 건설 활동이 기형적인 도시 공간을 창출했음에 초점을 맞추어 제국주의의 식민통치를 비판해왔다.[2]

제국주의하 다롄의 도시 공간을 주민 생활과 연결지어 분석한 연구로는 미즈우치 도시오(水内俊雄)와 고시자와 아키라(越澤明), 이상균의 연구를 들 수 있다. 이들의 연구는 일본 식민당국이 자국민의 정착과 안정을 도모하기 위해 민족 분화를 전제로 실시한 다롄의 도시 계획과 건설 과정을 다루면서, 그 가운데 발생한 중국인 주민의 강제 퇴거 또는 중국인 집거지에 대한 무계획적 조치 등 중국인에 대한 배제 및 차별을 규명하거나, 노동력의 필요에 따라 중국인의 거주지를 재배치하는 양상을 고찰함으로써, 식민지도시 건설 과정 중에 나타난 중국인 주민에 대한 일본 식민당국의 차별과 모순적 태도를 지적하고 있다.[3)]

이 글은 상술한 선행연구들을 참고하되, 당시의 통계 자료와 지도 자료를 활용하여 민족과 계층에 따른 생활공간의 분포를 보다 명확하게 제시하고, 기존 식민지 관련 연구에서 개별 주제로 다루어져 왔던 주거, 생업, 교육, 소비, 휴식여가 등 생활의 기본 조건에 대한 충족 정도나 관련 시설에 대한 접근성에 초점을 맞추어 각 생활공간 사이의 불평등을 고찰하고자 한다.

이 글은 특히 1935년 무렵의 다롄에 주목한다. 1930년대 중반은 이른바 '만주사변(滿洲事變)'을 계기로 다롄의 배후지인 '만주' 전역이 일본의 세력권으로 편입되면서 불황에 빠져있던 다롄의 경기가 회복되고 인구 유입이 급증한 시기로, 중일전쟁을 목전에 둔 '평시(平時)' 중 식민지도시로서의 요소와 성격이 가장 축적된 시기라고 할 수 있다.

본론에서는 먼저 다롄 도심과 도심 외곽 지구, 교외 지구를 구역 용도와 주민의 민족별·계층별 구성을 중심으로 분석하여 주민 생활공간의 유형을 도출한다. 이어서 생활의 주요 요소인 주거, 생업, 교육, 소비, 휴식여가와 관련된 필수 재화 및 서비스에 대한 접근성에 초점을 맞추어 각 생활공간 사이의 불평등을 도출함으로써, 주민 생활공간에 구현되었던 다롄의 식민지적 성격을 고찰하도록 한다.[4)]

Ⅱ. 주민 생활공간의 분화와 유형

〈그림 1〉 1930년대 중반 다롄 도심과 그 주변

· 주: 이 지도는 1938년의 『最新詳密 大連市全圖 附旅順戰蹟地圖』를 바탕으로 제작한 것이다. 木崎純一 制作(1938), 『最新詳密 大連市全圖 附旅順戰蹟地圖』, 伊林書店.

1935년 다롄의 총인구는 514,956명으로, 중국인(369,532명. 71.8%)이 가장 많았고, 일본인(141,485명. 27.5%)이 4분의 1 이상을 차지했으며, 그밖에 조선인(2,623명)과 구미 각국 출신자로 구성된 기타 외국인(1,316명)으로 이루어져 있었다.[5] 지구별로는 다롄 경찰서 관내(이하 구 다롄)의 인구가 전체의 약 51%를 차지했고, 샤허커우(沙河口) 경찰서 관내가 약 29%, 샤오강쯔(小崗子) 경찰서 관내가 약 19%를 차지하고 있었다.[6] 민족별 거주지 분포를 보면, 중국인은 구 다롄(47%), 샤허커우(31%), 샤오강쯔(21%)의 순으로 거주했고, 일본인은 구 다롄(61%)

에 과반이 거주하는 가운데, 샤허커우(21%), 샤오강쯔(14%)의 순으로 거주했다. 조선인 역시 구 다롄(57%)에 과반이 거주하고 샤오강쯔(23%)와 샤허커우(20%) 순으로 거주했고, 기타 외국인은 구 다롄(76%)과 샤허커우(22%)에 주로 거주했다.

이번 장에서는 1935년 무렵의 다롄을, 도시계획이 미치는 시계(市界) 내에 있는 구 다롄 지구, 샤오강쯔 지구, 샤허커우 지구 및 교외지구와 시계 밖에 있는 도심 외곽 지구의 다섯 개로 나누고, 각 지구들을 상업·공업·주택·혼합·휴양 등의 구역 용도와 주민의 민족별·계층별 구성을 기준으로 분석함으로써 주민의 생활공간을 유형화하고자 한다.

1. 주민 구성과 구역 용도에 따른 도시공간의 분화

1) 구 다롄 지구

구 다롄은 러시아 통치시대에 건설된 도심지구로서, 일본 통치시대에도 행정기관과 만철, 각종 회사와 은행 등이 집중된 중심업무지구 및 일본인주택지구의 기능을 했다. 구 다롄은 용도에 따라 북쪽부터 러시아마치(露西亞町)의 만철구역, 러시아마치 이남에서 오히로바(大廣場: 지금의 中山廣場) 이북에 걸친 상업구역, 오히로바 이남과 남산(南山) 인근 주택구역 사이의 혼합구역, 다롄 항과 그 주변의 유방(油房, 油坊)이 밀집된 공업구역, 그리고 남산 인근의 주택구역으로 나눌 수 있다. 다롄 항 부근의 스얼거우(寺兒溝) 구역은 지도상에서는 시계 내에 포함되나 실질적으로 도시계획 밖에 있었으므로 도심 외곽에서 다루기로 한다.(〈그림 1〉 참고)

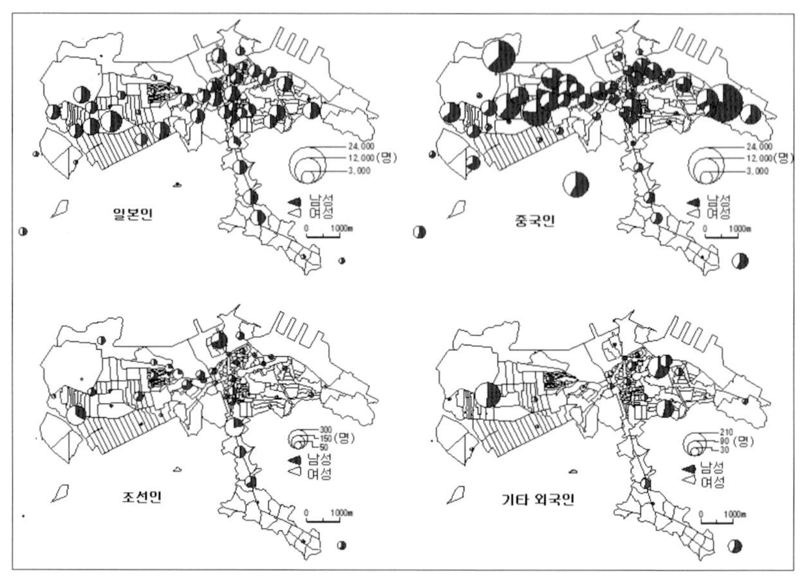

〈그림 2〉 1935년 다롄 시내 주민의 민족별 · 성별 거주분포

· 주: 원 그래프가 나타내는 인구의 크기가 민족에 따라 다름에 주의할 것.
· 출처: 關東局編(1936), 『昭和十年關東局第三十統計書』, 18~25쪽의 인구통계를 참고하여 작성.

구 다롄의 민족별 거주 양상은 전반적으로 일본인의 비율이 약간 높은 경향을 보이는 가운데, 오히로바 주변의 상업구역과 그 이남의 혼합구역을 중심으로 민족 간 혼주(混住) 경향이 강하고, 남쪽으로 내려올수록 일본인의 비율이 높았다. 단 남산 주택구역과 인근의 오우미초(近江町), 오히로바 근처의 오쿠마치(奧町)와 같이 특정 민족의 거주비율이 상당히 높은 구역도 있었다.(〈그림 2〉 참고)

일본인의 비율이 높은 구역은 야마토초(大和町. 일본인 주민의 비율 94%), 하리마초(播磨町. 90%), 신메이초(神明町. 88%), 가에데초(楓町. 81%)로 남산 주택구역 및 그 인근이었다. 남산 주택구역은 러시아 통치시대의 저택구로, 다롄 시내와 다롄 항을 관망할 수 있는 남산록에 고급주택이 저밀도로 들어서있었다. 남산 주택구역과 오히로바 사이에는 만철 사택을 비롯한 일본인 주택구역이 들어서 있었다.

남산 주택구역의 서남쪽에 위치했던 오사카마치(逢坂町. 80%) 역시 일본인의 비율이 높았다. 오사카마치는 다롄의 대표적인 유곽거리로, 일본인 여성의 비율이 매우 높았으며, 조선인 여성(266명)도 상당수 집거하고 있었다. 당시 다롄의 일본인 여성 유직자의 3할 이상, 조선인 여성 유직자의 과반이 유흥 관련 업종에 종사하고 있었던 것을 고려하면,[7] 오사카마치에 거주하는 일본인 여성과 조선인 여성은 대개 유곽에서 일하고 있었던 것으로 여겨진다.

한편 오히로바 인근의 오쿠마치(중국인 주민의 비율 82%)와 남산 주택구역 인근의 오우미초(81%)는 중국인의 비율이 매우 높은 구역이었다. 식민지도시의 상업중심지와 고급주택지 인근에 '피식민자'의 비율이 높은 구역이 존재했던 것은 특수한 경우라고 할 수 있다.

오쿠마치는 구 다롄 상업구역 내의 중국인 상업가였다. 오쿠마치에는 일반 중국인 노동자계층은 접근하기 어려운 고급소매상점과 대극장 잉샨차위안(永善茶園)과 같은 문화시설이 들어서 있었다.[8] 오쿠마치가 있던 상업구역은 다롄에서 지가가 가장 높은 곳으로,[9] 오쿠마치를 비롯한 상업구역에 상점을 내고 거주하던 중국인들은 높은 지가와 임대료, 세금 등을 부담할 수 있을 정도의 경제적 실력을 갖추었을 뿐만 아니라, 식민당국과의 관계에서도 입지가 있는 사회적 실력자였을 것으로 여겨진다.

남산 주택구역과 가까운 오우미초의 중국인 비율이 높은 것은 중국인 인력거꾼 합숙소('人力車夫合宿所')가 있었기 때문이다.[10] 당시 인력거는 다롄의 주요 교통수단 중의 하나로, 인력거꾼 합숙소는 인력거 수요지와의 접근성을 고려하여 일본인 주택구역과 인접한 곳에 입지하되, 합숙소라는 이름으로 외부와 노동자의 주거를 사실상 격리하는 형태로 민족 분거를 유지하고 있었다.

2) 샤오강쯔 지구

구 다롄 서쪽의 샤오강쯔 지구는 러시아 통치시대에 공원(지금의 勞動公園)을 끼고 중국인구역으로 계획되었던 곳이다. 샤오강쯔 지구는 북쪽에서부터 베이강쯔(北崗子)와 요업공장 · 제마공장 등이 들어선 공업구역, 시강제(西崗街) 일대의 주택구역과 상공업구역이 섞인 혼합구역, 다롄 운동장 동쪽에서 후시미다이(伏見臺)에 이르는 주택구역으로 나눌 수 있다.

다롄의 대표적인 중국인 집거지였던 샤오강쯔 지구는 러시아 통치시대에 구획되었으나 일본 통치시대에 들어와 중국인이 집거하면서 본격적으로 성장했다. 시강제는 중국인 주민이 9할 이상을 차지하는 구역으로 흔히 이 일대를 샤오강쯔라 불렀는데, 도심 내의 다른 구역에 비해 인구밀도가 매우 높았음을 알 수 있다. 한편 남쪽 후시미다이 근처의 모미지가이(紅葉街), 도키와마치(常盤町) 등의 고대(高臺) 구역은 일본인이 8할에 조금 못 미치는 비율을 차지하며, 일본인 주택구역을 이루고 있었다.

샤오강쯔의 시강제 일대와 후술할 도심 외곽 중국인 집거지의 형성 과정에 대하여 『관동국시정30년업적조사자료(關東局施政三十年業績調査資料)』에서는 다음과 같이 기록하고 있다.

> 다롄 시내의 쿨리(苦力: 중국인육체노동자－인용자) 부락은 지금 현재 스얼거우(寺兒溝), 샹루쟈오(香爐礁) 등에 반거(蟠居)하여 다롄 시내의 큰 고민거리이다. 메이지 40년(1907년－인용자) 무렵, 신메이초(神明町), 사쓰마초(薩摩町),

> 남산록(南山麓), 다롄 신사(大連神社), 이즈모 신사(出雲神社) 부근에 갑자기 700~800호의 쿨리 가옥이 생겨나, 이를 퇴거시키는데 애를 먹었다. 그러나 당시 다롄 중심지에 이렇게 뒤숭숭하고 비위생적인 쿨리 부락을 둘 수는 없었기에, 경찰은 실력을 행사하여 이를 퇴거시키기로 결정하고, 인부를 감독하여 쿨리 가옥을 제거, 철거하고 땅을 골랐다. 이에 쿨리 등의 일군은 지금의 전기유원(電氣遊園)과 샤오강쯔로 퇴거했다. 당시 샤오강쯔에는 10호 정도의 농가가 있었을 뿐이었다. 다른 무리는 샹루쟈오와 탄쟈툰(譚家屯: 다롄 운동장 일대－인용자)으로 퇴거했다. 탄쟈툰으로 간 무리는 그 후 스다오졔(石道街)와 샹루쟈오로 이전하거나 또는 송쟈툰(宋家屯)이나 뤼쟈툰(呂家屯)으로도 옮겼다.[11]

이 기록에 따르면, 일본의 통치가 시작된 지 얼마 지나지 않아, 다롄의 중심지이자 상징적 장소라 할 수 있는 오히로바와 다롄 신사 사이에 자연발생적인 중국인 취락이 들어섰고, 치안과 위생을 문제 삼은 식민당국에 의해 강제 퇴거되었음을 알 수 있다.[12] 퇴거에 부닥친 중국인 주민들은 러시아 통치시대부터 중국인구역으로 계획된 샤오강쯔 지구나 샤허커우 지구에 인접한 샹루쟈오, 도심에서 상당 부분 떨어진 산간의 스다오졔로 이주하여 중국인 취락을 형성했다.

3) 샤허커우 지구

샤오강쯔 서쪽의 샤허커우 지구는 북쪽의 공업구역에서 마란허(馬欄河)를 끼고 남쪽의 바이윈산(白雲山)에 이르는 지구이다. 샤허커우 지구의 북부는 만철공장 및 일본계 대공장들이 밀집한 공업구역과 공장에 근무하는 노동자의 사택구역, 그리고 샤오강쯔로 이어지는 혼합구역으로 이루어졌고, 남부는 주로 주택구역으로 이루어졌다.

샤허커우 내에는 각 민족이 혼주하는 구역도 존재했으나, 민족 분화가 확실한 구역이 많았다. 일본인의 비율이 높은 구역은 샤허커우 신사(沙河口神社) 부근의 만철기계공장 사택구역(神社前. 일본인 주민의 비율 89%)과 쇼토쿠 공원(聖德公園: 지금의 中山公園) 예정지 이남의 쇼토쿠가이(聖德街. 96%), 그 서쪽의 마가네초(眞金町. 86%), 다롄 운동장 인근의 시라기쿠초(白菊町) 등이었다. 쇼토쿠가이는 제1차 세계대전 후의 호황기에 일본인 토목업 종사자의 주택난을 해결하기 위해 계획된 곳이었고, 시라기쿠초는 중산층 이하의 일본인 주민을 위한 시영주택 등이 입지했다. 그러나 구역 경영방침의 실패로 일본인 공무 종사자와 자유업 종사자가 입주하는 주택구역이 되면서,[13] 바이윈산록 주변의 고대에도 사회 중상층의 주민이 다수 거주하는 일본인 주택구역이 조성되었다.

한편 쇼토쿠 공원 예정지 이북과 마란허 주변에는 중국인이 9할 이상을 차지하는 중국인 집거지가 형성되어 있었다. 샤오강쯔 중국인구역의 연장으로 볼 수 있는 쇼토쿠 공원 예정지 이북 구역은 시강졔 일대와 함께 도심 내에서 인구밀도가 매우 높은 구역 중의 하나였다. 만철기계공장 남쪽의 이즈미초(泉町)와 마란허 이서의 다이노야마초(臺山町), 스소노마치(裾野町) 등은 시계 내에서 지가(이즈미초 10~5엔. 다이노야마초, 스소노마치 10엔)가 가장 싼 구역 중의 하나였다. 당시 다롄은 시계의 동서쪽 변두리로 갈수록 지가가 낮아지고 중국인 주민의 비율이 높아지는 양상을 보였는데,[14] 시계 바깥의 도심 외곽 지구에는 도심보다 인구밀도가 훨씬 높은 중국인 집거지가 형성되어 있었다.

4) 도심 외곽 지구

다롄 시계 밖의 도심 외곽 지구에는 중국인의 자연취락이 형성되어 있었다. 다롄 항 근처의 스얼거우 일대, 샤오강쯔와 샤허커우 이남 산간의 스다오졔, 샤허커우 이북의 샹루쟈오와 산춘류(三春柳) 등은 각각의 거주인구가 1~2만 명에 달하는 대규모 취락으로서 주민의 99% 가까이를 중국인이 차지하고 있었다.

다롄 항 부근의 스얼거우 일대는 시계의 안팎이 맞물리는 구역으로, 다롄 항과 부근 유방에서 일하는 노동자의 수용소와 마차부수용소 등 중국인 노동자 수용소가 입지해 있었고, 곳곳에 중국인 주민이 거주하는 판자촌이 형성되어 있었다. 통계에 따르면 1935년 스얼거우에는 2만 명, 서부 산간의 스다오제에는 만 명에 가까운 중국인이 거주하고 있었다고 하는데, 다롄에 막 도착한 산둥 성(山東省) 출신 노동자나 유민(流民)의 대다수가 이곳에 체류했으므로 통계에 잡히지 않았던 유동인구가 더욱 많았을 것으로 여겨진다.[15] 스얼거우와 스다오제는 다롄 경찰서 관내에 속하는 구역으로, 이 두 구역의 인구가 다롄 경찰서 관내 인구의 16%를 차지하고 있었다. 샤허커우 북부의 샤루자오와 산춘류는 각각 2만 명과 1만 7천 명 이상의 중국인 주민이 거주하고 있었는데, 이것은 샤허커우 경찰서 관내 인구의 4분의 1 이상을 차지하는 수치였다.

상술한 구역들은 도시계획구역 밖에 위치하여 가로와 상하수도 설비 등 공공시설의 정비는 거의 이루어지지 않았으나, 도심보다 저렴한 생활비용과 느슨한 행정규제로 인해 중국인 저소득노동자층이나 빈민층이 거주하는 빈민가의 성격을 띠고 있었다.

5) 교외 지구

교외 지구는 도심과 떨어져 있었으나 시계에 포함되었던 지구였다. 구 다롄에서 라오후탄(老虎灘)에 이르는 가도 연선에는 전원도시 개념의 주택구역이 들어섰고, 샤허커우 남서쪽에 위치한 호시가우라(星が浦)에는 만철이 운영하는 호시가우라 유원지가 들어섰다.

라오후탄 가도 연선에 들어선 하츠네초(初音町), 고나미초(小波町), 도겐다이(桃源臺), 분카다이(文化臺)는 1910년대 말 전후 호황기의 주택난을 해결하기 위해 민간 토지회사들이 교외주택구역을 계획하면서 만들어진 것으로,[16] 거주인구의 3분의 2 이상을 일본인이 차지하고 있었다. 구역 내에는 주택, 점포, 시장, 욕장, 소학교, 병원, 클럽, 전기·가스·수도시설이 설치되었고, 시내와 이어지는 노면전철을 부설하고, 부근 해안의 경승지를 유원지화하는 등 부대사업이 함께 진행되었다.

해수욕장, 골프장, 호텔, 임대 별장이 갖춰진 호시가우라 유원지는 당초 외국인유치책의 일환으로 설립된 것이었다. 그러나 다롄 주민의 이용이 급증하자 만철은 주민을 대상으로 한 유원시설로 경영 방침을 전환한 후, 구역 내에 다양한 여가시설을 정비하고 노면전차를 연장했다.[17] 1935년 호시가우라의 민족별 인구를 보면, 전체 4,472명 중에서 중국인이 3,037명(68%), 일본인이 1,160명(26%), 기타 외국인이 272명(6%), 조선인이 3명으로 중국인이 다수를 차지하고 있었는데, 일본인 및 기타 외국인 거주자 중에는 상류계층의 주민이 많았다.

2. 민족별 거주구역의 계층 분화

앞 절에서는 다롄의 도심 지구와 그 외곽 지구, 교외 지구를 구역 용도와 주민 구성을 통해 살펴보았다. 이를 통해 구역별로 주민의 민족별 구성과 계층별 구성에서 일정한 경향이 나타남을 확인할 수 있었고, 더불어 같은 민족 내에서도 계층에 따른 거주구역의 분화가 나타남을 엿볼 수 있었다. 여기서는 앞선 분석을 바탕으로 동일 민족 내에서의 계층 분화를 보다 상세하게 고찰하여, 주민의 생활공간을 구획하고 유형화하는 근거로 삼고자 한다.

1) 일본인 거주구역의 계층 분화

'식민자'로서 일본인의 거주구역은 기본적으로 시계 내의 도심과 교외 지구에 집중되어 있었으나, 계층에 따라 분화되는 양상을 보였다. 일본인의 거주구역을 주민의 직업과 계층에 따라 분류하면, 크게 구 다롄의 상업구역과 혼합구역을 포괄하는 중심업무지구, 남산록 · 후시미다이 · 바이윈산록 등의 높은 지대에 자리한 고급주택지구, 샤허커우 일대의 노동자주택지구, 교외의 전원주택지구로 나눌 수 있다.

구 다롄의 중심업무지구에는 러시아마치의 만철 사택이나 오히로바 인근의 행정구역과 상업구역을 중심으로 행정기관이나 만철 및 유력 상사의 직원, 상업종사자가 주로 거주했을 것으로 여겨진다. 단 이곳에 거주하는 일본인 주민 내에서도 경제적 실력 등에 따른 분화가 진행되었는데, 그 일례가 상업가 나니와초(浪速町)와 렌사가이(連鎖街)의 분화였다. 오히로바 인근의 나니와초는 러시아 통치시대부터 시가 건설이 이루어졌던 구역으로, 일본 통치시대에 들어 다롄 최대의 상업가로 성장했다. 인구 증가와 산업 성장에 따라 다롄 경기가 활성화되고, 특히 제1차 세계대전 이후의 호황기를 겪으며 나니와초의 지가와 임대료가 앙등하자, 임대료를 감당하지 못하게 된 일본인 상인들은 관동주 행정당국과 만철의 지원을 받아 구 다롄 서쪽에 렌사가이를 건설했다. 렌사가이는 우여곡절 끝에 1920년대 말 완공되었으나 당시 다롄의 불황으로 인해 침체를 벗어나지 못하다가, '만주사변' 이후 지역 경기가 회복되면서 다롄의 새로운 번화가로 활기를 띠게 되었다.[18] 렌사가이의 건설은 당시 다롄 일본인사회 내의 계층 분화를 보여주는 중요한 사례인 동시에, 일본 식민당국의 지원과 비호 아래 이루어진 일본인 상공업자의 대표적인 경제활동 사례이기도 했다.

상업지구와 더불어 일본인 주민의 주택지구도 계층에 따라 분화되었다. 1938년 무렵 다롄 일본인사회의 상층을 점하고 있던 사교클럽 회원의 거주지는 남산록 일대과 후시미다이, 바이윈산록 등 산록부의 주택지구와 호시가우라 및 라오후탄 연선에 집중되어 있었다.[19] 즉 다롄 남쪽 산록부의 고급주택지구와 교외의 전원주택지구 등 한적한 녹지로 둘러싸인 저밀도의 주택지구에는 상류계층의 일본인이 다수 거주했음을 알 수 있다. 한편 만철기계공장과 일본계 대공장들이 들어서있던 샤허커우 일대에는 일본인 공장노동자의 사택지구와 토목건축 등에 종사하는 일본인 노동자의 주택지구가 들어서 계층에 따른 거주지 분화를 보여주었다.

덧붙여 일본인 상류계층과 함께 다수의 구미 각국 출신자가 구 다롄 남산 주택구역의 가에데초(303명), 상업구역의 야마가타도오리(山縣通. 154명), 교외의 호시가우라(272명), 라오후탄(92명), 분카다이(78명) 등에 거주하며 상공업, 교통업, 공무, 자유업 등에 종사하고 있었음을 주목할 필요가 있다. 이러한 기타 외국인의 구성과 거주분포는 다롄을 국제무역도시로 선전하며 경제적 이익을 얻는 동시에, 자국을 제국주의 열강의 일원으로서 국제사회에 자리매김하고자 했던 일본의 의도 및 조치가 반영된 결과라고 할 수 있다. 단, 기타 외국인의 절대다수를 점하고 있었던 무국적의 구 러시아계 주민(기타 외국인 1,316명 중 1,019명)의 생활은 그들과 일본 식민당국과의 관계, 또는 그들을 둘러싼 일본 식민당국과 소비에트연방과의 관계 등을 고려하여 보다 구체적으로 분석할 필요가 있을 것이다.

2) 중국인 거주구역의 계층 분화

한편 중국인의 생활공간은 도심은 물론 외곽으로까지 광범위하게 퍼져있었으며, 일본인과 마찬가지로 계층에 따른 분화 양상을 보였다. 앞서 살펴본 것처럼 중심업무지구의 오쿠마치와 주변 일대는 구다롄 상업구역의 높은 지가와 임대료를 감당할 수 있고, 식민 세력과의 관계에서도 입지가 있는 경제적 실력과 사회적 실력을 갖춘 중국인들의 생활공간이었다. 상업 · 공업 · 주택구역의 기능이 혼합된 샤오강쯔는 일반적인 중국인 상공업자와 노동자계층이 거주하던 구역이었고, 도심 외곽의 스얼거우와 스다오제, 샤루쟈오와 산춘류 등은 도심 거주가 어려운 중국인 빈민층이 집거하는 구역이었다. 그리고 앞서 서술한 인력거부나 마차부, 다롄 항 하역노동자 등은 오우미초의 인력거부합숙소, 스얼거우의 하역노동자 수용소, 스얼거우와 바이윈산의 마차부수용소 등과 같이 도심 내, 혹은 도심과 가까운 곳에 건설된 중국인 노동자 수용소에 거주했다.[20]

중국인사회 내 생활공간의 분화는 주민의 경제적 · 사회적 실력과 깊이 연관되어 있었을 뿐만 아니라, 중국인 노동자의 관리를 둘러싼 일본 식민세력의 조치와도 연관이 있었다. 당시 다롄의 산업은 배후지 '만주'에서 생산되는 대두(大豆)나 지하자원을 다롄으로 운반하여 수출하는 교통운수업과 무역, 배후지에서 운반해온 원료를 수출용 혹은 내수용으로 가공하는 유방업(油房業)[21]과 요업(窯業), 만철이나 여타 공업부문에 필요한 기구기계를 제작하는 기계공업 등이 큰 축을 이루고 있었다. 중국인 노동자는 이들 주요 산업 분야에서 도시 잡업부문에 이르기까지 산업 전 분야에 노동력을 공급하고 있었다. 일본은 식민지 경영에 필수불가결한 중국인 노동자의 역량을 인식하여 노동 현장과 높은 접근성을 가지면서도 민족 간 접촉을 최소화할 수 있는 생활공간을 구축하고자 했다. 그 과정에서 민족 분거 조치로서 중국인구역인 샤오강쯔가 건설되었고, 민족 분거와 함께 경제적 격차에 따라 생활비용이 싸고 식민당국의 행정력이 크게 영향을 미치지 않는 도심 외곽에 빈민층의 자연취락이 형성되었으며, 대규모 노동자의 노무관리를 위한 중국인 노동자 수용소가 건설되었다.

중국인 노동자 수용소는 부두 하역이나 유방, 인력거꾼, 마차부와 같이 대규모 노동력이 투입되고 노동 현장과의 접근성을 고려해야하는 업종과 업체에서 채용하는 방식이었다. 이것은 노동 현장과 가까운 일정 공간 안에 노동자와 그 가족이 최소 수준의 생활을 영위할 수 있는 폐쇄적 생활공간을 구축함으로써 노동을 비롯한 생활전반을 통제하는 시스템이었다. 다롄의 대표적인 중국인 노동자 수용소였던 스얼거우의 벽산장(碧山莊)은 다롄 항 부두 하역 등을 청부했던 복창공사(福昌公司)가 중국인 노동자를 일괄 수용, 관리함으로써 다롄 사회 전반의 위생과 치안을 안정시키고 노동생산성을 제고한다는 목적 아래 건설한 것이었다.[22] 벽산장과 마찬가지로 인력거꾼 합숙소, 마차부수용소 등도 중국인 노동자와 그 가족의 생활 자체를 격리하여 관리함으로써 노동밀도와 노동생산력을 제고하고, 그들의 도심 산재(散在)를 막아 일본인과의 접촉과 갈등을 최소화하고자 한 조치였다.

3. 주민 생활공간의 유형

각 도시공간을 용도별, 주민의 민족별 구성 및 계층별 구성으로 분석한 이상의 결과를 바탕으로, 다롄 주민의 생활공간을 다음과 같이 유형화할 수 있다.

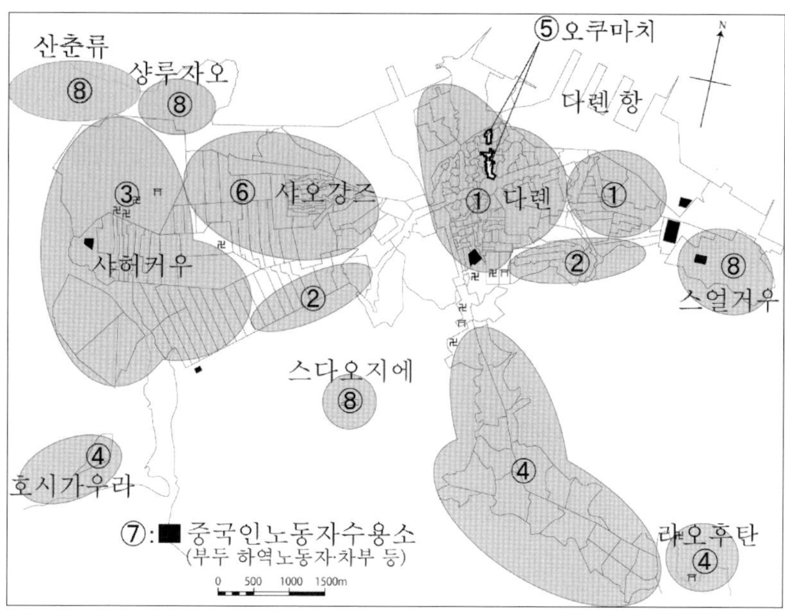

〈그림 3〉 다롄 주민 생활공간의 유형

① 러시아마치의 만철구역, 오히로바 인근의 상업구역과 그 이남의 혼합구역, 동쪽의 부두 및 유방 지대를 포함하는 구 다롄의 중심업무지구(CBD).

② 상류계층의 주민이 주로 거주하던 남산록 · 후시미다이 · 바이윈산록 등 산록부의 고급주택지구.

③ 서쪽 샤허커우 일대의 만철공장 등 공업지구와 그 사택을 비롯한 일본인 노동자주택지구.

④ 구 다롄에서 라오후탄으로 이어지는 가도 연선과 호시가우라에 분포한 교외 전원주택지구 및 휴양지구.

⑤ 오쿠마치와 그 인근 구역 등, 구 다롄 중심업무지구 내에 분포하는 중산층 이상의 중국인 상업지구.

⑥ 주택 · 상업 · 공업구역이 혼합된 샤오강쯔와 서쪽으로 이어진 샤허커우 일부의 중국인거주지구.
⑦ 도심 내에 위치한 벽산장, 인력거꾼 합숙소, 마차부수용소 등의 중국인 노동자 수용소.
⑧ 스얼거우, 스다오졔, 샹루쟈오, 산춘류 등 도심 외곽의 중국인빈민가.

다음 장에서는 상술한 생활공간의 유형을 바탕으로 주민 생활공간 사이의 불평등을 고찰하도록 한다.

Ⅲ. 주민 생활공간 사이의 불평등

이번 장에서는 생활공간의 유형별로 주민의 일상생활에 필요한 기본적인 재화와 서비스에 대한 접근성을 확인하고자 한다. 당시 주민의 생활을 구성하고 있던 기본 요소, 즉 주거, 생업, 교육, 소비, 휴식 여가는 식민세력이 규정하거나 직접적 영향력을 쥐고 있는 경우가 많았다. 이 글에서는 주거환경, 주거지와 생업 현장 사이의 접근성, 교육기관, 소비생활을 위한 시장, 휴식여가시설로서 공원에 초점을 맞추어 각 생활공간 사이의 격차를 확인하고, 그 속에 구현되는 다롄의 식민지도시로서의 특성을 고찰한다.

1. 주거환경

생활의 기반이 되는 주거환경은 민족별, 계층별 격차가 가장 뚜렷

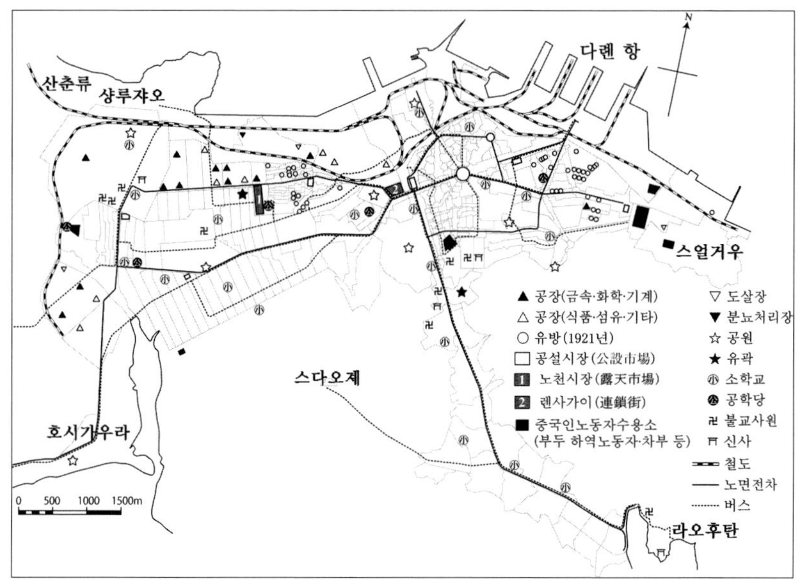

〈그림 4〉 다롄의 주요시설

· 주: 유방의 위치는 1921년의 기록을 바탕으로 표기한 것으로, 1935년 무렵의 그것과 반드시 일치한다고는 할 수 없다.
· 출처: 표기 내용은 다음의 지도를 참고했다. 南滿洲鐵道株式會社總務部調査課(1921), 「大連市街圖」; 南滿洲鐵道株式會社(1933), 『大連. 昭和8年版』, 「大連市街圖」; 木崎純一(1938), 「最新詳密大連市全圖 附旅順戰蹟地圖」, 伊林書店.

하게 나타나는 부분 중 하나였다. 구역 용도가 혼재하고 도심 외곽으로 퍼져있었던 중국인의 생활공간에 비해, 일본인의 생활공간은 도심의 주택지구에 집중되어 있었다. 다롄 인구의 4분의 1가량을 차지하던 일본인이 도시주택면적의 60%를 차지하고 있었던 사실은 도시공간에 반영된 식민성을 여실히 보여준다.[23] 일본인 주택지구에는 넓은 주택면적을 활용하여 저밀도의 주택지가 형성되어 있었고, 도로와 상하수도 시설이 완비되어 주민 생활에 편의를 제공했다. 남산 주택구역이나 샤허커우 사택구역 등 일본인 주택지구에 설치된 신사와 절은 일본인 주민이 종교 활동은 물론 일본 본토에서와 같은 의식과 의례를 행하고 식민 의식을 고취하는 장소로서, 식민지 거주 일본인의 생활에 심적 · 물적 안정감을 제공했다.[24]

일본인 생활공간의 주거환경은 중국인의 그것과 비교하여 양호했으나, 계층에 따라 다른 양상을 보였다. 대표적인 예로 고급주택가인 남산 주택구역과 노동자의 사택 및 주택이 밀집한 샤허커우 주택구역을 비교할 수 있다. 남산 주택구역은 러시아 통치시대부터 도시기반시설이 확충된 곳으로, 다롄 시내와 바다를 관망할 수 있는 높은 지대에 저밀도의 고급주택들이 들어서 우수한 주거환경을 조성하고 있었다. 샤허커우의 노동자 주택구역은 샤오강쯔나 도심 외곽의 중국인 집거지에 비해 충실한 공공시설과 서비스를 제공했으나, 공장지대에 둘러싸인 격자형의 가로 위에 주택들이 단조롭게 나열되어 남산 주택구역과 같은 넓고 쾌적한 주거환경과 전망을 누릴 수 없었다.

한편 오쿠마치와 인근 구역을 제외한 대다수의 중국인 생활공간의 경우, 상하수도 등이 완비되지 않은 구역에 많은 인구가 집거하고 있었다. 대표적인 중국인구역 샤오강쯔는 도심 내에서도 인구밀도와 주택밀도가 매우 높은 구역으로, 북쪽은 철도 선로와 적탄장, 서쪽은 공장지대로 둘러싸여 있었으며, 주민의 종교 활동이나 심리적 안정을 도울 종교시설이나 녹지공간이 부족했다.

도심 외곽의 스얼거우, 스다오제, 샹루쟈오, 산춘류 등의 취락은, 주변에 도살장과 쓰레기장, 분뇨처리장이 입지하고, 가로와 상하수도 등이 정비되지 않은 곳에 1만~2만 명 이상의 사람들이 집거하고 있었다. 산둥 성 출신 저소득노동자와 그 가족들의 주요 거주지였던 스얼거우에는, 정비되지 않은 가로 위에 새롭게 유입된 노동자나 유민이 거주하는 협소하고 열악한 판잣집과 함께 반(半) 정주 주민들의 가옥이 각각의 구역을 이루며 밀집해 있었고, 현지 주민을 대상으로 하는 허름한 음식점이나 소매상점, 노점이 곳곳에 펼쳐져 있었다. 이들 구역에는 상하수도가 정비되어있지 않았으므로, 주민은 대개 물을 소매하거나 수질이 좋지 않은 우물물을 이용하여 음료수로 충당했고, 자연적으로 만들어진 도랑에 폐수와 오물을 함께 흘려보내는 등 열악한 위생 상태에 처해있었다.[25]

중국인 노동자를 보다 효율적으로 관리하기 위해 만들어진 중국인 노동자 수용소는 다소 상이한 양상을 보였다. 복창공사의 기록에 따르면 1만 명 안팎의 하역노동자를 수용하고 있던 다롄 항 벽산장은 수용소 안팎의 위생과 주거환경에 신경을 쓰고 있었다. 수용소 구내에는 상하수도가 완비되고 전등이 이용되었으며, 목욕탕과 병실은 물론 매점과 여가시설이 마련되어 노동자들은 노동을 제외한 모든 일상생활을 구내에서 해결할 수 있었다고 한다.[26] 기록대로라면 벽산장은 일견 주거환경이 잘 정비된 시설로 보인다. 그러나 실질적으로는 일정 공간 안에 노동자의 주거 · 소비 · 여가를 위한 최소한의 시설을 구비하고 노동자의 생활공간과 외부를 격리시킴으로써, 대규모 노동력을 효율적으로 관리하면서도 일본인과의 접촉을 최소화할 수 있도록 한 조치라고 보는 것이 더욱 타당할 것이다.

2. 주거지와 생업 현장 사이의 접근성

앞선 「20세기 초 다롄의 산업과 주민의 직업구성」(권경선)에서 살펴본 바와 같이, 1935년 다롄 주민의 주요 종사업종은 운수업과 물품판매업을 비롯하여 여숙 · 음식점 · 욕장업, 제조업, 토목건축업 등의 상공업에 집중되어 있었다. 다롄 주민의 생업 현장은 구 다롄과 샤오강쯔 일대의 상업구역과 혼합구역, 다롄 항 부두, 다롄 항 부근의 유방지대와 샤오강쯔 및 샤허커우 일대의 공장구역 등 공업구역, 도시 내의 토목건축 현장, 기타 잡업 현장 등 도심에 집중되어 있었다.

도심 거주자들의 생활공간은 대개 생업 현장과 가까운 곳에 있었다. 상업종사자들은 점포 내에 주거공간을 마련하여 생활하는 경우가 많았다. 만철이나 일본계 대공장들은 부근에 관리자나 노동자를 위한 사택이나 숙사를 마련하여 거주지와 노동 현장 사이의 접근성을 높였으며, 샤오강쯔와 샤허커우 내 공장에 근무하는 중국인 노동자들도 노동 현장과 가까운 주변에 거주했을 것으로 여겨진다.

주거지와 생업 현장이 떨어져 있더라도 도심 거주자와 교외 거주자들은 정비된 도로와 노면전차, 버스(승합자동차) 등의 교통수단을 이용한 이동이 가능했다. 1935년 무렵 다롄 도심과 교외 지구의 간선도로와 지선도로는 대부분 완성되어 있었다. 단, 일본 식민당국이 주체가 되어 정비한 구 다롄이나 샤허커우의 도로와는 달리, 샤오강쯔의 지선도로는 대개 현지의 중국인 상공업자들이 자발적으로 건설하여 협소한 것이 많았다. 도로 정비와 더불어 주요 교통수단인 노면전차와 버스가 운행되면서 생업 현장과 떨어진 곳에 거주하던 사람들도 접근성을 높일 수 있었다. 다롄의 노면전차는 1909년 구 다롄 지구를 중심으로 운행을 시작하여, 1910년에는 샤오강쯔와 샤허커우 등 서부 일대, 1911년에는 교외의 호시가우라, 이후에는 라오후탄 방면까지 연장되며, 1920년대 말에 이미 하루에 7만 명 가까이가 이용하는 다롄 주민의 발이 되었다.[27]

그러나 도심 외곽의 빈민가는 도심에서 물리적으로 떨어져 있었을 뿐만 아니라, 도로 설비가 불충분하고 대중교통수단이 부재했다. 따라서 주로 도심 외곽에 거주하면서 도심의 잡업노동에 종사하던 중국인 주민들은 생업 현장으로의 이동이 도심이나 교외 거주자에 비해 쉽지 않았다. 설령 교통수단이 있다하더라도 중국인 노동자들의 이용에는 경제적, 정책적 제약이 따랐다. 1935년 다롄 시내의 주요교통으로는 노면전차 · 버스 · 자동차가 있었는데, 그중에서도 노면전차의 요금은 편도 일괄 5전(錢: 당시 1전은 0.01円)으로 가장 저렴했다.[28] 당시 도심 외곽의 주민이 주로 종사했던 잡업노동의 하루 임금은 0.5엔으로, 이들이 노면전차를 이용하려면 하루 임금의 10분의 1, 왕복 이용 시에는 5분의 1을 지출해야 했으므로 사실상 이용이 불가능했다.[29] 더불어 일본 식민당국은 중국인의 대중교통 이용에도 관리를 가했다. 식민당국은 중국인의 보통노면전차 승차를 제한하고, 샤허커우-샤오강쯔-스얼거우를 잇는 노동자의 이동노선에 붉은 색의 중국인 전용전차를 운행함으로써,[30] 중국인 주민과 일본인 주민의 접촉을 최소화하고자 했다.

이처럼 도심에 있으나 외부와 분리된 중국인 노동자 수용소의 운영, 중국인 노동자의 노면전차 승차 제한, 공공설비가 부재한 도심 외곽 중국인 빈민가의 존재는, 산업에 필수적인 중국인 노동자를 최대한 활용하면서도 도심 내에서는 민족 분리를 관철하고, 도심 외곽 주민의 편의에 대해서는 방관하는 일본 식민당국의 모순적 태도를 보여준다고 할 수 있다.

3. 교육시설

교육이란 주민들에게는 자녀들이 다양한 지식과 기술을 익혀 보다 나은 미래를 마련할 수 있는 발판이었으나, 일본 식민당국에게는 주요한 식민지 통치 수단 중의 하나였다. 식민당국은 일본인 교육과 중국인 교육을 구분하는 이원제 교육정책을 실시하여 중국인 교육의 수준과 내용에 제약을 가했고, 중국인의 자율적인 교육 활동을 제한했다.[31)]

1935년 일본 식민당국의 인가를 받은 일본인 교육시설로는 초등교육시설인 소학교(小學校) 17개, 중등교육시설 13개, 전문 · 특수교육시설 다섯 개가 있었다.[32)] 일본인 교육시설은 구 다롄 각지와 후시미다이에서 바이윈산록의 주택지구, 샤허커우의 사택구역, 라오후탄 연선의 전원주택구역 등 일본인 생활공간 곳곳에 설치되어, 일본인 자녀의 교육과 기술 습득을 위한 서비스를 제공했다.

반면 중국인을 대상으로 한 교육시설과 내용은 양적, 질적으로 제한되어 있었다. 일본 식민당국은 1907년 「관동주공학당관제(關東州公學堂官制)」를 공포하여 중국인 학생을 대상으로 한 일본어 교육과 덕육(德育) 등 식민지 교육을 실시하고, 그밖에 일상생활에 필요한 지식과 기능을 가르치는 수준에서 교육 서비스를 제한했다.[33)] 1935년 식민당국의 인가를 받은 중국인 교육시설로는 초등교육시설로서 구 다롄 지구의 토사초(土佐町) 공학당, 샤오강쯔 지구의 시강제 공학당, 후시미다이 공학당, 샤허커우 지구의 샤허커우 공학당, 아키즈키(秋月) 공학당, 이즈미초 공학당의 여섯 개 공학당과 대동여자기예학교(大同女子技藝學校), 다롄청년회부속소학교가 있었다.[34)] 중국인 교육시설은 일본인 거주구역 곳곳마다 들어서 있던 다양한 수준의 교육시설과 비교하여 수적으로 적었을 뿐만 아니라 질적으로도 제한되어 있었다. 더욱이 그마저도 도심에 집중되어 있어서 도심 외곽에 거주하는 다수의 중국인 자녀들은 비교적 체계를 갖춘 시설에서 교육받을 수 있는 기회가 제한되었다. 샤오강쯔 등 중국인 집거지에는 중국인이 경영하는 서방(書房)도 있었으나, 제공하는 교육 수준의 한계와 함께 식민당국의 규제로 인해 활동에 제약이 있었을 것으로 여겨진다. 다롄의 중국인 주민은 교육의 질적, 양적 제한으로 인해 교육 기회에서 차별을 받고 있었고, 정식 교육을 받는 경우에도 식민적인 교육 과정과 내용을 이수할 수밖에 없었다.

4. 소비시설

주민 생활에 필요한 물자와 서비스의 소비 역시 생활공간에 따라 상이한 양상을 보였다. 다롄 주민의 물자 구매(소매)는 나니와초나 롄사가이, 샤오강쯔의 노천시장(露天市場) 등 대형 상점가와 백화점, 공설시장, 주민 생활공간 곳곳에 자연적으로 생겨난 시장, 가판이나 행상 등 다양한 시설과 방식을 통해 이루어졌다. 이 글에서는 일본 식민당국이 설립한 공설소매시장을 중심으로 소비시설에 대한 접근성을 분석하고자 한다.[35] 소비시설에 대한 접근성이란 생활공간과 소비시설 간의 물리적 접근성뿐만 아니라, 주민의 구매력으로 인한 소비시설의 이용 가능 여부, 소비시설의 설립 · 배치 · 운영에 큰 영향력을 행사하던 식민당국의 의도와 조치를 포함한 의미로 이해할 필요가 있다.

일본 식민당국은 주민의 일용품 구매를 돕고 물가와 위생을 관리한다는 명목으로, 도심의 인구 집거지 곳곳에 미곡 · 신탄(薪炭) · 어류 · 육류 · 채소 · 과일 · 식료잡화 등 일용품 전반을 취급하는 공설시장을 설립했다. 1936년 무렵 다롄의 공설시장은, 구 다롄 상업구역의 시나노마치(信濃町), 야마가타도오리, 스얼거우 주변의 치요다초(千代田町), 서부의 샤오강쯔, 샤허커우, 쇼토쿠가이 남쪽의 쓰타초(蔦町), 지도상에는 표기되어 있지 않으나 라오후탄 방면 전원주택구역의 세이메이다이(晴明臺) 등 일곱 개 구역에 설립되어 있었다.

시나노마치 시장(1905년 8월 설립)과 야마가타도오리 시장(1914년

1월 설립)은, 일본의 다롄 통치 초기에 설립된 공설시장으로, 노면전차가 통과하는 중심가의 입지조건과 규모와 설비의 축적을 바탕으로 다롄의 양대 시장으로 성장했다. 다롄의 중앙시장격인 두 시장의 이용객은 구 다롄을 중심으로 한 도심 전역에 퍼져있었을 것으로 여겨지지만, 중심업무지구로서 주변 환경과 비싼 지가 및 임대료 등을 고려하면 소득 수준이 높지 않은 주민의 이용은 쉽지 않았을 것으로 보인다.

중국인구역의 샤오강쯔 시장(1909년 2월 설립) 역시 비교적 일찍부터 설립된 공설시장으로, 샤오강쯔 일대에 거주하는 중국인 주민이 주 고객이었다. 샤오강쯔 시장의 설립은 주민의 소매 수요를 충족시키고, 물가와 위생을 식민당국의 관리 하에 두는 것은 물론, 다롄 소비 공간 내 민족 분화의 정도를 제고하고 유지하고자 한 조치라고 할 수 있다. 중국인 노동자계층과 빈민층이 집거하는 스얼거우 일대에 설립된 치요다 시장(1927년 5월 설립) 역시, 일대의 중국인 이용객을 집중시켜 관리를 용이하게 하고 민족 분화 정도를 높이려 한 것으로 이해할 수 있다.

일본인의 거주구역이 서부와 교외로 확장되면서 공설시장도 곳곳에 설립되었다. 샤허커우의 니시 시장(西市場. 1922년 12월 설립)은 샤허커우 내 일본인 주민의 집거에 대응한 조치로서, 인근의 일본인 주민 대부분과 일부 중국인 주민이 이용했을 것으로 여겨진다. 쇼토쿠가이와 바이윈산 인근으로 일본인 주택구역이 조성되면서 1936년에는 쓰타초 시장이 설립되었다. 같은 해 교외 전원주택구역에 설립된 세이메이다이 시장은 규모는 크지 않았으나, 중국인 주민을 대상으로 한 공설시장이 두 군데에 지나지 않았던 것과 비교하여, 식민당국이 일본인 주민의 편의 도모에 많은 주의를 기울였음을 알 수 있다.

5. 휴식여가시설

주거, 생업, 소비와 함께 심신의 피로를 회복하기 위한 휴식여가활동 역시 생활에 필수불가결한 요소이다. 이 글에서는 당시 다롄의 주요 휴식여가시설이었던 공원을 중심으로 각 생활공간과 휴식여가시설의 접근성을 살펴보고자 한다. 공원은 공공의 휴식과 오락, 보건을 목적으로 공공단체가 마련한 공공재이다. 다른 각도에서 보자면 이는 곧 건설 주체인 공공단체의 의도와 계획에 따라 공원의 배치와 규모, 원내 시설이 결정되고, 그것을 이용하는 '공공'이 선별된다는 것을 의미한다. 다롄에서는 공원 건설 주체인 일본 식민당국(관동주청, 다롄시, 만철)의 의도와 계획에 따라, 공원에 대한 각 생활공간의 접근성에서 큰 차이가 발생했다.

다롄의 공원은 구 다롄 및 그 인근에 집중되어 있었다. 일본 식민당국은 근대 공원이 구축된 '문명도시'로서 다롄을 선전하고, 이곳에 거주하던 사회 상층의 주민들에게 쾌적한 휴식여가공간을 제공하고자, 러시아 통치시대부터 계획, 건설되고 있던 공원을 계속해서 정비하거나 새로운 공원을 건설했다. 구 다롄의 주요공원으로는 먼저 러시아 통치시대에 유럽인구역과 중국인구역을 분리할 목적으로 건설된 쥬오 공원(中央公園: 지금의 勞動公園)을 들 수 있다. 일본 통치시대에 들어 구 다롄 남부와 후시미다이 부근에 고급주택지구가 들어서면서, 쥬오 공원은 근린에 거주하는 주민의 휴식처이자 여가활동장소가 되었다. 식민당국은 근린 주민의 체육활동을 위해 원내에 야구장 · 궁장 · 마장 · 정구장을 구비했고, 구내에 들어선 고급음식점은 일본인 상류층의 사교활동장이 되었다. 구 다롄 북부 러시아마치의 만철구역에는 정구장 · 대궁장 · 아동놀이기구를 갖춘 기타 공원(北公園: 지금의 北海公園)이 정비되어 만철사원과 그 가족들에게 휴식공간을 제공했다. 남산록의 야요이가이케 공원(彌生が池公園: 지금의 大連植物園), 남산 주택구역 인근의 가가미가이케 공원(鏡が池公園: 지금의 兒童公園)은 당초 우수(雨水) 조정을 위한 목적으로 건설되었으나, 근린의 주민을 위한 공원의 기능을 겸하게 되었다.[36)]

반면 샤허커우와 샤오강쯔, 도심 외곽에는 휴식여가시설을 갖춘 공원이 거의 보이지 않았다. 일본 식민당국은 샤허커우와 샤오강쯔에 거주하는 주민을 위해 이른 시기부터 쇼토쿠 공원을 계획하여 건설을 추진했으나, 중일전쟁 발발 후인 1938년 시점에도 완성되지 못하고 예정지로 표기되어 있었다. 한편 공원 대신 도살장, 하수처리장, 쓰레기장이 들어서있던 도심 외곽의 빈민가의 주민들은, 멀리 떨어진 도심의 공원 혹은 공원예정지에서 휴식과 여가활동을 즐길 여유조차 없는 경우가 많았다.

중국인 노동자 수용소는 최소한의 시설을 갖추고 외부와 차단되는 생활공간을 형성하고 있었으므로, 구내에 잘 갖춰진 공원이 없었을 뿐만 아니라, 외부의 공원에 대한 접근성도 떨어졌다. 단 다롄 항의 벽산장은 구내에 천덕사(天德寺)와 토지묘(土地廟), 작업 중 사망한 일본인 사원과 중국인 노동자를 기리기 위한 만령탑(萬靈塔), 연극·영화·축음기 연주를 위한 극장을 만들어 노동자의 휴식과 여가활동, 종교 활동을 위한 공간을 구축하고 있었다.[37)] 그러나 이러한 시설 역시 궁극적으로 노동자의 수용소 생활을 안정시키고, 제한된 공간 내에서 노동력의 재생산을 극대화시키기 위한 노무관리방식의 일종이었음을 간과해서는 안 될 것이다.

Ⅳ. 나오며

이 글은 일본 제국주의 통치하 다롄 주민의 생활공간을 주민의 민족별·계층별 구성과 분화를 고려하여 구획하고, 주거환경, 생업 현장과의 접근성, 자녀 교육시설, 소비시설, 휴식여가시설이라는 생활의 기본적인 조건을 중심으로 각 생활공간 사이의 불평등을 고찰했다.

다롄의 생활공간은 구 다롄의 중심업무지구, 산록의 고지대에 자리잡은 고급주택지구, 도심의 일본인 노동자주택지구와 교외의 전원주택지구, 중국인구역으로서 상공업 용도와 주택 용도가 혼합된 샤오강쯔, 외부와 분리된 중국인 노동자 수용소, 도심 외곽의 저소득층 자연취락으로 나눌 수 있었다.

각 생활공간에서 접할 수 있는 생활 조건의 불평등은 크게 민족을 기준으로 나누어지지만, 동일 민족 내에서도 계층에 따라 달라졌다. 사회 상층부를 점하고 있던 일본인과 소수의 중국인 및 구미 각국 출신자들은, 주거환경이 양호하고 교통이 편리하며 교육시설에 대한 접근성이 좋고 소비와 휴식여가시설이 구비되어 있는 중심업무지구나 산록부 또는 교외의 고급주택지구에 거주하고 있었다. 일본인 노동자 계층의 다수는 기본적인 공공시설과 생활 조건이 갖추어진 서부 공장지대 근처의 사택지구나 주택지구에 거주했으며, 중층 정도의 생활수준을 갖추고 있던 중국인들은 샤오강쯔의 중국인구역에 집거했다. 한편 민족과 계층이 교차하는 식민지 역학관계에서 가장 취약한 입장에 놓여있던 중국인 저소득노동자층과 빈민층은 도심 외곽이나 노동자 수용소 등 생활 조건이 열악하고 불평등이 가장 심화된 생활공간에 배치되었다. 이처럼 민족과 계층으로 구현되는 식민권력과의 관계에 따라 주민의 생활공간이 주어지고 생활 조건 전반이 규정되는 것은 식민지도시로서 다롄이 가지고 있던 특성이었다.

끝으로 이 글의 한계와 앞으로의 과제에 대해 밝히고자 한다.

이 글은 식민지도시로서 다롄의 특징을 보다 용이하게 드러내기 위하여, 민족과 계층에 따른 분화가 확실히 드러나는 구역을 중심으로 생활공간을 유형화했다. 따라서 다롄 곳곳에서 흔히 보이던 민족 혼주의 양상에 대해서는 다루지 못했다. 그러나 다롄 각 민족사회의 기저를 이루던 중하층 주민의 생활공간은 대개 이러한 혼주 구역을 중심으로 구축되었을 가능성이 높다. 식민지 생활공간의 실질을 보다 정확하게 포착하기 위하여, 혼주 구역의 주민 구성 및 생활 실태와 혼주 과정에서 발생한 마찰과 불평등 양상을 고찰할 필요가 있을 것이다.

또한 이 글에서는 다롄의 양대 민족 집단인 중국인과 일본인에 초점을 맞추면서, 소수 민족 집단인 조선인과 구 러시아인, 구미 각국 출신자의 생활공간에 대한 구체적인 분석이 생략되었다. 이른바 제국주의 '이등국민'으로서 조선인, 무국적자로서 일본 식민당국 및 소비에트연방 등과 복잡한 관계로 얽혀 있던 구 러시아인, 정치경제적으로 다롄의 상층부를 점하고 있던 구미 각국 출신자의 생활공간에 대한 파악은, 일본 제국주의와의 관계를 바탕으로 주민의 생활공간이 복잡하게 전개되던 식민지도시 다롄의 특성을 규명하기 위해서 반드시 해결되어야 할 작업이다.

권경선 | 한국해양대학교 국제해양문제연구소 HK연구교수
사카노 유스케 | 나가사키대학 다문화사회학부 객원연구원

▣ 주

1) 다롄 도시 건설의 이니셔티브는 관동주 중앙정부와 국책회사였던 남만주철도주식회사(南滿洲鐵道株式會社. 이하 만철)가 쥐고 있었다. 도시계획은 관동주 중앙정부의 결정에 의거하여 집행했으나, 정부 출자 시설의 실질적 건설은 만철이 담당했고, 지방정부인 다롄 시(1915년 大連市制의 실시와 함께 업무 개시)의 역할은 약소한 편이었다. 水内俊雄(1985), 「植民地都市大連の都市形成－1899~1945年－」, 『人文地理』 37-5, 443~444쪽.

2) 궈톄좡, 관제 저, 신태갑 역(2012), 『일본의 대련 식민통치 40년사 2권』, 선인 ; 우영만 · 장익수 · 당건 · 구영민 · 이동배(2000), 「中國 大連市 도시형성을 통해 본 연안도시의 근대화과정에 관한 연구－1898년~1945년 식민기를 중심으로」, 『대한건축학회 학술발표논문집』 20-1 ; 정형아(2010), 「근대도시 건설과 국제정치의 영향－중국 대련시를 중심으로－」, 『중국근현대사연구』 45 ; 蔣耀輝(2013), 『大連開埠建市』, 大連出版社.

3) 이상균(2013), 「일제 식민지 해항도시의 근대적 재편성 연구 : 한국 부산(釜山)과 중국 대련(大連)의 비교연구」, 『해항도시문화교섭학』 9 ; 越澤明(1978), 『植民地滿洲の都市計劃』, アジア經濟研究所 ; 水内俊雄(1985), 「植民地都市大連の都市形成－1899~1945年－」 『人文地理』 37-5.

4) 이 글에서 사용하는 용어에 대해 설명해두고자 한다. 먼저 각 민족을 가리키는 용어로, 한인(韓人)은 조선인으로 표기하고, 한족(漢族) · 만주족(滿洲族) · 몽고족(蒙古族) 등 화인(華人) 계열 민족에 대해서는 중국인이라 표기했다. 지명과 관련해서는 당시의 식민 맥락을 고려하여, 일본 통치시대 이전부터 존재했던 지명이나 중국인 집거지 내의 지명과 같이 명백한 중국식의 지명은 중국어 발음으로 표기하고, 일본 통치시대에 붙여진 일본식 지명은 일본어 발음으로 표기했다. 지명의 표기방식은 국립국어원의 외래어 표기법을 따랐다.

5) 통계수치는 당시 '경찰관리파출소'의 '호구조사부(戶口調査簿)'에 기재된 다롄 상주인구를 바탕으로 정리한 것으로, 여행객을 비롯한 일시 체류자, 군인과 수감자를 포함하지 않는다. 1935년 다롄의 기타 외국인 중에는 무국적의 구 러시아 출신자가 1,019명으로 가장 많은 가운데, 미국인 61명, 영국인 51명, 독일인 32명, 소비에트연방인 24명, 이란인 22명, 덴마크인 21명, 인도인 18명, 그리스인 14명, 라트비아인 10명, 리투아니아인 10명, 유고슬라비아인 9명, 폴란드인 8명 외에, 스위스인, 이탈리아인, 에스토니아인, 몽고인, 헝가리인, 체코슬로바키아인이 있었다. 關東局(1936), 『昭和十年關東局第三十統計書』, 關東局, 14~78쪽.

6) 그밖에 다롄 항 수상(水上) 경찰서 관내가 약 0.4%를 차지하고 있었다. 수상 경찰서의 관할구역은 直轄區域, 東埠頭, 西埠頭, 北大山通, 海岸分室, 西溜로 이루어져 있었는데, 1935년 당시 수상경찰서 관내 인구는 대개가 중국인으로, 전체

인구 2,129명 중 2,030명이 東埠頭에 거주하고 있었다.

7) 1935년 당시 다롄 시내의 일본인 여성 유직자 10,851명(총 63,930명) 중 3,462명(약 32%)이 '旅宿飮食店浴湯業', 즉 유흥 관련 업종에 종사하고 있었고, 조선인 여성 유직자 430명(총 1,138명) 중 260명(약 60%), 중국인 여성 유직자 5,086명(총 62,185명) 중 561명(약 11%), 기타 외국인 여성 유직자 98명(총 549명) 중 21명(약 21%)이 동종업종에 종사하고 있었다. 구역별 인구분포를 참고하면 일본인 및 조선인 여성 종사자는 대개 오사카마치 방면에, 중국인 여성 종사자는 대개 샤오강쯔 일대의 유곽거리에서 일하고 있었던 것으로 보인다. 大連市役所(1936), 『大連市史』, 大連市役所, 19~24쪽.

8) 南滿洲鐵道株式會社(1928), 『大連に於ける中國人勞動者の生活狀態』, 南滿洲鐵道株式會社, 46~47쪽.

9) 1934년 8월 다롄 시계 내의 지가를 보면, 구 다롄 상업구역의 나니와초(浪速町. 가장 비싼 三町目은 최고 800엔에서 최저 200엔. 가장 싼 五丁目은 150~100엔), 오야마도오리(大山通. 300~150엔), 이세마치(伊勢町. 300~150엔), 이와기초(磐城町. 300~100엔), 오쿠마치(250~100엔), 야마가타도오리(山縣通. 250~70엔), 시나노마치(信濃町. 200~100엔) 등은 샤오강쯔의 상업중심인 다롱제(大龍街. 300~30엔), 더성제(得勝街. 300~30엔) 일대와 함께 지가가 가장 비싼 구역이었다. 大連商工會議所(1934), 『大連商工案內.昭和九年度版』, 大連商工會議所, 55~59쪽.

10) 다롄 인력거꾼 합숙소는 페스트의 만연을 계기로 1911년 4월에 설립되었다. 1928년 당시 합숙소는 부지평수 8,270여 평, 건물평수 2,600여 평에 102개 동의 건물로 구성되었다. 수용인원은 가족동반 차부 186명, 단신 차부 1,424명에 차부의 가족과 구내 음식점 및 매점의 점원 등을 합치면 2,000명 이상이 거주하고 있었다. 大連民政署(1928), 『大連要覽』, 大阪屋號書店, 291~292쪽.

11) 關東局文書課(1937), 『關東局施政三十年業績調査資料』, 關東局文書課, 636~637쪽.

12) 즉 당시 다롄의 도시건설은 제국주의 종주국인 일본의 이상과 이념에 따라 진행되어, "중국인의 거주환경의 향상에는 주의를 기울이지" 않고, 중국인을 이질적인 것 혹은 이상적인 도시건설에 적합하지 않은 배제 또는 격리의 대상으로 다루고 있었던 것이다. 越澤明(1978), 앞의 책, 59쪽.

13) 水內俊雄(1985), 앞의 논문, 449쪽.

14) 大連商工會議所(1934), 앞의 책, 55~60쪽.

15) 南滿洲鐵道株式會社(1928), 앞의 책, 10~16쪽.

16) 水內俊雄(1985), 앞의 논문, 448쪽.

17) 상동.

18) 大連商工會議所編(1936), 『大連市に於ける営業分布に関する調査. 昭和十年七月調査』, 大連商工會議所, 53~79쪽.

19) 당시 다롄의 주요 사교클럽으로는 다롄로터리클럽, 실업동지회(實業同志會), 화

요회(火曜會), 이십오일회(二十五日會) 등이 있었고, 회원들은 대개 여러 개의 사교클럽에 중복으로 가입해 있었다. 大連商工會議所編(1938), 『大連商工案內. 昭和十三年版』, 大連商工會議所, 173~180쪽 ; 水內俊雄(1985), 앞의 논문, 448쪽.

20) 거주구역뿐만 아니라 중국인의 주요 여가활동의 하나인 연극(聽戲, 看戲) 관람에서도 다롄 중국인사회 내의 계층분화를 엿볼 수 있다. 오쿠마치의 대극장 잉샤차위안은 여타 중국인극장에 비해 좋은 시설을 갖추었으나 비교적 고가였으므로 일반 중국인 노동자는 이용하기 어려웠다. 중국인구역 샤오강쯔 내 극장의 관람료는 최저 20전(錢)으로 잉샤차위안에 비해 저렴하게 이용할 수 있었으므로 일대에 거주하는 중국인들이 다수 이용했다. 한편 다롄 항 근처의 스얼거우에는 보다 저렴한 극장(관람료 최저 10전)이 있어서 그 일대에 거주하는 저소득노동자들이 주로 이용했다. 南滿洲鐵道株式會社(1928), 앞의 책, 46~47쪽.

21) 근대 다롄 경제를 지탱하고 있던 주요산업의 하나로 '만주' 특산의 대두(大豆)를 원료로 한 콩깻묵과 두유(豆油)의 생산을 들 수 있다. 유방업(油房業)은 콩깻묵과 두유의 제조분야를 가리키는 용어이고, 유방(油房)은 그 제조공장을 가리키는 용어이다. 러시아 통치시대에도 다롄에는 중국인이 경영하는 유방이 존재했으나, 다롄의 유방업이 본격적으로 성장한 것은 일본 통치시대부터였다. 오쿠라구미(大倉組)를 필두 주주로 하는 닛신 유방(日淸油房), 미쓰이 물산(三井物産)이 중일합변회사로서 설립한 산타이 유방(三泰油房) 등 일본의 거대자본이 투하된 대형 유방과 함께 중국 자본으로 이루어진 다수의 중소 유방이 다롄 유방업을 이끌고 있었다. 다롄의 유방은 원료의 운반과 상품 수출에 용이한 다롄 항 부근과 중국인구역 샤오강쯔에 집중되어 있었다. 關東局文書課(1937), 앞의 책, 398쪽.

22) 福昌華工株式會社(1934), 『碧山莊』, 1쪽. 다롄 항 부두하역노동자 및 벽산장과 관련해서는 적지 않은 연구가 진행되어 왔다. 謝麗는 일본 통치시대 다롄 항 부두노동자에 초점을 맞추어 다롄으로 이동한 산둥 성 출신 이민의 이주 원인 및 이동 방식과 경로, 다롄에서의 생존 양상을 분석했다. 謝麗(2014), 「大連의 '하이난디우(海南丟)'에 관한 연구 : 부두노동자를 중심으로(1905-1937)」, 『동북아문화연구』 39. 柳澤遊는 20세기 전반 다롄 항 하역노동자의 노무관리를 중일전쟁 이전, 중일전쟁시기, 아시아태평양전쟁으로의 확전시기로 나누어 분석했다. 柳澤遊(2002), 「大連埠頭」, 松村高夫 · 江田憲治 · 解學詩, 『滿鐵勞動史の硏究』, 日本經濟評論社, 249~284쪽. 王洪恩과 曲傳林의 연구는 다롄 항 하역노동자를 관리하던 복창화공주식회사(福昌華工株式會社)를 중심으로 중국인 노동자에 대한 일본 제국주의의 압박과 착취의 측면을 고찰했다. 王洪恩 · 曲傳林(1986), 「日本帝國主義殖民統治時期的大連福昌華工株式會社」, 『遼寧師範大學學報(社會科學版)』 1986年6期, 84~88쪽.

23) 궈톄좡, 관제 저, 신태갑 역(2012), 앞의 책, 270~272쪽.

24) 다롄의 일본인사회와 일본 불교사원 및 신사의 관계에 관해서는 이 책에 수록된

김윤환의 「다롄 일본인사회와 불교」, 한현석의 「다롄 일본인사회의 신사 창건과 지역 유력자」를 참고하길 바란다.

25) 南滿洲鐵道株式會社(1928), 앞의 책, 10~16쪽.

26) 福昌華工株式會社(1934), 앞의 책.

27) 大連民政署(1928), 앞의 책, 116~118쪽.

28) 버스 요금은 시내의 경우 1구간 5전에서 구간이 늘어날수록 5전씩 올라갔고, 교외선은 구간에 따라 달랐다. 1935년 다롄 시내 교통시설과 요금에 대해서는 大連商工會議所編(1936), 앞의 책, 92~103쪽을 참고.

29) 1935년 다롄 중국인 노동자의 하루 평균 임금은 1.24엔이었고, 일본인 노동자의 하루 평균 임금은 3.19엔이었다. 關東局(1936), 앞의 책, 180쪽.

30) 竹中憲一(2007), 『大連歷史散步』, 皓星社, 200쪽.

31) 궈톄좡, 관제 저, 신태갑 역(2012), 앞의 책, 279~297쪽.

32) 大連市役所(1936), 앞의 책, 691~734쪽.

33) 궈톄좡, 관제 저, 신태갑 역(2012), 앞의 책, 279~297쪽.

34) 大連市役所(1936), 앞의 책, 691~734쪽.

35) 다롄 공설시장과 관련된 자료는 大連市役所(1936), 앞의 책, 638~639쪽을 참고했다.

36) 다롄 공원의 구성과 성격, 설립 주체와 설립 과정, 현황 등에 대해서는 이 책에 수록된 리웨이 · 미나미마코토의 「근대 다롄의 도시공원」에 상세하게 서술되어 있다.

37) 福昌華工株式會社(1934), 앞의 책, 18~21쪽.

제2부

식민지도시의 사회와 문화

5.
20세기 초 해항도시 다롄과 말라리아

김정란

Ⅰ. 들어가며

이 글은 20세기 전반에 걸쳐 제국 일본 내의 대표적인 해항도시로 성장한 다롄에서 발생한 전염병, 그중에서 말라리아 문제에 초점을 맞춘 것이다. 일본의 관동주 조차 후 다롄은 제국 일본 내의 대표적인 무역항으로 발전했을 뿐만 아니라 남만주철도의 기착점으로 설정되면서 교통의 요지로 부상하였다. 뿐만 아니라 다롄은 중국 본토와 남만주 지역을 오고가는 이주노동자들의 주요 유출입항이기도 했다. 다시 말해 대규모 인적·물적 이동이 다롄에서는 항시적으로 일어난 것이다. 또한 이 시기 다롄은 도시화의 속도를 훨씬 능가하는 인구의 급증을 경험하게 된다. 이처럼 외부와의 접촉이 증가하고 인구 밀집이 뚜렷해지는 사회적 조건은 다롄에서 전염병의 발생기회를 증가시키는 결과를 낳기도 했다.

근대화 과정에서 도시의 인프라가 정비되고 의료시설이 확충되면서 전염병의 발생과 이에 따른 사망률은 전반적으로 낮아지게 되는데,[1] 문제는 이러한 혜택을 향유할 수 있는 계층이 한정되었다는 것이다. 나머지 계층들은 빈곤과 교육의 부재 등으로 인해 의료시설의 접근조차 용이하지 않은 경우가 비일비재했고, 이러한 소외계층의 실상은 제대로 파악조차 되지 않았다. 이 시기 다롄은 일본의 근대적 기술과 지식이 구현된 해항도시로 선전되었는데, 이러한 수사(rhetoric)에 가려져 있던 도시의 다양한 측면들은 제대로 조명되지 않고 있다. 후술하겠지만, 다롄의 도시화에 대한 긍정적인 평가는 도시발전과정에서 철저하게 소외된 중국인사회를 외면한 결과라 할 수 있다. 이는 다롄 내의 말라리아 발생의 양상을 통해서도 확인할 수 있다.

Ⅱ. 해항도시와 전염병, 그리고 말라리아

주지하는 바와 같이 19세기에 들어 제국주의 경쟁이 본격화되면서, 여러 지역의 해항도시들은 군항으로 변모하거나 새롭게 형성된 세계무역시스템의 중심 역할을 하게 된다. 그 과정에서 해항도시들은 도시화 · 산업화 그리고 급격한 인구증가를 경험하고, 대규모 인적 · 물적 자원이 이동하는 통로가 된다. 그런데 세계시장의 확대와 노동집약적 산업의 발달은 대규모 노동자의 원거리 이동을 촉진시켰다. 또한 제국주의 경쟁의 부산물로 전쟁과 군대의 이동이 빈번해졌는데, 이러한 역사적 조건들은 한정된 지역에서 유행하던 전염병을 세계적 유행(pandemic)의 형태로 바꾸는 결과를 초래하기도 했다. 그 대표적인 전염병이 콜레라와 페스트이다. 이때 많은 해항도시들은 전염병의 통로 역할을 하게 되는데, 열차와 증기선과 같은 근대적 교통수단의 발달은 이러한 현상을 더욱 촉진시켰다.[2]

벵갈 지역의 풍토병이던 콜레라는 1817년 이후 무역선과 군대의 이동을 따라 주변지역으로 퍼져나가게 되고, 1830년 러시아지역에서의 유행을 시작으로 유럽지역을 콜레라의 공포에 몰아넣었다.[3] 또한 1890년 윈난 성(雲南省)의 무역지구에서 유행하기 시작한 페스트는 1894년 광둥(廣東)지역을 강타하였는데, 영국령 홍콩도 그 유행을 피하지 못했다. 당시 홍콩은 무역선뿐만 아니라 일자리를 찾아 몰려드는 쿨리(coolies)를 실은 선박들이 빈번히 드나들던 대표적인 해항도시였고 그만큼 전염병에 노출되고 이를 확산시키기 쉬운 조건을 갖추고 있었다. 2년 뒤 페스트는 영국령 인도의 대표적 무역항인 봄베이에서 대유행하였고, 1899년에는 홍콩에서 출발한 선박을 통해 일본에까지 전파되었다.[4]

그런데 해항도시를 통해 광범위한 지역으로 전파된 전염병은 콜레라나 페스트와 같이 급성전염병(acute infectious disease)뿐만이 아니다. 말라리아와 같은 곤충매개전염병(insect-borne disease)도 이에 포함된다. 말라리아는 삼일열 원충(Plasmodium vivax), 열대형 원충(P.falciparum), 난원형 원충(P.ovale), 사일열 원충(P.malariae) 감염에 의해 발작적인 발열, 근육통, 무력감 두통 등의 증세가 주기적으로 일어나며 빈혈, 지라 비대 등이 특징인 질병이다. 말라리아는 아노펠레스(Anopheles) 속 모기의 흡혈을 통해 전파되고 간혹 감염된 혈액의 수혈 또는 오염된 주사기의 사용에 의해 감염되기도 한다.[5]

근대 이후 외부세계로의 노출이 본격화 되고 타 지역 간의 인구 유출입이 본격화 되면서, 해항도시를 통해 말라리아(환자)가 유출되는 경우도 생기고, 반대로 외부에서 말라리아(환자)가 유입된 결과 전례 없는 말라리아 유행을 경험하는 지역도 생기게 되었다. 예를 들어 사라왁(Sarawak)의 경우, 중국과 조홀(Johore)에서 플랜테이션 농장에 투입

되기 위해 건너온 이주노동자들에 의해 말라리아가 유입되기도 했다.[6)]

노동자의 이동뿐만 아니라 군대의 이동도 지역의 말라리아 유행에 큰 요인으로 작용했다. 상하이(上海)에 설치된 국제조계지역 내의 건강관리 위원장(Commissioner of Health, International Settlement)에 따르면, 거류민 사이에서 말라리아는 드물게 발생하는 편이었다. 그러나 1927년 인도군대가 이곳을 방문한 이래 말라리아 환자가 증가하게 되었다. 군대 내의 말라리아 원충 보유자들이 국제조계지역으로 들어오면서, 이들의 피를 흡혈한 아노펠레스 모기가 말라리아 원충을 다른 이들에게 감염시킬 기회가 증가했기 때문이다. 이와 더불어 시가지 주변에서 실시된 도로건설로 인해 말라리아모기 서식지가 조성되면서 국제조계지역 내에서 말라리아 발생이 늘어났다고 지적하고 있다.[7)]

이처럼 근대 이후 여러 지역에서 발생한 말라리아 유행은 자연발생적인 것이라기보다 대규모 인구의 유출입과 개발로 인한 자연환경 변화 등 외부적 요인으로 인한 경우가 많았다. 19세기 말부터 20세기 초 동아시아에서도 일본의 제국주의 팽창정책과 맞물려, 이와 같은 "사람에 의한(man-made)" 말라리아 유행이 종종 발생했다. 부산의 경우 조선의 다른 지역과 마찬가지로 말라리아는 흔한 전염병이었고, 개항 직후 설치된 일본인거류지와 일본주둔군 사이에서 말라리아는 끊임없이 발생했다. 1887년에는 거류민 2,006명 중 493명이 말라리아에 감염되었을 정도였다.[8)] 그러나 일본인거류지를 중심으로 실시된 도시환경 개선으로 1900년대에 들어서 일본인 거류민과 주둔군 사이에서 말라리아는 거의 발생하지 않게 되었다. 하지만 1920년대 이후 공업화에 따른 이주노동자의 급증과 그로 인한 도시위생 악화[9)]로 말라리아 환자는 다시 증가하게 되는데, 1921년 부산에서 268명의 일본인이 말라리아에 감염되었다.[10)] 1920년대부터 30년대 초반까지 식민지 조선전반에서 말라리아 환자가 급증하게 되는데, 이는 일제의 경제개발정책에 따른 말라리아모기 서식지 증가, 도시인구 밀집 등과 연관되어 있다.[11)]

타이완의 경우를 살펴보면, 말라리아는 일본의 식민지정책의 가장 큰 걸림돌 중 하나였다. 1890년대까지 말라리아로 인한 사망률은 타이완 사람들보다 일본인(군인 포함) 사이에서 더 높게 나왔다. 1900년대에 들어서도 말라리아는 주요 사망요인 중 하나였다.[12)] 따라서 군대의 안전과 자국인의 건강을 보호하기 위해 식민정부는 철저하게 '위로부터의 말라리아 박멸정책'을 실시하게 된다.[13)] 특히 타이페이에서는 1890년대 말부터 대대적인 도시위생개선이 이루어지면서, 말라리아 환자가 급감하게 되었다.[14)] 그러나 타이완 내의 말라리아 정책은 일본인들의 거주지를 우선으로 실시되었고,[15)] 20세기에 들어서 본격적인 식민지경제개발로 인한 자연환경 변화로 인해 농촌지역 주민들은 끊임없이 말라리아에 시달리곤 했다.[16)]

러일전쟁 이후 관동주를 조차하고 남만주 일대로 세력을 확장하게 된 일본은 만철연선 부속지를 중심으로 근대적 의료시설을 설립해 나갔다. 또한 경찰권을 이용한 위생행정과 더불어 해항검역을 통해 전염병의 유입을 철저히 차단하고자 했다. 특히 1910~1911년 만주 페스트 대 유행은 철저한 위생행정과 전염병 관리를 더욱 촉진시켰다. 이러한 정책은 주둔군과 자국민의 건강을 위해서일 뿐만 아니라 일본의 근대화 정도와 식민지 개척의 능력을 증명하기 위한 것이었다. 이는 초대 만철총재 고토 신페이(後藤新平)가 의료개혁과 공중위생 개선을 원활한 통치를 위한 우선순위로 삼은 것과도 연결된다.[17)]

그러나 20세기에 들어서 만주에서는 일본의 제국주의 팽창에 따른 대규모 인구이동과 개발 사업에 의한 환경변화 등으로 인해 말라리아의 발생이 급증하는 지역이 나타난다. 만철 위생과에 따르면 1923년까지는 남만주 내에서 말라리아 환자는 드물게 발생했다. 그러나 1924년, 톄링(鐵嶺)의 일본군 주둔지에서 255명, 그 주변 마을에서 74명의 말라리아 환자가 보고되었다. 이듬해 일본육군과 경찰, 만철병원 소속 의사, 만철 위생과 관리 등이 만철의 지원 아래서 톄링에서 대대적인 말라리아 방역을 실시하기에 이른다. 그 결과 1926년에는 환자가 5명밖에 발생하지 않았다.[18] 그러나 이후 만주의 다른 지역에서는 말라리아 환자가 급증하는 곳이 나타나기 시작한다.

아노펠레스의 서식지는 종에 따라 다양한데, 만주에서 말라리아의 주요원인이 된 아노펠레스(Anopheles hyrcanus sinensis)의 경우, 도랑이나 수초가 자라난 물웅덩이, 논두렁, 얕은 냇가 등지에서 자주 발생했다.[19] 만철 부속지 중에서 하수시설이 제대로 갖춰지지 않고 우기가 되면 범람하기 쉬운 곳에서 특히 말라리아의 증가가 눈에 띄었는데, 랴오양(遼陽)이 대표적인 예이다.[20] 게다가 농지확대와 수리시설의 확충은 말라리아모기의 서식지를 급증시켰고, 남만주철도의 주요산업인 탄광사업 역시 말라리아의 증가를 초래했다. 또한 노동자의 대거 유입에 따른 인구의 밀집과 위생불량은 병의 확산을 촉진시키기도 했다. 이러한 경향이 뚜렷이 나타나는 곳이 탄광도시 푸순(撫順)과 철강도시 안산(鞍山)이다.[21] 두 곳에서 공통적으로 발견되는 현상은 중국 본토에서 건너온 노동자들 사이에서 말라리아가 크게 유행했다는 것이다. 이는 그들의 숙소가 비위생적이고 말라리아모기에 쉽게 노출되는 환경에 처해 있었던 것에 기인한다.[22] 그러나 만주 내에서 도시시설 정비가 집중적으로 이루어지거나 말라리아대책이 적극적으로 실시된 일본인 거주 지역(잉커우, 뤼순 등)에서는 말라리아 환자는 극소수에 불과했다. 또한 톄링처럼 일본육군 주둔 지역에서는 적극적인 말라리아 대책이 실시되면서 한때 급증했던 환자 수가 급감했다.[23] 이러한 양상은 존 맥닐(John. R. McNeil)이 지적하는 것처럼 전염병에 대한 각기 다른 대처능력과 피해정도는 그 사회 구성원이 처해 있는 생활환경과 경제능력, 사회구조에 의해 크게 좌우된다는 점을 입증해 준다.[24]

다롄 역시 근대도시로 변모해 가는 과정에서 말라리아의 발생 수가 급격하게 줄어든 지역이다. 하지만 해항도시이자 만철의 거점역으로 대규모 인구의 유출입 통로가 되면서 말라리아 환자 발생이 독특한 경향을 띠게 된다. Ⅲ장에서는 다롄에서 나타나는 일반적인 전염병문제와 함께 말라리아 발생의 제 양상에 대해 살펴보도록 하겠다.

Ⅲ. 다롄의 말라리아 문제

1. 다롄의 전염병 문제

다롄은 1880년대 청조가 다롄 만(大連灣)에 포대를 설치하면서 도시형성이 시작되었고, 청일전쟁 이후 청으로부터 관동주의 조차권을 획득한 러시아에 의해 동청철도(東淸鐵道)의 종착역이 되었다. 또한 이 시기 상업과 군사물자 조달을 위한 거점항으로써 성장하기 시작했다. 그러나 본격적으로 근대도시로 변모하기 시작한 것은 러일전쟁에 승리한 일본이 러시아로부터 동청철도의 남만주지선과 부속지를 양도받게 되면서부터라고 할 수 있다.

특히 다롄은 일본이 설립한 반관반민(半官半民)의 남만주철도(이하 만철)의 기착점이 되면서, 제국 일본 내의 육·해상 교통의 요지로 자리매김하게 된다. 또한 다롄은 남만주의 행정과 무역의 중심지로 성장하게 되는데, 일본 당국에 있어 다롄은 일본이 만주에 이식한 '문명개화'의 상징이었다.[25] 1910년대에서 20년대 초 일본당국은 다롄의 항만과 물류시설을 확장했고, 대규모 공업지대를 조성했다. 1923년, 다롄항의 수입액은 33,000,000 파운드이고 수출액은 54,000,000파운드에 이르며 같은 해 다롄 항을 이용한 선박 총톤수는 7,290,000톤에 이른다.[26] 다롄은 만철 지선을 이용한 내륙물류의 거점이 되었는데, 1908년에서 1920년 사이 만철이 다롄과 만주의 중남부 지역 사이에서 운반한 물량의 총액은 63,800,000엔에 달한다.[27]

도시화가 진행되고 무역항으로써 발전해가면서 정착 인구 역시 급증하게 되는데, 1912년 다롄의 인구는 대략 51,000명 남짓이었지만, 1920년에 239,000명으로 늘어나고, 1942년에는 770,000명에 달했다.[28] 다롄은 남만주철도의 기착점일 뿐만 아니라 중국 본토와 만주를 잇는 중심항이기도 했다. 다롄은 중국에서 만주로 들어오는 노동자들의 주요 입항처가 되었고, 그 수는 만주 내의 다른 항을 압도했다(〈표 1〉).

그러나 선박과 인구의 유출입이 급증하고 도시인구가 팽창하면서 질병에 노출되는 기회도 늘어나게 되었다. 1907년 뤼순과 함께 다롄에서는 다수의 콜레라 환자가 발생했다. 1912년에는 다롄 항으로 입항한 선박 중에서 5명의 콜레라 환자가 발견되기도 했다. 또한 1919년 세계적 대유행을 하던 스페인독감이 상하이와 일본을 경유해서 다롄을 덮치게 되는데, 1920년 2월까지 무려 3,000명의 환자가 발생했다.[29] 이러한 상황은 다롄 항에서의 철저한 해항검역 실시를 요하게 했다. 1927년 보고에 따르면 1등과 2등 승객을 최대 100명까지, 3등 승객을 최대 400명까지 수용할 수 있는 숙박시설을 검역소 내에 갖추었고, 수용인원을 초과할 경우를 대비해 임시수용시설도 마련해 놓았다.[30]

〈표 1〉 1923~1929년 사이 만주로 입국한 노동자 수 (단위: 명)

구분 연도	다롄(大連)		잉커우(營口)		안둥(安東)		베이징(北京)-펑톈(奉天) 철도		Total
	노동자	비율(%)	노동자	비율(%)	노동자	비율(%)	노동자	비율(%)	
1923	172,014	40	77,087	18	46,577	11	138,011	31	433,689
1924	167,206	34	61,904	13	42,641	9	210,719	44	482,470
1925	197,392	37	96,647	18	40,740	8	197,991	37	532,770
1926	267,062	44	124,743	20	48,287	8	167,260	28	607,352
1927	599,452	51	182,558	15	68,599	6	327,645	28	1,178,254
1928	506,553	54	152,556	16	52,703	6	226,660	24	938,472
1929	512,947	49	148,557	14	53,557	5	331,210	32	1,046,271

· 출처: The South Manchuria Railway(1931), *Second Report on Progress in Manchuria to 1930*, The South Manchuria Railway, pp.13~15.

2. 다롄의 말라리아

반면 말라리아는 도시화가 진행되는 과정에서 그 수가 줄어드는 경향을 보였다. 위에서 언급한 것처럼, 말라리아는 감염된 아노펠레스 속 모기에 의해 전파되는 질병이다. 20세기 전반 만주에서는 군대 및 노동자의 대규모 이동에 따른 원충보유자의 증가와 새로운 감염기회의 증가, 그리고 농지, 탄광개발 등으로 인한 모기 서식지 확장 등으로 인해 말라리아 환자가 급증하는 지역이 나타난다. 다롄에서 집계된 말라리아 환자의 숫자는 만주 여타 지역에 비해 상당히 적었다. 이는 근대적 병원시설을 포함한 사회적 인프라가 다른 지역보다 잘 갖춰졌기 때문으로 파악된다.[31)]

그러나 대규모 인구의 유출입항이라는 특성으로 인해 다롄 자체에서 발생하는 말라리아 문제보다 외부에서 유입된 원충(原蟲)보유자에 의한 감염문제가 우려되는 상황이 펼쳐졌다. 비록 근대적 위생시설이 다른 지역에 비해 잘 갖춰졌다고 하더라도 아노펠레스 모기의 완전한 박멸이 이루어지지 않은 상태에서 도시 내로 원충보유자가 유입된다면 말라리아 감염을 안심할 수만은 없게 된다. 또한 인구급증으로 인해 새로운 감염원이 제공되고, 도시의 빈민지역이 늘어나면서 비위생적인 생활환경에 노출되는 사람들이 증가하게 된다면 말라리아 유행을 낙관할 수만은 없는 것이었다. 현대사회에서는 도시화와 생활수준의 향상으로 말라리아 환자가 줄어든 지역이 많지만, 인구급증과 환경파괴, 기후변화로 인해 말라리아가 재등장한 도시들도 꾸준히 나타나고 있다.[32)]

이러한 점들을 염두에 두면서, 아래에서는 일본이 다롄을 조차하기 시작한 시점부터 1930년대에 이르기까지 다롄에서 나타나는 말라리아의 발생유형에 대해 살펴보도록 하겠다.

1) 군역(軍役) 사이의 말라리아

1904년 5월 러일전쟁이 한창일 때 일본육군은 다롄에 입성하게 된다. 다롄에는 전쟁으로 인해 폐허로 변한 건물들이 즐비했고 도로의 상태도 매우 열악했는데, 무너진 건물과 도로를 복구하는 것이 관동주와 만철의 주요 임무가 되었을 정도였다.[33)] 도시의 규모에 비해 위생시설 역시 부족한 상태였다. 특히 배수시설이 제대로 갖춰지지 않아서 하수의 흐름이 불완전하고 오수가 고여 있는 곳도 여기저기서 발견되었다. 이러한 환경은 여러 질병을 일으키기에 적합했는데 말라리아도 그중 하나였다.

시가 미쓰이(志賀三亥)는 1905년 1월부터 동년 12월까지 다롄에 주둔한 일본육군부대에서 발생한 말라리아 환자에 대해서 실험조사를 실시했다. 그해 발생한 말라리아는 모두 삼일열(P.vivax)이었는데, 오로지 군역부, 특히 항에서 부역한 이들(仲仕) 사이에서 말라리아 환자가 발생했다.

〈표 2〉에서 알 수 있듯이, 말라리아 환자는 아노펠레스 모기가 왕성하게 활동하는 여름철에 집중적으로 발생했다. 당시 다롄은 도시의 규모에 비해 위생설비가 제대로 갖춰지지 않은 상태였고, 배수시설이 특히 미비했다. 하수의 흐름이 늘 좋지 못했고, 배수시설이 아예 갖춰지지 않은 지역도 있었다. 게다가 지반이 고르지 못한 곳도 종종 눈에 띄었다. 말라리아 환자가 발생한 군역부의 숙소는 원래 중국인 소유의 가옥이었는데 군이 접수해 사용하기 시작한 것이다. 가옥 구조는 햇볕이 잘 들지 않고 통풍도 좋지 못하며 위생적으로도 만족스럽지 않은 상태였다. 그러나 숙사의 대대적인 개선은 막대한 비용과 인력을 필요로 했기 때문에, 군은 환기공을 설치하고 대청소법을 시행하는 것으로 대신했다. 또한 숙소 외부에 대해서는 청소법과 함께 생활용수를 하수구에 방류하지 않고 한 곳에 모아둔 후, 군역부에게 1일 2회 바다에 버리게 하는 것으로 그쳤다.[34] 이처럼 군역부의 숙소는 비위생적인 상태였고 이러한 환경에서 질병에 쉽게 노출될 수밖에 없었다. 또한 항구에서의 하역과 운반 작업이 이들의 주된 업무였기 때

〈표 2〉 1905년 말라리아 환자 수 (단위: 명)

구분＼월별	1월	2월	3월	4월	5월	6월	7월	8월	9월	10월	11월	12월	합계
환자	1	-	-	-	-	4	5	24	7	1	2	-	44
건강인 백명당 환자	0.07	-	-	-	-	0.27	0.3	1.3	0.42	0.07	0.15	-	-

· 출처: 志賀三亥(1906), 「大連ノ麻刺里亜及同地産「アノフェレス」ニ就テ」, 『軍醫團雜誌』, 1087~1113쪽.

문에 그만큼 말라리아모기와 접촉할 가능성이 높았다.

그런데 말라리아 환자 44명 중 다롄에서 처음으로 말라리아에 감염된 사람은 36명이고, 나머지 8명은 타이완이나 조선 등지에서 이미 발병한 경험이 있는 자들이었다. 즉 체내 원충을 보유한 채 다롄에 들어와서 재발한 경우이다.[35] 삼일열 원충은 적절한 치료를 하지 않으면 인간의 간에서 장시간 살아남으면서 말라리아 증상을 재발시키기도 한다. 또한 삼일열은 열대열처럼 치사율이 높지는 않지만, 환자의 신체를 매우 약화시키기 때문에 다른 질병에 대한 저항력도 떨어뜨린다.[36] 다시 말해 삼일열 말라리아로 사망하는 경우는 적었지만 환자 건강에 끼치는 영향은 사망률로 표시되는 것 이상이었다.[37]

이처럼 삼일열 환자가 제대로 된 치료를 받지 않으면 증상이 재발하는 경우가 나타난다. 뿐만 아니라 원충보유자의 혈액을 흡입한 아노펠레스 모기를 통해 새로운 감염자를 만들 수 도 있다. 이에 해당 부대에서는 감염자를 격리시켜서 병원으로 이송하고, 체내 말라리아 원충을 박멸하기 위해 퀴닌을 복용시켰다.[38] 그 이후에도 감염자가 발생하면 건강한 이들과 격리시키고, 퀴닌을 예방적 차원에서 군인 군속에게 복용시켰다.[39] 이후 다롄 내에 주둔한 일본군 사이에서의 말라리아 발생은 전반적으로 크게 감소했다.

2) 일본인 거류민 사이의 말라리아

랜달 팩커드(Randal M. Packard)는 경제발전에 따른 삶의 질의 향상이야말로 말라리아를 근절할 수 있는 근본적인 방법이라고 지적했다.[40] 다시 말해 교육을 통해 병의 원인과 예방 · 치료 방법을 숙지하고, 위생환경을 개선해서 말라리아에 노출되는 기회를 줄이며, 적절한 치료를 받을 수 있도록 의료서비스의 접근을 용이하게 하는 사회에서 말라리아는 근절될 수 있다고 지적한다. 일본인 거주 지역에 한정해서 본다면 이러한 현상은 다롄에서도 뚜렷하게 나타났다.

앞에서 언급한 것처럼 19세기 말부터 시작된 다롄의 도시화는 일본이 관동주를 조차하게 되면서 더욱 빠르게 진행되었다. 그 결과 모기의 서식지가 줄어들면서 말라리아에 노출될 위험도 매우 낮아졌다. 또한 다롄에는 다롄의원 본원 및 분원, 관동청의원, 적십자의원 등 여러 곳의 대형병원이 운영되고 있었고, 이와 더불어 개업의원의 수도 적지 않았다. 그 결과 일본인들은 쉽게 의료시설을 이용할 수 있었고, 말라리아의 재발과 타인에게의 전파 위험은 크게 낮아졌다.[41] 〈표 3〉과 〈표 4〉를 보면 내과진료 환자 중에서 말라리아 환자가 차지하는 비율이 같은 시기 푸순과 비교해 매우 낮다는 것을 알 수 있다.

〈표 3〉 1925~1930년 다롄의원본원에서 치료 받은 말라리아 환자 수 (단위: 名)

연도 구분	1925	1926	1927	1928	1929	1930	총 수
내과치료환자	9,747	10,488	11,413	12,570	12,882	13,128	70,228
말라리아 환자	15	20	13	17	13	13	91
비율(%)	00.2	0.2	0.1	0.1	0.1	0.1	0.13

· 출처: 稗田憲太郎(1932), 「滿洲ノ「マラリア」ニ就テ」, 『滿洲醫学雜誌』 16, 417~431쪽.

〈표 4〉 1925~1930년 푸순의원에서 치료 받은 말라리아 환자 수 (단위: 名)

연도 구분	1925	1926	1927	1928	1929	1930	총 수
내과치료환자	3,133	3,849	5,559	4,854	4,723	4,193	26,311
말라리아 환자	69	187	910	405	560	254	2,385
비율(%)	2.2	4.9	16.5	8.5	14.0	6.4	9.1

· 출처: 稗田憲太郎(1932), 「滿洲ノ「マラリア」ニ就テ」, 『滿洲醫学雜誌』 16, 417~431쪽.

1930년대 중반 이후에도 이러한 상황은 크게 달라지지 않았다. 1937년 4월, 다롄의원 본원 통계에 따르면 다롄의 말라리아 환자비율은 만주 내 주요 도시들 중 가운데 여전히 최하위이다. 푸순이나 안산의 경우 만철의 핵심 산업 중 하나인 탄광과 철강업 개발로 인해 중국인이 주노동자가 급증하고 도시환경이 바뀌면서 1930년대를 전후해서 말라리아 환자가 폭발적으로 증가했다.[42] 반면 다롄의 경우 위생시설이 전 만주 내에서 가장 잘 갖춰진 상태였고, 푸순과 달리 시가지 부근에 말라리아모기의 주요 서식지인 농경지가 조성되어 있지 않았기 때문에 말라리아는 크게 문제시되지 않았다. 그러나 관동주의 진저우(金州)에 새롭게 조성된 일본인 이주촌인 아이카와무라(愛川村)에서는 농지의 확장, 수리시설 개발로 인해 말라리아가 주민들 사이에서 급증하는 상황에서,[43] 다롄 역시 말라리아의 유행을 간과할 수만은 없었다. 이에 다롄의원 내과의 이케타니 타츠오(池谷龍夫)는 본원 치료환자를 중심으로 다롄에서 발생하는 말라리아에 대해 분석을 실시했다.[44]

1931년부터 1936년 사이에 다롄의원 본원에서 치료를 받은 환자 수는 모두 78,440명인데, 그중 말라리아 환자는 54명(0.07%)에 불과하다.[45] 이케타니는 환자 개개인의 나이, 성별, 발병일시, 주소, 직업, 열형(熱型), 혈액 내 원충 유무 등을 분석했다. 본원을 찾은 일본인 환자 49명 중 35명이 남성이고 14명이 여성이었는데, 이는 남성이 여성보다 외부활동이 잦아 말라리아모기에 노출되는 빈도가 높기 때문이라고 할 수 있다.[46] 연령대는 25세 이하가 과반수를 차지했고, 직업별로는 학생이 가장 많았다. 또한 여행의 기회가 많고 야외활동이 많은 직업의 사람들도 많이 포함되었다. 열형을 살펴보면 대부분이 삼일열 환자이지만, 매일열(每日熱)로 병원을 찾은 이도 3명이나 되고, 2명의 사일열(P.malarea) 환자도 보고되었다.

또한 이케타니는 소아들 사이에서 말라리아가 거의 발생하지 않고, 다롄에 서식하는 아노펠레스의 숫자도 많지 않기 때문에 환자들 대부분은 다롄에서 감염된 것이 아니라 외부에서 감염된 경우가 대부분이라고 보고 있다. 특히 환자 대다수가 타지방(푸순, 안산)에서 감염되거나, 불완전 치료환자가 재발한 경우로 보아도 무방하다고 보고 있다. 다시 말해, 다롄은 만철의 요지일 뿐만 아니라 타 지역과의 교류가 빈번히 이루어지던 지역이기 때문에 말라리아 환자가 외부로부터 유입되는 경향이 나타난 것이다. 위에서 살펴보았듯이 이러한 경향은 일찍이 1905년 다롄의 일본인 군속 사이에서 발생한 말라리아 환자 사이에서도 확인되었다.

그런데 해당기간 6년간 본 병원에서 치료를 받은 환자의 대부분이 일본인이고 말라리아의 경우 환자 54명 중에 일본인이 49명이고 중국인이 2명, 나머지는 러시아인이다.[47] 이는 일본인이 말라리아에 더 취약해서가 아니라 당시 중국인들은 말라리아에 감염이 되어도 병원을 찾지 않는 경우가 많았기 때문이다. 당시 다롄의원의 병원비는 일본인 중하류층마저도 큰 부담을 느낄 정도였다고 한다. 하물며 경제사정이 일본인들에 비해 훨씬 열악했던 중국인들에게 있어서 일본인이 운영하는 병원의 문턱은 한 없이 높았다. 물론 다롄 내의 중국인 거주지역에는 몇 개의 진료소와 병원들이 세워졌지만, 일본인을 대상으로 하는 병원과는 비교할 수 없을 정도로 그 시설과 의료진의 질이 매우 낮았다.[48] 뿐만 아니라 빈곤한 생활로 인해 병원을 찾는 것뿐만 아니라 치료약을 구입하는 것조차 힘든 이들도 많았다. 게다가 말라리아에 대한 지식이 없는 탓에 적절한 치료를 하지 않은 경우도 종종 발생했다.[49] 다시 말해 중국인 사이에서의 말라리아 유행의 실상은 다른 전염병과 마찬가지로 정확하게 파악하기 어려울 정도였다.

그러나 전반적인 상황을 고려할 때 그 숫자는 일본인에 비해 훨씬 많을 것으로 유추된다. 다롄에 설립된 복창화공주식회사(福昌華工株式會社)처럼 비교적 잘 갖춰진 노동자 숙소와 의료시설을 겸비한 회사의 중국인 노동자 사이에서도 말라리아 환자는 꾸준히 발생했다. 1932년 4월부터 1933년 3월 사이 이 회사에서 근무하던 화공 중에서 발생한 상병자(傷病者)의 수는 4,237명으로, 그중 부상이 1,287명, 병환이 2,950명이었다. 병환자 중에서 말라리아 환자가 차지하는 숫자는 41명이었다.[50] 이 회사에 소속되지 못한 대부분의 중국인 노동자들은 제대로 된 후생복지 혜택을 기대하기가 더욱 어려웠다. 게다가 중국인들의 대부분은 열악한 생활환경에 처해 있었다. 서양인들이 목격한 바에 따르면, 근대도시라는 평가가 무색할 정도로 다롄 내의 중국인들 대다수는 항구의 남쪽에 우후죽순으로 생겨난 판자촌에 거주하고 있었다.[51] 이러한 주거환경 속에서 중국인들은 말라리아는 물론 각종 질병에 지속적으로 노출되어 있었음을 쉽게 짐작할 수 있다.

위에서 살펴본 것처럼, 20세기에 들어서 다롄에 조성된 근대적인 도시환경과 의료시설의 혜택을 향유하는 이들은 일본인들이 대부분이었고, 그 결과 일본인들 사이에서의 말라리아 환자는 급격하게 줄어들었다. 그러나 중국인들의 경우 그 실상이 제대로 파악되지 않을 정도로 의료시설의 접근이 용이하지 않았고, 전반적인 상황을 고려했을 때 말라리아 환자는 다른 전염병과 마찬가지로 그 숫자가 일본인에 비해서 월등히 많았을 것이라고 추측할 수 있다. 게다가 중국 본토 내의 말라리아 유행지역인 산둥 성(山東省)과 허베이 성(河北省)에서 다롄으로 건너오는 노동자들의 행렬이 끊임없이 이어지는 상황 역시 다롄의 중국인들 사이에서의 말라리아 문제를 간과할 수 없게 한다.

Ⅳ. 결론 및 향후 과제: 중국인 노동자 사이에서의 말라리아

이상에서 살펴보았듯이, 20세기 초 다롄에서의 전염병 발생은 이 도시가 만주의 대표적 무역항이자 만철의 기착점이 되면서 외부세계와의 교류가 급증한 결과로 인해 초래된 경우가 많았다. 그러나 전반적인 도시화에 따른 의료·위생시설의 정비는 일본인들 사이에서의 말라리아 감염을 급감시키기도 했다. 문제는 이러한 근대시설의 혜택은 일본인들에게 집중되었고 인구의 다수를 차지하는 중국인들은 대부분 소외되었다는 점이다. 게다가 많은 수의 중국인들이 말라리아에 감염되기 쉬운 환경에 노출되어 있었음에도 불구하고, 의료시설에의 접근도가 일본인에 비해 현저하게 낮았기 때문에 다롄 내의 중국인 사이에서의 말라리아 발생은 제대로 파악조차 되지 않았다.

다롄이 근대의 첨단기술과 지식이 구현된 도시라는 평가는 일본인 거주 지역에 한해서 그 실체를 획득한다. 주지하는 바와 같이, 식민지 권력은 근대의학을 식민통치의 정당성을 선전하는 도구로 사용하였고, 나아가 식민지권력에 의해 도입된 근대화의 은혜로 포장하면서 식민지 수탈을 상쇄시키고자 했다.[52] 그러나 식민통치 하에서 근대의학이 도입되고 발달하게 되는 과정에서 대부분의 수혜자는 식민지 본국인(군대 포함)이나 식민지 개발에 있어 반드시 필요한 집단이었다.[53] 그들 사이에서 문제가 되는 질병이 위생·의료 정책의 우선순위를 정하는 기준이 되었고,[54] 피식민자 중에서 특히 하층 노동가의 건강 문제는 소외되는 경우가 일반적이었다. 19세기 말 이탈리아의 말라리아 유행지역에서 비위생적인 주거시설과 말라리아에 노출 되어 있는 작업환경 등으로 인해 농장에 고용된 노동자들 중 말라리아에 감염되는 경우가 빈번했다. 그러나 농장주에게 있어 노동자들을 위해 말라리아 대책을 세우고 작업환경을 개선하는 것보다 새로운 노동자들을 고용하는 편이 비용상 훨씬 저렴했기 때문에, 그들의 질병에 크게 신경을 쓰는 이들은 드물었다.[55] 피식민지 노동자에 대한 말라리아 대책이 실시된 경우라도, 결국 식민지 경영의 이윤 창출과 세계시장 확대를 고려한 결과였다.[56]

다롄 내의 중국인 노동자 사이의 말라리아 문제 역시 식민통치 당국의 주목을 그다지 받지 못했다. 그러나 중국인 노동자 사이의 말라리아는 간과할 수 없는 사안이었다. 당시 만주 내의 중국인 노동자들의 작업환경과 열악한 생활공간은 말라리아를 비롯한 다른 전염병에 대한 감수성(disease susceptibility)을 높게 만들었다.[57] 게다가 빈곤으로 인한 영양부족과 의료시설에 대한 접근의 어려움, 낮은 교육 수준과 질병에 대한 지식 부족으로 적절한 치료를 받지 못하는 경우도 빈번히 나타났다. 그러나 중국인 노동자에 대한 말라리아 대책은 1940년대 이후 푸순탄광에서처럼 중국인 노동자의 확보가 탄광 경영은 물론 일본의 전쟁 수행을 위해서 절대적으로 필요했던 경우를 제외하고는 좀처럼 실시되지 않았다.[58]

문제는 말라리아에 감염된 노동자가 제대로 치료를 받지 못하고, 체내 원충을 보유한 채로 다른 작업장으로 옮겨 다니면서 '이동하는 보유 숙주(mobile reservoirs of malaria)'의 역할을 하며 새로운 감염자를 발생시킬 가능성이 높았다는 점이다.[59] 중국 본토에서 다롄으로 들어온 중국인 노동자들은 한 곳에 정착하기보다 좀 더 조건이 좋은 일자리를 찾아 다른 만주 지역으로 이동하는 경우가 많았다.[60] 그렇기 때문에 그들의 말라리아 문제를 다롄이라는 한정된 곳의 문제로 파악할 것이 아니라, 만주 내에서의 노동자 이동과 전염병 문제로 확대해서 이해해야 한다.

20세기 초 만주에서의 말라리아 문제는 제국 일본의 만주 개발과 전시체제의 돌입에 따른 도시화와 환경개발, 대량의 노동자 이동·밀집과 연관되어 있다.[61] 특히 중일전쟁 이후 전쟁물자에 대한 수요가 급등하는 반면, 노동력 공급에 어려움을 겪으면서 중국인 노동자의 확보와 관리는 한층 강화되었다.[62] 이러한 역사적 배경을 토대로 다롄의 중국인 노동자 사이에서 발생한 말라리아에 대해 분석하고, 나아가 다른 만주 지역의 말라리아 문제와의 연관성을 밝혀내는 것을 향후 과제로 삼고자 한다.

김정란 | 옥스퍼드대학 웰컴의학사연구소 연구원

▣ 주

* 본 연구는 Wellcome Unit for the History of Medicine, University Oxford에서 Wellcome Trust의 지원으로 진행 중인 'Invisible crises, neglected histories: Malaria in Asia, c.1900-present' 연구프로젝트의 일환으로 작성되었음.

1) Sabine Frühstück(2000), "Managing the Truth of Sex in Imperial Japan", *The Journal of Asian Studies*, Vol.59, No.2, pp.332~358.

2) Christopher Hamlin(2009), *Cholera: The Biography*, Oxford University Press, pp.3~5.

3) Mark Harrison(1994), *Public Health in British India: Anglo~Indian Preventive Medicine 1859~1914*, Cambridge University Press, p.99.

4) Mark Harrison(2012), *Contagion: How Commerce has Spread Disease*, Yale University Press, p.175 ; Prashant Kidambi(2007), *The Making of an Indian Metropolis: Colonial Governance and Public Culture in Bombay, 1890~1920*, Ashgate, p.49.

5) 전국의과대학교수 역(2006), 『스테드만 의학사전』, 군자출판사, 573쪽.

6) Health Organisation(1932), "Enquiry into the Quinine Requirements of Malarial Countries and the World Prevalence of Malaria" in the Health Organisation(ed.), *Societe Des Nations*, League of Nations, p.66.

7) Dr J. Jordan(1937), "Mosquito Larvicidal Measures", *Chinese Medical Journal*, Vol.51, pp.927~936.

8) 「釜山港マラリア熱」 第1370號, 1888年1月26日(강만길 편(1993), 『領事館報告 上: 駐朝鮮日本國 明治宮報拔萃』, 자료원, 146쪽).

9) 양미숙(2005), 「1920 · 1930년대 부산부(釜山府)의 도시빈민층의 실태와 그 문제」, 동아대학교 석사학위청구논문.

10) 朝鮮總督府慶尚道(1923), 『朝鮮總督府慶尚南道統計年報』, 朝鮮總督府, 153쪽.

11) Jeong-Ran Kim(2015), "Malaria and Colonialism in Korea, c.1876~c.1945", *Social History of Medicine*. (Advance Access Published October 12, 2015)

12) Lin Yi-Ping and Liu Shiyung, "A Forgotten War: Malaria Eradication in Taiwan, 1905~65" in Angela Ki Che Leung and Charlotte Furth(eds)(2010), *Health and Hygiene in Chinese East Asia: Policies and Publics in the Long Twentieth Century*, Duke University Press, pp.183~203 ; K. Shimojo and Soda(1936), "Recent Health Condition of Taiwan", *Public Health Association of Japan*, Vol.12, pp.3~25.

13) Ka-che Yip, "Combating Malaria in East Asia: A Historical Perspective" in Ka~Che Yip(ed.)(2009), *Disease, Colonialism, and the State: Malaria in Modern East Asian History*, Hong Kong University Press, pp.1~9.

14) 加藤尚志(1902), 「續臺灣の衛生」, 『大日本私立衛生會雜誌』 229, 51~60쪽.

15) Ku Ya Wen, "Anti~malaria Policy and Its Consequences in Colonial Taiwan", in Ka-Che Yip(ed.), 앞의 책, pp.31~48.

16) 顧雅文(2005), 『植民地期台湾における開発とマラリアの流行 : 作られた「悪環境」』, 富士ゼロックス小林節太郎記念基金.

17) Robert John Perrins(2009), "For Got, Emperor and Science: Competing Visions of the Hospital in Manchuria, 1885~1931" in Mark Harrison, Margaret Jones, Helen Sweet(eds) *From Western Medicine to Global Medicine: The Hospital Beyond the West*, Orient Blackswan Private Limited, pp.67~107.

18) Health Dept., S. M. R. C.(1927), "A Report of Malaria Prevention Measures at The-Lieng, Manchuria", *The Journal of the Public Health Association of Japan*, Vol.3, pp.29~31.

19) 岡田弥一郎(1942), 『害虫と家庭衛生』, 河合書店, 103쪽.

20) 西堀新次(1932), 「滿洲ニ於ケル 「マラリア」病ノ蔓延状況及其撲滅実施後ノ成績ニ就テ」, 『滿洲醫学雜誌』, 469~479쪽.

21) 關東局移民衛生調査委員會(1935), 『滿洲ニ於ケル寄生虫病ト其対策』, 移民衛生調査委員會, 18~26쪽.

22) Jeong-Ran Kim(2014), Malaria and Imperialism in South Manchuria during the first half twentieth century, Society for the History of Medicine Conference: Disease, Health and the State, Oxford University.

23) 稗田憲太郎(1932), 「滿洲ノ「マラリア」ニ就テ」, 『滿洲醫学雜誌』 16, 417~431쪽.

24) J. R. McNeill(2010), *Mosquito Empires: Ecology and War in the Greater Caribbean, 1620~1914*, Cambridge Universiy Press, p.312.

25) Robert Johns Perrins(2005), "Doctors, Disease and Development: Engineering Colonial Public Health in Southern Manchuria, 1905~1931", in Morris Low(ed.) *Building a Modern Nation: Science, Technology and Medicine in Japan*, Palgrave Macmillan, pp.103~133.

26) A.R. Wellington(Senior Health Officer, Federated Malay States)(1927), *Report on Conditions Met with During the Tour of the League of Nations Interchange of Health Officers*, The Federated Malay States Government Printing Office, pp.48~49.

27) Ramon H. Myers and Thomas R. Ulie(1972), "Foreign Influence and Agricultural Development in Northeast China: A Case Study of the Liaotung Peninsula, 1906~1942", *The Journal of Asian Studies*, Vol.31-32, pp.329~350.

28) 상동.

29) Association of Schools of Public Health(1925), "Prevalence of Disease: Foreign and

Insular", *Public Health Reports*, Vol.40, pp.2629~2644.

30) A.R. Wellington(1927), 앞의 책.

31) 稗田憲太郎(1932), 앞의 논문.

32) 도시에서의 말라리아 유행의 복합적 경향에 대해서는 다음의 논문을 참고. J. F. Trape and A. Zoulani(1987), "Malaria and urbanization in Central Africa: the example of Brazzaville. Part III: Relationships between urbanization and the intensity of malaria transmission", *Transactions of the Royal Society of Tropical Medicine & Hygiene*, Vol.81, pp.19~25 ; A. J. Tatem, P.W. Gething, P. W., D. L. Smith and S. I. Hay(2013), "Urbanisation and the Global Malaria Recession", *Malaria Journal*, Vol.12, p.133.

33) Perrins(2005), 앞의 책.

34) 志賀三亥(1906),「大連ノ麻刺里亜及同地産「アノフェレス」ニ就テ」, 軍醫團雜誌』, 1087~1113쪽.

35) 상동.

36) James L. A. Webb JR(2009), *Humanity's Burden: A Global History of Malaria*, Cambridge University Press, 13, p.45.

37) 'Seirontō ni okeru Mararia ni Tsuite'(1935), *The Journal of the Public Health Association of Japan*, Vol.11, p.180.

38) 志賀三亥(1906), 앞의 논문.

39) 당시 퀴닌을 예방약으로 복용하는 것은 일반적이었지만, 제 1차 세계대전을 전후해서 치료약이 아닌 예방약으로써의 효능은 의문시되기 시작했다. 이후 영국 군대를 비롯해 다른 서방국가에서는 예방약으로써 퀴닌을 복용하는 것을 그만두었다. James L. A. Webb JR(2009), 앞의 책, pp.143~144.

40) Randall M. Packard(2007), *The Making of a Tropical Disease: A Short History of Malaria*, the John Hopkins University Press, pp.249~250.

41) 稗田憲太郎(1932), 앞의 논문.

42) 宇留野勝弥(1943),『満州の地方病と伝染病』, 海南書店, 81~82쪽.

43) 北畠栄太郎(1932),「南滿洲金州愛川村及ビ営口田庄台農場ニ於ケル移民ノ寄生虫病ニ就テ」,『滿洲醫学雜誌』22, 369~377쪽.

44) 池谷龍夫(1937),「大連におけるマラリヤ症ニ就テ 特二四日熱ノ存在ヲ注意シテ」,『滿洲醫学雜誌』27, 499~505쪽.

45) 상동.

46) 久保道夫・大人栄次郎(1943),「滿洲のマラリアと其対策」,『滿洲公衆保健協會雜誌』7, 12~18쪽.

47) 池谷龍夫(1937), 앞의 논문.

48) Robert Johns Perrins(2005), 앞의 책.

49) 宇留野勝弥(1943), 앞의 책.

50) 福昌華工編(1934), 『碧山莊』, 福昌華工株式會社, 16~17쪽.

51) Robert Johns Perrins(2005), 앞의 책.

52) Shiyung Liu(2008), "The Ripple of Rivalry: The Spread of Modern Medicine from Japan to its Colonies", *East Asian Science, Technology and Society: an International Journa*, Vol.2, pp.47~71.

53) 飯島渉(2005), 『マラリアと帝国 : 植民地醫学と東アジアの広域秩序』, 東京大学出版會, 7쪽 ; Laurence Monnais(2013), 'Rails, Roads, and Mosquito foes': The State Quinine Service in French Indochina, in Robert Peckham and David M. Pomfret(eds) *Imperial Contagions*, Hong Kong University Press, pp.195~213.

54) Jeong-Ran Kim(2014), 앞의 논문.

55) Frank M. Snowden(2006), *The Conquest of Malaria: Italy, 1900~1962*, Yale University Press, pp.18~19.

56) David Arnold(1999), 'An ancient race outworn': Malaria and race in colonial India, 1860~1930, in Waltraud Ernst and Bernard Harris Race(eds), *Science and Medicine, 1700~1960*, Routledge, pp.123~143.

57) 工藤友太郎(1932), 「撫順における「マラリア」の統計的観察」, 『滿洲醫学雜誌』 16, 487~492쪽.

58) Jeong-Ran Kim, 2014년도 발표.

59) Nandini Bhattacharya(2012), *Contagion and Enclaves: Tropical Medicine in Colonial India*, Liverpool University Press, p.152.

60) 伊藤一彦(1995), 「戦時下撫順炭鑛の中国人勞動者」, 『寄せ場』 12, 185~197쪽.

61) Jeong-Ran Kim, 2014년도 발표.

62) 'Labour managing Fushun coal Mines', The Manchuria Daily News, 21 Sep, 1938.

6.
식민지도시 다롄과 노동자

권경선

Ⅰ. 들어가며

이 글은 일본 제국주의하 식민지도시 다롄에서 진행된 식민 권력의 노동자계층에 대한 통제와 관리를 고찰하고자 한다. 제국주의 식민지의 노동자는 식민지 경영을 위한 절대적인 동력인 동시에 식민지사회의 기저가 되는 구성원으로서, 이들에 대한 '적절한' 통제와 관리는 식민지의 발전과 사회 안정을 위한 필수조건이었다. 따라서 노동자계층을 어떻게 통제하고 관리할 것인가는 식민 권력의 강화와 유지에 직결되는 주요 현안 중의 하나였다.

이 책에 실린 다수의 연구들이 밝힌 바와 같이, 다롄은 신생의 식민지도시로서 토착 인구가 거의 없는 상황에서 노동자를 비롯한 사회 구성원의 대다수가 외부에서 유입된 인구로 충당되었다. 식민 지배에 대항할 수 있는 규모를 갖춘 토착 세력이 없었으므로, 식민 권력은 큰 갈등과 마찰 없이 식민지도시를 건설하고, 인구를 민족과 계층에 따라 공간적, 사회적으로 배치할 수 있었다. 신생의 식민지도시로서 다롄이 가진 특징은 노동자계층의 구성에 반영되었을 뿐만 아니라, 식민 권력의 노동자계층에 대한 통제와 관리에도 활용되었다.

다롄의 급격한 도시화와 산업화는 대규모 노동력 수요를 수반했으나, 토착 인구가 적은 상태에서 필요 노동력의 대부분은 외부에서 유입된 인구로 충당되고 있었다. 일본 제국주의 통치시대 다롄의 노동자계층은 절대다수를 차지하는 중국인 노동자와 일정한 규모를 갖춘 일본인 노동자, 소수의 조선인 노동자로 구성되었다.

식민 권력은 민족에 따른 위계와 타지 출신이 많은 노동자의 내원(來源)을 노동자계층의 통제와 관리에 활용했다. 식민 권력은 먼저 민족위계를 설정, 이용하여 '식민자'인 일본인사회의 중하층을 떠받치는 일본인 노동자의 우위를 확보함으로써 일본인사회의 안정을 기도하고, 동시에 '피식민자'인 조선인 노동자와 중국인 노동자 사이에 차등을 두어 상호 견제하게 함으로써 단합을 막아 식민지사회의 안정을 유지하고자 했다. 또한 식민지 경영에 필수불가결한 중국인 노동자에 대한 통제와 관리를 위해, 산둥 성(山東省) 등 타지 출신자가 많았던 노동자의 내원을 활용한 노무관리방식을 강구했다. 즉 일본 식민 권력은 식민지 경영에 필요한 노동력의 다수를 외부에서 공급받되, 노동자의 민족별·출신지별 내원을 활용함으로써 높은 노동생산성과 식민지사회의 안정을 확보하고자 했던 것이다.

이 글은 노동자의 내원을 활용한 관리 방식이 식민 권력의 강화와 유지를 위한 일종의 장치였다는 점을 규명하기 위하여, 다롄의 각종 산업이 궤도에 오른 1920년대부터 중일전쟁으로 다롄 경제가 전시체제로 이행되기 전인 1930년대 중반까지를 중심으로, 다롄의 노동자계층과 식민 권력과의 관계를 고찰하고자 한다.

본론에서는 먼저 다롄 노동자계층의 민족별 구성과 종사 업종, 고용 형태, 처우 등에서 드러나는 민족위계를 고찰한다. 이어서 주로 산둥 성 출신으로 이루어진 중국인 노동자의 구성 및 그 특징과, 이를 식민지 경영 및 세력 확장에 활용한 식민 권력의 움직임을 살펴보고, 다수의 중국인 노동자를 상시적으로 사용하던 식민 기구와 업체들이 저렴한 노동력을 적시에 최대한으로 사용하기 위하여 어떠한 노무관리방식을 고안하고 활용했는지를 노동자의 내원과 연결시켜 분석하고자 한다.[1)]

Ⅱ. 다롄 노동자의 구성과 민족위계의 작동

다양한 계층으로 이루어진 대규모 식민의 수반은 일본 제국주의의 특징이었다. 일본은 식민지사회의 전 계층을 포섭하는 자국민의 이식을 통해 식민지 통치의 기반을 마련하고, 자국민 우위의 민족위계를 세워 식민지사회의 안정을 기도했다. 일본의 조차지였던 다롄에서도 사회 전 계층에 일본인이 배치되고 '식민자'로서 우위를 점하는 양상이 나타났는데, 이와 같은 양상은 식민지사회의 기저를 이루고 있던 노동자계층에서 두드러졌다.

〈표 1〉 1932년 관동주 및 만철부속지 내 노동자의 구성 (단위: 명)

업종 \ 민족	일본인	조선인	중국인	기타외국인	합계
공업노동자	6,999	1,077	74,362	1	82,439
일반노동자	1,634	16	44,380	33	46,063
일용노동자	-	2,861	62,829	-	65,690
합 계	8,633	3,954	181,571	34	194,192

· 출처: 南滿洲鐵道株式會社經濟調査會編(1934), 『滿洲の苦力』, 40~41쪽.

〈표 1〉은 1932년 다롄을 비롯한 관동주(關東州) 및 만철부속지의 노동자 구성을 나타낸 것이다.[2] 당시 해당지역에는 중국인, 일본인, 조선인, 기타 외국인으로 이루어진 노동자들이 공업노동, 일반노동, 일용노동에 종사하고 있었다. 민족별로는 중국인 노동자가 전체의 93.5%로 절대다수를 차지하는 가운데, 일본인 노동자가 4.4%, 조선인 노동자가 약 2%, 기타 외국인 노동자가 극소수를 차지하고 있었다. 업종별로는 광업과 공장 노동에 종사하는 공업노동자가 42.5%로 가장 큰 비중을 차지하고 있었고, 잡업에 종사하는 일용노동자가 33.8%, 상용(常傭) 노동자로 교통운수 · 하역 · 토목건축 등에 종사하는 일반노동자가 23.7%를 차지하고 있었다.

중국인 노동자는 다롄 노동자계층의 실질적인 부분을 구성하고 있었으나, 대개 불안정한 고용 상태에 처해 있었던 것으로 보인다. 중국인 노동자의 업종별 구성을 보면, 공업노동자가 40.9%, 일용노동자가 34.6%, 일반노동자가 24.4%를 차지하고 있었다. 고용 상태가 불안정한 일용노동자의 비율이 높은 가운데, 고용이 비교적 안정적이었을 것으로 여겨지는 공업 분야에서도 임시노동자가 많았다. 예를 들어 다롄의 대표적인 기계공장인 만철 샤허커우(沙河口) 공장은 1928년 무렵 월평균 약 4,200명의 중국인 노동자를 사용하고 있었으나, 전원이 청부업체를 매개로 고용한 임시노동자였다.[3]

한편 일본인 노동자는 공업노동자가 대다수를 차지하는 가운데(약 81%), 토목건축 등에 종사하는 일반노동자가 나머지를 차지했다. 즉 비정규의 일용노동자가 전무한 상태에서, 상용의 일반노동자와 공업노동자가 대다수를 차지하고 있었던 것이다. 앞서 만철사원의 구성에서 살펴본 것처럼, 일본인 노동자는 중국인 노동자에 비해 안정된 고용 상태에서 관리직이나 기술직에 종사하고 있었다(권경선, 「20세기

초 다롄의 산업구조와 주민의 직업구성」). 당시 중국인 노동자와 일본인 노동자의 고용 안정도의 차이는 노동이동률에서 확인할 수 있다. 1925년 4월 관동청의 조사에 따르면, 다롄 중국인 노동자와 일본인 노동자의 노동이동률은 각각 63.9%와 22.2%로, 중국인 노동자의 그것이 일본인 노동자에 비해 3배 가까이 높았음을 알 수 있다.[4)]

조선인 노동자는 대다수가 일용노동에 종사했다(약 72%). 이 시기 조선인 일용노동자가 많았던 것은, 다롄을 비롯한 관동주 내 조선인의 다수가 '만주사변' 이후의 혼란을 피해 '만주' 각지의 농촌부에서 도시부로 유입되었던 것에서 기인한다.[5)] 농촌 출신으로 자금과 기술이 부족한데다 도시에 연고가 없어 일자리를 구하기 어려웠던 다수의 조선인들은 일용노동으로 생계를 이어가는, 이른바 도시 잡업층으로 흡수되고 있었던 것이다.

〈표 2〉 다롄 일본인 노동자와 중국인 노동자의 업종별 임금 (단위: 円)

연도	업종 / 민족별	목수	미장	석공	대장	양복재봉	일용노동
1915	일본인	1.30	1.50	1.50	1.40	1.50	-
	중국인	0.60	0.60	0.60	0.70	1.00	-
1925	일본인	3.31	3.53	3.54	2.97	-	1.95
	중국인	1.13	1.39	1.32	1.13	-	0.50
1935	일본인	3.20	3.50	3.50	-	2.38	2.00
	중국인	1.37	1.62	1.26	-	1.86	0.67

· 출처: 大連商業會議所(1926), 『大連商業會議所統計年報. 大正四年』, 340~341쪽 ; 大連商業會議所(1926), 『大連商業會議所統計年報. 大正十四年』, 18~19쪽 ; 大連商工會議所(1939), 『滿洲經濟統計年報. 昭和十年 下編』, 144~145쪽.

노동자의 민족 내원은 임금 등 처우에도 영향을 미쳤다. 〈표 2〉는 공장노동자를 제외한 다롄 일본인 노동자 및 중국인 노동자의 평균

임금을 나타낸 것으로, 시기와 업종에 따라 차이는 있으나 일본인 노동자의 임금이 중국인 노동자의 두 배 내지 세 배에 달했음을 알 수 있다. 공장노동자의 경우에도 유사한 양상을 보였는데, 예를 들어 1932년 다롄 소재 기계공장의 노동자 임금을 보면, 일본인 노동자의 임금이 중국인 노동자의 세 배 이상을 차지하고 있었다.[6] 게다가 이 비교 수치가 숙련노동자의 임금이었음을 감안한다면, 비숙련 부분에 임시로 고용되었던 대다수 중국인 노동자의 임금은 더욱 낮았을 것으로 여겨진다.

중국인 노동자와 일본인 노동자 간의 임금 격차와 함께 눈여겨보아야 할 것이 조선인 노동자의 임금이다. 다롄 내 조선인 인구가 급증하는 '만주사변' 이후, 일본인이 경영하는 업종과 업체에서는 일본인 노동자, 조선인 노동자, 중국인 노동자의 임금에 차등을 두었다. 예를 들어 1933년 다롄 페인트공의 임금은 일본인 노동자가 3.42엔, 조선인 노동자가 2.71엔, 중국인 노동자가 1.09엔이었고, 활판식자공(活版植字工)의 임금은 일본인 노동자가 3엔, 조선인 노동자가 2.39엔, 중국인 노동자가 1.41엔이었다. 1930년대 전반 일본인 노동자의 임금은 중국인 노동자의 두 배에서 세 배 이상에 달했고, 조선인 노동자의 임금은 일본인 노동자의 수준에는 미치지 못했으나 대체로 일본인 노동자와 중국인 노동자의 중간 수준을 유지하고 있었다.[7] 이와 같은 민족 간 임금 차별은 다롄뿐만 아니라 같은 시기 '만주국' 도시부에서도 쉽게 볼 수 있었다. 이것은 일본인 노동자의 우위를 유지하는 동시에, 임금 차별을 통해 조선인과 중국인 사이의 경쟁심을 유발하고 상호 단결을 차단하여 식민지 통치의 안정을 꾀하고자 했던 조치였다고 할 수 있다.[8]

이처럼 민족별 노동자의 종사 업종과 고용 상태, 처우는 식민지도시로서 당시 다롄의 상태를 반영하고 있었다. 즉, 일본 제국주의 '신민'인 일본인, '이등국민'으로서 조선인, 일본 제국주의와는 무관한 현지 주권국의 인민이지만 실질적으로는 '피식민자'의 절대다수를 차지한 중국인 사이의 위계가 노동자의 구성과 지위에서 뚜렷하게 드러나고 있었던 것이다. 일본 제국주의와의 관계에서 발로한 민족위계는, 일본인 노동자의 우위를 확보함으로써 그들의 생활수준을 보장하고 계층 간 격차에서 발생할 수 있는 불만 등을 불식하여 일본인사회의 안정을 유지하는 동시에, '피식민자'인 중국인과 조선인 간의 결집과 단합을 막음으로써 식민지사회의 안정을 도모하는 기능을 했다.

단, 일본 식민세력이 민족위계를 바탕으로 노동자계층을 식민지 경영과 안정에 활용할 수 있었던 것은 일본이 다롄의 정치경제 전반을 장악하고 있었다는 거시적 배경과 식민지적 도식만으로 설명할 수 없다. 다롄의 중국인 노동자는 '피식민자'의 입장에 놓여있었으나, 현지 산업의 필수불가결한 동력으로서, 노동쟁의와 같은 마찰이 발생했을 시에는 식민지 경영 자체에 차질이 빚어질 정도의 실력을 갖추고 있었기 때문이다.[9] 따라서 일본 식민당국과 상공업자들은 중국인 노동자와의 마찰을 최소화하면서도 다수의 노동자들을 적재적소에 저렴하게 사용할 수 있는 방법을 계속적으로 고안하고 실행했는데, 그 기반이 된 것이 타지 출신자가 다수를 점하고 있던 중국인 노동자의 내원이었다.

Ⅲ. 다롄 중국인 노동자의 구성과 일본 식민세력의 활용

「20세기 초 다롄의 산업구조와 주민의 직업구성」(권경선)에서 살펴본 것처럼 다롄의 산업은 배후지 생산 원료의 운송, 가공, 유통무역과 관련된 업종을 중심으로 발전했다. 일본은 수출입무역과 관련된 교통운수업, 부속지에서 채굴한 자원을 가공하는 요업(窯業)과 기계공업 등을 독식하고 있었고, '만주'산 대두를 가공하는 유방업(油房業)에도 거액의 자본을 투하하여 중국계 자본에 대항하며 점유율을 높여갔다. 이와 같은 다롄 산업의 성장과 일본 독식의 배경에는 배후지의 풍부한 원료, 대규모 자본의 유치와 투하, 일본 세력 부식을 위한 식민당국의 조치와 더불어, 중국인 노동자로부터 나오는 저렴하고 풍부한 노동력이 있었다.

일본 식민당국과 상공업자들은 필요한 만큼의 노동력을 적시에 최소한의 비용으로 사용하고자 청부업체를 매개하거나 인력시장을 통해 임시적으로 노동자를 고용했다. 대규모 노동력을 상시적으로 사용하던 만철 다롄 항과 샤허커우 기계공장, 일본계 요업공장과 유방 등은 복창공사(福昌公司)와 같은 전문 청부업체를 통해 비숙련 부문에 다수의 중국인 노동력자를 사용하고 있었다. 한편 필요노동력의 규모가 일정하지 않았던 도시 잡업부문의 노동자, 예를 들어 하역노동자의 보조, 토목공사의 잡역부, 목수 보조, 도로 인부, 장의 인부, 청소부 등 일용직 잡부나 보조공은 대개 다롄 시내에 흩어져 있던 7~8개의 인력시장을 통해 수급한 노동자들로 충당되었다.[10]

이러한 '유연'한 노동력 수급방식은 타지 출신자가 많았던 중국인 노동자의 유동성과 관련이 있었다. '만주' 토착 인구의 과소(寡少)로 인하여, 19세기 후반 이래 다롄과 배후지 '만주' 각지의 개발 과정에서 발생한 대규모 노동력 수요는 산둥 성 등지에서 유입되는 노동자들로 충당되고 있었다.

다롄 수출입무역의 중핵기관으로서 다수의 중국인 노동자를 상시적으로 사용하고 있던 다롄 항에서는 1933년 사용 노동자 15,686명 중

9할 가까이를 산둥 성 출신자로 충당하고 있었다.[11)]

공장노동자의 구성에서도 유사한 경향이 보였다. 1931년 관동주 및 만철부속지 내 중국인 공장노동자의 57% 이상을 산둥 성 출신자가 차지하고 있었는데, 당시 대다수의 공장이 다롄에 집중되어 있었던 점을 고려하면 다롄 중국인 공장노동자의 절반 이상을 산둥 성 출신자가 차지하고 있었다고 할 수 있다.[12)]

도시 잡업노동자 중에서도 산둥 성 출신자의 비율이 높았다. 1925년 다롄 내 잡업에 종사하던 '부유(浮游)' 노동자의 구성을 보면, 구 다롄(지금의 中山區 일대) 내 노동자의 약 90%, 샤오강쯔(小崗子: 지금의 西崗區 일대) 내 노동자의 약 70%, 샤허커우(지금의 沙河口區 일대) 노동자의 약 80%가 산둥 성 출신자였다.[13)]

〈그림 1〉 다롄에 입항한 산둥 성 출신 노동자

· 출처: 新光社編(1930), 『世界地理風俗大系. 第一卷』, 新光社, 124쪽.

다롄의 중국인 노동자 중 산둥 성 출신자가 많았던 이유는, 산둥 성의 척력(斥力)과 '만주'의 인력(引力), 두 지역 간 교통망의 구축 등, 노동자의 자발적·비자발적 이동을 추동한 요인으로 설명할 수 있다.

산둥 성은 만성적인 인구압으로 인해 청조 초기부터 적지 않은 이민을 '만주'로 배출하고 있었다. 산둥 반도(山東半島) 북부 연안을 중심으로 진행되던 '만주' 이민은 이민족의 유입을 금하는 이른바 봉금(封禁) 시대에도 계속 이어지다가, 19세기 후반의 '만주' 개발과 함께 급격하게 증가했다. 20세기에 들어서는 인구압 등의 구조적인 문제와 함께, 전란과 비적, 자연재해 등으로 인해 연간 수십만 명에서 최대 백만 명에 이르는 사람들이 산둥 성 각지에서 '만주' 방면으로 이동했다.

산둥 성의 척력이 다수의 주민을 외부로 밀어냈다면, 다롄을 비롯한 '만주'는 이러한 산둥 이민을 현지로 끌어들이는 인력, 즉 노동 기회를 구비하고 있었다. 상술한 바와 같이 다롄을 비롯한 '만주' 각지의 개발은 대규모 노동력 수요를 만들어냈으나, 토착 인구만으로 노동력 수요를 만족시킬 수 없는 상황에서, 노동 기회를 찾아 이동한 다수의 산둥 이민이 필요 노동력을 충당하게 된 것이었다.

이민 송출지의 척력 및 유입지의 인력과 더불어, 송출지와 유입지를 잇는 교통망의 구축은 이동의 물리적 기반이 되었다. 특히 산둥 반도의 칭다오(青島)와 랴오둥 반도(遼東半島)의 다롄 등 해항도시를 중심으로 한 수륙교통망의 구축은 산둥 지방과 '만주' 간의 대규모 인적·물적 이동을 가능하게 했다.[14)]

20세기 전반 산둥 성과 '만주' 간에 이루어진 중국인 노동자의 이동은 일본 제국주의의 확장과도 깊은 연관을 가지고 있었다. 러일전쟁 승리 후 관동주와 만철부속지를 중심으로 '만주' 내에 세력을 확대해 가고 있던 일본은, 제1차 세계대전으로 칭다오를 점령하면서 그 세력권을 산둥 성으로까지 넓히게 되었다. 이후 일본은 북중국의 자국 세력권 내에서 이루어지는 중국인 노동자의 이동을 활용함으로써 식민지 경영상의 필요를 충족하고 세력 확장의 기반으로 삼고자 했다. 이러한 일본의 의도는 노동자의 이동 자체를 촉진하여 이익을 얻고자 한 측면과, 노동자의 출신지 관계를 활용하여 노무관리를 원활히 하고자 한 측면으로 나누어 볼 수 있다.

일본 세력권 내에서 이루어진 산둥 성 출신 노동자의 이동은 식민 권력이 식민지 경영상의 필요를 충족시키고 이익을 창출하는 중요한 원천이 되었다. 먼저 노동자의 이동은 일본이 장악하고 있던 수륙교통부문의 수익원이 되었을 뿐만 아니라, 노동자의 이동 과정에 관여하는 지역 내 객잔업(客棧業)[15]을 활성화하는 등 직접적인 경제효과를 발생시켰다. 더불어 다롄과 '만주'의 일본 세력은 산둥 성 출신 노동자를 통해 현지 산업에 필요한 대규모 노동력을 저렴하게 공급받을 수 있었고, 칭다오의 일본 세력은 노동자가 '만주'에서 벌어 온 수입으로 배후지의 구매력을 제고함으로써 칭다오 무역 및 상공업의 발전을 꾀하고자 했다.[16]

한편 일본 식민 권력은 중국인 노동자의 내원을 활용한 노무관리방식을 고안했다. 비숙련부문에 다수의 중국인 노동자를 사용하고 있던 만철과 일본계 업체들은 청부업체를 매개함으로써 노동력의 수급과 관리에 드는 비용과 시간을 절약했다. 청부업체들은 중국인 노동자 중 타지 출신자가 많은 점을 활용하여 노동력의 원활한 공급과 관리를 꾀하고자 했다. 특히 상시적으로 대규모 노동력이 필요했던 부문에서는 유동성이 큰 타지 출신 노동자를 공간적으로 집중시키고, 동향의 연대관계를 활용하여 노동자를 조직적으로 관리하며, 노동자의 생체정보를 장악하여 신체적 자유를 통제함으로써 노동밀도와 노동생산성을 제고하고자 했다. 만철 다롄 항의 하역작업은 노동자의 출신지 내원을 활용하여 노무를 관리하던 대표적인 사례였다. 다음 장에서는 복창공사가 담당하고 있던 다롄 항의 노무관리방식을 통해 식민지도시 내 중국인 노동자가 처해있던 상황을 고찰하고자 한다.

Ⅳ. 복창공사의 노무관리

다롄 항의 하역작업은 다롄 수출입무역의 필수불가결한 작업이었다. 1934년 무렵 다롄 항에 고용된 하역노동자는 대두 등 '만주' 특산물의 출하기인 12월부터 4월 사이에는 14,000명 내외, 비수기인 7월부터 10월 사이에는 9,500명 정도에 달했으며, 9할 가까이를 산둥 성 출신자가 점하고 있었다.[17)]

다롄 항의 하역작업을 청부하고 있던 복창공사[18)]는 작업에 투입되는 대규모 노동력의 안정적인 수급과 관리를 위하여 노동자 수용소와 파두제(把頭制: 복창화공에서는 華工頭制라고 부름), 지문법(指紋法)을 채용했다. 즉 노동자 수용소인 벽산장(碧山莊)을 건설하여 노동자를 공간적으로 통제하는 동시에, 노동자의 공급 관리와 실제 작업 전반을 유력 노동자인 파두(把頭: 복창화공에서는 華工頭라고 부름)에게 맡기는 파두제를 채용함으로써 노동자를 조직적으로 관리했고, 지문법을 통해 노동자의 생체정보를 장악함으로써 노동자의 신체는 물론 언행과 생활전반에 대한 구속과 감시를 강화했다.

〈그림 2〉 벽산장 내부의 모습

· 출처: 新光社編(1930), 『世界地理風俗大系. 第一卷』, 新光社, 122쪽.

1. 벽산장

벽산장은 1911년 복창공사가 페스트의 유행 등을 구실로 당시 행정통치기관이던 관동도독부(關東都督府)의 인가와 만철의 승인을 거쳐 건설한 것이었다. 벽산장은 노동 현장과의 접근성을 고려하여 다롄 항 가까이에 세워졌다. 다롄 항과 벽산장 사이의 거리는 대개 1정(町: 약 109미터)에서 멀 경우에도 6정(약 654미터) 정도였으므로, 노동자들은 도보로 수용소와 노동 현장을 쉽게 왕래할 수 있었다.[19] 1934년 복창공사가 발간한 자료에 따르면, 당시 벽산장은 부지면적 38,377평, 건물면적 약 12,000평에 최대 15,000명의 수용이 가능한 수용시설을 갖추고 있었다. 벽산장 구내에는 상하수도가 완비되어 있었고, 벽돌로 지어진 단층 및 이층 건물에는 전등과 같은 전기설비가 갖추어져 있었다. 구내 건물로는 취사가 가능한 중국인 노동자 숙사 및 화공두 숙사, 일본인사원 숙사 등 숙사시설과 함께, 수용소 운영을 위한 숙사계(宿舍係) 사무소, 일용품의 구매가 가능한 매점, 욕장(浴場)과 요양소 등 의료편의시설, 여가 활동을 위한 극장, 신앙 활동을 위한 천덕사(天德寺)와 만령탑(萬靈塔) 등이 세워져 있었다.[20)]

복창공사의 설명에 따르면 벽산장은 노동자의 편의를 중시하여 건설된 하나의 완결된 생활공간처럼 보이지만, 실질적으로는 최소한의 생활이 가능한 일정 공간 안에 노동자를 격리하여 보다 치밀하고 용이하게 관리하고자 했던 것이었다. 앞서 「식민지도시 다롄과 주민의 생활공간」(권경선 · 사카노 유스케)에서 살펴본 것처럼, 벽산장을 비롯하여 중국인 인력거꾼 합숙소, 마차부 수용소 등 당시 중국인 노동자 수용소는, 노동력 수요가 발생하는 도심 안에 노동자의 거주공간을 마련함으로써 노동 현장에 대한 접근성을 높이되, 노동자를 일정 공간 안에 격리함으로써 생활 전반을 통제하고, 도심에 거주하는 일본인 주민과의 접촉과 마찰을 최소화하기 위한 조치였던 것이다.

2. 파두제

한편 지연과 혈연을 바탕으로 한 파두제는 노사 간 마찰을 피하면서도 노동자를 조직적으로 관리하고 통제하기 위한 수단으로 채용되었다. 파두제는 유력 노동자인 파두에게 노동자의 실질적인 수급과 관리를 맡기는 방식으로, 다롄 항뿐만 아니라 중국인 비숙련노동자들을 사용하는 사업장에서 흔히 볼 수 있는 노무관리방식이었다.[21)] 파두는 본래 어떠한 업종에 종사하는 행방(行幇: 동종업종이나 동향

관계를 기반으로 결성된 조직으로, 방의 규칙에 근거하여 파두와 구성원 간의 관계가 규정)의 우두머리를 일컫던 말이었다. 산업이 발전하고 노동력 수요가 높아지면서 파두는 점차 노동력 청부업자의 성격을 띠게 되었고, 파두를 매개한 노무관리, 즉 파두제가 각종 산업에서 채용되었다. 노동력을 필요로 하는 업체들은 파두제를 통해 노동자의 모집과 관리에 필요한 시간과 비용을 절감할 수 있었는데, 특히 다수의 중국인 노동자를 사용하던 일본계 업체에서는 언어문제와 민족감정상의 충돌, 노사대립을 피하기 위한 목적으로 파두제를 채용했다.[22]

파두제하에서 파두는 배하 노동자의 관리 책임과 함께, 노동자의 임면권(任免權)과 임금을 배분할 권리 등을 가지고 있었다. 규모가 큰 노동자 조직의 경우, 파두는 노동자라기보다는 회사와 노동자를 매개하는 일종의 중개업자의 역할을 했고, 실질적인 노동은 파두 배하의 소파두(小把頭)와 말단의 노동자들이 담당했다. 예를 들어 200명 정도의 노동자로 이루어진 조직이라면 대개 14~15명의 노동자가 하나의 방(幇) 혹은 반(班)을 이루어 실질적인 작업에 종사했다. 우두머리격인 파두의 밑에 작업 제일선의 책임자인 이두(二頭)가 있었고, 개별 방의 노동자를 관리하고 작업을 처리하는 방장(幇長)으로서 삼두(三頭)와 말단의 노동자가 실질적 노동을 담당하고 있었다. 조직에 따라서는 파두의 밑에 별도로 회계와 서기를 담당하는 선생(先生)을 두거나, 식사 및 숙소 관리를 담당하는 취사부를 두는 경우도 있었다. 파두제에서 노동자의 임금은 파두와 일반노동자는 물론, 파두 계급 내에서도 등급에 따라 차이가 있었고, 중개의 단계마다 임금에서 수수료를 제했으므로 말단의 일반노동자가 얻는 임금은 상당히 적었다.[23]

복창공사는 수백 명의 중국인 파두에게 노동자의 실질적 수급과 관리를 하청함으로써, 노무관리에 필요한 시간과 비용을 절약하고 노동자와의 마찰을 피하고자 했다. 노동자의 대다수를 산둥 성 출신자가 차지하고 있던 상황에서 파두제는 산둥 성 내의 지연과 혈연을 중심으로 작동하고 있었다. 1930년대 전반 다롄 항 부두에는 약 270명의 파두가 배하에 각각 40~50명의 노동자를 두고 있었는데,[24] 동향 관계와 친인척 관계에 따라 수십 명의 노동자가 하나의 반(班)을 편성하고, 각 반마다 한 명의 작업반장(파두)과 부 작업반장(이두), 선생을 두어 운영했다.[25] 같은 파두 배하의 노동자들은 조직 내의 규칙을 바탕으로 작업은 물론, 수용소에서의 침식 등 생활 전반을 함께 했다.

파두제하의 노동자 조직은 지연과 혈연을 바탕으로 이루어진 신뢰관계였으므로, 파두와의 마찰이나 조직 규칙의 위반은 조직에서의 배제뿐만 아니라 고향에서의 평판과 향후 구직에도 영향을 미쳤다. 따라서 파두와 조직에 대한 노동자의 충성도는 높을 수밖에 없었고, 노무관리에 미치는 파두의 영향력은 막강했다. 사용자의 입장에서 이처럼 막강한 세력을 지닌 파두는 견제의 대상이기도 했으나, 파두의 포섭 여하에 따라 대규모의 고른 노동력을 안정적으로 공급받을 수 있다는 점에서 파두제는 효율적인 노무관리수단으로 활용되었다.

3. 지문법

상술한 노동자의 공간적, 조직적 관리와 함께, 노동자의 신원확보 수단이자 감시 수단으로서 지문법이 채용되었다. 1920년대 중반 이래 중국인 노동자의 쟁의가 잇따르는 가운데, 다수의 중국인 노동자를 사용하던 만철은, 1927년 8월부터 신규 채용하는 용원(傭員) 이하 중국인 노동자의 지문을 채취, 등록하여 관리하는 지문법을 실시했다.

지문법을 다룬 만철 인사과의 관련보고서는, 중국인 노동자의 "가장 나쁜 특징"으로 "이동률이 높은 점, 범죄자가 많은 점, 임금 사기가 많은 점"을 들며, 이른바 "좌경사상의 선전자 및 노동쟁의의 선동자"로 인해 상황이 더욱 악화되고 있는 상황에서, 이동성(유동성)이 큰 중국인 노동자의 신원보증을 위한 가장 적절한 방법은 지문법이라는 명분을 내세웠다. 지문법은 만철 스스로가 그 "이익"으로 꼽은 것처럼, "좌경사상"을 선전하고 노동쟁의를 선동하는 "불량분자"를 배제하여 "선량분자"를 보호하고, 중국인 노동자의 신분조사에 기초적인 자료를 제공함으로써 "상벌"을 명확히 하며, 노동이동률이 높은 노동자의 이동 상태를 조사하여 관리하고, 노동자의 범죄행위 등을 미연에 방지하기 위한 조치였다. 다시 말해 지문법은 노동자의 생체정보를 장악함으로써 노동자의 채용과 해고에 활용하는 것은 물론이고, 노동자의 언행과 이동의 자유를 구속하고 감시하고자 한 것이다.[26)]

만철에 이어 다수의 중국인 노동자를 사용하던 다롄의 대규모 업체들도 지문법을 도입했는데, 복창공사도 1928년부터 노동자의 지문을 등록함으로써 노동자에 대한 조회와 관리감시를 강화했다.[27)] 복창공사는 노동자 채용 시에 지문법과 함께 신체검사를 실시했는데, 이것은 건강한 신체와 "좌경 사상"에 경도되지 않은 건강한 정신을 가진 "우량" 노동자를 판별하는 것은 물론,[28)] 유동성이 큰 중국인 노동자의 이동을 감시하고 제한함으로써 대규모 노동력을 안정적으로 확보하고 활용하고자 한 식민지 노무관리방식의 일환으로 볼 수 있다.

V. 나오며

이 글은 다롄의 일본 식민 권력이 식민지경영을 위해 사회의 기저를 이루는 노동자계층을 어떻게 통제하고 관리했는지를 노동자의 내원에 주목하여 고찰했다. 신생의 식민지도시 다롄은 현지 및 그 배후지의 과소 인구로 인해 도시화와 산업화 과정 중에 발생하는 노동력 수요의 대부분을 산둥 지방 등 '만주' 이외의 지역으로부터 공급받았다. 일본 식민 권력은 외부 노동력을 공급받는 과정 중에 노동자의 민족별, 출신지별 내원을 활용함으로써 높은 노동생산성을 확보하는 동시에 식민지사회의 안정을 유지하고자 했다. 그 구체적인 현현이 노동자의 지위와 처우에 작동하던 민족위계와 중국인 노동자의 출신지를 활용한 노무관리방식이었다.

일본 제국주의와의 관계에서 발로한 일본인, 조선인, 중국인 간의 민족위계는, 노동자의 종사 업종, 고용 형태, 처우 등에서 민족에 따른 차등을 만들어냈다. 일본은 민족위계를 활용하여 다롄 일본인사회의 중하층을 이루고 있던 일본인 노동자의 우위를 유지하는 동시에, '피식민자'인 중국인 노동자와 조선인 노동자 간의 단합을 막음으로써 식민지사회의 안정을 꾀했다.

단 이러한 민족위계의 작동은 식민지 경영의 실질적 동력이었던 중국인 노동자를 원활히 사용할 수 있을 때 가능했다. 다롄을 중심으로 한 '만주'와 칭다오를 중심으로 한 산둥 성 각지에 세력을 확장하고 있던 일본은, 자국 세력권 내 중국인 노동자의 이동을 촉진함으로써 식민지 경영에 필요한 노동력과 재원을 확보하고자 했다. 또한 복창공사로 대표되는 다롄의 일본 식민당국과 상공업자들은 중국인 노동자와의 마찰을 회피하면서도 필요 노동력을 저렴하고 안정적으로 수급하기 위해 노동자의 출신지 관계를 활용한 노무관리방식을 채용했다. 요컨대 타지 출신으로 유동성이 높은 중국인 노동자를 노동자 수용소 내에 집주시켜 공간적으로 통제하고, 동향관계에 바탕을 둔 파두제를 통해 노동자를 조직적으로 관리하며, 노동자의 생체정보인 지문을 등록하여 노동자의 생활 전반과 이동의 자유를 통제하고 관리함으로써 생산성을 제고하고자 한 것이다.

일본 식민 권력의 통제와 관리하에 다롄의 노동자계층은 계속적인 식민 권력 강화와 유지의 근간이 되었다. 앞서 밝혔듯이 일본인 영세 상공업자와 함께 일본인사회의 중하층을 떠받치고 있던 일본인 노동자들은, 1920년대의 불황 속 중국인 노동자와 상공업자의 대두에 불안을 느끼며 일본 제국주의가 '만주사변'으로 나아가는 사회적 토양을 마련했다. 조선인 노동자들은 이른바 '이등국민'으로서의 실질적 우위나 이익은 없는 상황에서, 일본 식민 권력의 중국 세력 견제에 이용되며, 중일 양대 민족 집단 사이에 끼인 소수 집단으로서의 고충을 감수해야 했다. 현지 주권국의 인민이지만 광범위한 '피식민자'층을 구성하고 있던 중국인 노동자들은 자신들의 역량을 바탕으로 식민 권력에 대항하기도 했으나, 노동자를 신체적, 공간적, 조직적으로 통제하는 노무관리방식이나 파업자에 대한 강경 대응 등 세력 결집을 막는 일본 식민 권력의 다중 장치 속에서 식민지 경영을 위한 계속적인 착취와 차별의 대상이 되었다.

권경선 | 한국해양대학교 국제해양문제연구소 HK연구교수

▣ 주

1) 다롄을 비롯한 '만주'의 중국인 노동자에 관해서는 중국과 일본을 중심으로 많은 연구들이 진행되어왔다. 기존연구들은 주로 제국주의 하의 민족 및 계급 차별구조 속에서 이루어지던 노동자에 대한 압박과 착취의 규명, 식민당국과 자본가에 대항하는 노동자의 조직적이고 자발적인 운동에 대한 고찰, 전시체제 하 노동자 징용 상황의 확인 등을 중심으로 이루어졌다. 松村高夫, 江田憲治, 解學詩 등의 연구는 '만주국' 시기를 중심으로 만철 산하의 기업, 공장, 탄광, 부두에 종사하던 중국인 노동자의 노동사를 고찰했다. 해당 연구는 크게 만철을 통해 이루어지던 '만주국'의 생산과정에 대한 고찰, 중국인 노동자의 의식주라는 생활과정의 고찰, 이와 같은 생산과정과 생활과정에 놓인 중국인 노동자의 조직적·자발적 저항에 대한 고찰을 진행했다. 松村高夫·江田憲治·解學詩(2002), 『滿鐵勞動史の硏究』, 日本經濟評論社. 일본 제국주의의 다롄 통치 과정 전반을 다룬 郭鐵椿, 關捷, 韓俊英의 연구는 근대 다롄의 전체상은 물론 당시 산업구조와 노동자의 상황을 전반적으로 이해하는데 도움을 준다. 궈톄좡·관제 주편, 한쥔잉 부주편, 신태갑 외 옮김(2012), 『일본의 대련 식민통치 40년사』, 선인. 업종별 노동자에 대한 연구로서 다롄 항 하역노동자에 초점을 맞춘 연구도 다수 발표되었다. 謝麗는 일본 통치시기 다롄 항 부두노동자에 초점을 맞추어 다롄으로 이동한 산둥성 출신 이민의 이주 원인 및 이동 방식과 경로, 다롄에서의 생존 양상을 분석했다. 謝麗(2014), 「大連의 '하이난디우(海南丟)'에 관한 연구 : 부두노동자를 중심으로(1905-1937)」, 『동북아문화연구』 39, 229~247쪽. 柳澤遊는 20세기 전반 다롄 항 하역노동자의 노무관리를 중일전쟁 이전, 중일전쟁시기, 아시아태평양전쟁으로의 확전시기로 나누어 분석했다. 柳澤遊(2002), 「大連埠頭」, 松村高夫·江田憲治·解學詩, 앞의 책, 249~284쪽. 王洪恩과 曲傳林의 연구는 다롄 항 하역노동자를 관리하던 복창화공주식회사(福昌華工株式會社)를 중심으로 중국인 노동자에 대한 일본 제국주의의 압박과 착취의 측면을 고찰했다. 王洪恩·曲傳林(1986), 「日本帝國主義殖民統治時期的大連福昌華工株式會社」, 『遼寧師範大學學報(社會科學版)』 1986年6期, 84~88쪽. 동시에 이러한 차별에 대한 저항으로서 노동운동에 대한 연구도 전개되었다. 薛志剛의 연구는 러시아 제국주의 하에서의 다롄 지역 노동자의 투쟁을 다루었다. 薛志剛(2013), 「大連工人階級反抗俄國殖民統治的鬪爭」, 『大連近代史硏究』 10, 223~230쪽. 唐進은 1900~1920년대 일본 제국주의 하에서의 다롄 지역 노동운동을 개설했다. 唐進(1984), 「略論大連工人運動」, 『遼寧師範大學學報(社會科學版)』 1984年4期, 81~84쪽. 左域封은 마르크스주의적 관점에서 1920년 다롄의 만철 샤허커우(沙河口) 철도공장에서 발생한 중일노동자 연합파업을 분석했다. 左域封(1982), 「中日無産者的兄弟聯盟—1920年滿鐵沙河口工廠中日工人聯合罷工簡述」, 『遼寧師院學報』 1982年5期, 76~80쪽.

2) 이 시기 관동주 및 만철부속지 거주 일본인의 절반이 다롄에 집중되어 있었음을

고려하면, 다롄 내 일본인 노동자의 비율은 관동주 및 만철부속지의 그것보다 높았을 것으로 여겨진다. 1932년 말 다롄을 포함한 관동주 및 만철부속지의 총 인구는 1,323,366명으로 중국인이 1,049,327명(79.3%), 일본인이 242,524명(18.3%), 조선인이 29,958명(2.3%), 기타 외국인이 2,067명(0.1%)을 차지하고 있었다. 그중 다롄 거주 인구는 총인구의 약 30%에 해당하는 398,988명으로, 중국인 287,711명(관동주 및 만철부속지 중국인 총인구의 27.4%), 일본인 109,104명(일본인 총인구의 45%), 조선인 1,473명(조선인 총인구의 5%), 기타 외국인 700명(기타 외국인 총인구의 34%)으로 이루어져 있었다. 關東廳編(1933), 『關東廳統計要覽. 昭和7年』, 18~19쪽.

3) 南滿洲鐵道株式會社臨時經濟調査委員會(1928), 『滿鐵各個所使役華工調査報告.(二)』, 南滿洲鐵道株式會社, 11쪽.

4) 井藤譽志雄(1926), 「苦力硏究(大連を中心として)」, 神戸高等商業學校, 『海外旅行調査報告. 大正十四年夏期』, 242~243쪽.

5) 이 시기 다롄의 조선인사회에 대해서는 이 책에 수록된 류빙후, 「한인의 다롄 이주와 민족사회의 형성」을 볼 것.

6) 1932년 3월 말 다롄 시내 A기계제작공장의 평균임금은 일본인 노동자가 3엔, 중국인 노동자가 0.92엔이었고, 같은 해 7월 말 다롄 시내 B기계제작공장의 평균임금은 일본인 노동자가 3.56엔, 중국인 노동자가 1.08엔이었다. 南滿洲鐵道株式會社經濟調査會編(1934), 『滿洲の苦力』, 63~64쪽.

7) 1932년 페인트공 임금은 일본인 2.83엔, 조선인 2.7엔, 중국인 0.79엔이었고, 활판식자공의 임금은 일본인 3엔, 조선인 2.38엔, 중국인 1.42엔이었다. 1934년 페인트공의 임금은 일본인 3.45엔, 조선인 2.34엔, 중국인 1.08엔이었고, 활판식자공은 일본인 3엔, 조선인 2.36엔, 중국인 1.8엔이었다. 1935년 페인트공의 임금은 일본인 3.23엔, 조선인 2.4엔, 중국인 1.1엔이었고, 활판식자공은 일본인 3.03엔, 조선인 2.45엔, 중국인 2.09엔이었다. 關東長官官房文書課(1934), 『物價賃銀調査年報. 昭和7年』, 140~141쪽 ; 關東長官官房文書課(1934), 『物價賃銀調査年報. 昭和8年』, 144~145쪽 ; 關東局官房文書課(1937), 『物價賃銀調査年報. 昭和9年』, 142~143쪽 ; 關東局官房文書課(1937), 『物價賃銀調査年報. 昭和10年』, 150~151쪽.

8) 김태국(2007), 「만주지역 한인의 도시 거주지 형성 과정−만주국시기를 중심으로」, 유지원 · 김영신 · 김주용 · 김태국 · 이경찬 지음, 『근대 만주 도시 역사지리 연구』, 동북아역사재단, 181~191쪽.

9) 1920년대 중반 이래 중국 전역에서 벌어진 대규모 노동쟁의는 '만주' 산업계에도 큰 영향을 미쳤다. 만철은 자사 사업 전반은 물론 '만주' 일본인 경제를 미칠 영향을 우려하고 대책을 마련하기 위하여, 1926년과 1927년 관동주 및 만철부속지에서 발생한 노동쟁의에 대한 보고서를 작성했다. 해당지역에서 발생한 노동쟁의는 1926년에는 67건, 1927년에는 94건으로, 공업부문의 노동쟁의가 과반을 차지하는 가운데, 광업 · 교통업 · 토목건축업 · 농업 등에서 노동쟁의가 발생했다.

쟁의의 원인으로는 임금인상 요구, 임금삭감 반대, 처우개선 요구, 감정적 충돌 등이 있었다. 쟁의의 형태는 동맹파업이 다수를 차지하는 가운데, 태업의 형태로 이루어지기도 했다. 쟁의의 결과는 노사 간 타협이 절반가량을 차지하는 가운데, 요구 불관철과 요구 관철의 순으로 나타났고, 쟁의에 참가한 노동자를 일부 해고하거나 전원 해고하는 사업체도 있었다. 南滿洲鐵道株式會社社長室人事課(1928), 『南滿洲に於ける勞動爭議錄. 昭和2年度』.

10) 南滿洲鐵道株式會社經濟調查會編(1934), 앞의 책, 31쪽.

11) 南滿洲鐵道株式會社經濟調查會編(1934), 앞의 책, 43~44쪽.

12) 南滿洲鐵道株式會社經濟調查會編(1934), 앞의 책, 42쪽.

13) 井藤譽志雄(1926), 앞의 논문, 243쪽.

14) 권경선(2014a), 「20세기 초 산둥인의 둥베이이동과 해항도시」, 구지영 · 권경선 · 최낙민 편저, 『칭다오, 식민도시에서 초국적도시로』, 선인, 179~205쪽.

15) 산둥 반도와 랴오둥 반도 연안의 객잔은 인적 이동의 중계지로서 해항도시의 면모를 엿볼 수 있는 시설이었다. 19세기 후반부터 등장한 해항도시의 객잔들은 기존의 기능인 숙박업과 창고운수업은 물론, 산둥 성과 '만주' 사이를 왕래하는 중국인 노동자의 이동 알선기관이자 연락기관으로 기능했다. 이들 노동자는 주로 고향에서 도보나 철도, 정크선으로 산둥 반도의 칭다오, 옌타이(煙臺), 룽커우(龍口), 웨이하이웨이(威海衛), 허베이 성(河北省)의 톈진(天津)에 도착해서, 그곳에서 다시 배를 타고 랴오둥 반도의 다롄, 잉커우, 안둥으로 입항한 후, 철도나 도보로 목적지까지 이동하는 방법과 경로를 택했다. 객잔은 이러한 이동 경로 상에 설치되어 노동자의 이동과정에 관여했다. 이 지역의 객잔은 대개 산둥 성 출신자가 경영했는데, 중국 관습에 따라 친인척이나 동향인을 중심으로 출자하여 설립되었으며, 종업원은 물론 이용객까지 혈연과 지연으로 이어져있었다. 객잔은 숙식의 제공은 물론, 기선 및 기차 승차권 구입을 비롯한 관련 수속을 대행하며 영리를 꾀했다. 특히 계절이동 노동자에 대해서는 노동자의 고향과 노동현장을 왕복하는 이동의 전 과정을 청부하여, 이동 과정 중의 인솔, 철도와 기선의 이용, 숙박 일체를 맡았으며, 객잔에 따라서는 동향의 신용관계를 바탕으로 노동자에게 여비를 빌려주거나 일자리를 알선해주었으며, 고향과 노동현장 사이에서 연락책으로 기능하기도 했다. 권경선(2014b), 「근대 해항도시의 객잔(客棧)과 산동인의 동북이동」, 『해항도시문화교섭학』 10, 1~40쪽.

16) 일본은 산둥 성 출신 노동자의 이동을 촉진하기 위해 다양한 조치를 취했다. 그 대표적인 예가 삼선연락운임(三線聯絡運賃)과 만철 푸순탄광(撫順炭鑛)의 노동자모집소였다. 당시 산둥 성 출신 노동자의 다수는 구정(舊正)을 전후로 산둥 성의 고향과 '만주'의 노동현장을 왕복하는 계절노동자였는데, 일본은 이들 노동자의 출가(出稼) 및 귀성 시기에 맞추어 고향과 노동현장을 잇는 수륙교통편에 할인운임을 적용했다. 산둥 성 칭다오와 지난(濟南) 간의 교제철도(膠濟鐵道), 칭다오 항과 랴오둥 반도 내 해항도시 간의 기선(汽船), 남만주철도를 잇는 삼선의

연락운임이 그것으로, 칭다오의 행정권이 중국에 반환된 1922년 이후에도 부분적으로 운영되었다. 또한 대규모 노동력을 상시적으로 필요로 하던 만철 푸순탄광은 칭다오를 비롯한 화베이 지방과 '만주' 각지에 노동자모집소를 설치했다. 특히 산둥 성 출신 노동자의 모집을 위해 칭다오에 설치한 모집소는 가장 높은 성과를 올리며 산둥 성 출신 노동자의 이동을 촉진하고 있었다. 권경선(2014a), 앞의 논문, 193~196쪽.

17) 福昌華工株式會社(1934), 『碧山莊』, 3쪽.

18) 복창공사는 만철 다롄 부두사무소의 소장이었던 아이오이 요시타로(相生由太郎)가 1909년 만철 다롄 항과 잉커우 항의 철도 · 선박 · 창고화물의 하역작업과 작업에 필요한 노동력의 청부를 목적으로 설립한 회사였다. 사업이 번창하면서 1920년대 후반에는 복창화공주식회사로 조직 형태를 전환하고, 노동력 청부업뿐만 아니라 물품판매업, 대리업, 중개업, 도매업, 창고업, 운송업, 청부업, 석재 및 광석채굴판매업, 벽돌제조판매업 등 다양한 영역으로 사업을 확장했다. 南滿洲鐵道株式會社總務部資料課編(1932), 『滿鐵要覽』, 南滿洲鐵道, 150~151쪽 ; 南滿洲鐵道株式會社産業部編(1937), 『滿洲會社考課表集成. 商業金融編』, 9쪽. 아이오이 요시타로에 대해서는 이 책의 한현석, 「1905년~1910년 다롄 일본인사회의 신사창건과 지역 유력자」에 자세히 설명되어 있다.

19) 南滿洲鐵道株式會社臨時經濟調査委員會(1928), 앞의 책, 186~187쪽.

20) 福昌華工株式會社(1934), 앞의 책.

21) 1928년 만철 산하의 각 역과 부두, 석탄판매소, 공장, 탄광, 용도사무소 등 205개 사업장 중 178개가 중국인 노동자의 수급을 청부업자에게 맡겼고, 그중에서 청부업자가 곧 파두이거나 혹은 청부업자가 다시 파두에게 노동자의 수급을 맡기는 사업장이 96개에 달했다. 南滿洲鐵道株式會社臨時經濟調査委員會(1928), 앞의 책, 14쪽.

22) 같은 시기 칭다오 항과 각종 공장에서도 같은 목적에서 파두제를 운용하고 있었다. 권경선(2014c), 「독일 · 일본점령기 칭다오의 산업구조와 도시노동자」, 구지영 · 권경선 · 최낙민 편저, 『칭다오, 식민도시에서 초국적도시로』, 선인, 138~148쪽.

23) 南滿洲鐵道株式會社經濟調査會編(1934), 앞의 책, 35~39쪽; 권경선(2014d), 「근대 중국 화북 한족의 '만주' 이동과 동북지방 노동자 구성」, 『대한중국학회』 47, 266쪽.

24) 福昌華工株式會社(1934), 앞의 책, 10쪽.

25) 궈톄좡 · 관제 주편, 한쥔잉 부주편, 신태갑 외 옮김(2012), 앞의 책, 38쪽.

26) 南滿洲鐵道株式會社社長室人事課(1928), 앞의 책, 54~56쪽.

27) 다롄에서 지문법을 채용한 일본 업체로는 복창공사 외에도 국제운수(國際運輸), 남만전기(南滿電氣), 남만가스(南滿瓦斯), 닛신 유방(日淸油房), 창광유리(昌光硝子), 다롄 요업(大連窯業), 만주복방(滿洲福紡), 내외면방적(內外綿紡績), 대화

전기(大華電氣), 만주도크(滿洲ドック), 오노다시멘트(小野田セメント) 등이 있었다. 南滿洲鐵道株式會社社長室人事課(1928), 앞의 책, 54~56쪽.

28) 福昌華工株式會社(1934), 앞의 책, 6쪽.

7.
한인의 다롄 이주와 민족사회의 형성

류빙후(劉秉虎)

Ⅰ. 들어가며

1860년대부터 한국 북부의 기민들은 만주(滿洲) 지역의 미개척지인 봉금지(封禁地)에 대거 이주하기 시작하여, 북간도(北間島)와 서간도(西間島) 같은 한인(韓人)사회를 형성하였다. 생활고 때문에 이주하였던 이들은, 당초 주로 두만강과 압록강 대안의 농촌지역, 특히 벼농사에 적합한 지역으로 이주하였다. 그 후 철도 등 만주 지역의 교통수단이 발달하면서 만주 내지로의 이주가 확대되었으나, 여전히 수전(水田) 농사와 밀접한 관계를 유지하였다. 이후 만주사변(滿洲事變)으로 농촌지역의 사회치안이 불안해지면서 한인 난민들이 도시에 유입되기 시작하였고, 일제의 식민통치가 만주에 확립되면서 한국의 중소상공업자와 직업을 찾지 못한 지식인들이 만주의 도시로 찾아들기 시작했다.

다롄 지역 한인의 이주는 만주 지역 내에서도 특수한 사례라고 할 수 있다. 랴오둥 반도(遼東半島) 남단에 위치한 다롄은 바다를 사이에 두고 한반도와 인접해 있지만, 역사적으로 배후지가 오랑캐의 땅이었던 관계로 한중 해상교류에서 제외되어 있었다. 그러나 근대에 이르러 풍부한 자원을 가진 만주의 해상문호로 서방열강에 인식되면서, 점차 외부세계의 중시를 받기 시작하였다. 특히 메이지유신(明治維新)을 통해 근대화 작업을 시작한 일본의 만주 진출과, 극동지역을 점거한 러시아의 태평양 진출이 다롄 지역을 중심으로 충돌한 결과, 일약 근대적인 항구도시 다롄이 출현하게 되었다. 다롄은 항구와 더불어 탄생한 근대도시로 농업이민이 주축을 이루었던 한인들에게는 관심 밖의 지역이었으나, 다롄과 일본 그리고 한반도의 해상교류가 발전하면서 한인 이주자들도 점차 정착하기 시작하였다.

러일전쟁 이후 다롄에 식민통치를 확립한 일본은, 만철(滿鐵)을 비롯한 식민회사들을 설립하는 등 근대 산업을 적극 발전시켰고, 그 과정에서 수많은 기술자와 관리인원에 대한 수요가 생겨났다. 원양선박의 수부(水夫) · 각종 기계 수리공 · 자동차 운전수 · 경리 등의 수요는, 식민지 한국에서 근대산업교육을 받은 한국인들에게 매력적인 기회가 아닐 수 없었다. 동시에 이들을 위한 음식, 숙박 등 서비스산업도 동반 발전을 하게 되었다. 다롄 한인사회에서 간과할 수 없는 존재들이 뤼순 감옥(旅順監獄)과 같은 일제사법기관에 근무한 친일 한인과, 뤼순 감옥에 수감되어 순국한 안중근을 대표로 하는 항일지사들이다. 이들은 비록 서로 대립되는 민족사회구성원이지만, 다롄 한인사회의 특색을 나타내는 요인이라고 할 수 있다.

일제의 패망으로 만주 지역에서만 근 100만 명의 한인들이 귀국하였다. 기업주, 친일파, 지식인이 다수를 점하고 있던 도시지역 한인의 귀국 비율이 상대적으로 높았는데, 다롄은 그러한 경향이 더욱 강했다. 광복 직전 다롄의 한인 인구를 4만 명으로 추산하면, 광복으로 인해 90%가량이 귀국하고 4천여 명만이 남게 되었다. 잔류한 이들은 중국공산당의 민족정책에 감화하여 중국의 소수민족인 조선족으로 전향 발전했고, 조선족학교와 문화관과 같은 민족사회기관과 단체를 설립하여 30여 년간 민족사회를 유지, 발전시켰다.

Ⅱ. 한인의 다롄 이주

1905년 러일전쟁에서 승리한 일본은 다롄 지역을 강점한 후, 뤼순(旅順)에 군정기관인 관동도독부(關東都督府. 초기에는 총독부라고 하였음)를 설립하여 "관동주(關東州) 사무를 관장하고 남만철도를 보호, 관리하도록" 했다. 관동도독부는 산하에 육군부(陸軍部)와 민정부(民政部)를 설치하였고, 민정부는 다시 산하에 다롄, 진저우(金州), 뤼순 등 3개 민정서(民政署)를 설치하였다. 그중 진저우민정서의 행정관할구역이 매우 컸으므로, 푸란뎬(普蘭店)과 피쯔워(貔子窩)의 2개 민정지서를 설치하였다.[1)]

관동주는 일본 만주 진출의 기반이었다. 일본은 관동주와 만철부속지에 국책으로 일본의 농업이민을 이주시켰는데, 만주사변 전인 1930년에 이미 228,700명이 이주해 있었다. 일본정부의 전폭적인 경제후원을 받은 일본인 이민들은, 토지가 비옥하고 교통이 편리한 곳에 대규모의 수전을 개발함으로써 농업이민이 주축을 이루고 있던 한인 이주농민들에게 개척의 여지를 남겨주지 않았다. 이는 기후적으로 벼농사에 유리한 다롄 등 남만주(南滿洲) 지역에 한인 농업이민이 매우 적었던 원인이라고 할 수 있을 것이다.[2)] 그 결과, 다롄 지역에는 한인의 농업이민이 상당히 제한적으로 진행되어, 다롄－좡허(莊河)－안둥(安東:

지금의 丹東) 연선에 일부가 이주했을 뿐이었다.

〈표 1〉 1916년 10월 관동주 거주 한인 인구통계 (단위: 명)

지역명	다롄(大連)	뤼순(旅順)	진저우(金州)	푸란뎬(普蘭店)	피쯔워(貔子窩)	와팡뎬(瓦房店)
인구	285	44	5	56	5	10

한인의 만주 이주 동기에 관해서는 다양한 조사와 분석 자료가 있다. 1916년 동양척식주식회사(東洋拓殖株式會社)에서 발행한 『간도사정(間島事情)』에 의하면, 한인 이주의 과반이 수입 증가를 위한 것이었고, 배일(排日) 사상, 생활난, 설교, 상업 경영을 동기로 한 경우가 약 5분의 1을 차지했다. 이훈구 씨의 『만주와 조선인』에서도 가정에 돈이 없어서, 본국에서의 경제난으로, 의식주의 곤란을 이주의 동기로 조사, 기록하였다.[3] 다롄 지역의 한인 농업이민도 예외는 아니었다고 생각된다.

1912년 안둥과 펑톈(奉天: 지금의 瀋陽)을 잇는 안봉철도(安奉鐵道)가 개통됨에 따라,[4] 펑톈 지역의 한인들 일부가 상업을 목적으로 펑톈－와팡뎬(瓦房店)－다롄의 철도연선을 따라 남쪽으로 이주하였다. 그밖에 소수의 사람들이 창하이다오(長海島) 등의 섬들을 거쳐 바다를 통해 다롄 지역으로 이주하였다.[5] 한편, 만철조사과의 기록에 의하면 1901년 뤼순에는 이미 110명의 한인이 거주하고 있었다.

1920년대 초, 일제 측이 조사한 만주 한인의 위생상황에 의하면, "안둥, 다롄, 톄링(鐵嶺), 푸순(撫順), 창춘(長春), 지린(吉林)과 같은 도회지역에는 상하수도시설이 구비되어 있고, 의료기관도 완비되어 있었으나, 여타 지방은 공기가 건조하고 먼지가 자주 일어 호흡계통 질환자가 많았고, 음료수로 강물과 우물을 그대로 마시기 때문에 소화계통 질환자가 많았다. 목욕을 자주 하지 않으며 의복을 오랫동안 세탁하지 않기 때문에 피부병 환자도 적지 않았다……관동지방(다롄 지역을 지칭함—필자)에서 흥미로운 점은 조선 이주민 대부분이 산간에 거주하고 있어서 천연의 혜택을 많이 보게 된 것이다. 신선한 공기, 청결한 냇물은 보건적인 생활을 보장하며, 교통의 불편으로 인해 흑사병과 같은 유행병이 만연하지 않는다."라고 기록하였다.

또 주목해야 할 것은 다롄의 한인 이주는 기타 만주 지역의 농업이민과 달리 상업을 목적으로 하는 도시이민이었다는 점이다.[6] 다롄은 남만주 해륙교통운수의 요새로서, 발해(渤海)를 사이 두고 한반도와 연락하고 있었다. 조선우선회사(朝鮮郵船會社)의 기타 항로 개시에 따라 부산·마산·군산·목포·인천 등지로부터 여객선을 이용해 다롄으로 오는 한인들이 늘어나기 시작했다. 초기에는 만주 관광을 목적으로 하는 사람들이 다수를 차지했고, 정착을 목적으로 하는 이주자는 극히 적었다. 그러나 발달한 해륙교통과 날로 성장하는 항구도시는 일정한 자본을 확보한 이주희망자들에게는 매력적이지 않을 수 없었다. 예를 들어 1920년경 만주 입쌀이 다롄 시장에 발탁되자, 이를 매매하는 영업자가 해마다 늘어나기 시작하여, 다롄의 샤허커우(沙河口)[7]와 뤼순은 랴오난(遼南)지역 한인의 집거지가 되었다. 1921년 9월의 통계에 따르면 다롄에는 488명의 한인이 거주하고 있었는데, 그중에서 다롄 시내에 55세대 330명, 뤼순에 12호 64명이 거주하고 있었다. 그 외에 진저우에 5호 27명, 푸란뎬에 12호 53명, 피쯔워에 6명, 와팡뎬에 8명이 거주하고 있었다.

1923년경 다롄과 샤허커우 일대에는 60여 세대 500여 명의 한인이 거주하고 있었다. 그들의 직업을 보면 요리점(21세대), 쌀 및 솜틀집(5세대), 여관(1세대), 기타 상점 및 공장의 고용인이 있었다. 가장 우세한 업종은 요리점이었는데, 그중에는 10~15명의 미모의 접대원을 보유한 요리점도 있었다.

1920년대 전반에 걸쳐 한인의 만주 이주는 안정된 성장세를 유지하였고, 1931년 만주 거주 한인의 수는 63,982명에 이르렀다. 재만(在滿) 한인 주요 집거지의 인구를 보면, 조선총독부 및 영사관 관할하의 간도지방[8]에 40만 명, 국민부(國民府) 관할의 남만주 중부지방[9]에 8만 3천 명, 원 참의부(參議府)와 정의부(正義府)가 관할했던 국경지방[10]에 7만 3천 명, 한족노동당(韓族勞動黨) 및 한교동향회(韓僑同鄕會)의 관할하에 있던 지린(吉林) 부근지방[11]에 4만 3천 명, 신민부(新民府)의 관할하에 있던 동청철도(東淸鐵道) 연선[12]에 3만 5천 명, 관동청 및 만철 관할하에 있던 만철 연선[13]에 6만 3천 명이 있었다. 이처럼 재만 한인의 절반 이상이 지린 성에 집중되어 있었는데, 1916년 지린 성 한인 인구는 총인구의 55%를 점하였고, 1931년에는 72%까지 증가하였다.

다롄 한인 인구의 증가는 출산으로 인한 증가보다는 이주에 의한 증가가 주를 이루었던 것으로 보인다. 재만 한인의 출생률은 1910~1931년에 35‰를 넘었지만, 관동주 한인의 출생률은 1939년에 13.0‰, 1940년에 14.0‰, 1941년에 17.3‰, 1942년에 18.5‰로 재만 한인 출생률의 절반 수준밖에 되지 않았다.

1910~1920년대 재만 한인 이주민의 도시 거주 비율은 극히 낮았다. 이는 당시 도시의 발전이 더디고 도시의 규모가 크지 못한데다 인구 수용능력이 한정되어 있었던 점과 함께, 한인 이주민의 경제 실력과도 밀접한 관련이 있었다. 당시 한인 이주민의 대부분은 소작농과 고농(雇農)으로, 도시에서 생활할 수 있는 능력을 갖추지 못했다. 또한 일제의 통치관리기관이 도시에 더 많이 집중되어 있었기 때문에, 도시 내 한인 이주민에 대한 박해와 감시 및 그 타격이 농촌보다 심각했

던 것에도 원인이 있다. 1927년 중국 전역의 한인 이주민은 560,437명(관동주 1,169명, 만주 557,111명, 중국 내지 2,146명, 홍콩 11명)으로, 그중 재만 도시 거주 한인은 38,163명밖에 되지 않았다.

만주사변 직전, 재만 도시 거주 한인은 63,371명에 이르렀고, 사변 후에는 97,682명으로 부쩍 늘어났다. 이는 만주사변으로 인한 국세(國勢)의 혼란, 마적과 패잔병들의 발광으로 인해 낭패한 농민들이 땅을 포기하고 생활의 기반을 도시로 옮겼기 때문이다. 그들은 노동력을 팔아 생활을 유지하였으므로, 만주의 도시에도 한인 자유노동자, 빈민계층이 등장하기 시작하였다. 한인 이주민의 주요 집거구인 옌지(延吉)는 인구가 네 배 정도 늘었고, 펑톈 · 지린 · 하얼빈 · 안둥 등 도시의 한인 인구도 일정 정도 늘어났다. 1938년 당시 인구 10만 명 이상의 도시였던 펑톈, 하얼빈, 신징(新京), 안둥, 푸순, 잉커우(營口), 안산(鞍山), 지린, 진저우, 무단장(牧丹江)의 한인 인구 변화를 보면, 1933년의 37,000명에서 1938년에는 82,000명으로 급증하였다. 그중 1936년과 1938년은 전년도보다 15,000명을 상회하는 증가세를 보였다. 당시 한인 이주민의 인구성장률은 일본인보다는 낮았지만 만주족보다는 높았으며, 총인구의 성장률보다도 높았다. 1936년 만주 대도시의 한인 이주민 성장률은 234‰를 기록하여 최고치를 이루었다. 대도시 총인구 중에서 한인 이주민이 점하는 비율도 1933년에는 6.3%였으나 1938년에 이르러서는 7.7%로 늘어나는 추세를 보였다. 1934년 관동주 한인 이주민 수는 2,708명으로, 관동주 총인구 105만 명의 0.3% 이내를 차지하였다. 그 후 약간의 성장을 보여, 1936년에는 4,025명, 1939년에는 4,826명, 1941년에는 6,405명으로 증가하였다.

만주사변 이후의 다롄 거주 한인은 395세대 1,990명으로 1930년의 1,747명보다 250여 명이 늘어났다. 구체적인 분포를 보면, 다롄 시내가 858명, 샤오강쯔(小崗子) 271명, 샤허커우 278명, 뤼순 163명, 진저우 94명, 푸란뎬 169명, 피쯔워 91명, 라오후탄(老虎灘) 48명, 저우수이쯔(周水子) 2명, 링첸툰(嶺前屯) 9명, 간징쯔(甘井子) 5명, 샤쟈허(夏家河) 1명, 류수툰(柳樹屯) 1명이었다.[14] 1920년대와 비교하여 이 시기에는 다롄 지역 한인 분포에 근본적인 변화가 발생했다. 즉 다롄 시내에 거주하는 한인이 절대적으로 증가한 것이다. 이는 다롄 부두 및 근대 산업의 발전에 따라 한국에서 전문교육을 받은 사람들이 관공리로 취직하거나, 다롄 내 일본회사에 선원 · 회계 · 기계기술자 등으로 취직하였고, 또 한국에서 일정한 부를 축적한 사람들이[15] 시가지에서 일정 규모를 갖춘 요리점 등을 경영하면서부터 생긴 변화라고 할 수 있다. 이 시기 한인의 새로운 직업으로 개인택시업자들이 출현하기 시작했다. 1940년대 초 다롄 시내에는 이미 150여 명의 한인 택시기사가 있었다.

하지만 한편으로 절반이 넘는 한인은 여전히 도시의 외곽지대에 거주하고 있었고, 만주사변 이전과 다름없이 여관 · 음식점 · 잡화점 · 농산물 가공업에 종사하고 있었다. 인쇄공장[16]과 같은 민족공업은 낙후한데다 규모가 작고 기초가 빈약하여, 일본 자본과 상품의 배척 아래 파산의 경지를 벗어나지 못했다.

1938년 말에 이르러 관동주에 거주하는 한인은 993세대 4,496명(남자 2,384명, 여자 2,112명)으로 증가했다. 그들의 거주지를 보면, 다롄 시내에 484세대 2,335명, 뤼순에 2세대 151명, 샤오강쯔 256세대 1,151명, 샤허커우 119세대 614명, 수상(水上) 1세대 1명, 진저우 10세대 47명, 푸란뎬 19세대 98명, 피쯔워 22세대 99명이었다. 이후 관동주에 거주하는 한인은 지속적으로 증가하여 1940년에는 1,074세대 5,710명으로 늘어났다. 그중 다롄 시내에 거주하는 한인이 949세대 5,106명이었고,

뤼순 49세대 284명, 진저우 31세대 101명, 푸란뎬 25세대 125명, 피쯔워 20세대 94명이었다.[17] 이후 1943년에는 7,000여 명으로 늘어났고, 1945년 상반기에는 근 만 명이 되었다.[18]

Ⅲ. 다롄 한인사회의 형성

다롄 내 한인사회의 형성은 한인이 집거하고 있던 간도 지역과는 또 다른 양상을 보여준다. 즉 인구의 절대적 소수로서 민족사회의 양상을 나타내지 못했고, 수전과 같은 민족경제의 특색을 보여주지 못했다. 하지만 경제적 호조(互助) 조직과 학교, 교회 등을 통한 비교적 산만(散漫)하고 비정규적인 네트워크를 통해 민족사회를 형성했으며, 최종적으로는 민족사회를 대변하는 단체를 발족하기에 이르렀다.

다롄 최초의 한인사회조직은 1923년 샤허커우에 설립된 자본금 1만 원의 조선인친목저축회(朝鮮人親睦貯蓄會)라고 할 수 있다. 이 친목회는 다롄 지역 한인의 "건전한 각 항 사업의 발전"을 목적으로 한 "자치기관, 금융기관, 교육기관"의 연합체로, 주요활동은 현지 한인의 저축, 금융, 상업, 화목, 교육 등을 위한 복무였다. 창립 초기의 정식회원은 56명으로 회장, 부회장, 총무, 재무, 회계, 감사, 감찰, 교육, 영업 및 친목회장이 각각 한 명씩 있었고, 간사, 서기, 평의원 약간 명이 있었다. 1923년 2월 15일에는 다롄조선인친목저축회의 외곽단체로 다롄조선인청년회(大連朝鮮人青年會)가 설립되어, 다롄 지역 한인청년들의 "각오맹성(覺悟猛省)"과 "단결분투"를 도모하기 위해 노력하였다.[19]

1920년대 다롄에 거주하고 있던 500명의 한인들은 일제 식민당국에 민족학교의 설립 허가를 요청했다. 그러나 식민당국은 1923년 4월 중순에 이르러서야 샤허커우에 있는 일본인학교 다롄 제6심상소학교(第6尋常小學校)의 허름한 교실에 특설반을 설치하고, 40여 명의 한인청소년을 입학시켰다.[20] 한편 한인 이주민의 증가에 따라 1926년에는 다롄조선기독교회도 설립되었다. 초기에는 가정예배형식으로 출발하였지만, 백성현(白聖現), 이혁호(李赫鎬) 등의 꾸준한 노력으로 1935년 5월에 이르러 마침내 교회당을 신축하였고 이때 신도 수가 60명에 이르렀다.[21]

다롄 지역의 한인이 증가하면서 한인사회도 서서히 형성되기 시작했다. 그 중요한 표지가 1930년대 초에 설립된 관동주조선인회[22]라고 할 수 있다. 다롄 시내에 본부를 설치한 이 조직의 목적은, 관동주 각지에 거주하고 있는 한인의 상호부조를 통해 병자, 빈곤자 및 자금이 부족한 왕래자들에게 금전과 물품을 제공하여 구제하고, 이러한 실질적인 행위를 통해 한인 간의 단결우애를 강화하여 복지와 문화수준을 제고하는 것이었다. 또한 이 조직은 관동주에 이주해 오는 한인들에게 숙식을 제공하고, 일자리를 알선하는 등의 사업도 진행했다. 따라서 관동주조선인회는 "랴오난 조선인의 집(遼南朝鮮人之家)"이라고 불리었다.[23]

만주 지역에 설치된 조선인회는 조선총독부가 관장하는 친일한인단체로 인식되어 오랫동안 질타의 대상이 되어왔다. 하지만 도시의 조선인회들이 합법적 지위를 이용하여 한인사회의 단합과 발전을 위해 적극적인 역할을 했다는 점 역시 간과해서는 안 된다. 그 때문에 친일조직임에도 불구하고 일제 식민당국은 항상 이들에 대한 감시를 늦추지 않았다. 예를 들어 다롄 일제헌병대가 남긴 『다롄 조선인과 조선인회 등에 대한 다롄헌병대 정찰일기(大連憲兵隊對大連的朝鮮人和朝鮮人會等偵察日記)』는 다롄 조선인회의 민족적 성향이 깊었음을 증명하는 것이라 할 수 있다. 일제 식민당국은 조선인회와 같은 한인 사회단체뿐만 아니라 한인 출신의 경찰들도 항상 감시했다. 예를 들어 다롄 일제헌병대는 1942년 이후 태평양전쟁에 동원된 일본인 간수들을 대신해 뤼순 감옥에 배치된 한인 간수들의 사상동향을 면밀히 감시했다.[24)]

일제 통치시기 다롄 지역은, 일제 만주 침략의 전초기지였을 뿐만 아니라, 한국·타이완과 더불어 일본의 완전한 식민지로서 만주국의 영역에 포함되었다. 다롄 항은 일본이 만주의 자원을 약탈하여 일본으로 운송해 가고, 또 일본의 염가 공업제품을 만주로 들여오는 가장 중요한 화물부두였을 뿐만 아니라, 만주를 여행하는 일본인의 주요한 경유지이기도 했다. 또한 다롄은 일본 식민지 산업의 주요기지로, 일본은 방대한 투자를 통해 근대화한 산업기지를 설립하였다. 즉 다롄은 일본인들에 의해 개발되고 건설된, 일본이 아닌 또 다른 일본이었다.

식민지 이등국민으로서 한국인은 중국의 하층민들과 같은 천대는 받지 않았다고 하지만, 경제적으로 일본인과 같은 자본이 없었을 뿐만 아니라, 정치적으로도 일본인에게 주어진 것과 같은 특혜가 없었다. 경제적 불행과 정치적 차별은 다롄 거주 한인들의 민족감정을 유발하였고, 본능적인 민족주의는 일제 식민통치에 대한 저항으로 발전하였다.

일제 식민통치에 대한 다롄 거주 한인들의 저항 및 반일민족운동은 한민족독립운동사에서 거의 거론되지 않고 있다. 하지만 무장투쟁이 아닌데다 조직적으로 진행되지 않은 민중의 저항도 일제 식민통치기관의 감시와 단속의 대상이었다. 일제는 1938년 12월 28일에 「관동주사상범보호관찰령(關東州思想犯保護觀察令)」을 반포하여 반일사상동향에 대한 감시를 강화했다. 1942년 1월 1일에는 「관동주 언론, 집회,

결사 등 임시단속령(關東州言論, 集會, 結社等臨時取締令)」을 적용하여, 경찰, 헌병, 특무기관을 동원하여 언론, 출판, 집회, 결사 등의 사회활동을 엄밀히 감시, 단속했다. 그 결과, 한인의 정상적인 취업과 결사 등 민족사회의 활동도 일제 군경의 감시와 추적의 대상이 되었다.

다롄 일제 헌병대가 남긴 자료들 중에서 한인사회단체 및 생활에 관한 『조선인 취직 정황 및 조선 혐의자 조사자료(朝鮮人就職情況及朝鮮嫌疑者調查資料)』, 『조선인 송평행지 등 19명 정찰자료(朝鮮人松平行止等19名偵察資料)』, 『다롄헌병대 야마자키 군조의 다롄 조선인 정황에 대한 정찰공작일기(大連憲兵隊山崎軍曹對大連的鮮人情況偵察工作日記)』, 『다롄헌병대 조선인 조사자료(大連憲兵隊對朝鮮人調查資料)』 등은, 한인이 단순히 식민지의 예속 민족이라는 것만으로 일제 헌병대의 감시와 감독을 받았다는 것을 보여준다. 일제의 민족차별과 고압적인 정책은 오히려 식민지 민중의 반발과 저항을 초래했다. 비록 정확한 자료들은 발굴되지 않고 있지만, 다롄 거주 한인들의 일제통치에 대한 저항은 자발적인 민족주의의 고취를 비롯하여 한민족 반일단체 및 중국 항일단체와의 연대 등 다양한 형식으로 진행되었다.

한인 상인 김혁(金革)은 평소 주위 사람들에게 반만항일(反滿抗日)을 선동하여 일제 헌병대의 감시를 받았고, 수차례 일본경찰서에 불려가서 조사를 받았다. 다롄영진공구주식회사(大連盈進工具株式會社)의 한인 회계도 평소 주위 사람들에게 반일사상을 선동하여 일제당국에 체포되었다. 1943년 다롄기계주식회사의 한인 청년 임홍식은 국제공산당 지하당조직과 연계를 갖고 노동자들에게 반일사상을 선전하였으며, 정보를 수집·제공하였다. 후에 그는 일제 경찰에 체포되어 뤼순 감옥에서 갖은 고초를 겪고 광복 후에야 석방되었다.[25)]

다롄의 특수한 전략적 지위로 인해 코민테른과 한인애국단 등은 일찍부터 다롄에 요원을 파견하여, 일제의 정보수집, 군사시설 파괴, 고관 암살 등의 활동을 전개하였다. 그 대표적 인물들은 다음과 같다.

심득룡(沈得龍. 1911~1944)은 일찍 동북항일연군에 참가했다가 소련으로 파견 유학을 가서 1938년 10월에 코민테른이 설립한 모스크바공산주의대학을 졸업한 후, 소련 홍군 참모부에 발탁되어 무전기술과 기타 첩보기술 훈련을 받았다. 1940년 홍군 참모부는 그를 다롄에 파견했다. 그는 다롄 주재 소련영사관의 지시에 따라 흥아(興亞) 사진관을 차리고, 펑톈, 번시(本溪), 톈진(天津), 다롄 등지에서 첩보원을 개발하여, 소련에 무전으로 일본군의 이동 상황과 다롄부두창고 그리고 저우수이쯔 일본육군창고의 군수품 수량 등의 정보를 보고했다. 1943년 10월, 다롄 일제 헌병대는 장기간 심득룡의 무전신호를 추적한 끝에 그를 체포했다. 갖은 고문과 한국의 고향으로 보내준다는 등의 유혹에도 심득룡이 굴복하지 않자, 일제는 그를 하얼빈의 731부대에 마루타로 보내 1944년에 생체실험을 했다.

심득룡 외에도 다롄 지역에는 코민테른과 소련 홍군이 파견한 한인 요원들이 첩보활동을 하다가 일제 군경에 체포되어 옥중의 이슬로 사라졌다.[26]

유상근, 최흥식은 리턴 조사단(Lytton Commission)을 영접하러 나올 관동군사령관, 관동청장관, 만철총재 등 일제 고관의 암살을 위해 1932년 4월에 한인애국단과 김구가 파견한 의사들이다. 유상근과 최흥식은 권총과 폭탄 등 무기를 소지하고 다롄에 잠입하는 것에는 성공했으나, 불행히도 경비를 요청하기 위해 상하이(上海)로 보낸 정보가 단서가 되어 거사 직전 일제 헌병에 체포되고 말았다. 결국 두 사람은 각각 10년 유기형 판결을 받고 뤼순 감옥에 수감되었다가, 광복 전날인 1945년 8월 14일에 참살되었다.

1934년 5월, 조선혁명간부학교[27]의 졸업생들인 변창유, 최기영, 채동룡, 정해룡, 김기형, 안세웅, 서만성 등은 의열단 단장 김원봉의 명령에 따라 다롄으로 건너와 만주 각지의 반일단체와 연계하여 공동으로 항일투쟁을 전개하려 했다. 이 정보를 입수한 일제 경찰이 다롄, 잉커우, 안산, 선양 등지에서 벌인 대대적인 검거로 인해 이들은 결국 체포되어 뤼순 감옥에 수감되었다.

다롄 지역의 한인 항일투쟁에서 간과할 수 없는 것이 다른 지역에서 항일운동을 전개하다가 뤼순 감옥에 투옥된 지사들의 옥중투쟁과 재판과정 중의 법정투쟁이다. 뤼순 감옥의 마지막 소장(田子巨浪)의 공술에 따르면, "1944년 5월부터 1945년 8월까지 뤼순형무소에 수감된 중국 항일지사와 백성은 1,000여 명이었고, 한인도 80여 명 있었다." 안중근을 비롯하여 뤼순 감옥에 수감되었거나 뤼순 감옥에서 순국한 한인 애국지사들은 다롄 지역 한인 항일투쟁의 중요한 구성요소이다.

안중근(安重根: 1879~1910)은 한국의 대표적인 항일지사로, 일찍이 국내에서 교육구국, 산업구국 운동에 투신했다가, 1907년에 만주를 거쳐 러시아 연해주로 망명, 무장투쟁에 투신하여 국내 진격작전 등을 지휘하였다. 그는 1909년 10월 26일 하얼빈에서 이토 히로부미(伊藤博文)를 사살한 후에 체포되어, 같은 해 11월 3일에 뤼순 감옥으로 이감되었다. 그는 1910년 2월 14일에 일본 관동도독부 지방법원에서 사형판결을 받고 3월 26일에 순국하기까지 11차례의 재판과 조사를 받는 가운데, 자신의 의거 동기와 동양평화사상에서 대해 수차례 언급했다. 또 옥중에서 『안응칠 역사』, 『한국인 안응칠 소회』, 『동양평화론』 등의 저서와 수많은 유묵을 남겼다.

단재 신채호(申采浩: 1880~1936)는 한국의 독립운동가이자 사회주의적 아나키스트 사학자로, 일찍이 국내에서 애국계몽운동과 독립운동을 하다가 1910년 4월에 중국으로 망명하였다. 그 후 상하이임시정부에 가담하였지만 의견차이로 퇴출하고, 최종적으로 무정부주의동방연맹에 참가해 활약했다.

1928년 4월, 신채호는 군자금 마련을 목적으로 태환권(兌換券)을 바꾸기 위해 타이완 지룽(基隆)에 갔다가 일본수상경찰에게 체포된 후에 다롄 일본수상경찰에 인도되어 뤼순 감옥에 수감되었다. 임병문, 이필현, 이종원 등 '동범(同犯)'도 함께 수감되었는데, 1928년 12월 13일부터 1930년 5월 9일까지 다롄 일본 관동청 지방법원에서 열린 네 차례의 심판 끝에 '치안유지위반죄', '유가증권위조죄'로 유기도형 10년을 판결 받았다.

신채호는 옥중에서 『조선사연구』, 『조선사』, 『조선상고문화사』 등 한국 민족주의사관을 대표하는 옥고를 집필하였다. 신채호는 1912년에 일본이 한국 식민통치를 강화할 목적으로 호적등록을 진행할 때 등록을 거부하여 무국적자인 상태였다. 1936년 2월 21일, 옥중에서 뇌출혈로 사망하였다.

우당 이회영(李會榮: 1867~1932)은 일찍이 국내에서 개화, 계몽운동과 독립운동을 진행하다가, 1910년 12월에 만주로 망명하여 동지들과 함께 신흥무관학교 등 독립단체와 기관을 설립했다. 상하이임시정부 설립에도 동참하였다가 퇴출한 후, 1924년에 조선무정부주의자연맹을 설립하였다.

이회영은 만주사변 이후 흑색공포단을 조직하여 일제식민기관의 파괴와 요원 암살을 지휘하였다. 1932년 11월 만주 지역의 투쟁을 진두지휘하기 위해 상하이에서 다롄으로 온 이회영은, 일본수상경찰서에 체포되어 뤼순 감옥에 수감되어 있던 중에 판결도 없이 교수형에 처해졌다.[28]

1926년 9월, 신민부 군정위원회 부위원장 겸 별동대 대장 황덕환(黃德煥)은 하얼빈에서 무기를 구입하여 운송하던 중에 간첩의 밀고로 일제헌병에 체포되어 뤼순 감옥으로 이송, 구금되었다. 같은 해 10월에는 다롄지방법원에서 무기징역 판결을 받았고, 그 후 옥중에서 일본인과 언쟁 끝에 사살하여 추가 재판에서 사형판결을 받고 1929년 9월에 처형되었다.

1926년 9월, 정의부 제6중대 제2소대 소대장 김원국(金元國)은 퉁화(通化) 현의 친일주구를 처단하고 친일단체 상조계를 토벌하는 전투에서 서상진, 김용호, 서영준 등과 함께 일제 헌병에 체포되어 뤼순 감옥에 수감되었다. 이듬해 3월, 김원국은 다롄지방법원에서 사형판결을 받고 뤼순 감옥에서 처형되었다.

흥사단 단원이자 한국독립당 당원인 백여범(白汝範)은 다롄에 잠입하여 반일활동을 전개하던 중에 일제 경찰에 체포되어 유기도형을 언도받고 뤼순 감옥에 수감되었다. 그밖에 뤼순 감옥에서 순국한 항일지사로 손기업(孫基業) 등이 있다.[29)]

Ⅳ. 광복 및 조선족사회로의 전향

일제의 항복은 주권 회복 및 민족 해방이라는 중대한 의의를 지닌 한편, 다롄 지역 거주 한인을 비롯한 재만 한인들에게는 고국으로의 귀환인가 아니면 중국에 잔류하는가라는 중대한 선택을 동반하였다. 광복과 더불어 만주 지역에 거주하던 한인 200여만 명 가운데, 절반에 가까운 수가 귀국을 선택하였다.[30)] 다롄 지역도 예외는 아니었다. 1946년도의 통계에 따르면 다롄 지역 한인 인구는 1,350명으로 대폭 감소하였다. 이는 다롄 거주 한인의 대부분이 일제식민기구의 하층관리, 식민회사의 기술자 및 자영업자였다는 점에서 소련 홍군에 의해 점령되고 공산당의 지배가 확실한 상황에서의 정치적 체제를 의식한 귀환으로 보인다.

비록 인구는 절대적으로 감소했으나 식민지 통치에서 해방된 다롄 지역 한인들은, 해방과 더불어 민족사회와 민족 자치의 실현을 위해 노력하였다. 1945년 12월 2일에 다롄 시 샤팅(霞町) 200호에서 다롄지방조선인회(회장 문시현)가 설립된 것을 기점으로, 다롄한민노동동맹(1945년 12월), 다롄한국민생합작사(1946년 5월 31일) 등이 잇따라 설립되어, 한인사회의 단결과 생활 및 경제의 구제와 발전을 도모하고자 하였다.[31]

한반도의 남북분열이 가시화되면서, 다롄의 한인사회도 정치적 이념에 따라 한인이란 명칭을 버리고 조선인이란 명칭을 사용하기 시작하였다.[32] 1946년 11월 21일에 다롄지방조선인회와 한민노동동맹은 협상을 거쳐 다롄조선인민주연합회를 통합, 설립하였다. 이 동맹은 설립 선언에서 시정부의 지도하에 세계평화를 공고히 하고, 조선인의 정치, 경제, 문화 수준을 제고하며, 다롄의 민주 건설을 위해 노력할 것을 선언했다. 동맹은 집행위원회와 상무위원회를 설치하고, 그 산하에 조직, 선전, 민정, 재정, 학교, 비서 등의 부를 설치하였다. 당시 동맹에는 330명의 회원이 있었는데, 이는 다롄 조선인 인구의 24.4%에 달하는 수치였다.[33]

1946년 4월 10일, 다롄조선인노동동맹 회장 문시현 등은 조선인들의 요청에 따라 사립 다롄시조선인학교를 설립하였다. 설립 초기 소학부에 여섯 개 학년, 중학부에 세 개 학년을 설치하였고, 매 학년에 한 반씩, 총 아홉 개 반을 두었다. 다롄 지역 한인사회에서 처음 설립된 이 민족학교는 민족사회의 관심과 지지 아래 급속히 발전하여, 1950년에는 교원 10여 명, 학생 250여 명으로 성장했다. 하지만 이 시기에도 조선으로 귀환하는 사람이 속출하여 학생이 줄었으므로, 1950년에는 부득불 중학부를 폐쇄하고 말았다.

1951년 1월, 다롄시교육청은 다롄시조선인학교를 인수하여 공립학교로 격상시키고 중학부를 회복시켰다. 1955년에는 재학생수가 170여 명으로 늘어났고, 1957년부터 수학 · 물리 · 화학 · 생물 등 일제 식민통치시기의 교과서를 더 이상 사용하지 않고, 연변교육출판사에서 발행하는 조선어 교재를 사용하기 시작하였다.

민족학교의 설립과 더불어 민족사회의 중요한 상징으로 꼽을 수 있는 것이 문화자치기관의 설립이다. 1950년 다롄시조선인연합회는 문예공연단을 설립했고, 같은 해 7월에 5일간 공연을 하여 그 수익금 전부를 정부에 헌납하였다. 1954년 다롄 시정부는 이 문예공연단을 기초로 조선족인민구락부를 설립하여 조선족의 문화 및 문예활동의 활성을 지지함으로써, 다롄 지역 조선족들이 민족문화를 보존 · 발전시킬 수 있는 여건을 마련해 주었다.

〈표 2〉 해방 이후 다롄 지역 조선족 인구 통계

연도 / 구분	1950년 6월 30일	1964년 6월 30일	1982년 6월 30일	1986년 말
전체인구	531명(0.04%)	1,700명(0.05%)	2,428명(0.05%)	3,080명(0.06%)
도시인구	-	1,306명	2,042명	2,717명

· 주: 전체인구는 다롄 지역 전체에 거주하는 조선족의 수와 다롄 총인구에서 조선족이 차지하는 비율을 나타낸다. 도시인구는 다롄 지역 중 도시부에 거주하는 조선족의 수치이다.

· 출처: 大連市史志辦公室(2002), 『大連市志 民族志, 宗教志』, 遼寧民族出版社, 312쪽.

해방 이후 다롄의 조선족 인구는 장기간 크게 증가하지 않았다. 1953년 6월 30일의 통계에서 531명이었던 조선족 인구는 1964년 6월 30일에 이르러서는 1,700명으로 증가하였다. 이 시기에는 중국 정부가 인구의 자유이동을 허용하지 않았으므로, 조선족 인구의 증가는 주로 대학 졸업생의 직장 배치, 직업군인의 퇴역 이후 양로(養老) 등에 의한 것이었다. 1986년 말, 다롄의 조선족 인구는 3,080명이었다.

개혁개방 이전까지 다롄 내 조선족인구는 다른 지방에 비해 매우 적었다. 그러나 조선족학교, 조선족문화관과 같은 민족사회의 구심점을 통해 매년 민족운동대회와 같은 모임을 가지며 화기애애한 민족사회를 유지하였다. 이것이 가능했던 이유로 다롄 조선족의 문화(교육) 수준이 높고 지성인들이 다수를 점했던 것을 들 수 있다.

〈표 3〉 1985년 다롄 조선족의 문화 수준 통계

교육수준	박사	석사	유학생	대학	전문대학	기술학교
인구	4	9	23	223	107	129
비율(%)	0.3	0.6	1.5	15	7	8.2
교육수준	고등학교	중학교	소학교	문맹/반문맹	합계	
인구	282	578	112	25	1,492	
비율(%)	19	39	7.8	1.6	100	

· 출처: 大連市史志辦公室(2002), 『大連市志 民族志, 宗教志』, 遼寧民族出版社, 321쪽.

다롄 조선족의 문화 수준은 1980년대 중반에 이미 현재 중국의 평균 수준을 상회했는데, 이는 다롄 조선족이 다롄의 사회경제발전에 중요한 역할을 하고 있었음을 시사한다. 이들의 주요 직업을 보면, 정부기관 공무원이 25명, 대학교와 연구기관 재직자가 147명, 국가기업 재직자가 88명이었다. 여기에는 직업군인으로 봉사하다가 퇴역하여 다롄에 산재한 여러 군부대 휴양소(休養所)에 거주하는 대대, 연대, 사단급 조선족 장교들이 포함되어 있다. 대표적인 예로는 한인애국단의 유일한 여성단원으로 김구의 비서를 담당하였던 리화림, 모택동의 조선어 통역을 담당하였던 뤼다군분구(旅大軍分區) 대외연락부 부부장 김도영 등이 있다.

개혁개방은 중국의 사회경제발전에 유례없는 활력을 불어넣었다. 중국의 제1차 대외개방 16개 연해도시 중의 하나인 다롄은 중국 둥베이 지방 경제발전의 견인차 역할을 하였고, 성공을 꿈꾸는 사람들에게 수많은 기회를 제공하였다. 헤이룽장 성(黑龍江省)과 지린 성의 오지에서도 조선족 농민들이 적은 밑천을 가지고 음식점과 김치 장사를 하기 위해 다롄으로 몰려들기 시작하였다. 1992년의 한중수교로 다롄이 한국과 중국 간 해상교통의 중추로 떠오르자, 한국기업에 취직하기 위해 수많은 조선족 대학생들이 다롄으로 몰려들기 시작하였다. 이로써 다롄의 조선족사회는 격변의 시기를 맞이하게 되었다.

Ⅴ. 나오며

다롄 조선족 사회의 형성 과정은 중국 조선족 역사에서 특수한 경우라고 할 수 있다. 다롄은 일제에 의해 개발된 근대 항구도시였고, 만주국에 속하지 않은 관동도독부 관할 지역이라는 객관적 특성을 가지고 있었다. 더불어 파산빈고농이 주축을 이루었던 한인 이주민들이 정착할만한 다롄 내의 공간이 일찍부터 중국인들에 의해 개척되었고, 일본의 점령 후에는 일본인 개척단에 의해 강점되었기 때문에, 한인의 다롄 이주는 상대적으로 늦고 분산적이었으며 농업이민이 아닌 주로 도시 취업 및 영업을 목적으로 이루어졌다.

일반적으로 다롄이 일제 만주 진출의 거점도시기 때문에 이곳에 거주했던 한인들은 대체로 친일적이었을 것이라는 인식이 있다. 그러나 이러한 상식과 달리 다롄 한인사회 속에서도 일제 식민정책에 대한 저항과 투쟁이 간헐적으로 진행되었다. 이는 일제 식민지 민족정책의 실패를 상징하는 것으로, 한민족 반일민족투쟁의 보편성과 지속성을 증명하는 표징(表徵)이라고도 할 수 있다. 또한 다롄은 일제가 항일지사를 구금, 살해한 주요 현장인 뤼순 감옥이 있는 곳이다. 이곳에서 안중근, 신채호, 이회영 등 한국의 항일지사들이 옥중 투쟁했고 장렬히 순국했다.

광복과 더불어 다롄 지역의 한인은 대부분 귀국했지만, 잔류한 수천 명은 중국공산당이 건립한 인민정부와 운명을 같이하면서 중국 조선족이란 새로운 이름 아래 끈질긴 생명력으로 민족사회를 보존, 발전시켜왔다. 1980년대 중반에 들어서면서 개혁개방의 동풍을 타고 둥베이 지방 오지 조선족들의 다롄 이주가 시작되었다. 이로써 다롄은 마침내 새로운 민족사회의 전성기를 맞이하게 되었다.

류빙후 | 다롄대학 한국학연구원 교수

▣ 주

1) 현재 다롄 시에 소속되어 있는 와팡뎬(瓦房店)과 좡허(莊河)는 해방 이후에 다롄 시의 관할 지역이 되었다. 해방 전에 와팡뎬과 좡허에 거주하던 한인은 매우 적었으나 현재의 상황을 고려하여 본 연구에 범위에 넣었다.
2) 다롄 지역은 청대(淸代) 봉금지역에 속하지 않았기 때문에 한족(漢族) 및 만족(滿族) 거주자들이 상당수 거주하고 있었다. 또한 랴오둥 반도에는 하천이 적었기 때문에 수전을 개간할 수 있는 습지가 상대적으로 적었다.
3) 한인의 만주 이주 원인은 다음과 같이 구분할 수 있다. (1) 만주지방이 한국에 비해 생활이 안정되고 용이했다. (2) 한국에 인구과잉현상이 나타났다. (3) 중국 지주가 조선 이주민을 환영하였다. (4) 간도협약에 의해 귀화 한인의 토지소유권이 인정되었다. (5) 한국에 흉년이 빈번했다. (6) '한일병합' 이후 한국 내 농민의 생활이 더욱 곤란해졌다. (7) 조선의 경작지가 줄어들고 땅값이 올랐으므로 땅을 팔아 어느 정도의 자금을 손에 쥔 한국 농민은 땅값이 저렴한 만주로 이주하였다. (8) 만주농업이 흥한다는 과장된 풍설(風說)이 한국에서 돌았다. (9) 만주 각지에 수전을 전문으로 하는 농장이 개설됨에 따라 한인농민의 수요가 크게 늘어났다. (10) 철도의 개통으로 인해 만주 이동이 편리해졌다.
4) 안봉철도는 러일전쟁 때 긴급 부설한 경편철도이다. 러일전쟁 후 일본은 이를 표준궤로 개건하여 1909년 8월에 준공했고, 1911년에는 압록강철교가 개통되었다. 이주민들은 철도의 편리를 이용해 남만주에서 다른 지방으로 쉬이 이주하였고, 조선 남부의 거주자도 만주 이주를 시도하게 되었다.
5) 1930년대 다롄에는 조선인어부조합이란 단체가 있었다.
6) 다롄 지역 한인의 수전개발은 1928년에 이르러 정, 최, 김 등의 성씨를 가진 한인 10여 호에 의해 진저우 산스리바오(三十里堡) 일대에서 진행되었다. 1930년대에 김영선 등이 라오후탄 부근에서 수전을 개간하여 벼농사에 성공하였다. 1935년에 많은 농민들이 진저우 다웨이자전(大魏家鎭)과 덩샤허(燈沙河) 일대에서 수전을 개간하여 벼농사를 시작하였다.
7) 샤허커우는 다롄의 서남쪽 일대로, 일제통치시기 중국인의 집거구역으로 유명하였을 뿐만 아니라, 다롄의 한인 집거지이기도 하였다. 개혁개방 이전까지 이곳은 조선족의 주요 집거지였고, 현재 다롄의 유일한 조선족 기독교교회도 이곳에 자리를 잡고 있다.
8) 옌지(延吉), 허룽(和龍), 왕칭(汪淸), 훈춘(琿春) 및 기타 지역.
9) 싱징(興京), 환런(桓仁), 퉁화(通化), 류허(柳河) 및 기타 지역.
10) 지안(輯安), 콴뎬(寬甸), 린장(臨江), 창바이(長白) 및 기타 지역.
11) 지린, 둔화(敦化), 어무(額穆), 화뎬(樺甸), 판스(磐石), 멍장(濛江) 및 기타 지역.

12) 닝안(寧安), 동닝(東寧), 무링(穆稜) 및 기타 지역.
13) 관동주, 만철 부속지, 상부지(商埠地) 및 인접지대 기타 지역.
14) 大連市史志辦公室(2002), 『大連市志 民族志, 宗教志』, 遼寧民族出版社, 311쪽.
15) 유한양행(柳韓洋行) 다롄지항은 서울에 본사를 둔, 서양 약품을 주로 판매하는 회사로, 김영호가 경리를 담당하였다.
16) 남해당(南海堂) 제작소라는 인쇄공장이 있었다.
17) 大連市史志辦公室(2002), 앞의 책, 311쪽.
18) 일본관동국은 「관동주민적규칙(關東州民籍規則)」과 「관동주기류규칙(關東州寄留規則)」을 반포하여, 관할 내의 주민을 민적인(民籍人)과 기류인(寄留人)으로 구분하였다. 다롄 거주 한인들이 관동주 주민으로 민적에 가입하려면 정부가 제시한 20여 개 일본성씨로 성을 바꿔야 했고, 이를 거부하면 기류인이 되었다. 광복 직전 다롄 거주한인 인구를 1만 명으로 보는 경우와 4만 명으로 보는 경우가 있는데, 이는 민적인과 기류인을 구분해서 보는가 아니면 통합해서 보는가에 따른 것이라고 여겨진다.
19) 大連市史志辦公室(2002), 앞의 책, 315쪽.
20) 일제당국은 1941년에 조선특설반의 어문과목을 강제로 취소했고, 이듬해에는 조선특설반을 강제 폐교시켰다.
21) 다롄조선기독교회의 전신은 조선기독교장로회 다롄교회로 잉커우장로회에 소속되어 있었다. 잉커우장로회는 1937년에 조선용천장로회에서 설립한 분회로, 잉커우 · 하이청(海城) · 판산 · 다롄 등지에 22개의 교회를 가지고 있었으며, 신도는 2,860명에 달했다. 이 때 설립한 교회당은 현재 중산 구(中山區) 판성제(繁盛街) 17호에 있다.
22) 자료의 부족으로 확인할 수 없으나 조선인회가 아니라 조선인민회라고 추측된다. 조선총독부가 관할하던 친일조직인 조선인민회는 만주의 거의 모든 한인 거주지역에 설립되었는데, 실질적으로 민족사회의 결성에 일정한 작용을 하였다는 평가도 있다.
23) 大連市史志辦公室(2002), 앞의 책, 315쪽.
24) 『大連憲兵隊1945年關於偵察大連刑務所鮮系看守員動向報告』
25) 大連市史志辦公室(2002), 앞의 책, 313쪽.
26) 『皮子窩大連警察署安東憲兵隊偵察蘇聯諜報員朝鮮人等情況資料』
27) 난징중앙육군군관학교 조선특별반.
28) 일설에 의하면 이회영은 수상경찰서에서 혹형 끝에 사망하였다고 한다.
29) 金月培 · 陳若萱(2013), 「殉國于中國旅順監獄的韓國獨立運動家」, 『大連近代史研究』 10, 361~367쪽.
30) 1948년도 조선은행통계에 의하면, 50여만 명이 한국으로 귀국하고, 40여만 명이

북한으로 귀환했다.

31) 大連市史志辦公室(2002), 앞의 책, 316쪽.

32) 1949년 9월에 베이징(北京)에서 소집된 제1차 정치협상회의에서 둥베이 지방 거주한인을 중국의 소수민족으로 인정하였으나, 법적으로는 1954년 9월에 반포된 중국의 첫 헌법에서 정식으로 규정되었다고 본다. 이 과도기에 조선인이란 명칭을 사용하였다.

33) 大連市史志辦公室(2002), 앞의 책, 316쪽.

8.
다롄 일본인사회의 신사 창건과 지역 유력자

한현석

Ⅰ. 들어가며

이 글에서는 러일전쟁 이후부터 1910년까지 다롄 일본인사회의 신사창건 과정을 당해시기 다롄의 사회적 상황과 연계해 분석하고자 한다. 구체적으로는 다롄신사의 창건에 관여한 주요 인물·단체의 성격을 파악한다. 이를 통해 다롄 일본인사회가 가진 특수한 성격을 밝히고자 한다.

러일전쟁의 승리로 일본은 만주의 입구인 랴오둥 반도(遼東半島)를 세력권 내에 넣게 되었다. 그 결과 일본은 의도대로 한반도에 대한 통제권을 확실히 할 수 있게 되었고, 이 구도는 1945년 8월 일본의 패전 이전까지 이어졌다. 일본의 대륙정책이 성공적으로 유지될 수 있었던 것은 만주의 현관이라고 일컬어진 다롄이 안정적인 일본인사회로 성장한 것과 무관하지 않을 것이다.

다롄에 일본인사회가 정착되는 과정은 순조롭지만은 않았다. 전쟁이 끝나고 7년 지난 1912년 1월 1일자 『조선과 만주(朝鮮及滿洲)』 기사에서 당시 다롄민정서장은 다롄에 진출한 일본인들의 정착이 원활하지 못해 범죄가 증가하고 있다고 지적하며, 문제의 해결을 위해서는 도항자들의 토착성(土着性)을 높여야 한다고 주장했다.[1] 일본이 전쟁을 통해 다롄을 확보한 것과는 별개로 당해지역이 안정적인 일본인사회로 거듭나기 위해서는 시간과 방법이 필요했음을 알 수 있다. 다롄의 일본인들이 신사를 세우려고 한 이유도 다롄에 거주하는 일본인의 토착성을 높이기 위한 방책 중 하나였을 것이다.

최근까지 필자가 접한 다롄의 신사에 관한 연구는 닛타 미츠코(新田光子)의 『다롄신사사(大連神社史)』[2]가 유일하다. 『다롄신사사』는 1920년 당시 다롄신사의 신직(神職)이었던 마쓰야마 테이조(松山珵三)가 편찬한 『다롄신사창립지(大連神社創立誌)』[3]를 기본사료로 삼아 작성된 것으로, 처음으로 다롄신사의 역사 전체가 소개된 연구서라고 할 수 있다. 닛타는 다롄신사를 교파신도계 종교인 이즈모타이샤쿄(出雲大社教)[4]의 다롄 분사(分祠)를 전신으로 하는 "매우 유니크 한"[5]기원을 가진 신사라고 소개한 바 있다. 또한 1945년 일본의 패전 이후에는 중국이나 한반도 내 신사 대부분이 현지민들에 의해 소실 등으로 사라졌던 것과 달리, 당시 신직(神職)에 의해 신사의 신체(神體)가 시모노세키 아카마진구(赤間神宮)로 옮겨져 현재까지 경내신사(境內神社)로 그 명맥을 유지하고 있다는 사실에서도 특별한 역사를 엿볼 수 있다.[6] 닛타의 연구는 다롄신사의 역사 전모를 밝혔다는 점에서 의의가 있다. 반면 상대적으로 신사의 창건경위에 대한 분석이 단순하다는 점은 아쉬움을 남긴다.

메이지유신 이후 일본인들의 해외진출 증가는 그들이 신앙했던 신사의 해외진출로 이어졌다. 해외에 세워진 신사('해외신사')는 일본정부에 의해 창건된 '정부설치신사'와 일본거류민에 의해 설립된 '거류민설치신사'로 분류된다. '정부설치신사'는 총독부나 군(軍), 현지 일본 통치조직에 의해 그 지역의 통치 상징, '총진수(總鎭守)'의 의미로 세워졌으며 처음부터 현지인의 교화를 목적에 두었다. 이에 반해 '거류민설치신사'는 불안한 해외생활의 안녕 기원과 일본인으로서의 아이덴티티를 유지하려는 목적으로 세운 신사로, 초기 해외신사의 대부분은 이런 형태로 만들어졌다고 볼 수 있다.[7] 닛타는 이와 같은 해외신사의 분류방식에 근거하여 다롄신사를 다롄에 이주한 민간 일본인들이 창건한 신사로 파악하고 있다.[8]

해외신사 중 '거류민설치신사'는 해당 지역민의 기부금을 토대로 창건되었다. 이때 지역의 유력자들은 많은 돈을 기부하며 신사창건에 협조하면서 동시에 본인의 위세를 과시하기도 했다. 흥미로운 점은 다롄신사의 창건에 관여한 주요 유력자들이 아편(阿片)을 통해 부를 쌓았다는 사실이다. 아편과 같은 상품을 판매하며 부를 쌓을 정도의 인물이라면 일본정부와 매우 밀접한 관계가 있었음이 분명하다. 닛타의 서술대로 그들을 단순한 민간인 신분으로 파악해도 무방한 것일까.

이하 본문에서는 다롄신사연구의 기초 자료인 『다롄신사창립지』와 러일전쟁 이후 일본정부의 법령과 당해시기 신문·잡지 그리고 다롄의 아편정책연구 등을 참고하여 다롄신사의 창건경위와 관련주체들에 대해 구체적으로 살펴보도록 하겠다.

Ⅱ. 최초의 신사창건 논의와 좌절

1904년 2월 시작된 러일전쟁은 1905년 8월 일본의 승리로 막을 내렸다. 전쟁이 끝나자 특수를 노린 일본인들의 다롄 도항이 증가하기 시작하였다. 전쟁 직전인 1904년 1월 다롄의 일본인 인구는 307명이었지만, 1906년 말이 되자 8,248명으로 급증하였고,[9] 1년 뒤인 1907년 말에는 16,688명에 달하였다. 이러한 인구의 증가는 1905년 9월 이후 민간 일본인의 자유도항이 허가되었기 때문으로 보인다.

민간일본인의 자유도항이 허가되기 전에는 일본육군대신의 허가를 받은 자만이 다롄으로 건너올 수 있었다. 무분별하게 일확천금을 노리고 다롄으로 건너오려는 자들을 선별하고자 했던 것이다. 1905년 1월 4일 육군대신 데라우치 마사타케(寺內正毅)는 장래 만주에서 일본의 상권(商權)이 발전하기를 바라며 다롄의 도항선박과 도항상인에 관한 규정(「大連灣出入船舶及渡航商人規則」)을 마련하였다.[10] 같은 규정의 제3장 도항상인의 자격에 따르면 "제국신민으로서 상당의 자산과 신용을 가진 자"여야 했으며, 도항상인은 "호적등본과 소득세액 증명서" 등을 갖추어 육군대신에게 제출해야 했다.[11]

다롄의 자유도항이 허가된 이후 다롄의 일본인 인구는 급증하였지만, 신사가 존재하지 않아 보통의 일본인으로서의 생활은 불가하였다. 아이가 태어나거나 국경일이 되더라도 신사를 찾아가 참배할 수가 없었기 때문이었다. 이에 다롄의 일본인들은 우부스나신사(産土神社)[12]의 건립의 필요성을 제기하였다. 데미즈 야타로(出水彌太郎)를 중심으로 한 유지자들은 약 20만 엔의 예산 규모로 다롄신사의 설립을 계획하였다.[13]

다롄신사의 창건을 처음으로 주도한 인물인 데미즈는 1905년 4월 육군대신 데라우치에게 다롄도항영업소허가증을 교부 받은 후 다롄으로 건너왔다.[14] 데미즈는 1849년 6월 오사카부 미나미카와치군(南河內郡)에서 태어났다. 1892년에는 가요철도(河陽鐵道)의 부설에 참여하였고 1896년 2월 같은 회사의 사장으로 취임하였다. 그 외 오사카

마차철도주식회사(大阪馬車鐵道株式會社), 가나이연와주식회사(河內煉瓦株式會社)의 사장으로도 활동했으며, 일본적십자사에 가맹하여 정사원으로서 공공자선활동도 했다고 한다.[15] 이와 같은 데미즈의 경력이나 1908년까지 일었던 다롄의 건축 붐[16]으로 미루어 볼 때, 그는 철도 및 건축과 관계되는 사업을 목적으로 도항했을 것으로 추측된다.

1905년 9월 민간 일본인의 자유도항이 허가됨에 따라 다롄에는 일본 국내뿐만 아니라 조선과 타이완 등지에서 몰려든 일본상인들로 북적였다. 그 결과 상업 질서의 확립과 영업활동 조건 정비를 위한 실업가 조직의 필요성이 제기되어 1906년 1월 10일 다롄실업가 18명은 헤이고다화회(丙午茶話會)를 결성하였다. 같은 해 3월 10일, 제3회 모임에서는 헤이고다화회를 실업단체조직으로 개편하자는 의견이 제시되어 간사 9명, 서기장 1명 등이 선출되었고 이때 데미즈도 다롄실업회의 간사로 선출되었다.[17]

데미즈의 다롄신사 설립이 추진되고 있던 때 다른 한쪽에서는 이즈모타이샤교의 다롄포교사였던 마쓰야마 테이조(松山珵三)가 이즈모타이샤교의 다롄분사 건설과 신자 모집을 위한 활동을 진행하고 있었다. 마쓰야마는 러일전쟁 중이던 1904년 7월 야전철도제리부(野戰鐵道提理部)[18]의 군속 신분으로 다롄에 도착하여, 군속의 임무를 수행하는 와중에도 '만주포교'에 힘쓰고 있었다. 당시 다롄의 일본인 대다수는 마쓰야마 포교사가 이즈모타이샤(出雲大社)와 관계가 있는 신사를 다롄에 설립하는 것으로 생각하고 있었다.[19] 다시 말해 마쓰야마 포교사 등이 힘을 쏟고 있었던 것은 일본 신흥종교의 한 분파인 이즈모타이샤교의 다롄 분사를 설립하는 일이었지만, 다롄에 거주하는 일본인 다수는 마쓰야마 등이 신사를 건설하려는 것으로 이해했던 것이다.

데미즈가 마쓰야마 측에게 다롄신사의 설립을 함께 추진하자고 제안한 것도 바로 이상과 같은 이유 때문이었을 것으로 보인다. 1907년 7월 25일 다롄 지역 유력자였던 이시모토 간타로(石本鏆太郎)의 집에 마련된 이즈모타이샤쿄 분사건설사무소에서는 데미즈의 건의, 즉 다롄신사를 함께 설립하자는 의견에 대한 회의가 열렸다. 회의 결과 다롄신사의 합동설립안은 무산되었다. 경영방법에 차이가 있다는 것이 이유였다. 이후 데미즈는 다롄신사의 설립계획을 단념하고 일본으로 귀국하였고, 데미즈와 함께 다롄신사설립에 참여하였던 "木村, 佐藤, 北條"[20] 등도 신사설립사업을 포기하였다.[21]

데미즈와 이즈모타이샤쿄 측이 각각 신사의 경영에 대해 어떤 방안을 제시했고 또 어떤 부분에서 엇갈렸는지는 구체적으로 알 수 없다. 단지 1906년 6월에 발행된 『신사협회잡지(神社協會雜誌)』에서 다롄에 이세신궁요배소(伊勢神宮遙拜所)가 창립될 계획[22]이라는 기사가 실린 사실과, 데미즈가 귀국 후인 1909년 2월 도쿄에서 『천리교(天理教)』[23]라는 책을 발행한 사실로 미루어 볼 때, 양측의 의견이 엇갈린 배경에는 신사창건과 관계가 있는 사람들이 가진 종교적 성향의 차이가 작용했을 것으로 보인다.

앞서 언급된 바와 같이 데미즈는 다롄신사의 합동설립안이 무산된 이후 일본으로 귀국해버렸다. 그러나 데미즈는 마쓰야마와 같은 종교활동을 위해서가 아닌 사업을 목적에 두고 다롄으로 건너 왔다. 그렇다면 그가 신사창건계획이 무산된 이후 귀국을 택하게 된 이유를 경제적인 부분에서 찾아보는 것도 유효할 것 같다.

데미즈가 간사로 취임했던 다롄실업회에서는 1906년 10월부터 1907년 5월까지 빈번한 지도부의 교체가 발생했다. 그 이유는 다롄의 경제상황이 악화되었기 때문이었다. 1906년 10월 회장에 취임한 미요시 테이지로(三好程次郎)는 같은 해 12월 영업 부진으로 사임하였다. 뒤를 이어 회장대리로 취임한 야마가타상회(山縣商會) 다렌지점의 고호우센키치(五寶仙吉) 역시 영업부진으로 1907년 5월 직을 사임하고 일본 본국으로 돌아갔다. 1907년부터 1908년까지 다렌에서는 전쟁특수의 소멸과 일본 국내 공황 등의 영향으로 도산하는 상점과 영업실적 하락을 겪는 기업이 속출하였다. 다렌실업회의 간사도 그 영향으로 인해 빈번한 교체를 피할 수 없었다.[24)]

이러한 상황으로 미루어 볼 때 데미즈의 귀국과 나머지 관계자들의 신사 사업 포기는 1907년부터 1908년에 걸친 다렌의 경제공황과도 관련이 있었을 것으로 추측된다. 당시 다렌의 경제상황을 고려한다면 데미즈가 이즈모타이샤쿄 측에 다렌신사의 합동건설을 제안한 이유도 경제적인 이유였을 가능성을 배제할 수 없다. 왜냐하면 이즈모타이샤쿄의 다렌 포교활동에는 앞서 잠시 언급된 이시모토 칸타로를 비롯한 당시 다렌에서 손꼽히는 유력자들이 많은 지원을 하고 있었기 때문이다. 마쓰야마가 추진했던 이즈모타이샤쿄 다렌분사 건설 사업이 중단되지 않고 계속되어, 결과적으로 1910년 다렌신사로 거듭날 수 이었던 것은 그런 배경 속에서 이해할 수 있다. 다음 절에서는 다렌신사의 본격적인 창건과정을 이즈모타이샤쿄의 다렌분사 건설 과정과 다렌 일본인사회의 유력자들의 활동에 주목하며 살펴보도록 하겠다.

Ⅱ. 다렌신사의 창건과 유력자들

앞서 언급된 데미즈의 경우 다렌신사의 창건을 최초로 추진하였지만 결국 그 뜻을 이루지 못하였다. 이에 반해 데미즈가 협조를 구했던 이즈모타이샤쿄 측은 결국 1910년 다롄신사를 창건하게 된다. 이하에서는 다롄신사의 창건과정을 주요 유력자의 활동에 주목하며 살펴보도록 하겠다.

러일전쟁 중이었던 1904년 7월 이즈모타이샤쿄의 포교사 마쓰야마가 다롄에 도착하였다. 마쓰야마는 군속의 임무를 수행하는 와중에도 "만주포교"를 위해 계획을 세우고 "향토민족에 동화"되고자 목축을 부업으로 하며 현지의 아이들을 모아 일본어를 가르쳤다. 그러나 마쓰야마는 얼마 지나지 않아 일본인만을 대상으로 하는 포교에 전념하게 되었다.[25)]

1904년 7월부터 1907년 3월까지 마쓰야마가 모집한 이즈모타이샤쿄의 고샤인(講社員)[26)]은 약 천 명에 달했고, 앞서 언급된 바 있는 이시모토도 그들 중 한 명이었다.[27)] 이시모토는 1906년부터 이즈모타이샤쿄 다롄분사 건설을 위한 부지확보에 도움을 주었다. 1907년 3월 말에는 자택의 방 한 칸을 이즈모타이샤쿄의 분사건설사무소로 대여해주고, 같은 해 4월부터 10월까지 마쓰야마를 자신의 집에 머물 수 있도록 배려했다.[28)] 당시 이시모토의 집은 마쓰야마저택(松山御殿)이라 불리며, 해마다 꽃놀이가 열리는 호화저택으로 유명했는데, 저택의 규모는 관동도독부 민정장관의 관사를 능가했다고 한다.[29)] 이시모토가 이와 같은 부를 쌓게 된 배경에 대해서는 후술하도록 하겠다.

1907년 8월 2일 이시모토는 사무소에서 분사 건설을 위한 위원선출의 의견을 제시했다. 이후 8월 19일 창립위원총회가 열려 분사건설위원이 선출되었고, 위원장에 아리마 수미오(有馬純雄), 부위원장에 다카야나기 노부마사(高柳信昌)가 각각 취임하였으며 정·부위원장의 추천으로 59명의 위원이 정해졌다. 59명의 건설위원 가운데 15명의 평의원이 선발되었고, 회계를 맡을 2명의 위원이 정해졌다. 여기서 이

시모토는 유일하게 건설위원, 평의원, 회계를 모두 맡고 있었다.[30] 이로써 이즈모타이샤교의 다롄분사 건설 사업은 건설위원을 중심으로 진행된다.

1907년 8월 25일 건설위원이자 아키다상회(秋田商會)의 다롄지점장인 아키토미 규타로(秋富久太郎)가 목재 일체를, 이와미구미초(岩見組長)의 미즈마 요사쿠(水間與作)가 공작비 일체를 기부하여 임시신전(假神殿)의 공사가 시작되었고, 같은 달 31일 완성되었다.

임시신전의 공사가 끝난 후, 이즈모타이샤교의 분사를 이즈모타이샤의 분사(分社)로 오해한 다롄의 사토초(佐渡町, 현 白玉街)의 유지자는 '다롄신사(大連神社)'라고 적힌 목조 도리이(木造鳥居)를 기증하기도 하였다.[31]

이즈모타이샤교의 다롄분사 건설에 관계된 또 다른 주요 단체로는 황도회(皇道會)를 들 수 있다. 1907년 10월 25일 이시모토의 집에서는

〈그림 1〉 이즈모타이샤교 다롄분사의 임시신전

· 출처: 松山理三編(1920), 『大連神社創立誌』, 大連神社社務所.

가도(歌道)[32] 장려를 목적으로 하는 와카회(和歌會)가 조직되었다. 와카회의 회원 중에는 이시모토를 비롯해 오바 토요하루(大羽豊治), 오타니 신조(大谷深造)와 같은 분사건설위원도 포함되어 있었는데, 그중 오타니는 와카회의 발전을 위해 황도회를 조직하자는 의견을 제시하였고, 육군중장 사이쇼 아츠부미(稅所篤文), 육군대좌 오타니 신조가 각각 황도회의 회장과 부회장에 취임하였다. 1908년 3월 14일 나니와초(浪速町, 현 天津街)의 선방정(扇芳亭)에서 오바는 황도회의 회원 "백수십 명"을 앞에 두고 "황도회원과 분사건설위원은 표면적으로는 조직의 계통을 달리 하고 있지만, 그 근본적 정신(천황을 중심으로 하는 국민적 단결－인용자)에서는 전적으로 일치"한다고 말한 뒤 분사건설의 동기와 그 경영방법을 설명하며 지원을 요청했고, 이에 황도회의 회원 모두가 동의했다.[33]

한편 분사 건설 사업이 진행되는 가운데 황도회와 분사건설위원회를 연합하자는 의견이 분사건설위원회 내에서 제기되었다. 이 소식을 접한 부위원장 다카야나기는 스스로 적임자가 아니라는 이유로 평의원까지 사직했고, 아리마 위원장 역시 자신이 다롄민정서(大連民政署)[34]에서 근무하는 관리라는 이유를 들어 1908년 7월 3일 사직했다. 이로 인해 건설위원들은 다음날 다롄실업회사무소에서 총회를 열어 차기 위원장과 부위원장 선발에 관한 회의를 시작했고 7월 9일에는 남만주철도주식회사(南滿洲鐵道株式會社, 이하 '만철')의 이사였던 구니자와 신베에(國澤新兵衛)와 이시모토가 각각 신임 위원장과 부위원장 후보에 올랐다. 7월 14일 다롄실업회사무소에서 이상의 사안들은 만장일치로 가결되었다.[35]

이즈모타이샤쿄의 다롄분사는 1907년 7월부터 시즈오카현(靜岡縣) 후쿠로이(袋井)의 사전건축사 스즈키 마고키치(鈴木孫吉)에 의해 제작이 진행되고 있었다.[36] 그런데 1908년 7월 22일 후쿠로이에서 목재에 관한 요금을 청구하였으나 분사건설위원회에서는 이를 해결할 자금이 없어 문제가 되었다. 여기에는 1907년과 1908년에 걸친 다롄의 불경기가 원인으로 작용했을 것으로 생각된다.

건설위원회에서는 긴급하게 기부금을 마련하는 방안을 세웠고, 이를 지원하기 위해 부위원장과 회계계를 각각 1명씩 증원하였다. 신임 부위원장으로 선출된 류자오이(劉兆億)는 중국인이 운영하는 굉제채표국(宏濟彩票局)과 기타 방면으로부터 다액의 기부금을 조성했고, 신임 회계계로 임명된 아이오이 요시타로(相生由太郎) 역시 공사에 필요한 일체의 자금 및 기존의 부채를 일시에 해결하여 공사가 예정대로 진행될 수 있도록 하였다.[37] 굉제채표국과 아이오이가 가진 경제력을 짐작해볼 수 있는 대목이라 할 수 있다. 이 둘의 경제력에 관해서는 후술하도록 하겠다.

〈그림 2〉 다롄 시민의 木曳式

· 출처: 松山珵三編(1920), 『大連神社創立誌』, 大連神社社務所.

1908년 8월 30일 후쿠로이 역(袋井驛)에서 출발한 관련 기술자들과 건축자재가 다롄 항에 도착하였다. 9월 2일에는 부두에 도착한 목재를 건축부지로 운반하는 나무끌기의식(木曳式)이 진행되었다.[38] 이후 1년간의 공사를 거쳐 1909년 10월 7일 신전, 배전, 중문, 신찬소(神饌所), 미즈야(水舍), 사무소(社務所)가 완공되었다. 〈그림 3〉의 검은 색 동그라미 지점이 이즈모타이샤쿄의 다롄분사가 건설되었던 위치이다.

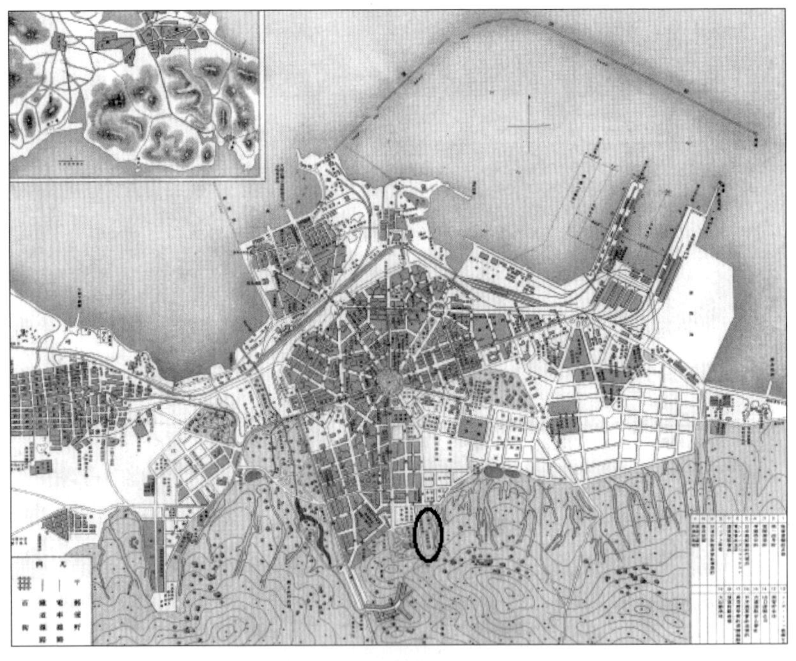

〈그림 3〉 1913년 다롄신사의 위치

· 출처: 南滿洲鐵道株式會社藏版, 『大連市街圖』, 明治44年12月4日要塞司令部認可, 大正2年10月1日再版.

다음 날인 10월 8일에는 이즈모타이샤쿄의 관장 대리인 사사키 유키미(佐佐木幸見)가 다롄에 도착하여, 도쿄에서 가지고 온 분령(分靈)

을 미코시(神輿)에 안치하고 경내까지 옮기는 의식을 진행하였다.[39] 9일에는 천좌식(遷座式)이 진행되었으며, 임시신전에 안치되어 있던 신체(神體)도 신축된 신전으로 옮겼다. 10일 오전 10시부터는 진제식(鎭祭式)이 진행되어 분사건설위원 및 민정장관 대리, 다렌민정서장, 황도회장, 다렌재향군인회단장, 각 신문사장 등을 비롯한 각 관계자들이 본식에 참여하였다.[40] 또한 이즈모타이샤쿄의 관장 센게 타카치카(千家尊愛)는 분사건설위원장 이하 위원 및 위원에 준하는 각 이들에게 감사장과 은잔(銀杯)을 선물로 증정하였다. 이때 다른 이들에게는 1개씩 증정되었던 은잔이 구니자와 위원장, 이시모토와 류 부위원장, 아이오이 회계위원에게는 각각 3개씩이 증정되었다.[41] 이상의 네 사람이 분사의 건설에 크게 조력한 것을 짐작케 한다.

1909년 12월 6일 구니자와 위원장, 이시모토 부위원장, 아이오이 회계주임 등이 사무소에서 비밀회의를 개최하여 신사와 종교의 구별에 관해 논의를 하고, 이즈모타이샤쿄의 본원과 교섭을 거듭한 후 1910년 3월 30일 분사상급역원(分祠上級役員)회의를 열어 분사를 다렌신사로 개칭하기로 결정했다. 이 사안은 건설위원 간에 의견 조절을 거쳐 다렌민정서장에게 보고되었다. 4월 30일에 열린 분사역원총회에서는 분사를 신사로 개칭하는 방법과 수순에 관한 7개의 사항을 정리하였다.[42]

1910년 5월 28일에는 다렌신사 최초의 춘계대제가 집행되었다. 이날 행사에서는 다렌민정서장 대리에 의한 폐백공진이 진행되었고, 소학교 아동의 참배가 이어졌다. 이와 같은 행사는 당시의 신사제도에 따른다면, 지방관(地方官)의 지원을 받을 수 있는 '현사(縣社)'의 사격(社格)[43]에 해당하는 신사에서 볼 수 있는 것들이었다. 따라서 아직 사격이 부여되지 않아 무격사(無格社)에 지나지 않던 다렌신사에서 이상의 행사가 진행된 것은 파격적인 것이었다.[44] 같은 해 10월 13일에는 다롄신사제규정(大連神社諸規定)이 관동도독부로부터 허가되었다. 주요 내용은 우지코(氏子)[45]와 역원의 역할과 선발규정이었다. 당시 관동주에는 신사인가규정이 없었던 관계로 다롄신사의 인가규정은 이후 만주 각지의 신사설립 신청 시 참고자료가 되었다.[46]

이상과 같이 이즈모타이샤쿄 측은 분사의 건설에 성공하며, 결국 다롄신사의 창건으로 연결시켰다. 여기에는 다롄 일본인사회의 유력자들의 도움이 컸다. 특히 이시모토는 분사 건설 과정에서 가장 두드러진 활동을 했던 인물이었다. 그는 자신의 집의 일부를 분사건설사무소로 대여해주었으며, 분사건설위원회, 황도회 등의 단체에서도 분사 건설을 위해 적극적으로 활동했다. 또한 만철, 다롄민정서, 군(軍)과 같이 일본정부에 속해 있는 이들도 이즈모타이샤쿄의 분사 건설에 협력을 하였다.

그렇다면 다롄의 유력자들은 어떻게 이즈모타이샤쿄의 분사 건설에서부터 다롄신사의 창건에 이르기까지 왕성한 지원을 할 수 있었던 것일까. 다음에서는 이시모토 비롯해 이즈모타이샤쿄의 다롄분사 건설 중 발생한 자금난 해결에 도움을 준 굉제채표국과 아이오이의 재력에 관해 살펴보도록 하겠다.

Ⅲ. 다롄의 유력자와 아편

『대지회고록(對支回顧錄)』[47]에 따르면 이시모토는 1868년 4월 고지현(高知縣) 나가오카군(長岡郡) 오코무라(岡豊村) 출신이며, 그의 집안은 대대로 구지(宮司)[48]의 직을 맡아왔다고 한다. 1882년 이시모토는 사사키 타카유키(佐佐木高行)[49]의 후원으로 상하이(上海)로 건너가 프랑스인이 운영하는 학교에서 영어와 중국어를 배웠다.

청일전쟁의 발발 후 도사(土佐) 출신의 제1사단장 야마지 모토하루(山地元治)의 통역관으로 참전하여 타이완까지 종군하였다. 노기 마레스케(乃木希典)가 타이완총독으로 임명된 이후 타이완총독부 전매국에서 근무하게 되었으며 이때의 경험을 토대로 이시모토는 다롄에서 아편전매국의 경영을 맡게 된다. 러일전쟁에도 통역관으로서 제3군 소속으로 참전하였고, 전쟁이 끝난 후에는 다롄에 머물며 관동도독부 소속으로 근무하게 되었다.[50]

1894년 청일전쟁 이래 일본정부는 타이완·관동주 등의 지역에서 아편을 전매하며 재정을 확충했다. 1898년 9월 일본은 타이완에 아편령(阿片令)을 실시하였고, 이 아편령에 근거해 타이완총독부는 전매국에서만 아편을 수입·제조하도록 하였다.[51] "1898년 일본은 타이완에서 약 350만 엔 정도의 아편전매 수입을 올렸는데, 이것은 타이완 전체 세입의 46.34%"에 해당하는 것으로 점금정책(漸禁政策)[52]에 근거한 아편전매제도가 아편 근절을 위한 것이 아닌 타이완총독부의 재정확보를 위한 사업이었음을 말해준다. 일본은 러일전쟁 이후 관동주에서도 아편 점금정책을 명분으로 아편전매제도를 실시하였다.[53]

그러나 관동주의 아편전매제도는 타이완총독부와 같은 식민당국이 직접 아편전매를 하지 않고, 개인이나 단체에게 업무를 위임하는 방식에서 차이를 보였다. 1906년 관동도독부는 아편판매의 개인특허제를 실시하여 중국인 판중궈(潘忠國)에게 권한을 주었고, 1907년 이시모토가 그 특허권한을 넘겨받았다. 이시모토는 1915년 개인특허제가 폐지될 때까지 아편판매를 통해 막대한 부를 쌓았다.[54] 이시모토의 저택이 다롄민정장관의 관사를 능가할 수 있었던 것은 그가 다롄 시내 300개소의 공인 아편굴로부터 막대한 부를 흡수하고 있었기 때문이었다.[55] 실제 당시 다롄에서 상업을 경영하는 거의 모든 일본상인은 모두 아편업을 겸했다고 한다.[56]

이시모토는 해외에서 대량의 아편 원료를 수입하여, 광고국(廣膏局)에서 벽돌 크기의 아편고(阿片膏)로 가공한 후 민정서에 등록된 중간상인에게 도매했는데, 광고국은 "이름은 민립(民立)이나 사실은 관영(官營)으로 틀림없이 관청과 상인이 결탁한 경영기구"였다. 또한 일본은 더 많은 중국인을 흡연자로 만들어 수입을 늘리고자 아편 흡연자에 대한 관리를 느슨하게 했으며, 구매 또한 자유롭게 하였다. 이시모토는 관동도독부로부터 허가받은 아편전매권을 기반으로 수익을 올렸고, 그 수익의 일부는 다시 관동도독부에 제공되어 군부의 비밀자금으로 사용하였다.[57] 심지어 그는 자신의 아편판매허가가 굉제선당으로 넘어간 1915년에도 초대 다롄시장과 다롄교육저축은행장직을 수행하면서 도시의 부랑자들을 매수해 아편장사를 이어갔다.[58]

〈표 1〉은 1908년 7월 이후 이즈모타이샤쿄의 분사 건설에 필요한 자금을 기부한 개인과 단체를 다액기부 순으로 정리한 것이다.

〈표 1〉 이즈모타이샤쿄 다롄분사 건설자금 기부자 및 기부금액 (단위: 엔)

개인·단체명	금액	비고
굉제채표국	12,000	중국인단체
아이오이 요시타로	5,330	분사건설위원회 회계주임
남만주철도주식회사	3,000	일본국영회사
이시모토 칸타로	2,049	분사건설위원회 부위원장
구니자와 신베에	1,000	분사건설위원회 위원장

· 출처: 松山理三編(1920), 『大連神社創立誌』, 大連神社社務所, 106~107쪽.

다액기부자 및 단체 중에는 이시모토와 같은 분사건설위원회의 임원과 함께 굉제채표국이라는 중국인이 운영하는 단체가 포함되어 있다. 굉제채표국은 1905년 말 다롄화상공의회(大連華商公議會)과 기타 관계자가 군용수표 회수와 채표[59]의 발행수익을 통한 자선사업을 목적으로 관동도독부로부터 인가받아 설립한 단체였다. 1908년 3월 제20차 발행까지 총 58,823엔을 수익을 올렸는데, 그중 21,618엔은 1907년 굉제선당(宏濟善堂) 건설, 1 · 2차 채표 손실 보충, 공학당(公學堂) 일어전습소(日語傳習所) 건설에 사용하였다고 한다.[60]

굉제선당은 1908년 4월 개설되어 중국인 고아나 과부의 원조, 빈곤자구제 및 아편흡연자의 치료 등을 행하는 자선단체였다고 알려져 있다. 굉제선당의 대표는 분사건설위원회의 부위원장 류자오이였다. 그는 러시아가 다롄을 점령하던 시기에는 외국무역 중개업자로 활동하다가, 일본이 다롄을 점령한 이후에는 "친일적민족자본가"가 되어 일본의 다롄지배에 공헌한 인물이었다. 굉제선당은 관동도독부로부터 매년 지원금을 받았으며, 1914년에는 이시모토의 아편전매특허권을 넘겨받아 아편의 수입 · 제조 · 판매를 통해 막대한 수익을 올렸다고 한다.[61]

굉제선당 안에는 계연부(戒烟部)라고 하는 금연부가 설립되어 있었는데, 이 금연부는 사실 아편을 판매하는 곳이었다. 즉 다롄민정서는 굉제선당의 명의를 빌려 아편판매를 한 것이다. 일본의 관동주 식민당국이 다롄에서 아편판매 등으로 얻은 수입은 특허비라는 명목으로 관동주의 지방재정으로 충당되었는데, 관동주 식민당국 권력자들은 해외식민지의 지방재정수입은 제국의회에 보고할 필요가 없다는 일본 법률을 이용해 자신들의 사리사욕을 채우는데 특허비를 사용하였다.[62]

다롄에서 판매되는 아편은 모두 해외에서 원료를 수입하였다. 미쓰이 물산(三井物産) 다롄 지점과 같은 일본의 대형 상사나 만철, 복창공사(福昌公司)와 같은 회사는 아편을 해외에서 직접 밀수입할 수 있었다.[63] 복창공사는 분사 건설 기부금을 두 번째로 많이 낸 아이오이가 1909년 설립한 회사였다. 아이오이는 1867년 후쿠오카(福岡) 출신으로 도쿄고등상업학교(東京高等商業學校)를 졸업하고 1898년에 미쓰이광산(三井鑛山)에 입사했다. 1907년에는 고토 신페이(後藤新平) 만철총재를 통해 다롄부두사무소장직을 맡았고, 1909년에는 만철에서 항만노동자를 공급하는 부분을 독립시켜 복창공사를 설립했다.[64]

만철에서는 다롄 항의 하역 작업을 모두 복창공사에 맡겼고, 아이오이는 하역노동에 종사하는 중국인 노동자(中國人苦力)들이 거주할 수 있는 수용소를 만들었다.[65] 1913년 당시 다롄에는 모두 3곳에 중국인노동자수용소('苦力收容所')가 있었다. 그중에서 복창공사의 수용소가 가장 컸다고 한다. 각 수용소는 다롄시의 외곽에 위치하고 있었는데 그 이유는 중국인 노동자들이 1912년에 유행한 페스트 전파의 최대요인으로 꼽혀 시내로부터 격리시키기 위해서였다고 한다.[66] 아이오이는 수용소에 "치료 · 오락 · 위생시설을 세워 '관리'와 '복리' 2가지 방책"을 사용해 노동자를 관리했으며, 노동자들에게 아편과 채표를 공급해 그들이 다시 임금을 토해내게 했다. 때문에 다케나카는 아이오이를 "인도주의적 가면을 쓰고, 중일친선을 내걸어 노동자의 사상을 마비시켜 가혹한 착취를 한 식민지지배자"라고 평가했다.[67]

러일전쟁 이후 다롄이 아편과 모르핀 밀수의 근거지였다는 사실을 모르는 사람이 없었다고 한다.[68] 이시모토는 타이완총독부에서 아편전매를 담당했던 경험을 토대로 다롄에서도 아편의 전매가 이루어지는데 일조했다. 그가 이즈모타이샤쿄의 다롄분사 건설 초기부터 자신의 집 일부를 내어주고, 또 여러 단체에 소속되어 분사 건설에 필요한

인사들의 협력을 얻어낼 수 있었던 배경에는 아편사업을 통해 쌓아둔 막대한 부가 있었다고 할 수 있다. 이시모토 외에도 이즈모타이샤쿄의 다롄분사 건설에 다액의 기부금을 낸 굉제채표국과 아이오이 역시 아편의 판매와 밀수를 통해 막대한 부를 축적할 수 있었다.

Ⅳ. 나가며

이 글에서는 러일전쟁 이후 다롄 일본인사회의 신사창건 경위를 관련주체의 성격에 주목하며 살펴보았다.

일본은 러일전쟁의 승리로 다롄을 확보하게 되었고, 이로써 한반도와 만주 대륙의 지배를 공고히 할 수 있는 초석을 마련하게 되었다. 그러나 현실적으로 다롄의 일본인사회가 안정되기까지는 수년의 시간이 걸렸다. 다롄신사 창건에 관한 논의는 이러한 때 진행되었으며, 다롄신사의 완공은 다롄 일본인사회가 일본 국내도시와 같이 일상적인 생활을 할 수 있는 사회로서 기능할 수 있게 되었음을 알리는 신호였다.

1906년부터 1910년에 걸쳐 완성된 다롄신사는 처음부터 다롄 거주 일본인들의 일치된 의견을 토대로 창건된 것은 아니었다. 최초 다롄신사의 창건은 데미즈를 중심으로 한 세력에 의해 계획되었지만, 결과적으로 성공에 이르지 못했다. 신사의 창건 · 경영을 둘러싸고 이즈모타이샤쿄 측과 의견이 일치되지 않았으며, 1908년 무렵 다롄에 경제 불황이 발생한 것이 그 원인이었다고 생각된다. 이러한 사실은 해외신사의 창건과정이 해당 지역사회의 사회적 · 경제적 여건에 따라 순조롭지만은 않았다는 것을 말해준다.

다롄신사의 전신이 된 이즈모타이샤쿄의 다롄분사 건설은 이시모토를 비롯해 황도회 회원, 분사건설위원인 류자오이와 아이오이 등의 적극적인 협조 속에 완성에 이를 수 있었다. 특히 이시모토는 분사건설위원회를 창립하고 부위원장까지 맡으며 누구보다도 적극적으로 다롄신사의 창건에 일조하였다.

대대로 신직 집안 출신이며, 다롄 지방정부의 관리이기도 했던 이시모토, 중국인 노동자의 관리와 아편원료 수입 등으로 큰 부를 축적한 아이오이 등 다롄신사의 창건에 관계한 주요 인물들은 야스마루 요시오(安丸良夫)의 용어로 표현하면 "중간적 지도층"으로 분류할 수 있을 듯하다. 이 계층은 주로 촌락 관리자나 지주, 명망가, 교사, 신직과 승려, 기업경영자 등의 신분으로서 "권력과 일반 민중의 매개적인 위치에서 활동"했으며, "천황제를 통해 자신의 정당성을 근거지우려는 경향이 현저했다."고 한다.[69] 다롄신사의 창건과정은 다롄 일본인사회의 "중간적 지도층"의 형성과정을 보여주며, 또한 당해 지역사회가 천황을 중심으로 하는 제국일본의 시스템 속 일부로 편입되어가는 구체적인 과정을 보여주는 것이기도 하다.

이시모토가 활발한 활동을 할 수 있었던 배경에는 아편의 전매를 통해 쌓은 막대한 부가 있었다. 그는 청일전쟁 이후 타이완총독부에서 아편전매업무를 시작하였으며, 러일전쟁 이후에는 다롄으로 건너가 관동도독부에 소속되어 아편을 전매하며 부를 축적하기 시작했다. 이시모토 뿐만 아니라 이즈모타이샤쿄 다롄분사 건설 기부금을 가장 많이 냈던 굉제채표국과 차등자(액수로는 두 번째이며, 개인으로는 가장 많은 기부금을 냈던) 아이오이 역시 아편판매를 통해 부를 쌓고 있었다.

닛타는 다롄신사를 보통의 해외신사와 다르게 이즈모타이샤쿄라라고

하는 교파신도의 다롄분사가 전신이었기 때문에 "유니크" 한 기원을 가진 신사라고 하였다. 그러나 이상의 내용을 토대로 볼 때, 다롄신사의 "유니크"함은 오히려 이즈모타이샤쿄 다롄분사가 다롄을 대표하는 신사로 거듭날 수 있도록 적극적으로 협조했던 인물들의 성격에서 비롯된다고 생각한다. 이시모토와 같은 몇 명의 주요 인물들은 일본정부의 비호 아래 아편을 판매－수입하며 부를 쌓았던 민간인의 탈을 쓴 지배자였다. 다롄신사는 바로 그러한 이들이 권력을 쥐고 있던 1905년부터 1910년까지 다롄 사회의 구조 속에서 만들어진 신사였다.

한현석 | 한국해양대학교 BK21플러스
해양문화콘텐츠융복합전문인력양성사업단 전임연구원

▣ 주

1) 「大連に於ける民政」, 『朝鮮及滿洲』, 1912년 1월 1일.
2) 新田光子(1991), 『大連神社史－ある海外神社の社会史』, おうふう.
3) 松山珵三編(1920), 『大連神社創立誌』, 大連神社社務所.
4) 이즈모타이샤쿄는 시마네 현(島根縣)의 이즈모타이샤(出雲大社) 제80대 고쿠소(國造)였던 센게 타카토미(千家尊福)가 창설한 친정부적 성향의 교파신도였다. 國學院大學日本文化研究所編(1999), 『神道事典』, 弘文堂, 454쪽.
5) 新田光子(1991), 앞의 책, 50쪽.
6) 현재 다롄신사는 1945년 이전 다롄에서 태어났거나 다롄에서 생활했던 경험이 있는 일본인들에게 정신적 구심점으로 기능하고 있다. 자세한 내용은 大連神社八十年祭奉賛會(1987), 『大連神社八十年史』를 참고 바란다.
7) 中島三千男(2013), 『海外神社跡地の景観変容:さまざまな現在』, 御茶の水書房, 14~15쪽.
8) 新田光子(1991), 앞의 책, 22쪽.
9) 柳澤遊(1999), 『日本人の植民地経験－大連日本人商工業者の歴史』, 青木書店, 25쪽.
10) 大連市役所(1936), 『大連市史』, 240쪽.
11) 大連市役所(1936), 앞의 책, 242쪽.
12) 우부스나신사는 우부스나카미(産土神)을 모시는 신사이며, 우부스나카미는 태어난 토지의 수호신을 말한다. 우부스나카미는 산모나 아기를 수호하는 신과도 관계가 있다. 國學院大學日本文化研究所編(1999), 앞의 책, 83~84쪽.
13) 松山珵三編(1920), 앞의 책, 1쪽.
14) 「大連渡航営業所許可証交付付願の件」, 『陸満普大日記 明治39年4月』(1906), 日本國立公文書館, C030270241001906.
15) 데미즈는 1872년 히라오무라(平尾村)의 호장(戸長)으로 임명된 이후 사카이 현(堺縣)의 7개 연합촌 호장 등을 역임하였다. 1898년 3월 중의원의원 임시총선거에서 당선되었고, 제15회 의회에서 예산위원으로도 활동하였다. 주식회사 구로야마 은행(株式會社黑山銀行), 오사카 농공은행(大阪農工銀行)의 임원을 역임하기도 하였다. 이상 데미즈의 약력은 山崎謙編(1901), 『衆議院列伝』, 衆議院議員列伝発行所, 435쪽에서 발췌하였다.
16) 柳澤遊(1999), 앞의 책, 34~35쪽.
17) 福昌公司互敬會(1932), 『滿洲と相生由太郎』, 853~854쪽 ; 柳澤遊(1999), 앞의 책, 32쪽.
18) 야전철도제리부는 러시아군이 파괴한 선로와 교량의 개량, 기관차 차량의 조직,

러시아식의 5피트 폭을 일본차량의 운전에 맞도록 3피트 6인치로 개량하는 업무를 맡고 있었다. 大連市役所(1936), 앞의 책, 209쪽.

19) 松山理三編(1920), 앞의 책, 2~3쪽.

20) 木村, 佐藤, 北條는 데미즈와 함께 다롄실업회(大連實業會)에서 활동하였던 인물인 木村政平, 佐藤至誠, 北條三野夫인 것으로 추측된다. 福昌公司互敬會(1932), 앞의 책, 854쪽.

21) 松山理三編(1920), 앞의 책, 21~22쪽.

22) 「大連の神宮遙拜所創立」, 『神社協會雜誌』, 1906년 6월 15일, 63쪽.

23) 데미즈가 발행한 『天理教』는 천리교에 관한 교리, 신도로서의 역할, 교조의 약력, 천리교창가 등의 내용으로 구성되어 있어, 그가 천리교의 신자였거나, 천리교에 대해 상당한 지식을 가지고 있었음을 짐작케 한다. 出水彌太郎編(1909), 『天理教』, 丸利印刷.

24) 柳澤遊(1999), 앞의 책, 33쪽.

25) 松山理三編(1920), 앞의 책, 3쪽.

26) 신불(神佛) 등에 대해 동일한 신앙을 가진 사람들의 집단을 말한다.

27) 松山理三編(1920), 앞의 책, 20쪽.

28) 大連神社八十年祭奉贊會(1987), 『大連神社八十年史』, 啓隆社, 5쪽 ; 松山理三編(1920), 앞의 책, 21쪽.

29) 구라하시 마사나오 저, 박강 역(1999), 『아편제국 日本』, 지식산업사, 149쪽.

30) 松山理三編(1920), 앞의 책, 22~23쪽.

31) 大連神社八十年祭奉贊會(1987), 앞의 책, 6쪽 ; 松山理三編(1920), 앞의 책, 25쪽 ; 新田光子(1991), 52~53쪽.

32) 와카(和歌)를 짓거나 연구하는 일을 가리키는 용어이다.

33) 松山理三編(1920), 앞의 책, 27쪽, 69쪽.

34) 1905년 6월 9일 관동주민정서가 설립되었고, 제1대 민정서장은 이시즈카 에이조(石塚英藏)였다. 관동주민정서 아래로 다롄, 뤼순, 진저우 3개 민정지서가 설립되었다. 관동주민정서는 다롄지역에서 중국 인민의 반항진압, 식민지의 사회치안유지, 세금징수, 일본군을 위한 군량과 마초를 해결하는 등의 임무를 맡았다. 1908년 11월 관동도독부는 진저우민정서를 다롄민정서 아래의 진저우민정지서로 배치하였다. 궈톄좡 외 지음, 신태갑 외 옮김(2012), 『일본의 대련 식민통치 40년사 제1권』, 선인, 137~141쪽.

35) 松山理三編(1920), 앞의 책, 28쪽 ; 泰郁彦(1981), 『戰前日本官僚の制度・組織・人事』, 東京大學出版會, 93쪽.

36) 松山理三編(1920), 앞의 책, 69쪽.

37) 松山理三編(1920), 앞의 책, 32~44쪽.

38) 松山理三編(1920), 앞의 책, 33쪽.

39) 松山理三編(1920), 앞의 책, 70쪽.

40) 松山理三編(1920), 앞의 책, 42쪽.

41) 松山理三編(1920), 앞의 책, 49~51쪽.

42) 1. 타이샤쿄 관동분사를 다롄시의 우부스나신사(다롄신사－인용자)로 봉사할 것. 2. 신전, 배전, 울타리(玉垣), 중문, 신찬소, 미즈야, 사무소, 휴게소는 우부스나신사의 관할로 함. 3. 기와구조의 옛 사무소(舊社務所), 장학원 기숙사건물 및 부속건물은 타이샤쿄의 관할로 함. 4. 토지는 다리를 경계로 이남을 우부스나신사의 관할로, 이북을 타이샤쿄의 관할로 함. 단, 공도(公道)로 통하는 도로는 우부스나신사의 관할로 함. 5. 배전 내에 있는 조령사(祖靈社)는 옛 사무소를 개조하여 조령사로 함. 6. 건설위원은 다롄시민 중 선출한 우지코(氏子)총대가 확정되면 인계수속을 마치고 해산함. 단, 위원장의 지명에 따라 잔무위원 수 명을 둠. 7. 옛 사무소 개축, 기타 경비세목 및 협정에서 빠진 사항은 우지코총대, 잔무위원, 분원역원이 협정하는 것으로 함. 이상은 1910년 5월 17일 위원회에서 결정. 松山理三編(1920), 앞의 책, 59~60쪽.

43) 1871년 5월, 메이지정부는 태정관포고를 통해 관사(官社)와 제사(諸社)의 구별로 사격을 정했다. 관사는 관폐사(官幣社)와 국폐사(國幣)로 나누어 신기관(神祇官)의 관리를 받았고, 제사는 부사(府社), 번사(藩社, 폐번치현 후 현사(縣社)가 됨), 향사(鄕社)로 구분하여 지방관의 소관이 되었다. 이어서 같은 해 7월에는 향사정칙(鄕社定則)이 제정되어 부현사, 향사, 촌사(村社)의 순서대로 사격이 공적으로 규정되었다. 이상의 사격을 부여받지 못한 신사는 무격사(無格社)로 불리게 되었다. 村上重良(1970),『国家神道』, 岩波新書, 95쪽.

44) 新田光子(1991), 앞의 책, 63쪽.

45) 신사의 유지에 대해 의무를 가지는 신자, 관례에 따라 당해 신사의 '숭경자'(崇敬者)라고도 한다.

46) 新田光子(1991), 앞의 책, 55~56쪽.

47) 東亞同文會編(1981),『對支回顧錄』, 原書房, 284쪽.

48) 신직의 계급 중 하나로, 일반적으로 신사에서 제사를 맡는 장 또는 신사의 조영(造營), 경리 등과 같은 관리 운영의 책임자를 말하기도 한다.

49) 사사키 타카유키(1830~1910)는 도사 번(土佐藩) 출신으로 메이지 시기 정치가로 활약하며 이타가키 다이스케(板垣退助), 고토 쇼지로(後藤象二郎)와 함께 도사 삼백(土佐三伯)으로 불렸다.
http://ja.wikiedia.org/wiki/%E4%BD%90%E4%BD%90%E6%9C%A8%E9%AB%98%E8%A1%8C (검색어: 佐佐木高行. 검색일: 2013년 11월 14일)

50) 이시모토의 경력은 東亞同文會編(1981), 앞의 책, 284~285쪽을 참고하였다.

51) 박강(1995),『中日戰爭과 아편』, 지식산업사, 59쪽.

52) 아편중독자를 전매제도 속에 모두 포함시켜 점차 아편의 공급량을 감소시키는 방법을 말한다. 박강(1995), 앞의 책, 60쪽.

53) 박강(1995), 앞의 책, 60~62쪽.

54) 구라하시 마사나오, 박강 역(1999), 앞의 책, 149쪽.

55) 竹中憲一(2007),『大連歷史散步』, 皓星社, 35쪽.

56) 궈톄좡 외 지음, 신태갑 외 옮김(2012), 앞의 책, 154쪽.

57) 궈톄좡 외 지음, 신태갑 외 옮김(2012), 앞의 책, 149~154쪽.

58) 궈톄좡 외 지음, 신태갑 외 옮김(2012), 앞의 책, 154쪽.

59) 채표는 지금의 복권과 같은 것으로 1893년 당시 부산의 총영사 무로다 요시아야(室田義文)가 허가한 것을 기원으로 한다. 그 이후로 만들어진 것들이 굉제채표, 용암포채표, 타이완채표인데, 다른 채표는 시간이 지나며 점차 쇠락했으나 굉제국의 채표는 점점 융성해 갔다. 게다가 굉제국의 채표는 조선, 일본으로의 유입이 금지되어 있었으나, 지켜지지 않고 달마다 수만 장이 유입되었다고 한다.「滿洲時事」,『朝鮮及滿洲』, 1913년 4월 1일.

60)「宏濟彩票局の計劃事業」,『滿洲日日新聞』, 1908년 4월 20일.

61) 竹中憲一(2007), 앞의 책, 125~126쪽 ; 大連民政署編(1928),『大連要覽』, 大阪屋號書店, 280쪽.

62) 궈톄좡 외 지음, 신태갑 외 옮김(2012), 앞의 책, 155쪽.

63) 궈톄좡 외 지음, 신태갑 외 옮김(2012), 앞의 책, 151~154쪽.

64) 竹中憲一(2007), 앞의 책, 24쪽.

65) 西澤泰彦(1999),『大連都市物語』, 河出書房新社, 75쪽.

66)「苦力と苦力收容所」,『朝鮮及滿洲』, 1913년 1월 1일.

67) 竹中憲一(2007), 앞의 책, 25쪽.

68) 궈톄좡 외 지음, 신태갑 외 옮김(2012), 앞의 책, 156쪽.

69) 야스마루 요시오 지음, 박진우 역(2008),『근대 천황상의 형성』, 234쪽.

9.
다롄 일본인사회와 일본불교

김윤환

Ⅰ. 들어가며

19세기 말부터 20세기 초, 일본은 메이지유신(明治維新)을 시작으로 청일전쟁과 러일전쟁을 거치면서 근대 제국으로 성장한다. 이 시기 일본은 대륙으로 점차 세력을 확장해 나가는데, 그중 만주(滿洲)로의 출발점이자 교두보가 되는 도시 다롄이 이 글의 분석 대상 지역이다.

이 글은 이러한 다롄이라는 도시를 일본불교라는 소재를 통하여 분석하고자 하는데, 그 이유는 다음과 같다. 먼저, 일본불교는 다롄의 일본인사회 건설 초기부터 장제(葬祭), 설교 등의 종교적인 활동뿐만이 아니라 교육, 군대위문 등의 다양한 활동을 통하여 지역사회와 밀접한 관계에 있었다는 점이다. 일본불교의 이러한 활동들이 다롄 일본인사회의 정착과 안정에 기여하는 동시에 다롄 일본인사회의 안녕은 다시 일본불교의 안정과 발전으로 이어지는 상호간의 영향을 주고받는 관계였다. 따라서 다롄이라는 사회와 지역적 특성을 분석하는데 일본불교는 중요한 소재 중 하나라 할 수 있다.

또한, 일본의 불교사원은 19세기 말부터 1945년 일본의 패전까지 다롄 이외의 여러 지역에 설치되었고, 해외 일본인사회와 밀접한 관계를 가지며 계속적으로 세력을 확장시켜간다. 따라서 일본불교라는 소재는 다롄 지역의 분석뿐만이 아닌 근대 일본의 제국 형성 과정을 고찰할 수 있는 소재이기도 하며, 일본의 제국 형성 과정 속에서 다롄의 의미를 정의 할 수 있는 소재이기도 한 것이다.

일본 제국 형성 과정 속에서 다롄은 '남만주철도'의 시작점이자 '만주국' 건설의 출발점인 동시에 일본불교의 남만주철도 연선을 중심으로 한 포교소 건설의 시작점이자 만주포교의 출발점이었다. 따라서 다롄에 중점을 두고 이 글을 전개하고자 한다.

이 글과 관련된 일본불교의 해외포교에 대한 연구사를 간단히 정리해 두겠다. 먼저 일본불교 각 종파들의 근대 역사를 정리하는 작업에서 시작하여,[1] 일본불교가 제국주의 첨병 역할을 하고 전쟁에 협력했다는 비판적 연구가 진행되었다.[2] 이후에는 종교의 침략성에 대한 반성 속에서도 일본불교 각 종파들이 해외 일본인 지역사회에서 했던 교육이나 사회사업 등의 다양한 활동들에 대한 구체적인 연구가 이루어졌다. 여기에는 일본불교와 해외 일본인사회에서의 교육활동에 관한 연구,[3] 서본원사의 관장 오타니 코스이(大谷光瑞)에 관한 연구,[4] 해외포교를 담당했던 포교사에 관한 연구[5] 등을 들 수 있다. 또한, '지역'에 주목한 연구로는 만주지역과 종교에 관한 연구[6]가 있다. 최근 일본의 근대불교 연구 성과 중 하나인 『근대국가와 불교』[7] 중 '불교자의 해외진출'이나 '전쟁과 불교' 등에서는 일본의 근대와 불교의 관계에 대하여 종합적으로 분석하는 연구도 이루어졌다.

다롄과 종교에 관한 선행연구를 분석하는 과정에서 각 종파의 개교사(開教史)의 일부로서 다롄을 다룬 것 이외에 이 책이 지향하는 해항도시 혹은 지역으로서의 다롄과 일본불교에 주목한 선행연구가 부족하다는 점을 알 수 있었다. 따라서 이 글은 일본불교를 통하여 이 책이 지향하는 다롄의 모습을 입체적으로 그리기 위한 시론이라 할 수 있다.

본론으로 들어가기 전 먼저 각 장에 대하여 간단히 정리하면 Ⅱ장에서는 일본외무성 자료를 중심으로 러일전쟁 후의 다롄 일본인사회의 일본불교에 대하여 분석하였다. Ⅲ장에서는 다롄의 일본불교 각 종파의 진출과정과 다롄 일본인사회에서의 일본불교의 활동들을 살펴볼 것이다. Ⅳ장에서는 본고의 목적이기도 한 해항도시 다롄의 의미에 대하여 고찰하였다.

그리고 자료에 대해서 잠깐 언급해 두고자 한다. 다롄 일본인사회 초기의 종교에 관한 자료들은 부족한 편이다. 이 글에서는 기존의 연구에서 거의 활용하지 않았던 일본외무성 자료를 활용하여 1905년에서 1915년까지 약 10년간의 다롄 일본인사회와 불교에 대하여 분석하였다.

본격적으로 글을 시작하기 전 이 글에 등장하는 일본불교 종파에 대하여 간단히 소개해 두겠다. 한국 불교와 비교해 볼 때 일본은 정토진종, 정토종, 일련종, 임제종, 진언종 등 다양한 불교종파가 존재한다. 근대 일본에서 세력이 가장 크고 다양한 활동을 한 종파는 정토진종(浄土眞宗: 죠도신슈)이다. 진종 중에서도 가장 큰 양대 종파 중 정토진종본원사파(浄土眞宗本願寺派: 혼간지파)를 서본원사(西本願寺: 니시혼간지)라 부르고, 정토진종오타니파(浄土眞宗大谷派: 오타니파)를 동본원사(東本願寺: 히가시혼간지)라 부른다. 본고에서는 서본원사와 동본원사라는 용어를 사용하도록 하겠다.

Ⅱ. 일본 외무성 문서와 방위성 문서를 통해 본 다롄 및 관동주의 일본불교

이번 장에서는 일본 외무성 문서와 방위성 문서를 통하여 다롄의 종교, 특히 일본불교에 관한 내용을 살펴보겠다.

먼저 러일전쟁 시기 일본인의 다롄 도항과 일본불교에 관련된 자료들이다. 아래의 두 자료는 일본 방위성방위연구소(防衛省防衛研究所)에 보관된 문서 중 도항청원(渡航請願) 문서인데 모두 일본불교의 승려가 다롄 도항 허가를 받기 위해 제출한 자료이다. 이 두 자료를 간단히 분석하고 다롄 일본인사회 형성의 시작이라 할 수 있는 러일전쟁 시기 일본인의 다롄 도항에 대하여 살펴보겠다.

〈그림 1〉은 1905년 3월 13일에 도쿄 시에 사는 동본원사 소속 녹운사(綠雲寺)의 주지 사사키(佐々木䝥)라는 사람이 육군대신 데라우치 마사타케(寺内正毅) 앞으로 제출한 청원서[8]이다. 이 청원서는 '다롄의 포교 및 장제를 목적으로 하는 포교소 건설을 위하여 다롄 만 도항을 허가'해 달라는 내용이다. 이외에 별지에 호적등본 및 군사관련 보안유지를 하겠다는 칙약서(勅約書)를 첨부하였다. 본 건에 대한 군사과(軍事課) 및 공병과(工兵課) 내 관련부처의 의견이 본 사료에 첨부되어 있다. 본 건은 "규칙에 의거 취급 가능하다"거나 "상인의 도항을 허가한 이상 자연스럽게 사원도 필요하므로 도항 상인의 일부로 허가" 가능하다는 의견이다.

〈그림 2〉는 1905년 7월 육군대신 데라우치 앞으로 서본원사 관장 오타니 코스이가 보낸 문건[9]으로, 문건명은 '시마지 모쿠라이(島地黙雷)의 다롄 도항 청원서'이다.[10] 다롄의 서본원사가 설치한 다롄구락부(사료 상에는 軍人慰籍俱樂部)의 감독으로 시마지 모쿠라이를 다롄

지역에 주재시키고자 하는 내용이다. “(시마지 모쿠라이의) 사비도항의 뜻을 허가해 주십사 이렇게 청원합니다.”라고 끝맺고 있다.

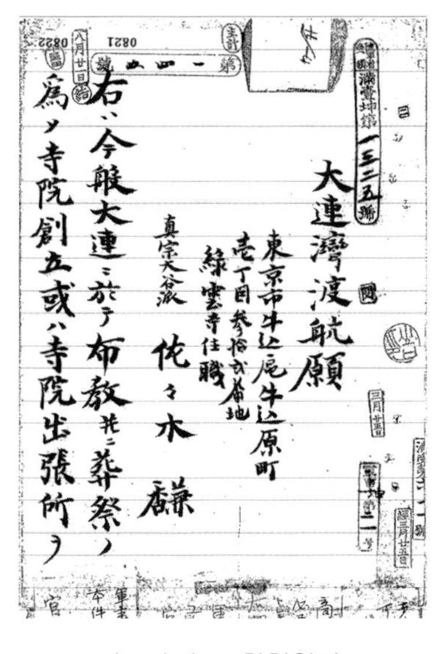
大連灣渡航願

東京市牛込區牛込原町
壱丁目参拾弐番地
緑雲寺住職
真宗大谷派　佐々木

右ハ今般大連ニ於テ布教并ニ葬祭ノ為ノ寺院創立或ハ寺院出張所ヲ

〈그림 1〉 도항청원서

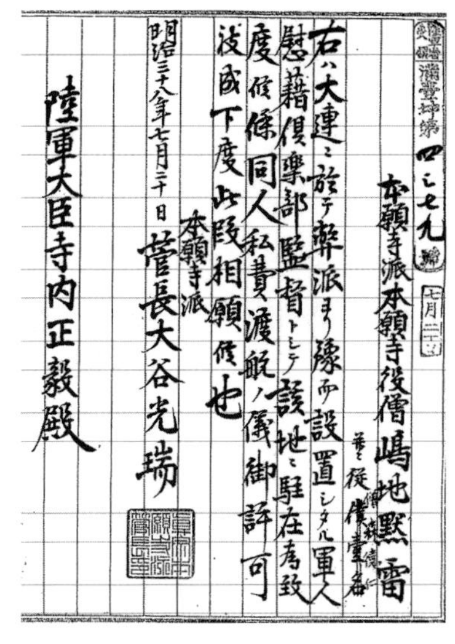
本願寺派本願寺役僧　嶋地黙雷

右ハ大連ニ於テ本派ヨリ豫テ設置シタル軍人慰籍倶楽部監督トシテ該地ニ駐在為致度候條同人私費渡航ノ儀御許可被成下度此段相願候也

明治三十八年七月二十日
本願寺派
管長大谷光瑞

陸軍大臣寺内正毅殿

〈그림 2〉 시마지 모쿠라이(島地黙雷) 도항청원서

이 자료가 작성된 1905년 3월은 러일전쟁 중이었으므로 일본인의 도항 자체가 제한적이었다는 것을 알 수 있다. 『다롄시사(大連市史)』에는 당시 상황이 기술되어있다.[11] 1905년 1월 일본은 다롄 일본인사회 건설의 첫걸음으로 상인의 도항을 허가하였다. 다만, 도항을 엄격히 선별하여 허가하는 ‘엄선주의(嚴選主義)’식 도항허가제도였다. 이는 다롄이 전시상황이었기에 도항자에 대한 경비 활동이 필요했기 때문이다. 이러한 엄선주의 도항허가제도에도 불구하고 다롄 진출의 기회를 얻어 만주 방면에 물품을 유통하여 장래의 상권을 발전시키려는 사람들이 많았다. 일본의 재정을 담당하는 대장성(大藏省)과 육군성이 협의하여 출정군대의 군용품, 군수품의 공급을 확대하는 동시에 경제 발전의 기초를 확립할 목적으로 일본인 상인의 도항과 상품의 수입을 허가하였다. 또한, 도항규칙의 발포 전에 23곳의 상인에 대해서는 다롄에 거주 할 수 있도록 인정하였다.

다롄 초기의 상인에 대한 도항허가가 이루어질 당시 일본불교의 승려들도 장례나 제사, 위문포교 등의 목적으로 도항허가서를 제출하였다. 앞의 〈그림 1〉의 도항허가청원서에 대한 의견 중 '상인의 도항을 허가하였기에 자연스럽게 사원이 필요하므로' 도항허가가 가능하다는 점을 보면 일본인사회에서 사원의 필요성을 잘 알 수 있다. 러일전쟁을 전후한 다롄의 건설과정은 군대의 주둔과 상인들의 도항으로 시작되는데 이와 함께 일본불교도 초기부터 필요한 요소였고 이에 적극적으로 대응했다고 할 수 있다.

다음은 외무성기록물의 조사를 통하여 다롄 및 관동주의 종교, 특히 일본불교에 관한 내용을 살펴보겠다. 일본정부기록물 중 정리된 형태의 다롄 종교에 관한 자료로는 『관동도독부정황보고 및 잡보(關東都督府政況報告並雜報)』[12] 중 「종교에 관한 일반상황」이라는 항목의 조사내용이 있다. 이 종교 관련 조사보고서는 1910년부터 1915년까지의 기록물이다.[13]

이 자료는 다롄 일본인사회가 본격적으로 건설되는 1906년 이후부터 1915년까지, 특히 1910년부터 1915년까지 매년 다롄의 종교에 관하여 조사한 기록이므로 시대의 변화에 따른 종교 상황을 파악할 수 있다. 이는 다롄 연구에서 흔히 사용되는 『다롄시사』[14]나 『다롄요람(大連要覽)』[15]과 같은 지역사회기록물의 '종교' 항목과 함께 다롄의 종교계를 입체적으로 조명할 수 있는 자료이다. 또한 일본불교 각 종파에서 간행한 기록물들은 상세한 활동 내용을 전하고 있지만 이는 종파의 입장을 대변하는 성향이 있기 때문에 이러한 점을 보완 할 수 있는 자료로도 의미가 있다. 그럼에도 불구하고 선행연구에서는 이러한 외교문서를 분석한 연구가 거의 없기에 이 글에서는 일본 외무성 자료를 연구의 시작점으로 정하였다.

이 보고서에는 '관동(關東)'의 현지 지역사회와 일본인사회의 종교 현황이 조사, 기록되어있다. 먼저 1910년도 보고서의 내용은 다음과 같다.[16)]

> 이전 (일본의) 식민지에서는 사람의 성격과 특성을 형성하는 사상(思想)이 부족하고 종교에 관한 관념이 부족한 것이 일반적이다. 최근 여러 방면에서 (다롄의) 질서가 정비됨에 따라 점차 거류민의 종교에 대한 관심이 많아졌다. 따라서 올해 포교소 등을 신축하는 수가 늘었다. 일본인은 신도(神道), 불교, 기독교의 각 종파가 있고 불교 중에는 본원사파(서본원사)가 가장 세력이 크다. (서본원사는) 관동주 및 관동주 외의 부속지에 포교소를 개설하고 포교에 종사하고 있다. 주요지역에서 부속사업으로 유치원, 부인회 등을 개설하였다. 그 외의 신도 및 불교 각 종파도 다롄, 뤼순(旅順) 등에 사원 및 포교소를 신설하여 포교에 종사하고 있다. 기독교는 일본기독교회와 구세군의 두 파가 있고 일본기독교회는 각지에 포교소를 건설하여 자선병원(慈善病院), 청년회, 야학교(夜學校), 숙사 등을 건설하였다. 후자는 '부인구제소(婦人救濟所)'를 설치하여 포교에 임하고 있다.[17)]

다롄 종교에 관한 전반적인 상황에 대한 기술 부분에서는 1910년 다롄 일본인사회의 기반이 안정되면서 종교에 대한 관심이 늘어나고 새롭게 포교소를 설치하는 종파들이 늘고 있음을 알 수 있다. 다롄에 진출한 종교로는 신도, 불교, 기독교의 각 종파들이 있었고, 그중에서도 서본원사가 가장 큰 세력이었다.

이어서 다음해인 1911년의 기록도 살펴보겠다.

> 현재 관동주 종교는 크게 유교, 도교, 이슬람교, 불교, 기독교 및 신도의 여섯 종류가 있다. 그 중에서도 다수의 일본인이 믿는 것은 불교, 기독교, 신도이다. 불교는 진종, 정토종, 조동종, 일련종 등이 있다. 서본원사가 속한 진종이 가장 발달해 있다. (서본원사는) 다롄에 별원을 설치하고 뤼순 및 주요 철도연선 각지에 포교사를 특파하였다. 부속사업으로는 유치원, 음악부, 부인회, 청년회 등을 설립하였고 기관 잡지를 출판하여 포교에 종사하고 있다. 정토종은 다롄, 뤼순, 잉커우(營口), 안둥(安東) 등 각지에 포교소를 설치하고, 다롄에는 어학교를 설립하였다. (다롄의 포교소에서는) 정기법회, 야학교, 신문잡지, 군대포교, 자선사업 등을 하고 있다. 기독교는 일본기독교회 및 구세군의 두 파가 있고, 일본기독교회는 다롄, 뤼순, 랴오양(遼陽), 잉커우, 안둥, 펑톈(奉天) 등 각지에 전도, 다롄에는 자선병원을 설립하였고 청년야학교기숙사를 설치하였다. 신도는 대사교(大社教), 실행교(實行教), 금광교(金光教), 어악교(御嶽教), 천리교(天理教) 등이 있고 많은 신자를 두고 교의를 전하고 있다.[18] (이하 생략)

1911년의 기록에서는 관동주 현지 사회 전체의 종교 현황을 알 수 있다. 또한, 1910년의 일본인사회의 종교에 대한 기술과 비교하여 서본원사의 사업 중에 음악부나 청년회, 기관 잡지의 출판 등이 추가되었다. 그리고 정토종에 대한 조사보고가 이루어졌다. 정토종은 다롄 이외에도 뤼순, 잉커우, 안둥 등 각지에 포교소를 설치하고, 정기법회 외에 어학교, 야학교, 신문잡지 발행, 군대포교, 자선사업 등의 다양한 활동을 하고 있었다. 불교 이외에도 다롄의 기독교, 신도에 대한 기술이 이어진다.

1912년 보고서[19]부터는 전년 대비 특이사항을 중심으로 정리하겠다.

1912년에는 다롄 일본인사회의 인구 증가와 함께 신자수가 크게 증가하였는데, 보고서에서는 이러한 상황을 긍정적으로 받아들이고 있다. 각 종파에 관한 기술 중 전년 대비 눈에 띄는 점은 각 신자 수를 조사하여 기록했다는 점과 각 종파들이 사원 확장이나 신축계획을 가지고 있었다는 내용이다. 그리고 이 보고서에서는 정토진종 서본원사와 동본원사의 '장엄한' 사원이 남산(南山)에 위치하고 있다고 기술되었고, 전년도와 같이 서본원사는 '진취적으로 부대사업을 진행하고 있다'고 평가할 정도로 다른 종교의 종파보다 부각시켜 기록하였다.

1913년 다롄 종교 상황 보고[20]는 전년도와의 특이점이 별로 없다고 기록되어있다. 다만 일본불교 각 파의 신자 수뿐 아니라 포교종사원의 수가 처음 등장하는데, 서본원사 7명, 동본원사 4명, 조동종 5명, 정토종 3명, 진언종 2명, 일련종 3명이었다.

1914년도 보고서[21]에 의하면 일본에서 다롄으로의 도항자가 증가하여 각 종교 종파의 신자가 증가했다고 한다. 이와 함께 만철 샤허커우(沙河口) 공장의 운영 이후, 이 지역이 발전하면서 일본불교 각 종파도 이곳에 포교소를 따로 설치하여 신자수가 증가했다. 1914년의 보고에도 신자 수가 파악되어 있지만 전년도와 다르게 사람 수가 아니라 호구 수로 조사되었다. 또한 신사는 한두 곳에 불과하지만, 불교사원은 네다섯 곳이 존재한다는 점을 언급하며 관동주 내의 신사와 불교사원을 비교하는 부분도 눈에 띈다.

1915년 보고서는 일본인사회 형성 초기부터 1915년까지의 다롄의 종교상황을 '청일전쟁과 러일전쟁 이후 도항자의 증가에 따라 각 종교 사원 및 포교소도 경쟁하듯 진출하는 상황'이라고 정리하고 있다. 이렇게 도항자의 증가나 다롄의 일본인 거류민의 증가가 일본종교 각 종파 포교소의 증가로 이어지는 내용은 매년 보고서에 언급되는 내용이다.

이 보고에서 흥미로운 점은 행정기관과 종교시설 그리고 거류민의 관계성이 언급되는 점이다.

> 관동도독부에서는 각 종교종파에 대하여 일시동인(一視同仁)의 마음(즉 평등함)을 가지고 있다. 정치 · 행정(政事)에 관여하거나 혹은 안녕을 해치지 않는 이상 (종교에 대하여) 어떠한 방해도 하지 않는 것을 방침으로 한다. (이러한 방침 속에서) 각 종교종파는 안심하고 포교 사업에 종사하였고 다롄의 시정을 도와 교화 계발에 힘썼다. 거류민 역시 진지함과 착실함을 가지고 일반 종교사상의 향상과 함께 각 사원 교회 등에 출입하는 사람들이 많아졌다. 따라서 선조 제사 등을 일본 내지와 같은 형식으로 운영하기에 이르렀다.[22]

관동도독부는 정치, 행정적인 면에 간섭하지 않는 한 각 종교의 자율적인 활동을 보장해 주고 있고, 각 종교종파도 이를 지키며 시정(市政)에 도움이 되는 활동을 했다. 또한 거류민들도 일본 본국과 동등한 종교 서비스를 받을 수 있었다. 이는 비록 관동도독부의 자체평가이긴 하지만 러일전쟁 이후 건설한 다롄 일본인사회가 10년 만에 행정-종교-거류민의 구조적 안정을 이루었다고 평가하고 있다.

이상 1910년부터 1915년까지의 문서를 중심으로 다롄 일본인사회와 종교, 특히 불교의 대략적인 내용을 그려보았다. 그럼 다음 장에서 좀 더 자세하게 일본불교, 그중에서도 특히 서본원사와 동본원사의 다롄 진출과정과 활동을 검토해보겠다.

Ⅲ. 다렌 일본인사회와 일본불교: 종군포교에서 일본인 거류지포교로의 전환

앞의 장에서는 사료를 통해 다롄 일본인사회의 일본불교를 개괄적으로 살펴보았다. 이번 장에서는 일본불교의 다롄 진출과정과 1904년부터 제1차 세계대전을 전후한 기간 동안의 다롄 일본인 지역사회와 일본불교의 활동을 분석한다.

Ⅱ장에서 살펴본 바와 같이 러일전쟁 이후 다롄 일본인사회에는 일본불교 각 종파가 진출하였고 그중에서도 서본원사가 가장 활발하게 활동하고 있었다. 다롄 일본인사회의 형성과정과 관련된 자료 및 선행연구를 통해 다롄 내 일본불교의 제 활동을 보다 구체화시켜보고자 한다.

1. 다롄 일본인사회의 형성과 일본불교

〈표 1〉 다롄 일본불교 각 종파의 신자 수 (단위: 명)

연도 / 종파	1909	1912	1913	1914(戸)	1915
서본원사	2,000	3,750	5,250	1,749	46,000 (관동주)
동본원사	-	1,600	2,370	800	
조동종	-	2,200	3,630	1,210	
정토종	-	1,573	4,546	500	
정토종2	-	-	-	70	
진언종	-	1,086	2,240	300	
일련종	-	600	741	217	
합계	-	10,809	18,777	4,846	

〈표 1〉은 외무성 사료를 중심으로 정리한 다롄 일본불교의 신자 수이고, 〈표 2〉는 『다롄시사』를 바탕으로 정리한 다롄 일본인인구 및 호구 수이다.[23] 외무성 자료에 1914년의 다롄 불교신자를 호구 수로 표기하였으므로 〈표 2〉의 1914년 일본인인구에도 호구 수를 병기하였다. 1915년은 종파별 신자 수에 대한 기술이 없고 관동주 전체의 신자 수만 존재하므로 다롄 인구와 관동주 전체 인구를 같이 표기하였다.

〈표 2〉 다롄의 일본인인구 (단위: 명)

연도 성별	1909	1912	1913	1914	1915	1916
남	5,263	18,351	19,556	20,310	18,817	19,375
여	2,985	14,511	15,860	16,968	15,746	17,004
합계	8,248	32,862	35,416	37,278	34,563	36,379

· 주: 1914년 다롄 일본인 호수 8,772호. 1915년 관동주 전체 인구 98,265명.

1912년과 1913년의 다롄 인구 중 불교 신자 수가 차지하는 비율은 1912년에는 33%, 1913년에는 53%이다. 1914년의 불교 신자의 호구 비율은 55%이다. 또한 관동주 전체 인구 중 불교 신자 수를 보면 46%이다. 기간이 비교적 짧은 점과 조사의 정확도 등에도 주의해야 하겠지만, 주어진 자료만을 봤을 때 1912년과 1913년 사이에 불교 신자 수가 20% 정도 증가했음을 알 수 있다. 증가의 원인은 외무성 자료에서도 언급되었지만 다롄 사회의 안정과 관련이 있는 듯하다. 1913년 이후에는 다롄 일본인의 절반 정도가 불교신자인 것을 알 수 있다. 1915년의 관동주 전체의 불교 신자 비율은 다롄보다 낮은 46%인데, 이것은 다롄에 가장 많은 포교소가 설치되었다는 점을 생각하면 납득 가능한 수치이다.

〈표 3〉 다롄에 진출한 일본불교 사원 (1927년)

종파	사원명칭	창립 시기	소재지	승려 수	신도 수
진종	본파본원사(서본원사)관동별원(本派本願寺関東別院)	1904	하리마초(播磨町)	23	16,654
	본파(서본원사)샤허커우포교소(本派沙河口布教所)	1920	샤허커우 카스미초(沙河口 霞町)		
	오오타니파본원사(동본원사)별원(大谷派本願寺別院)	1911	하치만초(八幡町)		
	오오타니파(동본원사) 샤허커우포교소(大谷派沙河口布教所)	1917	샤허커우 카스미초(沙河口霞町)		
진언종	신고야산 다이쇼지(新高野山大聖寺)	1908	세츠초(攝津町)	6	3,300
	신고야산 다이토쿠지(新高野山大德寺)	1912	샤허커우 카스미초(沙河口霞町)		
조동종	죠안지(常安寺)	1909	텐신초(天神町)	9	3,500
	죠후쿠지(常福寺)	1921	샤허커우 카스미초(沙河口霞町)		
정토종	멘쇼지(明照寺)	1906	텐진초(天神町)		
	사이쇼지(西照寺)	1918	샤허커우 카스미초(沙河口霞町)	10	2,400
	젠코지(善光寺)	1909	라오후탄(老虎灘)		
일련종	카스가야마 다이렌지(春日山大連寺)	1909	카스가초(春日町)	8	3,203
	릿쇼잔다이호지(立正山大法寺)	1923	샤허커우 카스미초(沙河口霞町)		
	니뽄잔묘호지(日本山妙法寺)	1919	고요타이(向陽臺)		
	혼몬부츠류슈쿄카이(本門佛立教会大連親会場)	1915	와카사초(若狭町)		
임제종	묘신지파 포교소(妙心寺派布教所)	1916	쿠스초(楠町)	1	400

· 출처: 大連民政署編(1928), 『大連要覽』, 大阪屋號書店, 94~95쪽.

이 시기 다롄에 진출한 일본불교 사원을 『다롄요람』에 소개된 일본불교 항목[24]을 통해 알아보자. 〈표 3〉은 1927년 현재 일본불교 사원과 그 위치, 신도 수를 정리한 표이다.[25] 앞의 외무성 보고서가 작성된 당시와는 10년의 시간차가 있지만, 다롄 일본인사회 형성 초기부터 1920년대까지 각 종파 사원의 설치 상황을 파악할 수 있다. 『다롄요람』에는 '불교사원은 진종, 진언종, 조동종, 정토종, 임제종, 일련종 여섯 파가 있고 사원수는 총 16개다. (이 중) 서본원사 사원이 가장 웅장하고 다수의 승려가 있다'라고 기록되어 있다. 1916년에 임제종이 다롄에 포교를 개시하였다. 또한 Ⅱ장의 보고서 내용에도 언급되었지만 만철 관련 시설이 샤허커우에 들어서면서 이곳에 각 종파 별원들이 포교소를 설치하여 사원의 수가 16곳에 이르는 것도 확인할 수 있다.

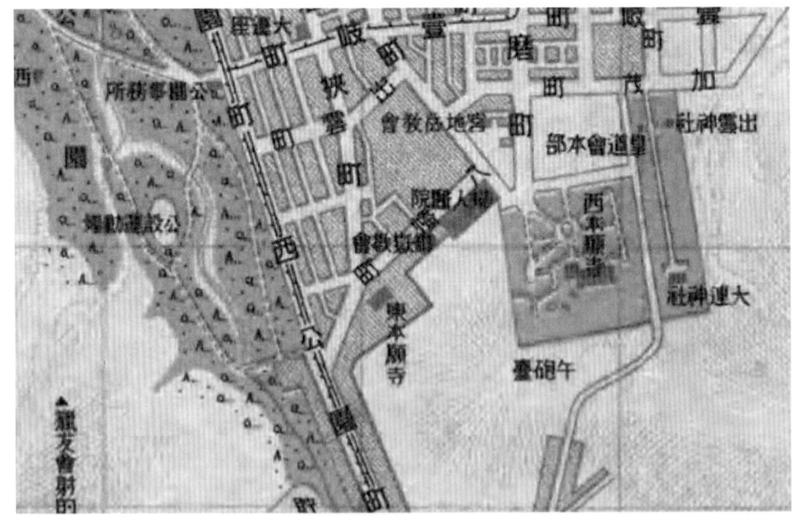

〈그림 3〉 다롄의 종교시설

· 출처: 鐵道院 編(1919), 『朝鮮滿洲支那案內』.

〈그림 3〉은 『조선만주지나안내(朝鮮滿洲支那案內)』[26]에 수록된 지도 중 다롄 남부 지역을 확대한 것이다. 지도 중앙부에 '東本願寺'라 표시된 동본원사가, 그 오른쪽에 '西本願寺'라 표시된 서본원사가 있다. 서본원사의 바로 옆에 다롄신사(大連神社)와 이즈모신사(出雲神社)가 있는 것을 알 수 있다. 이 지도에 보이는 동본원사와 서본원사는 앞서 설명했듯이 일본불교 중 가장 큰 세력을 가진 정토진종의 대표적인 두 개의 종파이고, 다롄신사는 다롄을 대표하는 신사이다. 다롄의 중심부에서 남쪽에 위치한 이 지역이 다롄의 대표적인 종교시설이 집약되어 있는 곳임을 알 수 있다.

서본원사가 다롄의 남쪽에 위치한 이유를 역사적 상황을 통하여 분석해 보면 다음과 같다.

1893년 러시아가 청으로부터 뤼순, 다롄의 조차권과 동청철도의 부설권을 획득하여, 뤼순을 군항으로 다롄을 무역항으로 건설하기 위해 항만과 도시건설을 계획한다. 이후 1899년 러시아 칙령에 의해 이 지역을 원방(遠方)을 의미하는 '달니'라 명명하고 도시를 건설하기 시작했다. 1904년 러일전쟁으로 달니는 일본군에 점령되었고, 일본군은 고지도에 적힌 중국어 지명인 '다롄 만'에서 '다롄'을 따와 도시명으로 채용하였다.[27]

다롄 시가지를 분석한 하시야 히로시(橋谷弘)의 『제국일본과 식민지도시(帝國日本と植民地都市)』[28]에 의하면 〈그림 4〉에서 검은색으로 둘러싼 부분이 러시아 조차기의 유럽시가지 구역이다. 일본의 조차 후 이 구역은 일본인 거주지구와 군용지구로 지정되어 도시건설이 진행되었다. 〈그림 4〉의 왼쪽 아래 부분에 사각형으로 표시한 구역이 〈그림 3〉의 동본원사, 서본원사, 다롄신사 등이 위치한 구역이다. 다롄 남부 구역은 일본인 거주지구와 군용지구가 인접해 있었으므로 포교소 설치에 적당한 장소였을 것이라 추측된다. 더불어 러일전쟁 후 서본원사는 사원 및 부대시설 건설을 위해 3만 평이라는 방대한 토지를 무상으로 대여 받는데, 부지 선정 과정에서 중심지에서 벗어나 넓은 면적의 토지 확보가 가능하다는 이유로 중심지가 아닌 남산 구역에 사원을 건설하게 된 것으로 보인다.

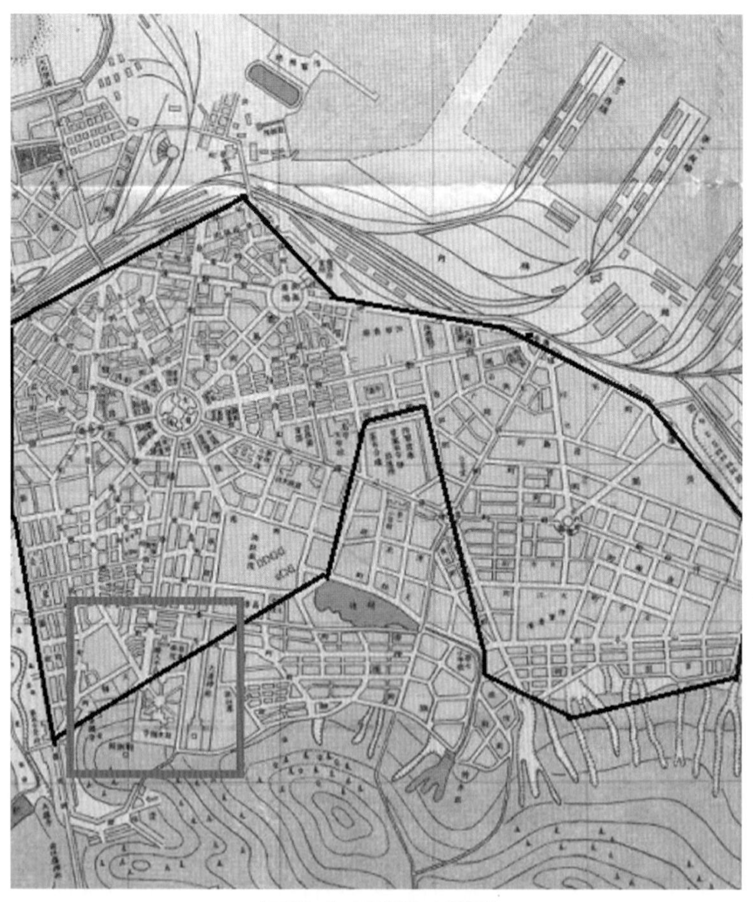

〈그림 4〉 다롄의 시가지

· 출처: 上田恭輔(1924), 『露西亜時代の大連』.

2. 일본불교의 다롄 포교 활동

일본 외무성 문서에서 언급된 종파는 정토진종의 서본원사와 동본원사, 정토종, 진언종, 조동종, 일련종의 다섯 종파이다. 이번 절에서는 서본원사와 동본원사의 포교활동을 중심으로 분석한다.

1) 서본원사의 다롄 포교

외무성 문서와 다롄에서 발간된 각종 다롄소개서 등에서 가장 많이 등장하는 일본불교 종파는 바로 서본원사이다. 이 서본원사의 다롄 진출과정과 그 이후의 활동을 살펴보도록 하겠다.[29]

『다롄시사』에 서본원사 관동별원에 관한 소개 글이 있다.

> 1904년 5월, 러일전쟁 중 오타니 손유(大谷尊由: 당시 서본원사 관장의 동생이다. 자료상에는 大谷尊錫라 표기되어있지만 잘못된 표기)가 다수의 종군포교사들을 이끌고 다롄에 상륙하여 6월 다리니 노기마치(乃木町)에 임시포교소를 설치하였다. 이것이 서본원사 다롄 포교의 기초가 되었다. 건설 계획지는 남산 자락이었다. 노기마치 포교소는 신자가 증가하여 신자들을 다 수용할 수 없을 정도가 되었다. 1906년 니시 공원(西公園) 남쪽으로 이전하였고, 1907년 10월 시나노마치(信濃町)에 임시별원을 설치하여 이전하였다. 1915년 9월 남산 한 자락에 규모를 확대하여 신축한 관동별원이 건립되었다. 경내에 조경 사업도 하여 꽃놀이 가능하다.[30]

서본원사에 의한 개교는 러일전쟁의 종식 후에 일본이 만주 지역에서 얻은 권익의 확대와 함께 적극적으로 이루어졌다. 1904년 서본원사의 22대 종주(법주)의 동생 오타니 손유는 러일전쟁의 종군포교 감독으로 중국에 건너가 다음 해 다롄에 본원사출장소(후에 다롄별원)

〈그림 5〉 서본원사 관동별원

· 출처: 南滿洲鐵道情報課編(1927), 『滿洲寫眞帖』.

를 설치하여 중국 포교를 적극적으로 실시하였다.

자료를 통해 알 수 있듯이 서본원사는 신자의 증가에 따른 몇 차례의 이전을 통하여 사원를 확장하였고, 1915년에는 남산에 관동별원을 설치하였다.

1905년에 만주 지역에 단 한 곳이었던 서본원사 사원은 남만주철도 연선을 따라 포교소를 설치하여 1930년에는 18개 사원으로 증가하였고, 1931년 만주사변과 다음해 '만주국' 건설 후의 사원수는 32개까지 증가하였다.[31] 이후 만주 지역의 개척사업 관련시설을 모두 합치면 70곳에 가까운 포교 관련시설을 설치한다. 이 만주 전역에 걸친 포교시설은 일본의 패전과 함께 종언을 맞이한다.[32]

Ⅱ장에서 언급하였듯이 러일전쟁과 관련한 종군포교가 서본원사 다롄 포교의 출발점이었다. 러일전쟁에 대한 서본원사의 대응과정을 살펴보자. 일본 교토(京都)에 위치한 서본원사 본산은 러일전쟁 개전

전부터 임시부(臨時部)를 설치하고 전쟁을 지원하기 위한 비상체제에 돌입한다. 임시부의 주요 사무내용은 헌금모금, 군사공채, 국채 응모를 장려하는 경제적 지원을 시작으로 직접적인 참전군인 및 가족에 대한 구호활동, 전사자와 유족에 대한 위문 및 구호활동이었다.[33] 이른바 나라와 사회를 위한다는 '봉공사업(奉公事業)'이 서본원사 본산과 그 별원들을 중심으로 이루어지게 된다. 이러한 '봉공사업'은 서본원사뿐만 아니라 같은 정토진종의 동본원사를 비롯한 대부분의 일본불교 각 종파에서 이루어졌다.

서본원사가 임시부를 중심으로 전쟁지원을 하는 동안 그 지부들도 개설되는데, 지부가 가장 먼저 개설되는 곳이 다롄이다. 다롄에 임시부 지부가 설치된 것은 군사적 요충지로 군대가 다수 출입하였으며, 전쟁지역 중 가장 큰 규모의 병참병원의 소재지였기 때문이다. 그 후 도쿄, 아키(安芸), 사할린, 모지(門司) 등에 임시부 지부가 개설된다.[34]

이후 일본이 뤼순전투에서 승리하자, 1905년 2월 다롄에 '다롄구락부'가 설치된다. 이 시설은 병참병원의 군인 및 관계자, 수비대의 병사들을 위한 오락시설의 역할을 하였다. 당시 다롄에 체재한 관료들을 비롯해 일본인거류민들도 집회 장소로 이용하였다.

1908년 포교시설인 관동별원의 준공식은 내빈 400여 명이 참가할 정도로 지역에서 큰 행사였다. 그리고 1909년 『만주일일신문(滿洲日日新聞)』에 따르면, 서본원사 관동별원은 신도가 2,000명 정도로 만주의 종교계 중에서도 가장 많은 신도를 보유하고 있었고, 매주 일요일과 매월 15일, 17일 점심과 저녁시간에 법회를 하였으며, 법회 시에는 100여 명의 청중이 있었다고 한다. 일본인사회에서 일본불교 사원이 담당한 중요한 역할 중 하나였던 것은 장제, 즉 장례의식을 치루는 것이었는데 1908년에 총 440건이 이었고, 독경이 300회 이상이었다고 한다.[35]

다롄뿐만 아니라 해외 일본인지역사회에서 장제는 그 지역의 일본인들의 정착할 수 있게 하는 중요한 의미를 가진다. 따라서 지역사회가 필요로 하고 또 각 종파들이 할 수 있는 일이었다. 이 장제와 관련하여 1906년『아사히신문(朝日新聞)』기사「순난지사조제(殉難志士弔祭」36)에 의하면 "하얼빈에서 총살된 요코가와(橫川省三) 및 포로가 되어 하얼빈 땅에서 사망한 사람들을 위해 추도제를 지내고자 다롄 서본원사의 다니구치(谷口經行)가 25일 하얼빈을 향하여 출발하였다" 고 전하고 있는데, 여기서도 보듯이 일본의 종교시설에서 장제를 담당하고 있다는 것을 알 수 있다.

Ⅱ장에서 다룬 보고서 '종교에 관한 일반상황' 이외의 1907년 다롄 민정서 보고37)에는 종교와 관련된 사항이 별도로 기입되어 있지 않지만, 그 내용 중에 일본불교 서본원사와 관련된 기술이 눈에 띈다. 사립유치원과 사립 다롄여자예기학교에 관한 기록이다.

> **사립 다롄유치원** 서본원사 포교소 하나다(花田頓成) 씨에 의해 설립 되어 4월 18일에 인가되었다. 개원당시의 아동수는 47명, 이번학기에는 72명으로 증가하였다. 보모 3명, 올해 경비는 본원사로부터 3,620엔의 보조를 받는다고 한다.

다음은 여학교 교육에 관한 자료이다.

> **사립 다롄여자예기학교** 본원사포교사 후쿠다(福田行思)에 의하여 창립되어 5월 27일 인가하였다. 개교 당시 학생 수는 16명이었고, 이번 학기는 21명으로 증가하였다. 직원 수는 3명, 수업과목은 뜨개질, 재봉, 창가, 음악 등이었다. 올해 경비는 본원사로부터 1,960엔을 보조받았다. 또한, 이 학교를 신축하여 크게 확장할 계획을 가지고 있다.

위의 자료에서 알 수 있듯이 다렌 일본인사회에서 서본원사는 종교적 포교활동뿐만 아니라 유치원교육과 여학생교육에도 힘을 쏟고 있었다.

먼저 여성교육을 살펴보자. 여자예기학교는 1907년에 개설되었는데 수신(修身), 미싱, 재봉, 바느질, 꽃꽂이 등을 가르쳤다. 본과가 1년, 고등과가 1년, 그리고 속성과가 3개월이었고 개설 당시의 학생 수는 30명이었는데 그 중 4분의 3은 주부였다. 이 학교는 개설하고 3년 후에 문을 닫았다고 한다.[38)]

다음은 서본원사의 유치원 교육에 대하여 살펴보자. 유치원 교육은 『다렌시사』에서도 "(서본원사는) 유치원을 설치하고 원아 51명을 수용하여 1907년 4월 오야마도오리(大山通)에 있던 러시아가옥을 개조하여 개원식을 열었다"[39)]라고 소개되어 있다. 위의 보고서와 개설연도는 일치하지만 원아 수에서는 조금 차이를 보인다. 이외에도 시바타(柴田幹夫)의 연구 「오타니 코스이 연구(大谷光瑞の研究－アジア広域における諸活動－)」에 서본원사의 유치원 교육에 관하여 자세하게 설명되어 있다.

원래 서본원사의 유치원은 1906년에 개원 예정이었지만 보모(保姆)의 선정에 시간이 걸려 1907년에 개설되었다고 한다. 1907년 6월 말에는 101명의 원아가 재적했는데 유치원 건물이 좁아서 니시도오리(西通)에 있는 사도마치(佐渡町)에 90평 정도의 가옥을 빌려 이전할 계획을 세웠다. 직원은 하나다 원장 외 5명의 보모, 보모견습생, 위탁의사 1명이 있었다. 1909년에는 수용 원아 170명 정도로 원장 이외 직원은 7명이었고, 건물 임대료는 160엔이었다. 유치원의 보육료는 한 달에 10엔으로 세대 당 2명 이상이 다닐 경우 반액이었다. 다시 장소가 협소하여 신축 설계를 계획하였다. 당시의 서본원사 교단잡지였던 『교해일란(敎海一瀾)』에는 "본 유치원은 다롄 서본원사 부속 사업 중 가장 시민의 환영을 받은 사업"이라고 자평하고 있다.[40)]

서본원사의 유치원 사업은 상당히 성공적이었는데, 1907년 유치원 개원 당시 50명 정도의 원아에서 시작하여 2년 뒤인 1909년에 170명으로 3배 이상 증가 하였고, 이로 인하여 두 번이나 확장 이전하게 된다. 이는 다롄 일본인사회의 급속한 성장을 이야기 해 주는 동시에 다롄 일본인사회 형성 초기부터 가족 동반의 일본인들이 많이 도항해 왔다는 것을 알 수 있다. 부산의 개항장에 생기는 일본인 지역사회에는 20년이 지나 유치원시설이 들어서는 점과는 확연히 다른 모습이다.

이렇듯 다롄 일본인사회에서 서본원사가 독보적인 존재였다. 특히 서본원사는 가장 먼저 다롄에 진출하였으며 각 종파 중에서도 가장 다양한 활동을 전개하였다. 서본원사는 군대위문시설과 포교소가 합쳐진 형태인 '다롄구락부'를 통하여 다롄 포교의 기초를 마련했다. 이후에도 외국어교육, 여학교, 유치원 운영 등 다양한 활동을 하였다. 이러한 서본원사의 활동은 러일전쟁 지원 등을 통해 구축한 일본정부와의 관계, 그리고 서본원사의 만철 투자 등이 그 계기를 마련하였다고 볼 수 있다. 특히 만철과 서본원사의 관계에 대해서는 선행연구[41)]에서 언급되어 왔지만, 당시의 신문자료를 통하여 만철과의 관계를 살펴보았다.

먼저 〈그림 6〉『아사히신문』 1906년 11월 25일 기사 「만철 주주와 주식」[42)]에서 서본원사의 보유주식을 확인할 수 있다. 이 기사에서는 '은행업자 중의 대주주인 114은행이 91주, 미쓰비시 은행부 4주, 그 외 1주 등으로 주주 수는 359이고, 오타니본원사 91주, 그 외 일본적십자 3주, 오사카 상선 4주'로 전하고 있다. 오타니본원사는 오타니코스이의 서본원사를 줄여서 적은 것으로 추측된다. 이 기사에서 서본원사가

◎滿鐵株主と株數

登録されたる株主左の如し

五〇〇、〇〇〇株 政府　三〇〇株 中村是公

株	人	株	人	株	人
一〇〇	理事七人	九一	百三十人	九〇	十八人
八九	三人	八八	二四人	八七	三人
八六	九人	八五	二人	八三	六十人
八一	一人	七八	六人	七七	二人
七六	五人	七四	五二人	六九	十五人
六五	一人	六四	三十一人	六〇	五人
五五	七四人	五一	五人	四九	三人
四八	一人	四七	一人	四六	三百十人
四五	一人	四一	四人	三九	四人
三八	四人	三七	八九人	三六	一人
三四	二人	三三	二人	三二	十五人
三〇	五人	二八	二人	二七	三百十七人
二五	六人	二四	二人	二三	七十二人
二二	二人	二一	二人	二〇	三人
一九	二人	一八	四百九十九人	一六	三人
一五	五人	一四	十人	一三	百七十八人
一二	十九人	一一	三十四人	一〇	十一人
九	千七十三人	八	十二人	七	五十人
六	六十一人	五	百十一人	四	六百八十六人
三	百五十六人	二	四百三十六人	一	五千四百九人

右の内銀行業者中の大株主は百十四銀行（高松）九十一株を始め三菱銀行部四株其他一株に至る迄其株主數三百五十九にして大谷本願寺九十一株其他日本赤十字社の四株大阪商船の四株等なり

〈그림 6〉 만철의 주주

· 출처: 『朝日新聞』, 1906년 11월 25일.

91주로 만철의 최대주주임을 알 수 있다. 또, 『요미우리신문(讀賣新聞)』의 1906년 12월 18일 기사에는 "남만철도의 주식 모집에 최고액 750만 엔을 신청한 진종대본산 서본원사, (서본원사의)현재 보유 주식은 최다 주주 중에도 가장 많은 1등, 아마 만주철도는 정토의 길이라고 생각하고 있는 듯하다"[43]라는 기사에서도 알 수 있듯이 서본원사가 만철 주식을 보유한 것과 이 지역에서의 적극적인 포교활동이 밀접한 관계에 있음을 짐작할 수 있다.

이와 함께 당시 다롄 지역의 진언종 포교에 관한 자료에는 다음과 같은 내용이 소개되어 있다.

> 일본불교 각 종파 중 서본원사 오타니 코스이 법주는 군의 흥망(興望)에 의해 남북만주 및 다롄, 뤼순에 설교정책 혹은 사원건립에 대한 특권을 부여 받

았다. 그 외의 조동종, 동본원사, 정토종, 진언종, 일련종, 묘심사 등 각 종파 종군승도 활동, 장래 남북만주연선에 개교사원을 개설하는 기초는 전쟁 후 시작되는 것이다.[44)]

이 기록을 통하여 각 종파들의 다롄 및 중국 둥베이 지방 포교의 시작은 종군포교였다는 점과 서본원사가 일본불교 각 종파 중에서도 다롄과 뤼순에 설교정책과 사원건립의 특권을 부여 받았다는 점을 알 수 있다.

다만, 다롄에서의 서본원사의 모든 활동이 순조로웠던 것은 아니다. 서본원사는 종군포교 및 위문활동 등의 전쟁협력과 초기 다롄 건설에 기여한 것을 바탕으로 다롄에 3만 평의 토지를 확보하게 된다. 이 부지에 25만 엔이라는 거액을 들여 당대 최고의 건축가였던 이토 쥬타(伊藤忠太) 설계의 인도풍 사원 건립 건설 계획을 세우지만 일본 국내 본산과 신자들의 여론 등에 의해서 무산되고 예산이 축소된 형태로 장기간 공사가 지연되는 상황이 발생하기도 했다.[45)]

2) 다롄 일본인사회와 동본원사

동본원사는 1908년에 처음 다롄 포교에 착수 하여 1912년부터 본격적으로 활동하였다.

1908년 4월 처음으로 개교에 착수하였다. 다롄 시내 와카사노마치(若狭町)에 별원창립사무소를 설치, 관장 오타니 고우엔(大谷光演)이 닛다 신료(新田神量)을 파견하여 사무와 포교를 담당하게 하였다. 1911년 7월 부지를 대여 받아 임시 본당의 건설에 착수하여 1912년에 준공하였다.[46)]

위의 자료에서 알 수 있듯이 다롄에 동본원사가 별원을 건립하고 본격적으로 활동하는 것은 1912년이다.

하지만, 동본원사가 만주 지역에 처음으로 포교 거점을 설치한 것은 1904년 11월이다. 포교의 시작은 조선과 만주 지역의 국경지대인 안둥이었다. 압록강의 하류 북측에 위치한 안둥은 조선에서 만주로 가는 교통의 요지이며, 군사·경제적으로 중요한 지역이었다.[47)]

동본원사도 서본원사와 마찬가지로 러일전쟁 시기에 전쟁지원 사업으로 임시장의국(臨時獎義局)을 설치하여 군대 위문 사업을 진행하였다. 동본원사 안둥 포교는 전쟁지원의 일환으로 일본군을 따라 위문활동을 하던 종군포교에서 시작되었고, 그 후 이 지역에 포교소를 개설 한 것이었다. 1904년 5월 일본군은 중국 정부의 관리를 배제하고 지역 통치를 위하여 군정서(軍政署)를 설치하였는데, 이 군정서가 최초로 설치된 곳이 안둥이다. 당시 군부에서 안둥 일본인거류민을 위하여 동본원사 경성별원에 포교사 파견을 요청하였고 이것이 안둥 포교의 시작이었다.[48)]

1931년의 만주사변 이후 포교소가 급격히 증가하기 전까지 동본원사의 포교관련 시설은 총 17곳이었다. 이 포교소들은 군인 및 일본인 상공관계 거류민의 생활지로서 안전이 확보된 남만주철도 혹은 주요 철도의 연선 요지에 위치하고 있었고, 포교대상의 중심은 군인 및 일본인거류민이었으며 중국인을 대상으로 한 포교는 극히 제한된 형태로 이루어졌다.

3) 다롄의 일본불교사원과 일본인사회

이상에서 다롄 일본인사회와 일본불교 관한 내용들을 정리하면 다음의 네 가지로 요약할 수 있다. 첫째, 일본불교는 종군포교에서 시작하여 거류지포교로 전환하였다. 다롄 진출의 시발점이었던 종군포교는 군대의 위문과 전사자의 장제와 관련된 것인데, 일본불교의 구체적인 전쟁협력의 모습이기도 하다. 둘째, 다롄 일본인사회에서 서본원사가 독보적인 존재였다. 특히 서본원사는 가장 먼저 다롄에 진출하였으며 각 종파 중에서도 위문, 교육, 장제, 출판 등의 다양한 활동을 전개하였다. 서본원사의 이러한 독보적인 위치는 전쟁협력과 만철과의 관계에 적극적이었다는 것에 기인한 것이라 분석할 수 있다. 셋째, 다롄에 진출한 불교사원들은 법회나 장제 활동은 물론이고 교육활동 등의 거류민의 정착에 필요한 활동을 전개하였다. 특히 서본원사는 '다롄구락부'와 같은 군 위문 및 복지시설, 유치원, 여학교 등을 운영하는 등 교육활동도 전개하였고, 정토종 역시 어학 및 상업교육 등을 실시하였다. 이러한 점들은 교류민의 정착과 안정을 도왔고 거류민의 안정은 각 종파 신도들의 확보로 이어져 일본 불교 사원의 안정으로 이어진다. 넷째, 다롄으로의 불교사원 진출 경로를 살펴보면 동본원사의 경우 만주 지역의 포교에 있어 다롄이 아닌 안둥이 포교 출발점이었다.

Ⅳ. 나가며

서두에서 언급한 것처럼 이 글은 일본불교를 통하여 해항도시 다롄, 지역으로서의 다롄이라는 도시의 의미를 찾아가는 과정이다. 한국 연구자에게 있어 중국 다롄 지역의 일본불교를 분석하는 의미 중 하나는 일국사적 관점에서 더 넓은 시야에서 사고하기 위함이다. 이는 이 연구서의 목적이기도 한 사람, 물건, 자본, 문화의 이동이라는 해항도시적 관점과도 연결되어 있다. Ⅱ장과 Ⅲ장의 내용을 바탕으로 다롄 이전의 일본불교의 해외 일본인사회 포교활동과 비교하여 다롄의 의미를 생각해보고, 향후과제를 정리하였다.[49]

1. 기존 포교가 집약된 도시 다롄: 부산의 종교상황과 다롄의 종교상황

19세기 말 일본불교 중 가장 먼저 해외포교에 나선 종파는 정토진종 동본원사다. 메이지유신 이후 홋카이도(北海道)와 오키나와(沖縄) 등의 내지 포교를 시작으로 청, 조선, 타이완 등에 해외포교를 진행하였다. 조선에서는 부산, 원산, 인천의 개항장을 중심으로 법회·장제·교육·자선사업 등의 다양한 활동을 전개하였다. 특히 초기의 부산과 원산 포교에서는 일본인뿐만 아니라 조선인들도 포교대상으로 하여 현지사회에도 적극적인 포교활동을 하였다. 그러나 일본정부로부터의 조선포교에 관한 포교 전권(專權) 취득 실패와 조선의 정세변화, 본산 내부 문제, 재정 상황 악화 등의 이유로 일본인 포교가 중심이 되었다. 동본원사는 조선의 개항장을 비롯하여 타이완, 중국 남부지역 등 일본의 해외 식민지 획득과정에서 일본인거류민사회에 포교소를 설치하였다. 반면, 서본원사의 해외포교는 동본원사보다 늦은 시기에 시작되었다. 청일전쟁 이후 서본원사 신자들을 관리하기 위한 목적으로 조선 포교를 시작한다.

해외포교에 있어 동본원사와 서본원사는 시대 상황에 따라 엎치락뒤치락 하는데, 동본원사는 해외포교의 시작이 빨랐지만 이 과정에서 재정문제나 외교마찰 등에 직면하게 된다. 예를 들어 중국 남부지역 장쑤 성(江蘇省) 및 저장 성(浙江省) 지역 포교과정에서 오타니파 승려의 구타사건 문제나 푸젠 성(福建省)의 포교권을 둘러싸고 중국과

의 마찰이 발생하기도 하였다.[50]

서본원사의 경우 해외 일본인사회의 신자 관리를 목적으로 한 포교와 종군포교가 해외포교소 설치의 요인이었는데, 이러한 이유로 동본원사보다는 시기적으로 늦었지만 안정적인 포교가 가능하였다. 다롄지역에서의 서본원사의 포교활동을 살펴보면 '다롄구락부'라는 군 위안 기능과 포교기능이 복합된 시설을 설치하면서 다롄포교의 안정화를 꾀하게 된다.

이 글 대상지역인 다롄에서 가장 독보적이고 다양한 활동을 한 종파는 서본원사이다. 이러한 사실은 다롄의 연구를 진행하면서 가장 흥미로웠던 부분이기도 하다. 왜냐하면 부산에서의 동본원사가 했던 여러 활동들이 다롄에서 서본원사의 활동들과 거의 흡사했기 때문이다. 동본원사는 1877년 조선의 개항장이 된 부산에 가장 먼저 포교소를 설립한다. 이후 부산의 일본인사회에서 설교와 교화, 장제 등의 종교 활동을 시작으로 교육, 자선사업, 묘지관리, 화장장사업 등 다양한 활동을 하였다. 청일전쟁과 러일전쟁 시기 부산의 동본원사 별원은 봉공부(奉公部)를 두어 출정 군인들에 대한 구호활동을 하였고, 사원 자체는 임시 군 시설로 활용되기도 하였다. 그리고 서본원사가 다롄 일본인사회에서 환영받았다고 평가한 유치원 사업을 부산에서는 다롄보다 빠른 시기에 동본원사가 '성공적'으로 진행하였다.

부산의 일본인거류지는 군대에 의한 조차지가 아니라 조선의 전근대적 조차지 인식과 불평등조약에 의해 건설된 일본인사회였다. 따라서 그 포교활동도 개척자적 역할의 포교활동이었다. 반면, 다롄 조차는 전쟁의 결과물로 군대의 주둔이 본격적인 다롄 일본인사회의 기초가 되었으며, 서본원사를 비롯한 일본불교 각 종파의 종군포교가 포교의 시작점이었다. 이러한 일본인사회의 초기 형성과정은 차이가 있지만, 일본불교가 해외 일본인사회에서 거류민의 정착과 안정에 필요한 활동을 한 점은 다롄과 부산에서 동일하였다. 그리고 청일전쟁과 러일전쟁 시기의 전쟁협력도 다롄과 부산이라는 다른 공간 속에서 비슷하게 이루어졌다.

결론적으로 다롄 일본인사회와 일본불교의 모습은 메이지유신 이후 일본불교가 해외포교에서 축적한 경험들을 집약적으로 투영한 공간이라 할 수 있다. 나아가 다롄포교에서는 만철과 연계된 해외포교의 새로운 형태도 확인할 수 있었다.

흔히 근대 제국일본의 형성과정에서 청일전쟁은 제국으로의 입학시험이었고, 러일전쟁을 졸업시험이라 일컫는다. 다롄은 러일전쟁 이후 얻은 조차권을 바탕으로 발달한 도시이다. 그리고 중국 둥베이 지방 즉 '만주' 지역으로의 시작점이기도 했다.

이 글은 이러한 도시 다롄을 일본불교를 통하여 분석하였다. 메이지유신 이후의 내지포교와 메이지 초기 청 및 조선 포교, 그리고 청일전쟁 이후의 추교(追敎)라 평가되는 해외 일본인사회만을 위한 포교활동과 식민지 타이완 포교 등이 집약되고 정제(精製)되어 다롄사회에 투영된다.

이 글에서는 다루지 않았지만 이후 일본불교는 만주사변 이후 만주국 건설 과정에서 일본인 이주 개척 사업에 적극적으로 협력하였고, 만주국 오족협화(五族協和)에 동조한 불교연합의 활동 등으로 이어진다.

이러한 점에서 다롄은 단순히 일본에서 다롄, 만주로 연결되는 가교적(架橋的) 공간이 아니라 시간을 '이어주는' 커다란 역사적 '대교(大橋)' 도시라는 의미를 부여할 수 있지 않을까.

2. 서본원사와 동본원사의 포교루트

일본은 러일전쟁 이후 다롄, 뤼순과 만철부속지 등에 세력을 확장하였다. 그 후 제1차 세계대전, 만주사변, 중일전쟁 등을 거치며 중국 둥베이 지방, 즉 만주 전역까지 세력을 확대하게 된다. 범위를 확장시켜 만주 지역의 일본불교 진출을 보면 서본원사는 다롄을, 동본원사는 안둥을 첫 포교거점으로 하였다. 동본원사의 경우 조선 · 대한제국에 포교적 발판이 있었기에 한반도의 북쪽 경계와 맞닿은 안둥으로 진출하는 것이 용이했을 것이고, 이를 일본군에서 이용하였을 것이라 추측된다. 이러한 모습은 일본−조선−만철 루트와 일본−다롄−만철 루트와도 닮아 있다. 이러한 포교루트와 정치 · 경제 · 군사적 루트와의 관계에 대해서는 향후과제로 연구하여 구체화 시켜가고자 한다.

김윤환 | 고베대학 인문학연구과 외국인연구원

▣ 주

1) 浄土眞宗本願寺派國際部(2008),『浄土眞宗本願寺派アジア開教史』, 本願寺出版社.
2) 嵩滿也(2006),「戦前の東・西本願寺のアジア開教」,『國際社会文化研究所紀要』, 第8號.
3) 小島勝・木場明志(1992),『アジアの開教と教育』, 龍谷大学佛教文化研究所.
4) 柴田幹夫(2013),『大谷光瑞の研究－アジア広域における諸活動－』.
5) 辻村志のぶ(2001),「戦時下一布教使の肖像」,『東京大学宗教学年報』.
6) 木場明志・程舒偉編(2007),『植民地期滿州の宗教』, 柏書房.
7) 末木文美士編(2011),『近代國家と佛教』, 佼成出版社.
8) 아시아역사자료센터, 레퍼런스 코드 C03026652800.
9) 아시아역사자료센터, 레퍼런스 코드 C03026600400.
10) 메이지유신 이후 일본정부는 유럽으로 이와쿠라(岩倉) 사절단을 보내게 되는데 서본원사에 승려 시마지모쿠라이도 유럽에 파견되어 종교사정을 시찰하고 온다. 일본에 돌아 온 후에는 종교의 자유에 대한 건백서가 잘 알려져 있다.
11) 大連市役所編(1936),『大連市史』, 250쪽.
12) 일본 아시아 역사자료센터(http://www.jacar.go.jp/)의 자료를 활용하였다. 레퍼런스 코드는 각 자료별로 부여되어 있는데 코드만으로 검색이 가능하다.
13) 아시아 역사자료센터에 관동도독부상황보고는 1권부터 20권까지 존재한다. 시대적으로는 1906년부터 1925년까지의 기간에 대한 기록이다. 11권은 1916년까지의 자료인데 1917년에서 1920년 사이의 기록이 없다. 12권은 1921년부터 시작한다. 또한 자료의 기록방식도 순보(旬報) 형식으로 바뀐다. 1916년 자료부터는 목차와 기록내용에는 종교에 관한 항목이 빠져있다. 이는 다롄에서 특별시제가 실시되는 등 행정조직 개편에 의한 것이라 생각된다.
14) 大連市役所編(1936), 앞의 책.
15) 大連民政署編(1928),『大連要覽』, 大阪屋號書店.
16) 단, 각 자료의 해석은 일본어 원문의 분위기를 살리는 것보다 자연스러운 한국어번역을 우선하였다. 또한, 괄호 속 내용은 문장의 의미를 보다 명확히 하기 위하여 필자가 덧붙인 것이다. 그리고 일본의 아시아 역사자료센터의 자료의 경우 레퍼런스 코드를 각주처리 하였다. 이하 자료인용은 이를 따른다.
17) 아시아역사자료센터, 레퍼런스 코드 B03041546700.
18) 아시아역사자료센터, 레퍼런스 코드 B03041553500.
19) 아시아역사자료센터, 레퍼런스 코드 B03041557900.
20) 아시아역사자료센터, 레퍼런스 코드 B03041562800.

21) 아시아역사자료센터, 레퍼런스 코드 B03041567500.

22) 아시아역사자료센터, 레퍼런스 코드 B03041570200.

23) 大連市役所編(1936), 앞의 책, 14~18쪽.

24) 大連民政署編(1928), 앞의 책, 93쪽.

25) 책이 출판된 시기는 1928년이고 각 포교소의 위치와 신도수가 표시된 표가 있는데 이 표는 한 해 전이 1927년에 만들어진 것이다. 앞의 외무성 보고서 당시보다는 10년이 더 흘렀는데, 초기부터 1920년대까지의 각 종파 사원의 설치 상황이 파악되기 때문에 이 표를 활용하였다.

26) 鐵道院編(1919),『朝鮮滿洲支那案内』, 鐵道院.

27) 橋谷弘(2004), 앞의 책, 23쪽.

28) 橋谷弘(2004), 앞의 책.

29) 서본원사의 다롄진출과정과 그 활동에 대해서는 시바타의 연구「大谷光瑞の研究－アジア広域における諸活動－」와 浄土眞宗本願寺派國際部에서 편찬하고 서본원사에서 발간한『浄土眞宗本願寺派アジア開教史』에 자세히 정리되어 있다.

30) 大連市役所編(1936), 앞의 책, 741~742쪽.

31) 다롄을 포함하여 러일전쟁과 중일전쟁, 태평양전쟁을 거치면서 일본이 만주지역까지 세력을 확보하게 되는데 이 전체시기를 보면 포교의 거점 역할을 하는 '별원'으로 관동별원, 안둥별원, 하얼빈별원, 봉천별원, 신경별원의 다섯 곳, 그 외 포교소와 출장소가 57곳에 이르렀다. 浄土眞宗本願寺派國際部(2008),『浄土眞宗本願寺派アジア開教史』, 本願寺出版社, 171쪽.

32) 嵩滿也(2006), 앞의 글, 299쪽.

33) 浄土眞宗本願寺派國際部(2008), 앞의 책, 172쪽.

34) 浄土眞宗本願寺派國際部(2008), 앞의 책, 172~173쪽.

35) 浄土眞宗本願寺派國際部(2008), 174쪽.

36)『朝日新聞』, 1906년 12월 27일.

37) 아시아역사자료센터, 레퍼런스 코드 B03041521000.

38) 浄土眞宗本願寺派國際部(2008), 앞의 책, 174쪽.

39) 大連市役所編(1936), 앞의 책, 741~742쪽.

40) 柴田幹夫(2013), 앞의 논문, 34쪽.

41) 柴田幹夫(2013), 앞의 논문, 38~39쪽.

42)『朝日新聞』, 1906년 11월 25일.

43)『讀賣新聞』, 1906년 12월 18일.

44) 菅野經禅・北之内眞龍(1969),「眞言宗滿洲開教史」,『あそか』1969年9月號.

45)『中外日報』, 1911년 11월12일.

46) 大連市役所編(1936), 앞의 책, 742쪽.

47) 木場明志・程舒偉編(2007), 『植民地期滿州の宗教』, 柏書房, 93~94쪽.

48) 木場明志・程舒偉編(2007), 앞의 책, 93~94쪽.

49) 김윤환(2012), 「개항기 해항도시 부산의 동본원사별원(東本願寺別院)과 일본인 지역사회: 공생(共生)과 갈등(葛藤)을 중심으로」, 『해항도시문화교섭학』 6호를 활용하여 부산의 일본인사회의 일본불교와 비교 검토한다.

50) 辻村志のぶ(2011), 「戦争と宗教」(末木文美士編, 『近代國家と佛教』, 佼成出版社), 231~232쪽.

제3부

식민지도시의 공간과 표상

10.
식민지도시 다롄을 그린 도시도

사카노 유스케(阪野祐介)

Ⅰ. 들어가며

근대 국가와 지도는 밀접한 관계를 맺고 있다. 국민국가라는 단위를 기초로 명확한 영토영역을 표시하는 선 긋기는 지구상의 다양한 장소를 '과학적/객관적'으로 명시하는 지도의 존재로 인해 가능해졌다. 동시에 경계선의 확정을 통해 생겨난 새로운 지도는 사람들에게 새로운 사회적 사실로서의 영역을 이미지화시키고, 그러한 이미지를 통해 사람들을 한 국가의 국민으로서 배치하는 역할을 부과한다.

국민국가 건설을 지향하는 동시에 다롄을 필두로 해외로 침략을 확대해 간 근대의 제국 일본도 예외는 아니다. 긴다(金田章裕)와 우에스기(上杉和央)는 『일본지도사(日本地圖史)』(2010)에서 근대 일본에서 작성된 지도로 지적도(地籍圖), 지형도(地形圖), 조감도(鳥瞰圖: 주로 관광도)를 거론하고 있다. 이 중에서 관제(官製) 지도라고도 불리는 지적도[1])와 지형도는 메이지(明治) 신정부에 의해 근대 국민국가 건설과 관련된 사업의 일환으로 제작되기 시작했다. 지적도는 근대적인 국가

체제 정비사업의 하나로, 금납방식을 세수로 전환하기 위하여 토지소유를 명확히 할 목적으로 대장성(大藏省)이 주도적으로 제작했다.[2] 아울러 국토의 기본도(基本圖)인 지형도[3]는 1880년부터 일본 간토(關東)의 모든 지방을 포함하는 2만분의 1 지도로서 작성되기 시작했다.[4] 이렇듯 지적도와 지형도의 제작을 통해 근대 일본은 국토의 기본도를 정비해 나갔으며, 지도를 통한 지식과 권력이 토지/공간에 작용하면서 사람들의 조직과 관리가 가능해졌다고 할 수 있다.

단 지형도의 제작은 일본 국내에 그치지 않았다. 이는 '외방도(外邦圖)'[5]라고 칭해진 지도에도 영향을 미쳤다. '외방도'에 대해서는 최근 들어 연구의 성과가 점점 축척되어 가는 중이다.[6] '외방도'는 작성 단계부터 일본의 제국주의적 욕망에 뿌리를 두고 아시아 · 태평양지역에 대한 침략과 궤를 같이 하고 있기에 군사적 목적의 요소가 매우 강한 지도였다고 지적되고 있다. 상당히 많은 수의 지도가 일본군에 의해 제작되었는데, 일본군이 제작한 지도는 일본군 스스로 측량한 것과 다른 곳에서 수집하거나 강탈한 외국 제작 지도를 복제한 것으로 나눌 수 있다.[7] 예를 들어 다롄이 있는 랴오둥 반도(遼東半島)에서 만주까지는 러시아가 1894년 무렵부터 정찰을 시작하여 1895년 삼국간섭 후에는 본격적인 측량이 시작되었고, 러일전쟁 개전 전에는 해당 지역에 대한 지도 제작이 거의 끝났다고 알려져 있다.[8] 러일전쟁 개전 직후인 1904년 5월 전투에서 일본군은 러시아군 장교가 가지고 있던 압록강(鴨綠江)에서 마천령(摩天嶺)까지의 상세한 지도를 입수했는데,[9] 러시아군의 이 지도가 훗날 러일전쟁의 행방에도 크게 영향을 미쳤다고 알려졌다. 또한 일본군은 일본이 조차권을 획득하기 일 년 전인 1904년 9월 단계에 이미 상세한 다롄 시가도(市街圖)를 발행하는데, 이 지도가 전쟁 승리에 일조했다고 말할 수 있다. 이렇듯 군사목적을 위하여 일본군이 제작한 지도 이외에도, 식민지 정부는 '토지조사사업'을 위한 지형도를 제작했다.[10] 이처럼 외방도를 포함한 근대지도, 특히 지적도나 지형도 등의 관제지도는 군사나 통치라는 정치적 영역과 관련되어 제작되어 왔음을 알 수 있다.

탐험과 지도 제작은 식민지 문화에서 전형적으로 나타나는 지배적인 풍습으로,[11] 탐험자의 '발견'이나 종주국에 의한 식민지 지도 제작은 항상 보는 측과 보여지는 측의 비대칭적인 권력관계 안에서 이루어지는 공간의 재편이라 할 수 있다. 이러한 문제의식을 바탕으로 최근 외방도 연구를 비롯한 지도 연구에서도 1990년대 이후 식민지주의를 둘러싼 다양한 문제군에 관심이 쏠리고 있다.

한편, 지적도나 지형도 이외의 지도로 시선을 돌려보면 이에 대한 관련연구가 충분히 이루어지고 있다고 말하기 곤란하다. 근대 측량기술과 인쇄기술의 향상은 지도의 정밀한 표현과 대량생산을 가능하게 했으며, 사진기술의 발달은 지표(地表)의 표현방법을 풍부하게 했다. 또한 관제지도뿐만 아니라 민간에서의 지도 제작 활동이 활발해지면서 사람들에게 지도가 좀 더 친근한 존재로 인식되게 되고 지도의 발행 형태에도 많은 변화가 발생했다. 그럼에도 불구하고 근대 지도에 관한 대다수의 연구는 지적도나 지형도가 중심인 관제지도를 대상으로 이루어지고 있는 것이 현 상황이라고 할 수 있다. 그러나 나카니시(中西遼太郎)와 세키도(關戸明子)가 『근대 일본의 시각적 경험(近代日本の視覺的経験)』(2008)에서 지적하고 있듯이, 지적도나 지형도를 제외한 도시도(都市圖) 등의 지도를 분석하는 것은 이제껏 관제지도를 통해서는 명확히 설명되지 못했던 당시 사회나 경제 상황, 사람들의 생활상에 대해 새로운 관점과 해석을 제공할 수 있다.

그렇다면 다롄의 지도 연구는 어떠한가? 잘 알려져 있듯이 러일전쟁 이전의 다롄은 러시아에 의해 모스크바에서 먼 곳이라는 의미의 '달니(Дальний)'라는 명칭의 도시로 불렸다. 그러나 러일전쟁 후 일본 지배하에 식민당국이 설치되면서부터 일본이 패전하게 되는 1945년까지 다롄은 일본의 식민지도시가 되었다. 그 사이 일본은 한일강제병합(1910), 만주국 건설(1932)을 강행해 간다. 한반도의 부산, 원산, 인천 등의 해항도시와 더불어 근대의 다롄은 일본 대륙진출의 요충지가 되었는데, 당시 다롄은 중국 둥베이 지방으로의 침략을 위한 정치 기능적 측면과 함께 상징적인 기능을 띠고 있었다는 점에서 매우 중요한 역할을 담당하던 도시였다. 근대는 다롄이라는 장소 자체가 큰 변화를 겪는 동시에 지도사(地圖史)의 측면에서도 큰 전환기가 되는 시기이다. 따라서 이 시기 다롄의 지도를 살펴보는 것은 근대도시 다롄의 양상을 해명하는 것은 물론, 근대 도시도 연구의 측면에서도 중요한 의의를 가진다.

이와 같은 문제의식을 바탕으로 근대 다롄 지도에 관한 연구 상황을 살펴보면, 당시 어떤 지도가 작성되고 있었는가에 대해서조차 충분히 파악되지 못하고 있는 실정이다. 따라서 다롄 도시연구나 시각적 경험에 대한 연구의 기초가 되는 다롄의 지도를 파악하고, 이것들에 대한 분류작업을 진행할 필요가 있다. 이 글은 그 일환으로 다롄의 지도 특히 도시도[12)]의 제작 상황을 밝히고, 주요한 지도 몇 가지를 선별하여 각 지도들의 특징을 고찰해 보고자 한다. 본론에서 살펴볼 지도는 행정기관과 남만주철도주식회사(南滿洲鐵道株式會社. 이하 만철), 민간의 출판사 등이 발행한 '시가도(市街圖)', '시가전도(市街全圖)' 등으로 불리는 도시도류, 그리고 도쿄교통사(東京交通社)가 발행한 『대일본직업별명세도신용안내(大日本職業別明細圖信用案內)』, 요시다 핫사부로(吉田初三郎)가 제작한 조감도이다. 이 중에서 '시가도'와 '시가전도'에 대해서는 주로 일본의 국립국회도서관과 기후 현(岐阜縣) 도서관에 소장된 문헌을 다루기로 한다. 또한 이 장에서 사용하는 지명은 특별한 설명이 없는 한 당시 일본이 제작한 지도명에서 표기된 지명으로 한다.

본론의 Ⅱ장에서는 도시도의 간행상황에 대해 분석하고, Ⅲ장과 Ⅳ장에서는 도시도를 둘러싼 제작상황의 변화를 감안하여 1904년부터 1920년대 전반기와 1920년 중반부터 1940년대 전반기의 두 시대로 구분하여 몇 가지 지도에 대한 개별적인 분석을 행한다. Ⅴ장에서는 지도와 그림지도의 경계영역이라고 할 수 있는 조감도를 다루기로 한다. 그리고 Ⅵ장에서는 본론을 정리하면서, 근대 다롄의 도시도에 대한 앞으로의 연구 과제와 도시도를 이용한 연구의 가능성에 대하여 언급하고자 한다.

Ⅱ. 다롄 내 도시도 간행상황

다롄의 도시도는 일본의 국립국회도서관(國立國會圖書館)과 다수의 고지도(古地圖)를 소장하고 있는 기후 현(岐阜縣) 도서관의 홈페이지에서 검색한 결과, 약 50점을 확인할 수 있었다.[13] 그 중 실제로 열람이나 복사가 가능한 지도 중에서 이 장에서 다룰 도시도 22점을 〈표 1〉에 제시했다.

우선 도시도의 서지정보를 통해 다롄에서의 도시도 간행상황에 대하여 파악해 두고자 한다.

〈표 1〉 다롄의 '시가도(市街圖)'와 '시가전도(市街全圖)' 목록

No.	지도명	인쇄·발행자 등	인쇄·발행자 등 주소	인쇄·발행 등 년월일
1	青泥窪市街全圖	第三軍兵站監部		1904(明治37)年 9月5日印刷
2	旅順要塞防禦明細圖／附圖大連灣及青泥窪之市街	岡田利助(著作兼發行人) 內藤嘉博堂(印刷人) 精觀堂印刷所(印刷所) 特報社(發行所)	東京市京橋區本材木町3丁目4番地 東京市京橋區南鞘町2番地 東京市日本橋區元杵町2番地 東京市京橋區本材木町3丁目4番地	1904(明治37)年 10月5日印刷 10月8日發行
3	大連市街全圖 (『改正大連市街全圖』)	高崎修助(著作兼發行者) 大塚幸七(印刷者)	東京市芝區新錢座町1番地 東京市京橋區錦屋町1番地	1905(明治38)年 8月15日印刷 8月20日發行
4	大連市街全圖	關東洲民政署	大連市	1906(明治39)年 6月
5	大連市街全圖	財藤勝藏(著者印刷發行人) 橋本組(發行所)	大阪市東區博勞町1丁目47番地 大連信濃町	1907(明治40)年 7月15日印刷
6	最新調査邦文英文對照縮尺六千分之一大連市街全圖	長倉直治(著作者) 上山松藏(印刷兼發行者) 上山文英堂(發行所) 上山文英堂(販賣所) 上山文英堂(販賣所) 上山文英堂(販賣所) 濱井大坂屋號(販賣所) 大原洋行(販賣所) 上山文英堂(販賣所)	下關市西南部4番地 下關市西南部4番地 下關市西南部4番地 大連市伊勢町64番地 大連市浪速町勸商場內 大連市大山通1丁目 大連市浪速町勸商場內 旅順市青葉町67番地	1909(明治42)年 9月20日印刷 9月25日發行
7	大連市街圖	南滿洲鐵道株式會社藏版		1911(明治44)年 12月4日要塞司令部認可 1913(大正2)年 10月1日再版
8	大連市街圖	南滿洲鐵道株式會社總務部調査課(作成) 滿蒙文化協會藏版		1921(大正10)年 6月
9	大連市改正町名地番入市街圖 (新舊對照用大連市舊町名地番入地圖)	大連民政署內大連獎學會(著作兼發行者) 本田美義(代表者) 伊東猛雄(印刷者) 朝鮮書籍印刷株式會社(印刷所) 大阪屋號書店(賣捌所) 滿書堂書籍部(賣捌所) 文英堂書店(賣捌所)	朝鮮京城府龍山元町3丁目1番地 朝鮮京城府龍山元町3丁目1番地 大連市大山通り 大連市大山通り 大連市伊勢町	1923(大正12)年 5月7日大連民政署原圖複寫許可 5月18日關東廳出版許可 6月13日旅順要塞司令部出版許可 8月10日印刷 8月15日發行
10	大連市街圖(『大連地方案內』) 大連電鐵運轉系統圖 旅順市街圖	南滿洲鐵道株式會社 (大連小林又七支店印行)		1925(大正14)年
11	大連市街圖(『大連地方案內』) 關東州圖	南滿洲鐵道株式會社		1927(昭和2)年
12	大連(『大日本職業別明細圖 信用案內 第234號 關東洲』)	木谷佐一(著作兼發行人) 東京交通社印刷所(印刷) 東京交通社(發行所)	東京澁谷町中通2丁目30番地 東京大久保町西久保5番地 東京澁谷町中通2丁目30番地	1931(昭和6)年 5月28日旅順要塞司令部檢閱濟 5月31日印刷 6月1日發行

13	大連市街圖(『大連』昭和8年版)	南滿州鐵道株式會社 營業課宣傳係		1933(昭和8)年 5月20日旅順要塞司令部許可濟
14	大連市街全圖	高橋勇八(發行兼編輯人) 吾妻力松(印刷人) 滿洲日報社印刷所(印刷所) 大陸出版協會(發行所)	大連市聖德街1丁目148番地 大連市東公園町31番地	1933(昭和8)年 5月1日印刷 5月5日發行 (「旅順要塞司令部檢閲濟」の記載のみ)
15	大連市街圖 (『昭和九年度版大連商工案內』付圖)	(以下『大連商工案內』書誌) 長永義正(編集兼發行人) 太田信三(印刷人) 小林又七支店印刷部(印刷所) 大連商工會議所(發行所) 大坂屋號書店(賣捌所) 滿書道書籍部(賣捌所) 金鳳堂書店(賣捌所)	大連市敷島町82番地 大連市若狹町33番地 大連市若狹町33番地 大連市浪速町135番地 大連市浪速町94番地 大連市常磐町2番地	(以下『大連商工案內』書誌) 1934(昭和9)年 10月10日印刷 10月12日發行 (都市圖に「昭和九年九月二十九日旅順要塞司令部許可濟」の記載有)
16	大連市街圖(『大連』昭和10年版)	加藤郁哉(發行人) 宇佐美喬爾(編輯人) 吾妻力松(印刷人) 滿日印刷所(印刷所) 滿鐵鐵道部營業課(發行所)	大連市光風台253 大連市伏見町10 大連市東公園町 大連市東公園町 大連市東公園町	1935(昭和10)年 3月30日印刷 4月10日發行
17	大連遊覽案內圖	大連觀光協會 『大連觀光案內』付圖		1937(昭和12)年 12月27日揭載寫眞全部旅順要塞司令部許可濟
18	最新大連市街圖(『旅大觀光案內圖』)	(嶺泉)高橋勇八(著作兼發行人) 太田信三(印刷人) 小林又七支店印刷部(印刷所) 大陸出版協會(發行所)	大連市聖德街1丁目284番地 大連市若狹町33番地 大連市若狹町33番地	1937(昭和12)年 5月28日旅順要塞司令部許可濟 6月5日印刷 6月10日發行
19	最新大連市街圖(『旅大觀光案內圖』)	(嶺泉)高橋勇八(著作兼發行人) 太田信三(印刷人) 小林又七支店印刷部(印刷所) 大陸出版協會(發行所)	大連市聖德街1丁目284番地 大連市若狹町33番地 大連市若狹町33番地	1938(昭和13)年 5月28日旅順要塞司令部許可濟 7月26日印刷 8月1日發行
20	最新詳密 大連市全圖附旅順戰蹟地圖	木崎純一(製圖者) 伊林秀春(發行者) 東洋印刷興業株式會社(印刷所) 伊林書店(發行所) 大坂屋號書店(發賣所)	東京市下谷區上車坂町58番地 東京市芝區田村町6丁目1番地 東京市下谷區上車坂町58番地 大連市浪速町138番地	1938(昭和13)年 9月1日印刷 9月5日發行
21	大連市案內圖	大連市役所 大連觀光協會案內所	大連驛前連鎖街	1939(昭和14)年 8月7日旅順要塞司令部許可濟
22	最新詳密 大連市全圖附旅順戰蹟地圖	木崎純一(製圖者) 濱井良(發行者) 秀美堂印刷株式會社(印刷所) 大坂屋號書店(發行所)	大連市浪速町138番地 東京市芝區田村町6丁目1番地 大連市浪速町138番地	1940(昭和15)年15年 5月14日旅順要塞司令部檢閲濟 7月1日印刷 7月5日發行

· 주: 「인쇄 · 발행자 등 주소」와 「축척」 항목의 공란은 지도에 기재되어 있지 않음을 나타냄.

간행된 지도를 연대순으로 살펴보면, 가장 일찍 발간된 도시도는 1904년 9월에 발행된 『칭니와시가전도(靑泥窪市街全圖)』(〈표 1〉 No.1)로 일본군이 제작한 지도이다. 다롄으로 개칭되기 전의 명칭인 달니가 아니라 원래 지명인 칭니와로 표기되어 있는 것이 특징이다. 그로부터 약 한달 후인 10월에는 『뤼순요새방어명세도 부도 다롄만 및 칭니와의 시가(旅順要塞防禦明細圖 附圖大連灣及靑泥窪之市街)』가 민간에서 발행되었다. 이 지도는 뤼순이 중심인 지도이므로, 칭니와에 관해서는 크기 6.5㎝×7.7㎝의 주요도로만이 그려진 간략한 부도가 전부다. 발행 당시 일본과 러시아는 뤼순에서 전투 중이었는데 군사적 내용의 지도가 민간에서 발행되었다는 점은 매우 흥미롭다. 다음 해 1905년 8월에는 다롄 시라는 명칭으로 도시도 『개정 다롄시가전도(改正大連市街全圖)』(〈표 1〉 No.3)가 역시 민간에서 발행되었다. 표제에 '개정'이라고 표기되어 있는 점에서 이전에 발행된 지도가 있었음을 알 수 있으며, 일본이 다롄을 점령한 직후부터 민간 제작 지도가 발행되었다는 점을 짐작할 수 있다. 1906년에는 다롄 시라는 명칭의 도시도가 행정기관으로부터 발행된다.

1910년대가 되면 철도경영은 물론 다롄의 도시건설과 경영을 담당했던 만철에 의해 도시도가 발행되기 시작하고, 1920년대 중반부터는 관광안내도가 발행되기 시작한다. 1930년대가 되면 만철 이외에도, 다롄 시의 대륙출판협회가 『다롄시가전도』 및 『뤼순다롄관광안내도(旅大觀光案內圖)』를 발행했으며, 일본 전국 각 도시의 시가도를 발행한 도쿄교통사가 『대일본직업별명세도신용안내』 제234호로 다롄을 포함한 관동주의 상도시도(商都市圖)를 발행하는 등, 관광안내와 상공안내에 대한 지도의 발행이 증가한다. 관광과 관련해서는 1920년대 후반부터 지도와 그림지도의 경계라고도 할 수 있는 조감도가 다롄의 여러 기관에서 발행되었다. 이를 통해 행정기능과 관련된 정보만이 기재되던 도시도의 시대에서 서서히 관광과 상공업에 관련된 지도가 증가해갔음을 알 수 있다. 즉 다롄에 거주하는 사람들의 생활에 필요한 지리정보를 기입한 지도와는 다른, 관광이나 상업 등의 목적으로 다롄을 방문하는 사람들을 위한 지도가 새롭게 작성된 것이다. 물론 일본점령기 동안 발행된 다롄의 도시도에 대해 빠짐없이 조사한 것은 아니지만, 1920년대 중반부터 관광안내용의 도시도가 증가한 것은 다롄권업박람회(1925년) 개최와 만주 투어리즘의 부흥 등에 기인한 하나의 경향이라고 파악할 수 있을 것이다.

다음으로 이러한 변화를 볼 수 있는 도시도를 몇 가지 선별하여 각각의 개별적인 특징을 살펴보고자 한다. Ⅲ장에서는 1904년부터 1920년대 전반에 발행된 도시도를 중심으로, Ⅳ장에서는 1920년대 중반부터 1940년대 전반에 걸쳐 발행된 도시도를 중심으로 고찰하도록 한다.

Ⅲ. 1904년부터 1920년대 전반까지 발행된 도시도

우선 1904년부터 1920년대 전반에 걸쳐 발행된 주요 도시도로서 민정서(民政署)와 다롄 시가 발행한 도시도, 즉 행정기관이 발행 주체인 도시도(〈표 1〉 No.1, 4, 9)를 살펴보자. No.1은 앞서 언급했듯이 러일전쟁 중에 군부가 발행한 도시도이며, 지도명도 '칭니와'로 되어 있다. 지도 안에 기입되어 있는 지리정보는 등고선에 의한 지형 표현과 범례로서 "완전한 도로", "반(半) 완성 도로", "미완성 도로", "경편철도(軽便鉄道)", "급수소(給水所)", "우물" 뿐으로 지형, 도로망, 수원(水原)의 파악이라는 실로 군사상 필요한 정보만이 기재된 도시도라고 할 수 있다.

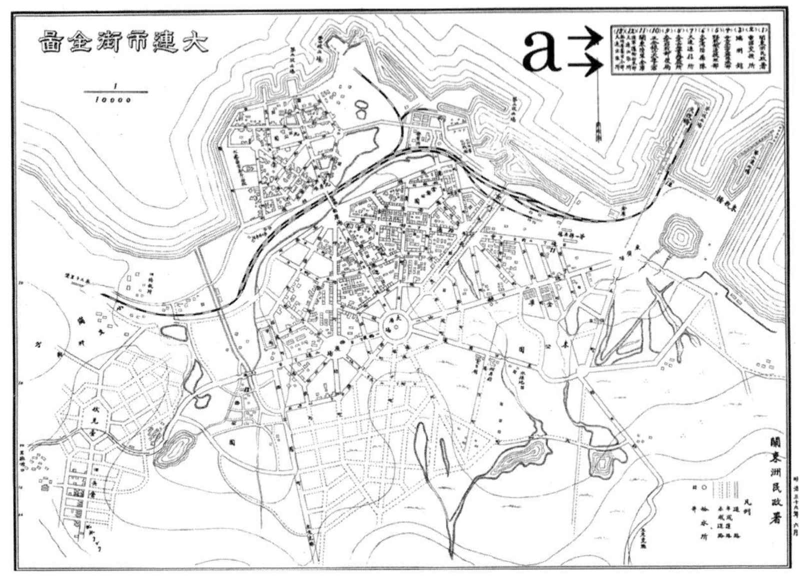

〈그림 1〉 1906년 다롄시가전도

· 주: 〈표 1〉의 No.4. 지도 안의 화살표와 「a」는 필자가 표기.
· 출처: 關東州民政署(1906), 『大連市街圖』, 明治三十九年. (紙久圖や京極堂 CD-ROM)

〈그림 1〉에서 제시한 No.4는 관동주 민정서에서 발행된 도시도 『다롄시가전도』이다. 이 지도는 지형, 도로, 하천, 건물의 배치, 범례의 묘사방법부터 기재내용에 이르기까지 No.1 지도와 일치하고 있어서 No.1 『칭니와시가전도』를 기초로 작성된 것이라고 짐작된다. 단 No.1 지도와 비교해 볼 때 지리정보가 풍부해졌음을 알 수 있다. No.1 지도와 비교하여 큰 차이는 주요도로의 명칭과 행정구역명('町')이 기재되고, 공공시설이 명시되어 있다는 점이다. 지도 우측 상단의 a에는 지도 내에 명시된 공공기관의 정보, 즉 "(1)관동주 민정서, (2)전화교환

소, (3)만주관(滿洲館), (4)보병 제63연대본부, (5)야전철도제리부(野戰鐵道提理部), (6)다롄만방위부(大連灣防備隊), (7)다롄통신소, (8)다롄병참업무취급소, (9)다롄야전우편국, (10)정금은행(正金銀行) 다롄 지점, (11)관동육군창고, (12)육군운수부본부 다롄출장소, (13)뤼순요새사령부 다롄출장소"가 표기되어 있다.

여기서 주목할 점은 도시 건설과 함께 인프라가 정비되었을 뿐만 아니라 거리명칭이나 마을이름도 일본식으로 바뀌어갔다는 점이다. 즉 식민지화된 토지는 지도와 개명을 통해 "문자 그대로 재등록 되고 덧칠되어"[14] 간 것이다. 러시아의 점령하에서 러시아어로 '멀다'는 의미의 달니라는 도시명과 함께 니콜라옙스키 광장이나 모스크바 거리, 삼손스키 가로수길, 러시아어로 유럽시장과 중국시장으로 불리던 다롄의 지명들이, 일본의 점령 후에는 도시명은 다롄으로, 상술한 지명들은 오히로바(大広場), 야마가타도오리(山縣通), 나가토초(長門町) 및 시키시마초(敷島町), 시나노마치 시장(信濃町市場), 후시미다이(伏見台)로 바뀌는 등, 거리 곳곳과 마을에 일본식 이름이 부여되어 새로운 지도가 작성되어 갔다. 이처럼 원래 그곳에 살고 있는 사람들이 그 토지에 대해 가장 상세히 알고 있음에도 불구하고, 새로운 침략자들은 토지 정보를 "2차원의 객관적 좌표 상에 객관적으로 표시하는"[15] 지도의 제작을 통해 그 토지의 '정당한' 통치자라는 것을 사회적으로 사실화해 간 것이다. 마찬가지로 다롄 민정서가 발행한 No.9 『다롄시개정정명지번입시가도(大連市改正町名地番入市街圖)』에는 시가지 토지가 구획별로 그려지고 각각의 토지번호가 기입되어 있어, 행정이 토지를 어떻게 관리했는가를 확인할 수 있다.

다음으로 1900년대 초 만철과 민간에서 발행된 도시도로 눈을 돌려보자. 우선 No.3 『개정 다롄시가전도』는 No.4의 민정서 발행 『다롄시가전도』와 마찬가지로 그리는 방법이나 기재내용 등을 볼 때 No.1 『칭니와시가전도』를 기초로 작성되었다고 추정된다. 단 No.1과 No.4에는 등고선이 생략되어 있다. 또한 No.5 사이토 가쓰조(財藤勝蔵) 저자·발행의 『다롄시가전도』(1907년 발행)도 동일한 흐름에 있는 지도라고 말할 수 있지만 몇 가지 차이도 보인다. 먼저 표제 아래에 기준자(scale bar)가 채용되어 근대적 측량법에 기초한 축척개념이 시각화되어 있는 점과, 지도 왼쪽 상단에 장식 틀처럼 관동주 광역도가 주요 지도의 보조 정보로서 부가적으로 실려 있다는 점이다. 한편, 건물의 배치 표기가 사라지고 도로 구획만이 그려져 있어 시가의 표현은 간략화 되었다. 지형은 쐐기모양의 선으로 표현되어 도판 범위내의 전체적인 기복을 알 수 없게 되었고, 산이나 언덕의 지형을 회화적인 능선으로 표현하는 근세적인 지도와는 달리 등고선으로 표현하는 근대적 지도로 작성되었다.

1909년 발행된 No.6의 『최신조사 일문영문대조 축척 6천분의 1 다롄시가전도(最新調査邦文英文対照六千分之一 大連市街全圖)』는 지금까지 살펴본 No.1류의 지도와는 크게 다르다. 우선 "최신조사"라고 쓰여 있듯이, 측량을 직접 실시했던 자가 누구인지는 명확하지 않지만 새롭게 행해진 측량조사의 데이터에 기초하여 작성된 것으로 생각할 수 있다. 예를 들어 해안선이 직선으로 표현되어 있는 No.1류의 지도와는 달리 미세한 변화가 표현되어 있다. 또한 내륙부의 표기에 등고선이나 쐐기모양의 선을 이용하여 지형의 기복이나 웅덩이 등을 표시함으로써 미세한 지형의 파악이 가능하다. 해수역도 등고선과 같은 선으로 표기한 No.1류의 지도와 달리 이 지도에서는 색으로 표기했다. 지형 이외 지리정보의 변화는 지도제작방식의 변화라기보다 도시 발전과 관련된 변화라고 추정할 수 있는데 교통, 기업, 종교, 교육, 위생(병원) 관련 정보가 풍부해졌음을 알 수 있다. 교통기관과 관련해서 시영 전차노선과 정류소가 그려져 있으며, 기업정보로는 만철본사부터 오사카 상선(大阪商船), 미쓰이 물산(三井物産), 닛신 유방(日清油房), 가와사키 조선소(川崎造船所), 만주일일신문사(滿洲日日新聞社) 등 다양한 분야의 기업 소재가 기재되어 있다. 또한 No.1류의 지도에서는 종교 관련 시설이 러시아정교회의 교회당뿐이었던 것에 반해, 이 지도에서는 '러시아사원(露國寺院)' 이외에도 혼간지(本願寺), 이즈모타이샤(出雲大社), 고보대사당(弘法大師堂), 야소교회당(耶蘇教會堂)이 표기되어 있다. 그밖에도 공공시설로 순사파출소가 새로운 범례의 하나로 포함되었고, 구미 각국의 영사관이 기재되었다. 이 지도에서 볼 수 있는 현저한 특징 중 하나는 지도 명에서부터 범례, 지명, 시설명에 이르기까지 일본어와 영어가 병기되어 있다는 점으로, 지도의 판매 대상을 일본인뿐만 아니라 외국인도 고려하여 제작했다는 것을 알 수 있다.

다음으로 만철이 발행한 도시도로서 1913년(〈그림 2〉)과 1921년(〈그림 3〉)에 발행된 『다롄시가도』를 살펴보자. 〈그림 2〉의 지도는 다양한 색상이 사용되어 지금까지 본 도시도와 비교할 때 색감이 산뜻해졌다. 시가는 오렌지색, 공원 및 산지는 연녹색, 물이 있는 지역은 청회색으로 채색하여, 토지 기능과 성격에 따라 각기 다른 색으로 표현했다. 기재된 정보를 보면 만철의 폭넓은 사업내용[16)]을 반영하여 철도, 해군, 항만 및 부두, 창고, 통신, 발전, 가스, 여관, 위생시설, 교육시설, 경비시설, 농업시험장 등의 다양한 시설을 상세하게 기록했다.

1921년 발행된 『다롄시가도』(〈그림 3〉)는 서쪽으로 시가지가 확장됨에 따라 도시도의 범위도 확대되었지만, 채색 패턴이나 등고선 등 지도제작 방법에는 큰 변화가 보이지 않는다. 〈그림 3〉에 나타난 변

〈그림 2〉 1913년 다롄시가도

· 주: 〈표 1〉의 No.7.
· 출처: 南滿洲鐵道株式會社(1913), 『大連市街圖』, 大正二年. (紙久圖や京極堂 CD-ROM)

화를 살펴보자면, 첫째는 그리드 플랜(grid plan)에 의해 지도 내의 공간이 분할되고, 각 열의 상하에 표기된 “이(い), 로(ろ), 하(は), 니(に), 호(ほ), 헤(へ), 토(と), 치(ち), 리(り), 누(ぬ), 루(る), 오(を)”(〈그림 3〉의 a)와 각 열의 좌우에 표기된 “아(ア), 이(イ), 우(ウ), 에(エ), 오(オ), 카(カ), 키(キ), 쿠(ク)”(〈그림 3〉의 b)의 조합과 범례를 통해 행정구역명과 공공시설의 위치가 지도 안에 함께 기재되고 있다는 점이다. 이러한 방식을 통해 하나의 지도 내에 보다 많은 정보를 표기할 수 있게

되었다. 또한 〈그림 2〉에서는 볼 수 없는 디자인된 방위기호가 첨가되어 있다(〈그림 3〉의 c). 방위기호의 디자인화는 No.6의 『최신조사 일문영문대조 축척 6천분의 1 다롄시가전도』에서도 확인할 수 있었지만, 이 지도의 경우 방위기호의 중심인 원형부에 만철의 회사로고가 그려져 있는 것이 특징이라고 할 수 있다. 덧붙여 기준 자에도 미터, 정(丁), 리(哩)의 세 종류의 단위가 채용되고 있다(〈그림 3〉의 d).

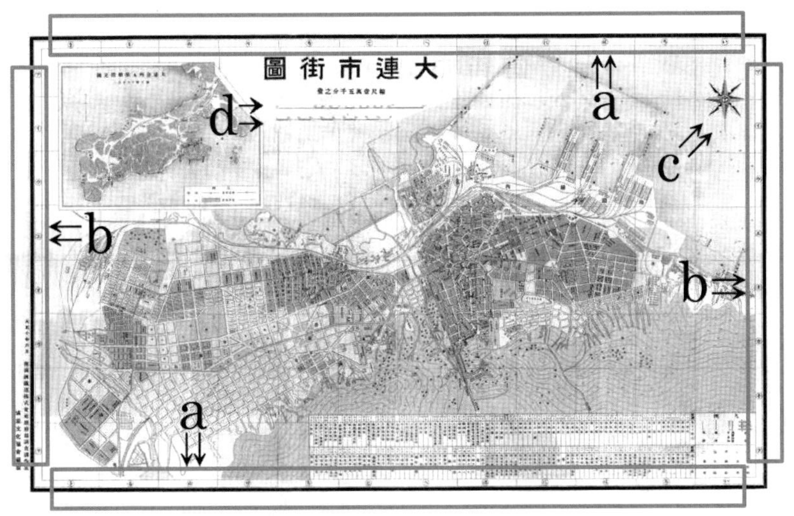

〈그림 3〉 1921년 다롄시가도

· 주: 〈표 1〉의 No.8. 지도 안의 화살표, 틀, a, b, c, d는 필자가 표기.
· 출처: 南滿洲鐵道總務部調査課(1921), 『大連市街圖』, 大正十年. (紙久圖や京極堂 CD-ROM)

지금까지 1904년부터 1920년대 전반에 발행된 몇 가지 도시도를 선별하여 각각의 특징을 살펴보았다. 여기서 파악할 수 있는 것은 일본의 다롄 점령 직후에는 민간이 발행한 도시도 역시 1904년 군사목적으로 제작된『칭니와시가전도』를 토대로 작성되었으며, 대축척 이외의 지도정보 자체는 그다지 차이가 없었다는 점이다. 그러나 늦어도 1909년 무렵부터는 새로운 측량방식에 기초한 도시도가 발행되기 시작했다. 이 지도들은 시가지를 상세하게 표현할 수 있는 대축척도가 기본이 됨으로써, 시가 시설의 위치정보를 상세하게 표현할 수 있게 되었다. 1910년 무렵부터는 흑백 혹은 2색 인쇄가 아닌 색채감이 풍부한 지도도 발행되기 시작했다.

Ⅳ. 1920년대 중반부터 일본의 패전까지 발행된 도시도

다음으로 1920년대 이후에 발행된 다롄의 도시도를 살펴보자. 1920년대를 계기로 다롄 도시도의 간행 상황에는 큰 변화가 보이기 시작한다. 즉 다롄 투어리즘의 탄생과 함께 주요 지도 외에 사진을 포함한 보족 정보가 함께 실린 지도가 발행되었다. 1920년대는 해상 항로에 대한 인기가 절정에 달하면서 19세기 말부터 20세기 초에 개통되었던 각 대륙의 철도망과 함께 근대적 투어리즘이 크게 발전했던 시기였다.[17] 이 시기 다롄과 관동주는 한반도와 만주 각지와 더불어 일본인 만주 투어리즘의 주요 방문지 중 하나였다.

만주 투어리즘[18]은 러일전쟁 직후인 1906년에 아사히신문사(朝日新聞社)가 기획한 '만한순유(滿韓巡遊)'가 시초로, 그 후 단체시찰과 수학여행 등이 실시되었다. 여행을 떠난 저명 인사로는 1906년에 저널리스트 도쿠도미 소호(德富蘇峰)가 한반도를 경유하여 만주, 다롄, 뤼순을 방문하였고, 1908년에는 소설가 나츠메 소세키(夏目漱石)가 만철총재인 나카무라 요시코토(中村是公)의 초대로 역시 한반도와 만

주, 다롄, 뤼순을 시찰하고 기행문인 『만한 이곳저곳(滿韓ところどころ)』[19]을 발표한 바 있다. 단 조선, 만주 여행기의 출판 상황으로 추측해 볼 때 투어리즘으로 크게 발전 · 보급되어 절정을 맞는 것은 그로부터 약 20년이 흐른 후인 1925년 무렵이었다.[20]

1923년에 만철의 초빙으로 조선과 만주를 여행한 소설가 다야마 가타이(田山花袋)가 1924년에 『만선의 행락(滿鮮の行楽)』을 출판한 후부터 조선과 만주 여행기의 출판이 성행하게 되고 만주 붐이 등장하게 되었다.[21] 만주에 대한 일본인의 관심이 고조된 가운데, 1925년에는 다롄권업박람회(大連勸業博覽會)가 개최되었다. 다롄권업박람회는 일본의 '식민지'에서는 최초로 열린 박람회로서 관동청과 만철의 지원을 받아 다롄 시의 주최로 열렸다. 박람회는 처음부터 일본에서 오는 방문객을 대상으로 열렸고, 여행객의 증가를 노리던 만철도 '만선주유관광(滿鮮周遊觀光)'을 기획하고 있었다.[22] 이와 같은 배경 아래서 『다롄지방안내(大連地方案內)』(〈그림 4〉)와 같은 관광 선전인쇄물이 대량으로 발행되기 시작했고, 1930년대에 만주 투어리즘의 인기는 절정에 달하게 된다.

1912년에 발족한 재팬투어리스트 사무국이 알선한 여행객 통계에 따르면, 여행객의 수는 1934년에 10만 명을 넘기고 1939년에는 20만 명에 달했다.[23] 1934년에는 『여행만주(旅行滿洲)』라는 여행 잡지가 발행되기 시작했고, 1935년부터 1941년에 걸쳐 만주와 관동주의 주요 도시에 관광협회가 발족한다.[24] 이러한 만주 투어리즘의 발전과 대중화를 촉진시킨 주요 미디어의 하나로 활용되었던 도시도의 특징을 살펴보자.

〈표 1〉에서 제시한 만철 발행의 도시도 No.10, No.11, No.13, No.16은 모두 관광안내용 선전인쇄물의 주요 지도가 게재되어 있는 것들이다. 인쇄물의 특징을 살펴보면 휴대가 용이하도록 접을 수 있으며, 양

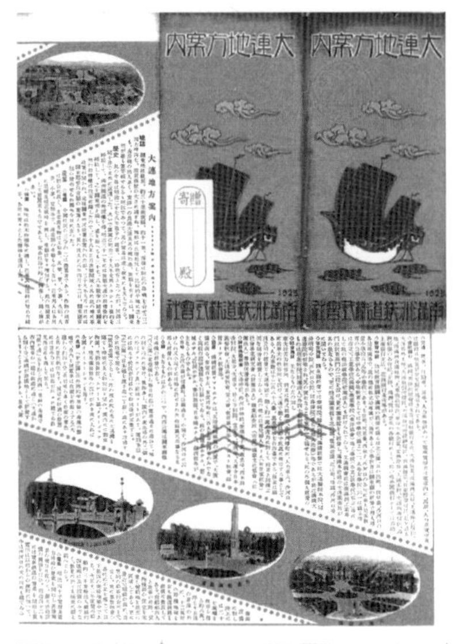

〈그림 4〉 1925년 다롄지방안내 부분도

· 주: 〈표 1〉의 No.10. 왼쪽은 표지 면의 우측 부분, 오른쪽은 지도 면의 우측 부분.
· 출처: 南滿洲鐵道株式會社(1925), 『大連地方案內』, 大正十四年. (日本國立國會圖書館 소장)

면에 주요 지도와 함께 주변도 등의 부도와 명승 등의 흑백 사진, 다롄의 역사나 현황, 명승 등을 소개하는 문장이 보족적인 구성 요소로서 포함되어 있다는 점이다. 선전인쇄물의 명칭은 No.10과 No.11은 『다롄지방안내』, No.13과 No.16은 『다롄(大連)』이다.

1925년판 『다롄지방안내』(〈그림 4〉)의 주요 지도인 「다롄시가도」는 〈그림 3〉 『다롄시가도』에 매립지를 덧붙인 개정판이라고 할 수 있으며 지도의 범위는 다롄의 중심 시가지에서 서부로 확장된 구역을 포함한다. 주요 지도인 「다롄시가도」가 게재된 지도 면에는 「뤼순시가도」와 「다롄전철운전계통도」가 함께 실려있다(〈그림 4〉의 오른쪽). 「뤼순시가도」에는 관아(官衛), 학교 · 병원, 회사 · 은행 · 공장, 경찰,

신사와 절, 기타 항목이 기재되어 있다. 「다롄전철운전계통도」에는 다롄 시내를 달리는 9계통의 전철노선도와 정류소, 소요시간표가 기재되어 있다. 또한 주요 지도인 「다롄시가도」에 그려져 있지 않은 호시가우라(星ケ浦) 해수욕장 등 남부의 교외구역이 포함되어 있다. 표지 면은 문장과 사진으로 구성되어 있다(〈그림 4〉 왼쪽). 문장은 「다롄지방안내」라는 표제로 되어 있는데, 다롄의 지지(地誌), 명승지, 극장 및 만철경영시설에 대한 설명이 있고, 뤼순을 포함한 주변 지역에 대해서도 간단한 설명문이 붙어있다. 게재되어 있는 흑백 사진은 당시의 다롄, 뤼순, 진저우(金州)의 명소와 옛 유적 및 거리 등의 사진이다.

다음으로 〈그림 5〉에 제시된 1927년판 『다롄지방안내』를 살펴보자. 주요 지도의 산지와 공원이 녹색으로 채색되어 있다는 점을 제외하고 〈그림 4〉와 동일하다. 부도는 관동주 지도와 라오후탄(老虎灘) 방면의 약도로 이루어져 있고(〈그림 5〉 오른쪽), 전철관련정보는 「전차운전계통표」만으로 이루어져 있다. 〈그림 4〉와의 가장 큰 차이는 지도면에 사진을 게재한 점으로(〈그림 5〉의 a), 주요 지도의 위치정보와 사진을 통한 시각적 정보가 보다 직접적으로 결합되어 있다. 한편 표지 면(〈그림 5〉 왼쪽)은 문자 정보로 특화되어, 택시 등 시내교통의 요금표나 숙박시설의 요금 및 식사요금 등 관광객이 필요로 하는 정보가 새롭게 첨가되었다.

역시 만철이 발행한 선전인쇄물인 『다롄』(No.13, No.16)에서는 표지 디자인이나 배색, 지도와 사진의 배치, 사진의 구성에서 약간의 변화는 보이지만, 지도 면에 주요 지도와 부도를 배치하고 표지 면에 다롄의 개요와 관광 안내를 위한 문장을 배치하는 방식은 동일하게 채용되었다. "근세 그림지도에서는 일체화되어 있던 위치관계와 입체적

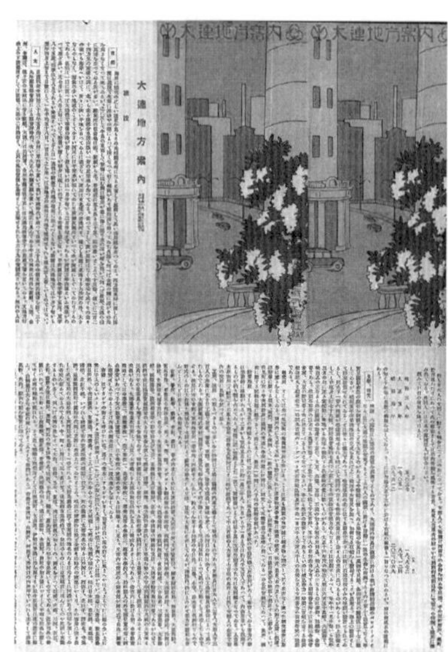

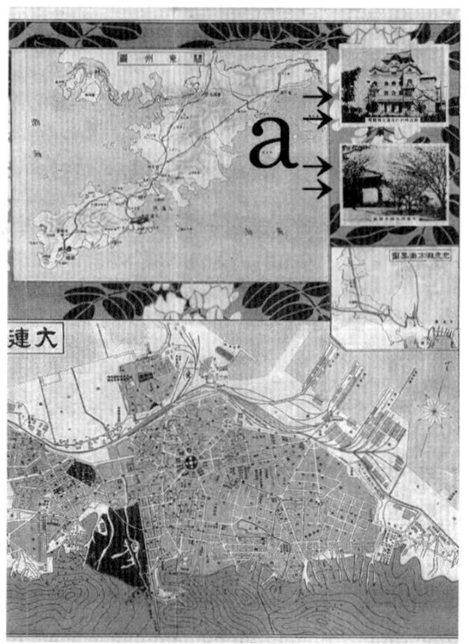

〈그림 5〉 1927년 다롄지방안내 부분도

· 주: 〈표 1〉의 No.11. 왼쪽은 표지 면 우측 부분, 오른쪽은 지도 면 우측 부분. 지도 안의 화살표와 a는 필자가 표기.

· 출처: 南滿洲鐵道株式會社(1927), 『大連地方案內』, 昭和二年. (日本國立國會圖書館 소장)

배경이 분리되고, 위치정보를 평면도에 순화시켜 시각적 경관을 개별 그림이나 사진으로 귀속하는 새로운 표현법"[25]은 근대 도시도의 특징 중 하나로 여겨졌다. 이러한 형식은 만철이 발행한 지도 외에, 〈표 1〉의 No.12, No.14, No.17, No.18, No.19에서도 채용되고 있다. 이와 같이 지도와 사진을 조합한 선전인쇄물에 게재된 도시도는 지형도와는 달리 등고선 등 지형에 관한 정보는 배제되는 대신에 부수되는 보족 정보가 풍부하다. 위치정보에 특화된 도시도는 더욱 간략화되는 경향이 있는데, 예컨대 No.17의 다롄관광협회가 발행한 선전인쇄물 『다롄관광안내(大連觀光案內)』의 「다롄유람안내도」(〈그림 6〉)와 같이 사진을 첨가한 관광안내문 외에도, 광고가 게재되고 지도는 일러스트 맵으로 활용되는 경우도 있었다. 단 〈표 1〉의 No.20, No.22의 『최신상밀다롄시전도 부뤼순전적지도(最新詳密大連市全圖 附旅順戰蹟地圖)』와 같이 부도인 뤼순전쟁유적도는 간략화 되어 있으나 다롄 시가지는 구획과 번지까지 기재되는 등 위치정보에 특화된 도시도도 민간에서 발행하고 있었다.

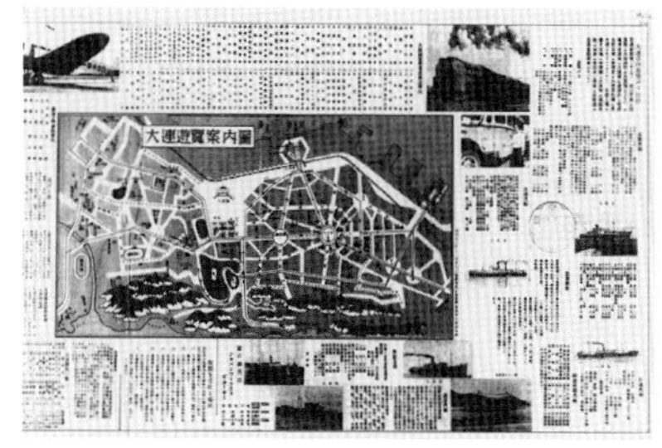

〈그림 6〉 1937년 다롄관광안내 부분도

· 주: 〈표 1〉의 No.17. 왼쪽은 「大連遊覧案内圖」 게재 부분, 오른쪽은 광고가 게재된 관광안내의 일부.
· 출처: 大連觀光協會(1937), 『大連觀光案內』, 昭和十二年. (日本國立國會圖書館 근대디지털컬렉션에서 발췌)

다음으로 〈그림 7〉에서 제시한 『대일본직업별명세도신용안내 제234호 관동주』를 살펴보도록 하자. 『대일본직업별명세도』[26]는 도쿄교통사가 시작한 지도간행사업을 통해 발행된 것으로 일본 국내와 식민지의 각 도시를 포괄하고 있는데, 1932년에 전국을 망라한 후[27] 지속적인 개정이 이루어진 듯하다.[28] 발간 호수(號數)에서 추정해 볼 때 모두 700개 이상의 『명세도』가 발행되었을 것으로 여겨진다.[29]

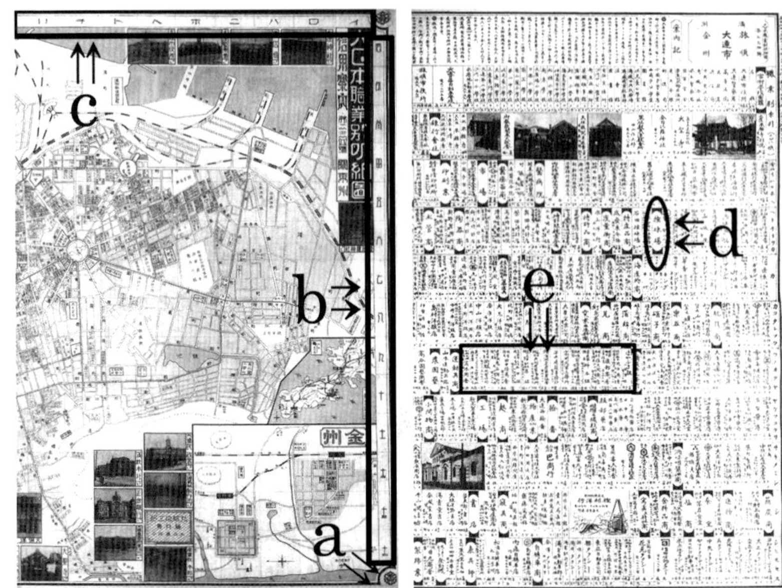

〈그림 7〉 1931년 대일본직업별명세도신용안내 제234호 관동주 부분

· 주: 〈표 1〉의 No.12. 왼쪽은 지도 면의 부분도, 오른쪽은 색인 면의 부분도임. 지도 안의 화살표, 검정색 틀, a, b, c, d, e는 필자가 표기.
· 출처: 東京交通社(1931), 『大日本職業別明細圖信用案內 第二三四號 關東州』. (日本國立國會圖書館 소장)

다롄이 게재되어 있는 『대일본직업별명세도신용안내 제234호 관동주』는 도쿄교통사의 창업자인 기타니 사이치(木谷佐一)가 저작 겸 발행인으로 하여 1931년에 발행되었다. 한 장의 인쇄물 양면에 각각 지도와 직업별 색인이 인쇄되어 있다. 지도 면에 실린 지도의 모서리에는 회사로고가 그려져 있는데(〈그림 7〉의 a), 이와 같은 장식은 〈표 1〉의 No.14, No.18, No.19의 『뤼순다롄관광안내도』에서도 확인할 수 있다. 또한 〈표 1〉의 No.8(〈그림 3〉)과 같이 지도를 그리드로 분할하여 지도 좌측 상단부터 "일(壱), 이(弐)……십사(十四)"(〈그림 7〉의 b)의

형식으로, 지도 상단 우측부터 "이(イ), 로(ロ), 하(ハ)……네(ネ)"(〈그림 7〉의 c)의 형식으로 양분하여 직업별 색인과 조합시킴으로써 상점 등의 위치정보를 확인할 수 있게 되어 있다. 게재 지도는 「다롄」, 「뤼순」, 「진저우」, 「일반교통도」로, 「다롄」 지도가 약 4분의 3을 점하고 있는데 오히로바를 중심으로 한 시가지 중심부와 서부가 게재되어 있지만, 남부의 호시가우라 등은 범위를 벗어나 있다. 즉 측량에 기초한 과학적 정확성보다는 각 직업의 위치 파악이 우선시되고 있다고 할 수 있다. 「일반교통도」는 관동주의 광역 약도이며, 그밖에 사진으로 구성되어 있다. 게재되어 있는 사진은 도시도와 같은 풍경이나 거리 사진이 아니라, 택시회사나 상점과 상회의 외관사진이라는 점이 특징적이다. 사진은 직업별 색인 면에도 게재되어 있다.

색인에는 실로 다종다양한 분야의 기업과 상점이 업종별로 기재되어 있다. 직업별 색인은 우측 상단에서 좌측 하단까지 세로로 기재되어 있으며, 모두에 "관청 · 학교 · 단체, 신사 · 절 · 교회, 은행 · 회사"가 기재되고 그밖의 업종은 업종명의 "이(い), 로(ろ), 하(は)" 순으로 게재되어 있다(지도 안의 e).[30] 상점 관련 게재항목은 점포명과 행정구역명, 지도 내의 위치를 표시하는 기호(예 '이 삼[イ三]')를 기본으로 하고, 대표자 성명과 전화번호가 게재되어 있는 경우도 있다. 단 각각의 게재 면적은 동일하지 않으며 신사 및 절, 점포 등의 외관 사진을 게재하거나 일러스트를 게재하는 단체나 기업, 상점도 있다. 이러한 차이는 지도간행사업이 매매수입과 광고수입에 의해 운영되고 있었다는 점에서 광고료의 유무와 깊이 관련되어 있으리라 추정된다. 단 가와노(河野敬一)가 지적하고 있듯이 광고료를 내지 않는 상점이 지도에 게재되지 않는 경우가 많을수록 지도로서의 상품가치는 저하되기 때문에 동일한 광고료를 징수했는지는 불명확하지만, 사진 게재나 광

고 게재면적의 차이는 유료 선택이었다고도 생각할 수 있다.[31] 또한 게재되어 있는 직종 내용에서 지도는 비즈니스뿐만이 아니라 일상생활과 레저, 관광 등 여러 방면에서 활용될 것을 염두에 두고 작성되었다고 생각할 수 있다.[32] 이 지도는 지금까지 살펴 본 도시도와 비교해 볼 때 다양한 업종과 다수의 개인 상점 그리고 그 위치정보가 게재되어 있다는 점에서 당시 다롄의 모습을 실감나게 전해주는 자료라고 할 수 있다.

이상 1920년대 중반부터 1940년대에 발행된 도시도를 살펴보았다. 이 시기의 가장 큰 특징은 위치정보가 특화된 지도와 시각적 경관을 전달하는 사진, 문장으로 이루어진 보족정보가 함께 실려 있는 형식의 도시도가 발행되기 시작했다는 점이다. 이는 위치정보와 경관적 특징이 한 세트처럼 표시되었던 근세의 그림지도와는 다른 근대도시도의 특징이라고 할 수 있다. 그러나 근대에 들어와 사진과 인쇄 기술의 발달로 인해 근세 그림지도와 같은 형식을 이용한 지도류가 도태되었는가 하면 결코 그렇지는 않다. 다음 장에서는 이 시기 대표적인 그림지도로서 요시다 핫사부로(吉田初三郎: 1884~1955)[33]가 그린 조감도를 살펴보고자 한다.

Ⅴ. 다롄을 그린 조감도

다이쇼(大正: 1912~1926) 시기부터 쇼와(昭和: 1926~1989) 초기에 걸쳐 철도와 기선 등의 교통망이 정비되면서 일본에서도 투어리즘이 발전·보급되어 갔다. 일본의 '외지(外地)'인 다롄의 도시도 역시 투어리즘의 흥행이라는 배경 아래서 작성되었음을 확인할 수 있지만, 그러한 도시도와는 별개로 관광의 융성과 함께 인기를 얻었던 것이 "다이쇼(大正)의 히로시게(에도말기에 활약한 유명한 우키요에 화가 우타가와 히로시게(歌川廣重)"라고도 불리던 요시다 핫사부로(이하 핫사부로)의 조감도이다.

핫사부로의 조감도는 18㎝×75~78㎝의 접이식 형태로, 종래의 조감도와 비교하여 매우 대담하고 과장되게 표현하며 보일 리가 없는 먼 지역까지 표현하고 있다는 점이 특징이라고 할 수 있는데, 이러한 독특한 구도는 1921년에 완성되었다고 여겨진다.[34] 조감도의 주제는 매우 다양하여 자연미가 포함된 명소를 비롯하여 신사와 불교사찰 등 명승유적, 다롄을 포함한 도시를 주제로 한 조감도가 많이 간행되었으며, 산업을 주제로 한 조감도도 간행되고 있었다. 자연이나 거리의 풍경과 함께 철도 노선이나 기선의 항로 또한 핫사부로의 조감도를 구성하는 필수요소였다.

핫사부로의 조감도는 근대인들의 풍경 포착 방식의 변화를 구현하고 있다. 우선 철도여행의 보급에 따른 변화로서는 "철도여행 이전의 여행이 풍경을 연속적으로 시각체험하게 하는 '풍경 공간'이었다는 점에 반해, (근대) 철도여행은 차창의 단편화된 풍경을 출발점과 도달점의 '지리적 공간' 안에 재통합"[35]하는 것이 요구되었다는 점이다. 다음으로 근대에는 세계를 한 눈에 조망(一望)하고 싶다는 사람들의 시각적 욕망을 채워주는 '파노라마'가 탄생했다. 18세기 말 런던에서 발표되자마자 위세를 떨친 파노라마는 근대 이후 급속히 확장되어 가던 기지(旣知)의 세계를 부감하고 싶다는 대중의 욕망에 부응하는 시각장치로서 기능했던 것이다.[36] 일본에서도 1890년 제3회 내국 권업박람회에서 설치된 파노라마관을 효시로 파노라마 장치가 도입되면서 핫사부로의 조감도에도 영향을 끼쳤으리라 여겨진다. 20세기 초 제국주의적 욕망하에 침략을 확대해가던 일본 사회에서 점점 확대되는 제국적 세계를 일망하고 싶다는 욕망은 파노라마적 시각으로 그려진 핫사부로의 조감도와 대응하고 있다고 말할 수 있다. 그렇다면 이러한 근대적 시각의 탄생에 의해 태어났다고도 할 수 있는 핫사부로의 조감도 중에서 다롄을 표현한 것을 구체적으로 살펴보자.

〈그림 8〉은 다롄 기선 주식회사(이하 다롄 기선)가 1929년에 발행한 『다롄기선항로안내(大連汽船航路御案內)』이다. 이 안내도는 표지, 조감도, 문장과 사진으로 이루어진 관광안내의 세 가지 요소로 구성되어 있다. 조감도(뒷면은 관광안내)는 가로로 8번 접을 수 있도록 되어 있다. 표지 앞면에는 도시의 야경을 풍경으로 만주족의 민속 의장을 한 여성이 그려져 있어 이국적 분위기를 한껏 드러내고 있다. 표지의 뒷면에는 다롄 기선 호텐마루(奉天丸)의 전체 모습과 선내 및 상하이밴드의 사진이 게재되어 있다. 관광안내 면(〈그림 8〉 위쪽)의 오른쪽 첫째 칸과 둘째 칸은 '다롄 · 칭다오(青島) · 상하이(上海), 다롄 · 톈진(天津) 항로안내'로 선박의 소개와 운임정보가 기재되어 있고, 셋째 칸에는 '승선권발매소'가 게재되어 있다. 넷째 칸부터 일곱 째 칸에는 '기항지명소약기(寄港地名所略記)'로 다롄 외에 칭다오, 상하이, 톈진, 베이핑(北平: 베이징)의 지지(地誌) 개요와 명소에 관한 문장이 게재되어 있다. 문장을 둘러싸고 있는 사진은 상하이 항로에서 사용되는 펑톈마루 선내와 톈진 항로에서 사용되는 톈진마루(天津丸)의 외관, 다롄 부두, 다롄 오히로바, 칭다오 외항, 톈진 부두, 베이핑 정양문(正陽門), 만리장성으로 이루어져있다.

이 관광안내 리플렛에 게재되어 있는 조감도의 명칭은 「다롄기선회사정기항로안내도(大連汽船會社定期航路案內圖)」이다. 우선 핫사부로의 조감도에서 주목되는 구도를 눈여겨보면 조감도를 9분할했을

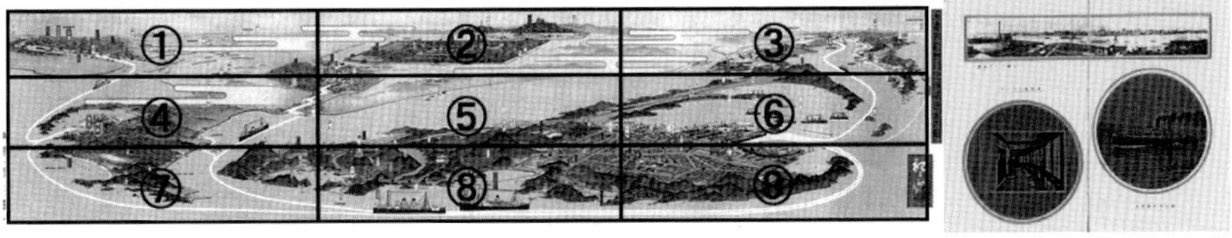

〈그림 8〉 1929년 관광안내 리플렛『다롄기선항로안내』

· 주: 상단은 표지(앞) 및 관광안내 부분, 하단은 조감도 및 표지(뒤)임. 조감도안의 분할선 및 ①~⑨는 필자가 표기.
· 출처: 大連汽船會社(1929),『大連汽船會社定期航路案內圖』. (紙久圖や京極堂 CD-ROM)

때(〈그림 8〉 아래쪽), 중앙에 그려져 있는 다롄 기선 본사가 위치하는 다롄시가 및 인접한 뤼순은 근경으로 중앙과 우측 중간부터 하단에 걸쳐 배치되어 있음을 확인할 수 있다(〈그림 8〉의 ⑤, ⑥, ⑧, ⑨). 우측 상단에는 중국 동북부와 한반도를 거쳐 멀리 블라디보스토크까지 원경으로 그려져 있으며(〈그림 8〉의 ③, ⑥), 다롄에서 블라디보스토크까지 연속된 하나의 풍경도를 구성하고 있다. 그림 상단의 우측에서부터 상단의 중앙으로 눈을 돌리면 베이핑과 톈진의 풍경도가 배치되어 있고(〈그림 8〉의 ②), 좌측 중앙과 하단에 칭다오 시가가 그려진 산둥 반도(山東半島)의 풍경이 배치되었으며(〈그림 8〉의 ④, ⑦), 그 상단에 상하이 시가지 풍경이 그려져 있다. 그리고 그림 중심에는 발해(渤海)가 배치되어 있다.

조감도에서 다롄과 뤼순에서 한반도, 블라디보스토크에 이르는 부분(〈그림 8〉의 ③, ⑤, ⑥, ⑧, ⑨)은 다롄 남쪽의 상공에서 북쪽 혹은 북동쪽 방향을 향해 그려진 것에 반하여, 산둥 반도, 톈진, 베이핑, 상하이 부분(〈그림 8〉의 ①, ②, ④, ⑦)은 산둥 반도의 동쪽 상공에서 서쪽 및 서남쪽 방향을 향해 그려져 있는데, 실제 방위방각에서는 불가능한 위치로 그려져 있으며, 상호 간의 거리도 현저하게 변형, 과장되어 있다. 이 때문에 만주와 베이핑 · 톈진, 베이핑 · 톈진과 산둥 반도, 베이핑 · 톈진과 상하이, 산둥 반도와 상하이 사이에 형해화된 구름을 그려넣음으로써 방위와 거리의 왜곡을 흡수하는 수법이 채용되고 있다. 구름을 이용하여 왜곡을 숨기는 수법은 16세기 초부터 근세에 걸쳐서 작성된 '라쿠추라쿠가이도(洛中洛外圖)'로 대표되는 도시도에 이용되고 있던 방법이다. 하지만 육지부의 방위와 거리의 왜곡을 교묘하게 숨기는 한편, 바다와 하천의 수역은 촘촘하게 연결시켜 항로를 그려넣음으로써 일본과 조선, 만주, 중국의 각 도시를 연결시키는 역할을 다롄 기선이 담당하고 있음을 보여주고 있다. 이처럼 핫사부로의 조감도는 상업주의의 색채가 진하고, 의뢰자의 요청에 부응하여 극단적으로 과장된 표현을 사용하는 것이 특징이라고 할 수 있다.[37)]

이러한 특징은 항로 이외에도 여러 곳에서 발견되는데 닻을 상징하는 회사 로고를 정점에 세운 다롄 본사건물과 톈진, 칭다오, 상하이, 안둥(安東)의 각 지사건물이 척도를 무시한 크기로 그려진다거나, 혹은 만철의 의뢰에 따른 핫사부로의 다롄 조감도와 비교하여 각 도시의 부두가 역시 과장되게 묘사되어 있고, 해상에 떠 있는 선박의 수나 크기 역시 강조되어 있음을 확인할 수 있다. 이 외에도 다롄 기선의 항로가 각지의 철도망과 연결되어 있는데, 내지와 외지를 연결하는 다롄 기선의 기능을 강조하여 여객수의 증가 및 확보를 꾀하고자 하는 의도가 있었음을 간취할 수 있다. 동시에 이를 통해 당시 일본 사회에서 확대되어 가고 있던 제국주의적 확장의 욕망을 엿볼 수 있다.

Ⅵ. 나오며

이 글은 일본의 식민지도시 다롄을 그린 지도, 특히 도시도를 소재로 그 특징을 고찰했다. 제국 일본에 의한 통치와 도시건설 프로세스가 서로를 비추는 거울과 같은 관계 속에서 지도는 변천해왔다고 할 수 있다. 그렇기에 와카바야시(若林幹夫)는 지도에서 " '세계'와 '사회' 그리고 '공간'을 둘러싼 인간의 사회적 상상력과 역사적 실천의 궤적"[38]을 발견할 수 있기에, 지도는 제작 당시의 토지 모습을 전달하는 귀중한 역사적 사료인 동시에 당시 사람들의 사상이나 다양한 사회적 실천을 해독하는 단서를 우리에게 전해준다고 지적했다.

근대는 지도에도 많은 변화를 가져왔다. 그 변화 중의 하나는 전근대에는 상상의 사물까지도 그렸던 것과 달리 근대 지도에는 "경험의 반복가능성으로만 보증된 근대적인 '사실(事實)' "[39]만이 기록되게 된 점이다. 대항해시대 이후, '미지'의 공간은 세계로부터 급속히 소멸되었지만, 이러한 현상은 세계가 서서히 근대적인 시선에 의해 포착되었음을 의미한다. '미지'의 세계는 (항상 유럽 대륙을 출발점으로 하고 있던) 많은 탐험가들의 탐험에 의해 "실제로 주파(走破) · 조사되고, 기록되고, 검증된 것으로 전환"[40]되면서 근대적 리얼리즘을 가진 세계가 되었다. '미지'의 세계는 탐험을 통해 보다 정확한 정보가 새겨진 지도로 덧입혀지기 시작했고, 마침내 세계가 근대적인 응시 아래 빠짐없이 분류되기에 이르렀다.

단 "세계를 객관적으로 측량하여 그것을 정확하게 표현하는 것으로서 작성되는 지도 또한 (중략) 사회의 이념이나 사상을 표현하고 있”[41]는 것이며, “세계를 이렇게 보라”라는 메시지가 그것에 내포”[42]되어 있다는 점을 잊어서는 안 된다. 따라서 우리는 과거의 지도를 통해 당시 사람들의 생각이나 생활뿐만 아니라 그러한 삶의 방식을 규정짓는 이데올로기적 메시지를 엿볼 수 있다. 그리고 이러한 지도와 사회의 관계에 대해서 다롄도 예외가 아니라는 것을 이 글에서 확인했다.

마지막으로 이 글의 성과를 토대로 앞으로의 연구 과제와 가능성에 대해 언급해 두고자 한다. 이 글에서 다룬 도시도는 근대 다롄에서 발행된 도시도 중 극히 일부분에 불과하다. 따라서 근대에 발행된 다롄 도시도에 대한 포괄적인 데이터베이스화가 요구되지만 개인조사만으로는 일정한 한계가 존재하기 때문에 그룹 단위의 조사가 필요하다고 할 수 있다. 또한 각 도시도가 발행된 배경을 탐색하기 위해서도 발행 주체에 관한 상세한 분석 역시 향후 과제로서 언급해 둔다. 이러한 지도(사)학적 관점의 과제와는 별도로 이 글에서는 충분히 언급하지 못했지만 도시도를 활용한 다롄 연구의 가능성에 대해 기술해 두고자 한다.

하나는 다롄의 도시형성 프로세스에 관해서이다. 이 지도들을 토대로 러시아의 도시건설과, 러시아 모델을 계승하면서 도시를 확대시켜 간 일본의 도시건설에 수반된 토지 변화 및 도시 제반시설 등의 배치에 대하여 민족별 거주분포나 계급·계층 등과 관련지어 해명하는 것이다.

다른 하나는 지도와 투어리즘과의 관계에 대한 연구이다. 이 글에서는 투어리즘이 발전되고 보급된 1920년대가 되면 문장이나 사진 등의 다른 구성요소가 수반된 도시도가 다롄에서도 발행되기 시작되었다는 점을 확인할 수 있었다. 이러한 관광안내에 게재된 도시도는 관광과 상업 등의 수요에 의해 등고선이 생략되는 한편, 관광명소나 상점 등의 위치 정보는 특화되어가는 경향이 보인다. 또한 근대에도 조감도와 같은 그림지도가 유행했으며, 근대 지도가 반드시 과학적 정확성을 추구했던 것만은 아니었다고 할 수 있다. 그렇지만 핫사부로의 조감도 제작과 수용의 배경에는 세계를 조망하고자 하는 근대적 인간의 욕망에 부응하는 '파노라마'라는 근대적 시각의 탄생이 깊게 결부되어 있음을 부정할 수 없다. 따라서 1920년대 이후 투어리즘과 관련하여 물밀듯이 발행되기 시작한 도시도와 조감도를 투어리즘의 중요한 미디어의 하나로서 파악하고, 이 글을 바탕으로 다양한 지도를 좀 더 정밀하게 분석하여 당시 일본인들이 다롄에 대하여 어떤 시각적 경험을 하고 있었는가를 고찰할 필요가 있다. 향후 이러한 작업을 통해 근대 식민지도시 다롄에 대한 새로운 식견을 발견할 수 있으리라 기대한다.

사카노 유스케 | 나가사키대학 다문화사회학부 객원연구원

▣ 주

1) 지적도(地籍圖)란 넓은 의미로 “토지 한 필지 정도의 구획, 토지 종목, 면적, 소재지명과 지번(地番), 소유자 등을 표시한 대축척 지도”를 가리키는 것으로, 고대부터 작성되었다고 할 수 있다. 단 일반적으로 일본에서 지적도라고 하면 메이지 시대 이후에 만들어진 것을 가리킨다. 上杉和央(2012), 「近代の地圖整備」, 金田章裕·上杉和央, 『日本地圖史』, 吉川弘文館, 293쪽을 참조.

2) 1872년 지권(地券) 발행을 수반한 세제개혁으로 인해 토지소유를 명확히 해야 할 필요성이 발생하면서 대장성이 주도한 전국적 규모의 지적도 작성사업이 실시되었다. 자세한 내용은 金田章裕·上杉和央(2012), 앞의 책, 293~307쪽을 참조.

3) 국토기본도로서의 지형도와는 별도로 1869년에 측량도로서 이노도(伊能圖)를 기초로 한 『관판실측일본지도(官板實測日本地圖)』가 간행된 이후, 이 이노도를 기본으로 한 일본지도나 이노도를 참고로 작성된 지도가 간행되었다. 1884년에 육군에 의해 작성되기 시작한 ‘집제20만분의1도(輯製二〇万分一圖)’로 일컬어지는 집성도도 참고자료의 하나로 이노도가 이용되었다. 이노도의 정보를 바탕으로 한 지도는 쇼와 초기까지 사용되었던 것으로 보인다. 金田章裕·上杉和央(2012), 앞의 책, 309~312쪽.

4) 1884년에는 교토(京都), 오사카(大阪), 고베(神戸)에서도 측량지도가 제작되었지만, 1880년과 1884년에 제작되기 시작한 양 지도는 제작지역이 한정되었고 임시 제작된 ‘가제(假製)’의 지형도였다. 1885년이 되자 삼각 측량, 수준(水準) 측량에 기초하여 홋카이도 및 일본 도호쿠(東北) 지방 이북, 오키나와를 제외한 전국 규모의 ‘정식 2만분의 1 지형도’가 작성되기 시작했다. 단 1890년에는 기본도의 축도가 5만분의 1로 정해져 1892년부터 실시되었으며, 2만분의 1 지형도는 보조지도로 자리매김했다. 나아가 1910년에는 5만분의 1 지형도와의 정합성을 위해 2만분의 1 지형도에서 2만 5천분의 1 지형도로 변경되어 현재의 축척 계열로 이어지게 되었다. 金田章裕·上杉和央(2012), 앞의 책, 312~319쪽.

5) ‘외방도’란 메이지 시대부터 1945년 8월 사이에 주로 구(舊) 일본군에 의해 제작된 지도를 가리킨다. ‘외방도’라는 용어는 1884년 참모본부측량국이 ‘내국도’에 대응한 용어로 사용한 것이 효시이다.

6) 2002년 오사카대학의 고바야시 시게루(小林茂) 교수를 중심으로 외방도 연구그룹이 결성된 이후, 외방도의 소재파악, 데이터베이스화, 지도 작성과정에 관한 검토, 연구과제와 이용방법에 관한 논의가 진행되고 있다. 이들의 연구 성과는 小林茂編(2009), 『近代日本の地圖作製とアジア太平洋地域—「外邦圖」へのアプローチ—』, 大阪大學出版會 ; 小林茂(2011), 『外邦圖—帝国日本のアジア地圖』, 中央公論新社에 정리되어 있다. 오사카대학의 지리학교실 홈페이지에 연구그룹의 활동을 기록한 ‘외방도연구 뉴스레터’가 PDF파일로 공개되어 있다.

http://www.let.osaka-u.ac.jp/geography/gaihouzu/

7) 小林茂(2011), 앞의 책, 10쪽.

8) 小林茂(2011), 앞의 책, 116~118쪽.

9) 小林茂(2011), 앞의 책, 121~122쪽.

10) 小林茂(2011), 앞의 책, 10~13쪽.

11) ビル・アッシュクロフト他, 木村公一編訳(2008), 『ポストコロニアル事典』, 南雲堂, 47쪽.

12) 여기서 말하는 대축척 도시도란 도시를 대상으로 한 25,000분의 1 이상의 대축척 지도를 가리킨다. 이 글에서는 야마다(山田誠)의 대축척 도시도 분류 1) 내무성이 작성한 5,000분의 1지도, 2) 육지측량부가 제작한 대축척 지형도, 3) 상공안내도, 4) 지적도계 지도, 5) 도시계획도, 6) 주택지도, 7) 화재보험도, 8) 기타 지도 중, 3) 상공안내도와 6) 주택지도를 중심으로 다루기로 한다. 山田誠(2012), 「戦前期作成の住宅地圖類に關する一考察」, 『龍谷大學論集』 480, 8~31쪽.

13) 그밖에 일본지도센터와 가미쿠즈야쿄고쿠도(紙久圖や京極堂)에서 구입한 네 점의 디지털화된 다롄 시가도를 포함한다.

14) ビル・アッシュクロフト他, 木村公一編訳(2008), 앞의 책, 'cartography(maps and mapping)', 47쪽.

15) 大城直樹(2005), 「ポストコロニアルな状況と地理學」, 水内俊雄編, 『空間の政治地理』, 朝倉書店, 114~115쪽.

16) 南滿洲鐵道株式會社編(1919), 『南滿洲鉄道株式會社十年史』의 목차에 따르면, 만철의 사업내용은 "철도업, 해운업, 항만 및 부두, 광산업, 안산공장, 공업, 전기, 가스, 여관, 간접사업(다롄시선이나 만주일일신문사 등에 출자), 지방사업(부속지행정, 토지 및 건물, 시가 경영, 위생시설, 교육시설, 경비시설, 산업시설, 상공시설), 조사사업(중앙시험소, 지질연구소, 경제 및 구관조사, 동아경제조사국, 만주역사지리조사) 등이었다.

17) 荒山正彦(2001), 「戦跡とノスタルジアのあいだに—「旅順」観光をめぐって—」, 『人文論究』 50-4, 1~2쪽.

18) 만주 투어리즘에 관한 연구에 대해서는 다음을 참조. 荒山正彦(1999), 「戦前期における朝鮮・滿洲へのツーリズム—植民地視察の記録『鮮滿の旅』から—」, 『關西學院史學』 26, 1~22쪽 ; 荒山正彦(2001), 「戦跡とノスタルジアのあいだに—「旅順」観光をめぐって—」, 『人文論究』 50-4, 1~16쪽 ; 荒山正彦(2008), 「リーフレットからみる滿洲ツーリズム」, 中西遼太郎・關戸明子編, 『近代日本の視覚的経験—繪地圖と古写真の世界—』, ナカニシヤ出版, 163~181쪽 ; 米家泰作(2014), 「近代日本における植民地旅行記の基礎的研究—鮮滿旅行記にみるツーリズム空間」, 『京都大學文學部研究紀要』 53, 319~364쪽.

19) 荒山正彦(2001), 앞의 책, 4쪽(夏目漱石(1909), 「滿韓ところどころ」, 『夏目漱石全

集』 第7卷, 筑摩書房(1988) 수록).

20) 米家泰作(2014), 앞의 책, 324쪽.

21) 山路勝彦(2006), 「滿洲を見せる博覧會」, 『關西學院大學社會學部紀要』 101, 56쪽.

22) 상동.

23) 荒山正彦(2008), 앞의 책, 167~168쪽.

24) 荒山正彦(2008), 앞의 책, 168쪽.

25) 山根拓(2008), 「近代地方都市圖の展開―富山・金沢の民間地圖」, 中西遼太郎・關戸明子編, 『近代日本の視覚的経験―繪地圖と古写真の世界―』, ナカニシヤ出版, 26쪽.

26) 도쿄교통사의 지도간행사업은 전후 '일본상공업별 명세도'로 개칭되어 지속되었지만, 이 원고에서는 전쟁 전의 '대일본직업별명세도'를 대상으로 논의를 전개한다. 일본국립국회도서관은 '명세도' 256점 및 개간 일람표를 총괄정리한 『大日本職業別明細圖』(1937)를 소장하고 있고, 일본국립국회도서관 디지털컬렉션(관내한정)에도 등록되어 있어서 원격복사서비스를 통해 우편으로 복사물을 전달받을 수 있다. 또한 일본 제국주의하 중국과 타이완의 여러 도시에 대해서는 地圖資料編纂會編(1992), 『中國商工地圖集成』, 柏書房에 복간판이 수록되어 있다. '대일본직업별명세도'의 간행개요는 河野敬一(2008), 「大正・昭和前期の職業別明細圖―「東京交通社」による全国市街圖作成プロジェクト」, 中西遼太郎・關戸明子編, 『近代日本の視覚的経験―繪地圖と古写真の世界―』, ナカニシヤ出版를 참조.

27) '大日本職業別明細圖, 東京交通社, 昭12'의 목차정보에 따르면 간행 범위는 일본, 타이완, 조선, 관동주, 만주 각지 및 칭다오이다.
https://rnavi.ndl.go.jp/research_guide/entry/~12.php (검색일: 2015년 7월 3일)

28) 河野敬一(2008), 앞의 책, 134쪽.

29) 지금까지의 연구에 따르면 적어도 1942년까지 716호가 간행되었고, 현재 600여 점이 확인되고 있다. 단 '대일본직업별명세도'에 관한 연구는 사실상 시작단계이므로, 현재로서는 전체상을 어슴푸레 볼 수 있을 뿐이다. 河野敬一(2008), 앞의 책, 129쪽.

30) 관청학교단체, 신사・절・교회, 은행회사, 병원, 의료기상업, 시장, 인쇄업, 도장포, 인화업, 생화, 음료수상업, 음식점, 신발상, 고기상, 목양우유상, 무역상, 쌀・잡곡상, 당구장, 특산품상, 도량형상(度量衡商), 특허품상, 시계안경귀금속, 도기상(陶器商), 토관상(土官商), 동철상(銅鐵商), 축음기상, 차(茶)상, 여행안내사, 요리, 여관, 이발미용, 어업, 박스상, 중국상점, 카페, 해산물상, 간판・도공(塗工)・도료상(塗料商), 가구・장식・지물, 종이・문구상, 철물상, 과자상, 완구상, 악기상, 유리상, 어묵상, 기와상, 요업(窯業) 및 원료상, 양복상, 양품상, 대필업, 다다미상, 벽돌상, 염물(染物), 조선업, 장의사, 메밀업, 운송해륙운송업, 도급 및 공

무소, 운동구상, 농원예, (접착)풀 상업, 온천욕장, 구두 · 가방 · 마구상(馬具商), 조합, 구락부, 고리짝상, 약국, 건축재료 및 철재상, 게이샤 연락 사무소, 물산소개업, 밀기울 상점, 공장, 장신구상, 의복상, 흥신소, 광고업, 철공소, 철강상, 전기도구상, 목재업, 술 · 간장 · 기름상, 산호상, 잡화상, 휘발유상, 금고업, 기계제작상, 금세공업, 명목상(銘木商), 메달상, 명소안내, 토산물상, 미싱상, 벨트상, 자수상(刺繡商), 신탄상(薪炭商), 진상물상, 식장, 소금상, 식료품상, 사진 및 재료상, 침구상, 서점, 신문 및 출판업, 자동차업, 자전거상, 표구사, 모터보트 발동기, 제면업(製綿業), 생선상, 시멘트업, 제작소, 세탁업, 석탄상, 비누상, 석재상, 사탕제조업, 수산업, 기타업.

31) 河野敬一(2008), 앞의 책, 138쪽.

32) 河野敬一(2008), 앞의 책, 137쪽에 따르면 『大日本職業別明細圖信用案內第234号 關東州』도 수록되어 있다. 현재 국립국회도서관에 소장되어 있는 『大日本職業別明細圖』 부속 「既刊地一覧」에 “사교에 · 통신에 · 방문에 · 취직에 · 상거래에 · 운수교통에 · 취미에 · 오락에 · 유람에 · 안내에”라고 기재되어 있다.

33) 요시다 핫사부로(吉田初三郎)는 1884년에 교토 시에서 태어났다. 소학교 졸업 후 니시진(西陣) 유젠(友禪) 도안 화가 ‘가마야(釜屋)’의 제자로 들어갔다. 1902년부터는 교토 미쓰코시(三越) 포목점 유젠도안부에서 근무하다 도쿄의 양화가 육성 사설학원 ‘白馬會洋画研究所’에 입소하고, 러일전쟁에서 종군한 후 1906년 ‘간사이미술원(關西美術院)’에 들어가 가노코기(鹿子木)에게 사사받았다. 가노코기의 설득으로 상업미술로 전향하여 1913년에 조감도 처녀작인 『게이한전차안내(京阪電車御案內)』를 그렸다. 堀田典裕(2009), 『吉田初三郎の鳥瞰圖を読む—描かれた近代日本の風景』, 河出書房新社, 8~9쪽 ; 金田章裕 · 上杉和央(2012), 앞의 책, 339쪽 참조.

34) 堀田典裕(2009), 앞의 책, 43~45쪽.

35) 堀田典裕(2009), 앞의 책, 43~45쪽.

36) 吉見俊哉(1992), 『博覧會の政治學—まなざしの近代』, 中央公論社, 59~63쪽.

37) 三好唯義(2006), 「都市景觀を描く—繪のような地圖—」, 長谷川孝治 編著, 『地圖の思想』, 朝倉書店, 80쪽.

38) 若林幹夫(1995), 『地圖の想像力』, 講談社, 21쪽.

39) 若林幹夫(1995), 앞의 책, 140쪽.

40) 若林幹夫(1995), 앞의 책, 139쪽.

41) 若林幹夫(1995), 앞의 책, 133쪽.

42) 若林幹夫(1995), 앞의 책, 136쪽.

11.
식민지도시 다롄의 도시공원

리웨이(李偉) · 미나미 마코토(南誠)

Ⅰ. 들어가며

중국의 근대적 도시공원은 19세기 말 구미 식민주의의 아시아 전개와 함께 등장했다. 그중에서도 눈여겨보아야 할 점은, 영국이 광저우(廣州)와 상하이(上海), 프랑스가 상하이, 러시아가 하얼빈(哈爾濱)과 다롄(大連), 독일이 칭다오(青島), 일본이 다롄 · 창춘(長春) · 선양(瀋陽) · 푸순(撫順) 등지에서 도시계획을 추진하는 동시에 수많은 공원을 건설했다는 점이다. 중국의 도시공원에 관한 기존의 연구들은 상하이나 광저우 등을 중심으로, 구미 각국에서 온 식민자가 증가하면서 조계(租界)를 중심으로 탄생한 도시공원의 역사적 경위나 식민지적 특징을 명시하고 있다.[1] 그러나 일찍이 일본과 관계를 맺고 있었던 중국 둥베이 지방, 이른바 '만주'의 도시공원에 대해서는 무관심했던 것이 사실이다.

상하이나 광저우의 공원이 구미 각국 공원문화의 재현이었던 것과는 달리, 중국 둥베이 지방의 도시공원은 아시아적 문화를 보유한 일본을 매개로 건설되었다. 따라서 이 지역의 도시공원은 단순히 종주국(宗主國) 출신자를 위한 공원문화의 이식이 아니라, 근대적 국민국가의 문명장치를 도입하고, 그 과정에서 구미 공원문화와 아시아적 전통 문화가 충돌, 융합하며 탄생한 공원이었던 것이다. 이러한 도시공원의 존재는 중국의 근대적 도시공원 문화를 종합적으로 파악하기 위해 반드시 고찰되어야 할 사례임에도 불구하고 지금까지 충분히 논의되지 않았다. 이 글은 이러한 문제의식을 바탕으로 중국 둥베이 지방의 관문인 다롄에 초점을 맞추어 도시공원의 탄생과 변천에 관해 검토하고자 한다.

필자들이 다롄에 초점을 맞춘 이유는 이곳이 일본이 중국 둥베이 지방에서 가장 먼저 통치체제를 확립한 지역이기 때문이다. 1905년 러일전쟁에서 승리한 일본은 다롄의 조차권을 획득한 이후부터 1945년 패전에 이르기까지 40년에 걸쳐 다롄을 통치했다. 일본의 다롄 통치 기간은 1932년 괴뢰국가 '만주국(滿洲國)'이 성립한 후에야 비로소 도시계획을 추진할 수 있게 된 창춘, 선양, 하얼빈과 비교하여 매우 길었다. 이러한 역사적 경위에서 다롄의 공원건설은 중국 둥베이 지방 내 다른 도시의 공원건설에도 영향을 미쳤을 것임을 추측할 수 있다. 따라서 다롄은 중국 둥베이 지방 도시공원 연구의 출발점이라 할 수 있다.[2] 더욱이 다롄은 중국 전통 문화와 일본 전통 문화, 러시아적 문화 요소가 혼합되어 해항도시 내 문화혼효의 양태를 드러내고 있는 곳이기도 하다.

이어질 본론에서는 먼저 도시공원의 탄생과 전파 과정을 확인하고 다롄 도시공원의 고찰을 위한 관점을 제시한 후에, 이어서 다롄을 둘러싼 통치주체의 변천과 도시계획에서 공원의 위치를 명확히 하면서 그 특징에 대해 고찰하고자 한다.

Ⅱ. 도시공원의 탄생과 전파

'공원은 도시의 창', '공원은 도시의 허파'[3]라는 말이 있는 것처럼, 도시에서 공원 녹지는 필수불가결하다. 도시공원은 자연발생적인 현상이 아니라, 19세기 유럽에서 인공적으로 건축된 근대적 산물이다. 당시 유럽 각지에서는 도시화와 공업화가 극적인 발전을 보이고 있었으나, 대기오염을 비롯한 주민 생활환경의 악화나 역병의 만연이라는 사회위생문제도 발생하고 있었다. 그러한 문제를 해결하기 위하여 제도적으로 고안된 것이 공기청정 기능을 갖춘 녹화지대와 도시주민의 교류·운동공간을 갖춘 도시공원의 건설이었다. 이와 같이 도시공원은 행정주도로 계획, 건설된 일종의 '제도'였다. 도시공원은 주민의 일상적 이용을 통해 생활양식으로 정착해갔다. 이러한 도시공원 문화는 근대화와 함께 유럽 전역에 보급되었고, 그 전파 과정에서 '제도'로서의 도시공원이 자본주의의 발전이나 근대적 문명의 상징으로 인식되었다.

그 후 도시공원이라는 근대적 문명장치는 자본주의의 전파나 식민지주의의 확장과 함께 아시아에 전래되었다. 아시아 각국 중에서도 일본은 막말 메이지(幕末明治) 시대의 '탈아입구(脫亞入歐)'나 '구화(歐化)' 사상을 바탕으로 도시공원을 근대 '문명'의 장치로 도입했다.[4] 그러나 이와 같은 도시공원의 도입과정에서는 공원이 가진 근대 '문명' 장치로서의 측면만이 주목되기 쉬웠다. 따라서 일본 국내에서는 다이쇼(大正) 시대부터 쇼와(昭和) 초기에 걸쳐 서양 문명의 맹목적 수용으로 인한 전통 문화의 상실을 우려하는 목소리가 높아졌다. 근대화의 실현을 목표로 한 서양 문명의 수용과 전통 문화의 보존 사이에서 동요하던 당시 사람들에게, 이 시대는 그야말로 '초려적 반성시대(焦慮

的反省時代)'[5]이자, 공원 건설 및 발전의 '고난시대'[6]였다.

'초려적 반성시대'의 일본 조원계(造園界)는 근대적 도시공원의 단순한 수용만이 아니라, 근대 문명과 전통 문화의 양면이 공존하는 공원양식의 건설 이념과 방법을 모색했다. 다롄과 '만주' 지역의 도시공원은 바로 이 과정에서 일본인 조원가에 의해 건설되었다. 즉 일본에게 당시 중국 둥베이 지방은 전통 문화 양식과 근대 문화 양식의 융합을 모색하기 위한 중요한 실험장이었던 것이다. 당시 중국에는 기존의 정원(황가정원과 어화원)을 개조하여 일반시민에게 공개하는 도시공원(베이징)이나, 조계에 거주하는 외국인주민을 위한 조계공원(상하이, 광저우, 톈진 등)이 있었다. 이러한 공원들과는 달리, 중국 둥베이 지방의 공원은 처음부터 구미의 도시공원을 의식하여 만들어진 것이었다. 따라서 둥베이 지방 이외의 도시공원은 중국 전통 문화와 서양 문화의 충돌과 융합을 통해 건설되었으나, 둥베이 지방의 그것은 '일본이 가져온 서양 문화와 일본 문화'라는 복잡한 요소가 가미되었다.

도시공원은 탄생 당시의 성격에서도 알 수 있듯이, 특정 인물이나 그룹이 아니라 다양한 도시주민이 이용하는 공공 공간(公共空間)의 창조를 지향하고 있었다. 이는 중국과 일본 재래의 정원 문화와는 결정적으로 다른 점이었다. 정원 문화는 특정한 유력자가 건설하여, 그 이용 범위 역시 일정한 관계자에게 한정되었다. 정원 중에서는 일반 서민에게 개방되는 경우도 있었으나 어디까지나 소유자가 자주적으로 운영·관리하는 사유지로서, 공공 이용을 전제로 하여 국세(國稅)로 운영·관리되는 근대적인 도시공원과는 크게 달랐다.

그러나 중국 도시공원의 성립 과정을 살펴보면, 도시공원은 단순히 공공 공간의 창조가 아니라, 식민지주의를 정착시키기 위한 상징이자 수단이기도 했다. 천윈첸(陳蘊茜)이 지적한 것처럼 이러한 도시공원의 건설은 중국인의 민족 감정에 큰 충격을 주었고, 이를 통해 민족의 집단적 기억이 구축되었다.[7] 특히 상하이의 조계공원을 둘러싼 다양한 논의, 예를 들어 공원 내 중국인의 입장을 금하는 "중국인과 개는 들어올 수 없다(華人與狗不得入內)"[8]는 간판 등과 관련된 논의가 중국에서 성행한 것처럼, 당시 현지 중국인 주민의 도시공원 이용은 제한되고 있었다. 일본 제국주의의 확장정책을 고려한다면 중국 둥베이 지방의 도시공원에 대한 고찰에서도 이러한 관점을 간과할 수 없다. 요컨대 다롄을 비롯한 중국 둥베이 지방의 도시공원을 고찰할 때, 통치정권의 정책적 의도와 도시계획, 도시공원 경관과 그 고안, 근대 문명과 전통 문화의 괴리와 융합이라는 점과 더불어, 공공 공간으로서 이용자의 제한 여부도 중요한 고려 대상이라 할 수 있다.

Ⅲ. 식민지도시 다롄의 도시계획과 도시공원

1. 식민지도시 다롄

주지하는 바와 같이 다롄은 근대 식민지도시였다. 식민지도시란 종주국에 의한 식민지 경영에 즈음하여, 정치·경제면에서 식민지 중추로서의 기능을 부여하기 위해 새롭게 만들거나 혹은 기존의 도시를 개조하여 만들어 낸 도시를 가리킨다. 그 특징으로는 도시건설과 경영에 종주국의 이니셔티브가 강하게 작용한다는 점 외에, 현지 주민(원주민)과 종주국 민족 간에 명확한 민족별 거주분화가 이루어져 있었다는 점을 들 수 있다.[9]

하시야 히로시(橋谷弘)는 제국 일본의 식민지도시를 그 형성 과정에 따라 세 개의 유형으로 나누었다. 첫 번째는 일본의 식민지 지배와 함께 새롭게 형성된 도시 유형이고, 두 번째는 재래 사회의 전통 위에 식민지도시가 형성된 유형, 세 번째는 기존 대도시의 근교에 일본이 신시가지를 건설하여 형성된 유형이다.[10] 다롄은 첫 번째 유형으로 분리되지만, 다롄의 도시건설이 러시아 통치시대에 기원을 두고 있음을 고려하면, 일본의 식민지 지배와 함께 새롭게 형성된 도시라고 할 수 없다.[11] 그 경위에 관해서는 후술하도록 하고, 여기에서는 먼저 식민지도시 다롄 건설의 특징에 관해 언급하고자 한다.

19세기 도시건설의 특징으로서는 ①바로크와 신고전주의적인 장려(壯麗)한 건조물군의 창출, ②전원도시, 노동자주택지구의 등장, ③신대륙 도시에서 보이는 격자형 가로(街路) 패턴의 도시건설을 들 수 있다.[12] 일본에서도 이러한 기준에 따라 근대적 도시건설이 진행되었을 것이라 여겨지지만, 사실 일본 국내의 대도시 중에서 이러한 특징을 모두 갖춘 도시는 존재하지 않았다. 메이지 시대 이후 일본 국내의 도시건설을 살펴보면, ①장려한 건조물군은 도쿄(東京)의 관청건설계획에서, ②전원도시와 노동자주택지구는 6대도시에 발달한 사철(私鐵) 연선이나 일부 방적공장, 중기계공장의 사택지구에서, ③격자형 가로 패턴은 홋카이도(北海道)의 도시나 각 도시 교외의 토지정리 사업에서 부분적으로 그 실례를 확인할 수 있을 뿐이다.

그에 반해 상술한 세 가지 특징을 모두 볼 수 있었던 곳이 식민지도시 다롄이었다.[13] 근대적 도시로서 다롄의 일목요연한 전개 상황은, 일본이 다롄을 식민지 경영의 교두보로 삼아 도시계획을 진척시켰음을 보여준다. 이러한 근대적 도시를 거점으로 형성된 "랴오둥 반도(遼東半島) 빅뱅"을 배경으로, 전통 문화와 모더니티의 융합과 길항을 통해 형성된 "다롄 모더니티"가 '만주' 그리고 일본 국내에까지 영향을

미치게 되었다.[14]

2. 여명기(黎明期)로서 러시아 통치시대

칭니와(靑泥窪)라는 한촌에 지나지 않았던 다롄의 역사는, 이른바 러시아 통치시대의 도시계획과 함께 시작되었다. 청일전쟁 후인 1898년 3월, 뤼순(旅順)과 다롄의 조차권을 획득한 러시아는 뤼순의 군항도시 건설에 착수하는 한편, 다롄 만(大連灣)에 새로운 상업도시의 건설을 계획했다. 이듬해 8월, 황제 니콜라이 2세가 칭니와 일대에 '다리니'[15]라는 호칭을 부여하면서부터 도시건설이 본격적으로 시작되었다.

다리니 도시계획 및 건설의 담당자는 블라디보스토크 항을 건조한 기사(技師)이자 다리니 임시 시장을 맡은 사하로프였다. 사하로프는 파리의 도시구조를 모방하여 니콜라예프 광장[16]과 일곱 개의 광장, 그리고 이것들을 잇는 방사선상(放射線狀)의 가로망을 만든 후에, 시가지를 행정구 · 유럽구 · 중국구로 구획했다. 방사선상의 가로망은 복수의 광장을 중심으로 방사선상 도로를 편성한 다핵(多核) 방사상 가로망으로, 이러한 가로망의 채용은 당시 아시아에서는 거의 유례가 없는 일이었다. 이와 같은 고안과 실천에서 러시아가 극동(極東) 경영과 정치세력 수립에 건 열의를 알 수 있다.[17] 도시계획 속에는 광장의 중앙에 사원, 박물관, 철도역 등 장려한 외관으로 시가지를 장식할 만한 대형 공공건축물을 배치하는 계획도 포함되어 있었다. 그밖에 다리니에 적합한 가로수로 남 러시아로부터 아카시아를 이식하여 러시아마치(露西亞町)의 동쪽에서 부두에 이르는 구역에 심는 등, 시가지의 녹화에도 힘을 쏟았다.

러시아 통치시대 다리니의 도시공원 계획 및 건설에 관해서는 다음의 기술에서 단서를 찾을 수 있다.

> (다롄에는) 규모가 큰 공원이 두 개 있다. 하나(西公園)는 유럽구와 중국구의 중간에 위치하며, 옛 칭니와 촌 전부를 차지해서 면적이 약 100 러시아 정보(町步. 115 일본 정보에 해당)에 이르고, 공원 내에는 묘포(苗圃) 및 농사실험장이 있다. 다른 하나(東公園)는 옛 동 칭니와 터에 있는데, 지극(地隙)을 이용해 두 개의 큰 저수지를 만들고 빗물을 모아 초목의 관개 및 부근 가로의 살수용으로 제공한다. 그밖에 두 개의 작은 공원이 있는데, 하나는 옛 중국인묘지(松公園)로 노송(老松)이 무성하고, 다른 하나는 저택지구의 정교(正教) 사원 부근에 있다. 행정구에도 작은 공원(北公園)이 하나 있다고 하나, 아직 공원으로서의 설비 정돈이 이루어지지 않아서 단순히 잡목이 무성한 터에 지나지 않는다.[18)]

이 기술에 나타난 당시의 도시계획대로라면, 다리니에는 대규모 공원과 소규모 공원이 각각 두 개씩 건설될 예정이었다. 대규모 공원 두 개는 다리니 시가지에 있는 세 개 구역의 완충지대에 건설되었다. 하나는 유럽구와 중국구의 중간에 있는 서 칭니와 터에 만들어진 서공원(西公園: 일본 통치시대의 니시 공원, 이후 쥬오 공원으로 개칭)이었고, 또 다른 하나는 유럽구와 부두에서 쿨리(苦力)로 일하던 하층노동자 거주지 사이에 있는 동공원(東公園)이었다. 서공원에는 도시의 위생문제를 배려하는 형태로 묘포와 농사실험장이 만들어졌으나, 러일전쟁이 발발할 때까지 공원시설의 도입은 전무했다. 동공원은 원내에 조영된 저수지를 확인할 수 있으나, 공원으로 정비된 흔적은 보이지 않는다. 한편 소규모 공원으로는 옛 중국인묘지를 헐어 만들 예정이었던 송공원(松公園)과 행정구에 만들어질 예정이었던 북공원(北公園: 일본 통치시대의 기타 공원)에 관한 기술이 있지만, 공원건설이 거의 진전되지 않아서 잡목이 우거진 공지(空地)에 지나지 않았다.

이 시기 도시공원계획의 특징은 다음의 세 가지로 정리될 수 있다.

먼저 공원계획이 행정주도로 이루어졌다는 점이다. 중국의 전통적인 궁정정원(宮廷庭園)이나 문인정원(文人庭園)의 사적(私的) 성격과 비교하여, 계획적이면서 대규모로 계획된 도시공원은 전대미문의 것이었다. 다음으로 근대적 도시공원이 가진 '공(公)'의 기능이 기대되었다는 점이다. 즉 중국의 전통적인 정원이 가진 취미본위의 성격과는 달리, 근대 도시공원에서 보이는 원예나 저수, 녹화 등의 기능이 부여되었다. 끝으로 민족별 거주분화를 명시하기 위해 이용되었다는 점이다. 러시아 통치시대 도시계획의 가장 큰 특징은 거주자의 계급 · 인종 · 구역용도를 명확히 구분했다는 점이다. 상술한 바와 같이 대규모의 공원은 시가지의 완충지대에 축조될 예정이었으며, 그에 따라 거주지역의 구분이 보다 명확히 가시화되었다. 이와 같이 러시아 통치시대 도시공원의 계획은 민족적 혼주(混住)에 의한 사회적 마찰을 회피하기 위한 수단으로 이용되었다. 이는 식민자와 비식민자와의 거주분화를 촉진하여 식민자의 위생과 안전을 확보하기 위한 수단이기도 했다. 이처럼 러시아 통치시대의 도시계획과 도시공원계획은 식민지의 색채가 매우 짙었다.

제정러시아는 도시계획 속에 도시공원 건설을 짜 넣었지만 실제 어느 것도 완성할 수 없었다. 다롄 도시공원의 본격적인 계획과 건설은 일본 통치시대에 접어들어 시작되었다.

3. 발전기로서 일본 통치시대

러시아 통치시대의 다리니 도시계획은 미완의 상태로 끝났지만, 그 청사진에는 근대적 대도시의 분위기가 감돌고 있었다. 다롄으로 건너온 많은 일본인들에게 이곳은 처음으로 접하는 근대도시였다.[19] 다리니는 일본군이 현지를 점령한 1905년 2월 11일에 다롄(大連: 일본식 발음은 다이렌)으로 개명되었다.

당시 다롄을 관할했던 관동주(關東州) 당국은 군사적인 견지 등에서 러시아 통치시대의 도시계획을 답습하여 시가를 군용지구, 일본인 거주지구와 청국인(淸國人) 거주지구로 나누었다.[20] 일본의 다롄 통치는 ①일본 통치 초기(1904~1909), ②일본 통치 중기(1910~1929), ③일본 통치 후기(1930~1945)로 나눌 수 있는데,[21] 도시발전과 인구증가에 따라 일본 통치 후기부터는 다롄 서부를 중심으로 도시확장계획이 실시되었다. 이전의 서공원이 쥬오 공원(中央公園)으로 개명된 것처럼, 도시에서 점하는 공원의 위치가 변화했다는 점에서도 도시확장계획의 실태를 알 수 있다.

다롄 시의 도시건설은 건축물의 완성 시기나 건축 장소를 감안하여 크게 두 단계로 나눌 수 있다. 첫 번째 단계는 오히로바(大廣場: 지금의 中山廣場)를 중심으로 영구건축물(永久建築物)로서 본격적인 건물들이 들어선 1904년부터 1925년까지이다. 두 번째 단계는 시 정부 광장이나 상업지역을 중심으로 행정과 금융 관계의 건물이 들어선 1925년에서 1941년까지이다.[22] 특히 오히로바 주변에 요코하마정금은행(橫浜正金銀行) 다롄지점, 다롄민정서(大連民政署), 야마토호텔(ヤマトホテル), 영국영사관, 다롄시정청(大連市政廳), 조선은행(朝鮮銀行) 다롄지점, 관동체신국(關東遞信局)이 세워지면서, 19세기 도시건설의 특징 중 하나인 장려한 건조물군의 창출이 완성되었다. 또 다른 특징인 전원도시와 노동자주택지구도 교외의 토지건물 경영과 만철(滿鐵)의 별장 경영, 만철 샤허커우(沙河口) 철도공장에 인접한 공장사택지구와 일본인 토목업자를 대상으로 한 주택건설(聖德街)을 통해 나타났다.

이와 같은 다롄 도시계획의 특징은 ①군부(軍部)의 지도, ②거주지

분화의 정치성, ③토지의 수탈에 있다고 할 수 있다.[23)]

다롄의 도시계획은 당초부터 군 최고 간부에 의해 지도되고 있었다. 즉 다롄 도시계획의 이니셔티브를 쥔 것은 관동국이었다(관동주 조차지의 통치기관 변천에 관해서는 이 책의 진완홍, 「일본 제국주의 시기 다롄의 식민통치기관과 사법제도」를 참고). 당시 일본 국내에서는 도시건설 비용의 6할 이상을 민간이 담당하고 있었고 중앙정부와 지방정부의 역할은 상대적으로 작았다. 이에 반해 다롄 도시건설의 이니셔티브는 관동국(중앙정부)－만철(특수민간부문)－지방정부(다롄시)의 순으로 취해졌다. 이는 식민지 통치의 거점으로서 근대적 대도시 다롄을 건설하기 위한 계획이기도 했다. 도시계획과 건설을 규정하는 도시계획법이 일본 국내(1919)보다 다롄(1909)에서 더 빨리 실시된 것처럼, 일본은 제정러시아와의 경쟁을 의식하며 다롄의 도시계획에 심혈을 기울였다.

두 번째로 거주지 분화의 정치성이다. 러시아 통치시대 다롄의 도시계획은 이미 민족별 거주지 분화라는 특징을 가지고 있었다. 러시아 통치시대의 도시계획을 답습한 일본 역시 그것을 거의 변경하지 않았다. 일부지역을 혼주(混住) 지역으로 인정했으나, 하층계급의 중국인이 집거하는 전관(專管) 구역으로 하급중국인부락(下級支那人部落)의 이전을 실시한 것처럼 계급에 기초한 거주지의 분화를 강화했다. 이는 다롄의 도시계획이 어디까지나 일본인에게 이상적이었을 뿐, 중국인의 거주환경 향상에는 전혀 주의를 기울이지 않았음을 보여준다.[24)]

세 번째로 토지의 수탈이다. 관동주의 관유지는 그 유래에 따라 ①러시아로부터 계승한 것, ②러일전쟁 당시 일본군의 몰수지, ③일본 통치 후의 취득지로 나누어진다. 그 중에서 가장 중요한 것은 일본 통치 후 토지조사사업을 통해 관유지로 취득한 땅이었다. 이렇게 취득한 관유지는 관동주 면적의 4분의 1에 달했으며, 이는 명백한 토지 수탈이었다.

이처럼 일본 통치시대 다롄의 도시계획은 러시아 통치시대의 구획을 답습한 것이었고, 그 이니셔티브는 일본 국내와는 달리 식민지 경영에 관한 정치적 권력을 쥔 관동주 행정당국이나 반관반민(半官半民)의 만철에 의해 취해졌다. 당시 일본 국내의 도시계획은 기존의 도시를 개조·개선하는 정도에 머물고 있었으므로 근대적 도시건설이 달성될 수 있는 환경은 아니었다. 그에 반해 식민지도시 다롄은 그러한 제한이 없는, 근대적인 도시계획을 지향하는 건축가들에게 알맞은 실험의 장이었다.[25] 근대적 도시공원의 건설을 지향하는 사람들에게도 '초려적 반성시대'나 '고난시대'였던 일본 국내와 달리, 다롄과 '만주'는 이상 실현의 장이었다.[26]

다롄의 공원건설에 가장 먼저 착수한 것은 만철이었다. 만철 총재 고토 신페이(後藤新平)가 주창한 '다롄중심주의'처럼, 만철 사업은 "남만주에서의 제국의 특수사명"이며, 그 목적은 "만주를 열국(列國)의 민인(民人)으로 이루어진 협화적(協和的)이고 상호이익을 얻을 수 있는 시장으로 만드는 것"이었다. 도시공원의 건설 역시 그 일환으로 추진된 것이었다. 오늘날 고토 신페이의 '문장적무비(文裝的武備)'가 가장 교활한 제국주의 방식으로 평가되는 면을 부인할 수는 없지만, '무력에 의한 지배'와 비교하여 건설적인 일면이 있었다고도 평가할 수 있을 것이다.[27]

만철은 관동주와 만철부속지의 실지조사를 거쳐 그 결과를 바탕으로 공원건설구획을 결정했다. 공원의 계획과 건설 사업에 심혈을 기울인 사람은 농림성 산림국장이었던 임학박사(林學博士) 시라사와 야스미(白澤保美: 1868~1947)였다.[28] 시라사와는 1900년부터 2년 동안 프랑스, 독일, 스위스 등지에서 임학에 관해 공부하여 서양공원에 대한 조예가 깊었다. 그가 신설과 개수에 관여한 공원으로는, 다롄 전기유원(電氣遊園), 펑톈(奉天) 치요다 공원(千代田公園), 잉커우(營口), 카이위안(開原), 스핑지에(四平街), 공주링(公主嶺), 푸순 등지의 공원과 다롄 기타 공원(北公園), 신징(新京) 니시 공원(西公園), 안둥(安東) 친코잔 공원(鎮江山公園) 등을 들 수 있다.[29] 이들 공원은 도시공원이 가진 보건위생과 위락시설로서의 기능 외에도 각지의 특수성을 고려하여 건설된 것이었다. 한편 푸순 탄광의 개설에 따라 증가하는 갱목 수요를 충족시킬 목적으로 공원을 건설한 사례도 있었는데, 이처럼 당시의 공원건설정책은 식민지 경영의 색채가 매우 짙었다.

다롄 공원건설에는 만철 외에 관동국과 다롄 시정부도 관여하고 있었다. 이러한 기관들의 관여를 통해 다롄 시에는 호시가우라 유원(星ケ浦遊園)과 전기유원이 새롭게 계획 · 건조되었고, 북공원, 서공원, 동공원 등 기존 공원의 개조 공사도 진행되었다. 다롄 시정(市政)이 실시된 이후, 그때까지의 공원 경영과 정비 상황을 감안하여 「다롄시공원규칙(大連市公園規則)」(1926.4)이 공포되었다.[30] 이 규칙에 따라 조수어류(鳥獸魚類)의 살상 행위가 금지되고, 공원지의 사용료가 규정되는 등, 공원에 관한 법제도의 정비도 진행되었다.

Ⅳ. 다롄 도시공원의 변천과 특징

1. 다롄 도시공원 건설 약사(略史)

식민지도시 다롄은 일본 통치시대에 급성장했다. 1905년 무렵 다롄의 인구는 4만 명 정도였으나, 1932년에는 약 29만 명, 제2차 세계대전이 종식한 1945년에는 약 80만 명까지 증가했다. 그중 일본인은 약 22만 명으로, 다롄 인구의 약 27%를 점하고 있었다. 다롄 시정이 시행된 1915년에는 일본인의 비율이 다롄 총인구의 45%에 달했는데, 이러한 인구 구성에서 알 수 있듯이 다롄은 명백한 '일본인의 도시'였다.[31] '만주국'의 성립 후, '만주' 총인구 중 일본인 인구의 비율을 1할까지 제고하기 위해 일본이 국책 '만몽개척이민사업(滿蒙開拓移民事業)'을 강구했던 것과 비교해보면, 다롄 거주 일본인의 비율이 얼마나 높았는지를 알 수 있다.

〈표 1〉 다롄 시 공원 현황(1932년)

	공원명	면적(제곱미터)	관리자
1	호시가우라 공원(星ケ浦公園)	1,486,083	만철
2	기타 공원(北公園)	20,909	만철
3	전기유원(電氣遊園)	70,009	만철
4	니혼바시 공원(日本橋公園)	3,507	만철
5	야마시로초 유보지(山城町遊步地)	2,261	만철
6	샤허커우 유보지(沙河口遊步地)	5,196	만철
7	야요이가이케 공원(彌生ケ池公園)	66,116	관동국
8	오히로바(大廣場)	35,848	관동국
9	쥬오 공원(中央公園)	1,111,575	다롄 시
합 계		2,801,504	

· 주: 여기서 말하는 공원은 광의의 녹지공원이라는 의미가 강하다.
· 출처: 佐藤昌(1985), 『滿洲造園史』, 日本造園修景協會, 22쪽.

다롄 도시공원의 건설과 증설은 도시인구 증가에 따른 폐해를 극복하기 위한 해결책이기도 했다. 1932년의 통계에 따르면, 다롄에는 모두 아홉 개의 공원이 있었고 총면적은 2,801,504제곱미터였다. 1925년

9월 말 당시의 공원용지 1,735,537제곱미터와 비교하여,[32] 불과 7년여 만에 1,000,000제곱미터 이상이 확장된 것이다.

이들 공원은 관리주체에 따라, 만철 경영의 호시가우라 공원 · 기타 공원 · 전기유원 · 니혼바시 공원(日本橋公園) · 야마시로초 유보지(山城町遊步地) · 샤허커우 유보지(沙河口遊步地)와, 관동국이 관리하는 야요이가이케 공원(彌生ケ池公園)과 오히로바, 다롄 시가 관리하는 쥬오 공원으로 나누어졌다.[33] 이러한 다롄 내 공원의 관리체제는 1945년까지 거의 변하지 않았다. 공원관리면적에서 살펴보면, 만철이 57%에 달하는 1,587,965제곱미터를 관리하여 그 비율에서부터 만철의 역할이 중요했음을 알 수 있다. 다롄 시는 면적의 40%에 달하는 1,111,575제곱미터를 관리했고, 관동국은 약 4%에 달하는 101,964제곱미터를 관리했다. 공원의 성격에서 만철이 관리한 공원들이 경제적 · 사회적 의의가 컸던 것에 비해, 다롄 시와 관동국이 관리한 공원은 정치적인 의의가 컸다.

다음으로 공원 면적에 대한 도시인구의 비율을 검토하고자 한다. 시기는 다르지만 1920년대의 통계에 따르면, 공원 1,000평(坪) 당 도시인구의 비율은 런던이 553명, 뉴욕이 563명, 보스턴이 178명, 뒤셀도르프가 121명, 워싱턴이 55명, 도쿄가 7,977명이었다.[34] 1932년의 다롄은 336명으로 도쿄를 대폭 상회했을 뿐만 아니라 세계 선진국 수준에 이르고 있었다.[35] 엄밀히 말해 다롄의 공원 대부분이 일본인거리에 축조되어 전적으로 일본인에 의해 이용되고 있었던 현실을 고려하면 그 비율은 124명[36]에 달해 세계 최고 수준에 이르렀다.

다롄 공원의 총면적은 계속 확장되었다. 1936년에 발행된 『다롄시사(大連市史)』에 따르면, 1935년 3월 당시 다롄의 공원용지는 1932년의 약 두 배에 달하는 5,117,769제곱미터까지 확장되었다. 공원용지의 상세 내역은 명확하지 않으나 공원예정지를 포함하고 있었던 것으로 보인다. 또한 당시의 인구통계를 고려하여 계산하면, 공원 1,000평 당 도시인구의 비율은 총인구 대비 234명, 일본인인구 대비 87명까지 제고되었다.[37)]

이처럼 다롄 도시공원의 면적이나 공원 면적에 대한 인구비율을 통해 다롄 내 도시공원 건설이 중시되고 있었음을 알 수 있다. 이는 식민지 경영뿐만 아니라, 근대적인 도시건설을 목적으로 한 것이기도 했다. 근대적인 대도시로서의 풍모는 1925년에 발행된 『조선만주여행안내(朝鮮滿洲旅行案內)』의 묘사를 통해서 살펴볼 수 있다.

> (다롄)시가는 주로 러시아 시대의 건설을 답습하여, 오히로바를 중심으로 방사형으로 오도오리(大通)를 내고 다시 대로를 가로지르는 작은 길을 내었으며, 네 개의 공원과 여섯 개의 광장을 보유하여, 마치 거미줄 형태와 같은 일대 가충(街衝)을 형성하고 있다. 전화, 전기, 가스, 상하수도 설비를 완비했고, 도로는 보도와 차도로 구별했으며, 보도는 모두 콘크리트 블록을 깔고, 차도는 매카덤(John McAdam)식으로 포장하여 윗부분에 콜타르를 도포했다. 보도와 차도 사이에는 배수구를 만들었고, 보도에 심은 백양나무(白楊樹), 아카시아, 포플러 등 가로수의 녹음이 여행자들에게 상쾌함을 전해준다.[38)]

근대적인 대도시의 풍모와는 별개로, 여기에서 주목하고 싶은 것은 네 개의 공원에 대한 언급이다. 네 개의 공원이란 유적(幽寂)한 삼림미가 있는 니시 공원(西公園), 작으면서도 각종 스포츠장을 완비한, 아동공원의 성격을 가진 러시아마치의 기타 공원, 고대(高臺)의 첨각(尖角)에 위치하여 시가를 한 눈에 관망할 수 있으며 활동사진 · 스케이트장 · 볼링장 · 동식물원 · 간이도서관을 갖춘 전기유원, 호텔 · 임대별장 · 기정(旗亭) · 온천 · 골프장 · 해수욕장 등 모든 위락설비를 갖춘 "만주 무이(無二)의 유락피서지" 호시가우라 유원을 가리킨다.[39)] 다롄의 공원은 다롄 시민뿐만 아니라 일본인 여행객에게도 개방되어, 동일한 공간의 공유를 통한 제국 일본인의 일체감의 창성이 목도되었다. 또한 다롄 관광을 통해 근대적 대도시로서 다롄의 모습이나 공원건설의 중요성 및 그 지견을 일본 국내에 전파하고자 한 의도도 엿보인다.

2. 다롄 도시공원의 개관

상술한 바와 같이 시간의 추이에 따라 다롄 내 공원의 총면적이 확대되었음은 확인할 수 있으나, 존재했던 모든 공원의 목록을 확인할 수는 없다. 따라서 이 글은 관련 자료와 현상의 확인 가능 여부를 고려하여, 쥬오 공원(〈그림 1〉의 A), 기타 공원(〈그림 1〉의 B), 쇼토쿠 공

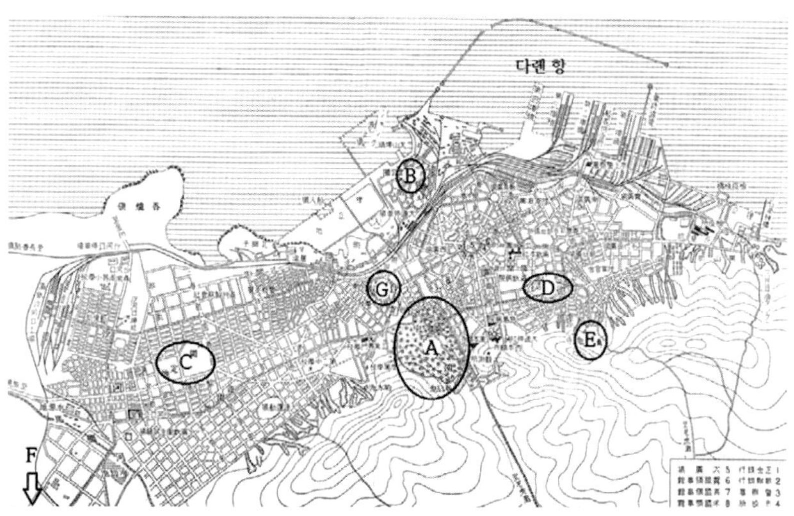

〈그림 1〉 1930년 무렵 다롄 도시공원의 위치

· 주: 다롄 교외에 조성된 호시가우라 유원(F)의 위치는 권경선 · 사카노유스케, 「식민지도시 다롄과 주민의 생활공간」의 〈그림 1〉을 참고.

· 출처: 新光社 編(1930), 『世界地理風俗大系 第一卷』, 134쪽의 지도를 바탕으로 작성.

원(聖德公園. 〈그림 1〉의 C), 가가미가이케 공원(鏡ケ池公園. 〈그림 1〉의 D), 야요이가이케 공원(〈그림 1〉의 E), 호시가우라 유원(〈그림 1〉의 F), 전기유원(〈그림 1〉의 G)에 초점을 맞추어 논하도록 한다.

현재 확인 가능한 자료를 바탕으로 했을 때, 다롄 도시공원건설의 경위는 크게 러시아 통치시대 공원의 개조 확대 및 신설시기(1930년대까지)와, 지역밀착형의 공원건설시기(1940년대)로 나눌 수 있다. 자료를 통해서 이 글에서 다루는 공원 외에도 1940년까지 아동공원 60개소의 증설, 1940년 쇼토쿠 공원 · 푸자좡 공원(傅家莊公園) · 시즈가우라 공원(靜ケ浦公園) · 라오후탄 공원(老虎灘公園)의 신설, 쓰타초 아동공원(蔦町兒童公園)의 개수, 바이윈산(白雲山) · 다이쇼히로바(大正廣場) · 신키가이(新起街) · 히노데마치(日の出町) · 시모후지초(下藤町) · 스스키초(薄町)의 아동공원 신설이 계획되어 있었음을 확인할 수 있다.[40]

다롄의 도시공원을 분류하기에 앞서, 먼저 공원의 종류에 관해 언급하고자 한다.[41] 공원은 크게 도시 주민 전반을 위한 대공원, 근린 거주자를 위한 소공원, 공원도로와 특수공원으로 나누어진다. 대공원에는 이용자의 휴양과 감상을 위한 보통공원, 운동경기를 위한 운동공원, 자연풍광을 즐기기 위한 자연공원이 있고, 소공원에는 노약자 일반을 위한 근린공원, 아동을 위한 아동공원과 가원(街園)이 포함된다. 그밖에 준(準) 공원으로서 신사(神社), 충령탑(忠靈塔), 충혼비(忠魂碑) 등과 그 부속 원지(苑地), 관청 · 회사클럽 등의 운동장과 골프장, 유원지와 공개 사원(私園) 등도 공원으로 분류할 수 있다. 이상의 유형에 따라 이 글이 다루는 공원을 분류하면, 쥬오 공원은 대공원, 기타 공원과 쇼토쿠 공원은 소공원(근린공원, 아동공원), 가가미가이케 공원, 야요이가이케 공원, 호시가우라 유원, 전기유원은 준공원에 해당한다.

1) 대공원-쥬오 공원

쥬오 공원은 러시아 통치시대에 계획된 서공원을 기초로 개조된 공원이다. 시가지 확장계획에 따라 공원의 위치가 시의 서쪽에서 중앙으로 변경되었으므로 1926년에 쥬오 공원으로 개명되었다. 민족별 거주지 분화구획이라는 러시아 통치시대의 정치적 의의를 계승한 공원으로, 호랑이를 사육하고 있어서 호랑이공원(虎公園)이라고도 불렸다.

쥬오 공원의 관할권은 1924년에 관동국에서 다롄 시로 넘어갔다. 1932년 당시 다롄 시장 오가와 쥰노스케(小川順之助)는 쥬오 공원의 확장정비에 착수하기 위하여 공원과(公園課)를 신설하고, 다모가미 노보루(田母神昇)를 요코하마에서 불러들여 과장으로 임명한 후, 쥬오 공원을 포함한 다롄 시가의 녹지관리를 맡겼다. 그 결과, 쥬오 공원은 50만 평에 달하는 대공원으로 확장되었고, 자연원로(自然園路) 부설, 온실 설치와 식물 재배 등을 통해 공원의 체재를 갖추었다

쥬오 공원은 규모가 컸을 뿐만 아니라, 원내에 여러 가지 시설이 설치된 다기능성 종합공원이었다. 당시의 설계도를 보면, 원내에는 '만주'를 대표하는 야구팀인 '만구(滿俱)', '실업(實業)' 양 팀의 야구장과 궁장(弓場), 마장(馬場), 정구장(庭球場) 등의 운동시설이 마련되어 근대적인 운동공원으로서의 기능이 중시되었다. 원내를 흐르는 다롄 천(大連川)의 하류에는 가스가이케(春日池)가 구축되어, 가뭄 시에 도시 수원을 확보하기 위한 저수 기능을 하는 동시에, 여름에는 뱃놀이, 겨울에는 스케이트장으로 이용되었다.

쥬오 공원에서는 일본의 전통적인 정원 풍경도 발견할 수 있다. 산과 계곡이 만들어낸 기복(起伏) 지세를 이용하여 공원 동쪽에 다리를 놓고 식재(植栽)를 정비함으로써 강을 중심으로 하는 수경(水景) 경관이 창의적으로 고안되었다. 또한 원내를 흐르는 다롄 천의 물을 이용

하여 돌을 쌓아 얕은 여울을 표현한 일본 전통의 수경정원인 '난카엔(南華園)'[42]도 구축되었다. 또 기복 지세를 이용하여 원내의 높은 곳에 정자를 설치하여 다롄 시의 풍경을 전망할 수 있도록 하는 등, 일본 정원의 전통적인 '조망(眺望)' 요소를 도입했다. 원내에는 고급요리점인 '스이게츠(水月)'가 들어서 만철 고관이나 명사들의 사교장 역할을 하기도 했다. 또한 '다롄삼토목공사준성기념비(大連三土木工事竣成記念碑)'(1914)와 러일전쟁 전사자를 추모하기 위한 '충령탑'(1925), 어대례기념사업(御大禮記念事業)의 일환으로 음악당이 만들어져 위락과 운동 기능 외에 정치적 기능도 담당했다.

〈그림 2〉 쥬오 공원 내 충령탑

· 주: 러일전쟁 일본군 전몰자를 추모하기 위해 만든 탑이다.
· 출처: 新光社 編(1930), 『世界地理風俗大系 第一卷』, 128쪽.

2) 소공원-기타 공원과 쇼토쿠 공원

기타 공원은 러시아마치의 만철사원 집거지에, 쇼토쿠 공원은 중국인거리에 계획, 건설된 공원이다.

기타 공원은 본래 러시아 통치시대인 1898년 당시 행정구에 만들어진 공원이었다. 일본 통치시대에 이르러 공원의 북쪽은 부두에 근접했고, 서쪽은 만철 공관과 병원, 동쪽은 전찻길을 사이에 두고 만철의 사택가가 되어 있었다. 기타 공원은 이러한 큰 건물과 사택에 둘러싸인 안뜰(中庭)과 같은 공원으로, 만철 관계자들에게 친숙한 공간이었다. 시라사와 박사는 만철사원의 쉼터를 창출할 목적으로 기타 공원을 개수했다. "등나무(胡藤), 버드나무(楊柳) 등이 무성하고, 정자와 동물원과 화원이 있으며, 테니스코트, 대궁장, 유치원 등의 설비가 있는 러시아마치에 있는 유일한 유원지"[43]라는 기록처럼, 1932년 무렵의 기타 공원은 러시아 통치시대와 달리 정구장이나 대궁장 등의 운동시설과 아동 놀이기구가 설비되어 있었다.

공원에 운동유희시설을 증설한 것은 당시의 세계적인 공원 정책의 흐름에 순응한 것이라 할 수 있다. 20세기에 들어 공원 정책을 주도해 온 미국과 독일의 공원 관념이 근본적으로 수정되면서, 장식과 미관을 중시하던 관상형 공원에서 보건과 휴양을 목적으로 하는 휴양형 공원으로 가치관이 이행되었다.[44] 기타 공원을 비롯하여 다롄의 도시공원에 운동시설과 아동유원이 증설된 것은 이러한 시대정신을 반영하고 있다. 이는 당시 가족단위로 체류하고 있던 만철사원의 자녀들에게 놀이터를 제공하기 위한 것이기도 했다.

시라사와 등은 근대적인 공원시설을 정비했을 뿐만 아니라, 원내에 벤치가 아닌 정자풍의 걸상을 설치하여 일본적인 분위기를 자아내고자 했다. 이는 바다 건너 일본에서 부임해 온 만철사원의 향수를 달래기 위한 고안이었다.

1898년 러시아는 일본 통치시대의 쇼토쿠 공원 예정지 일대에 녹지화 사업을 추진했으나, 결국 공원으로서의 체재를 정비하지는 못했다. 1911년 이후, 녹지대인 서쪽 지구에는 쇼토쿠 태자당(聖德太子堂)이, 남서쪽 지구의 높은 지대에는 쇼토쿠 신사(聖德神社)가 건축되었다. 1919년의 가로계획에서 "남방의 마란허커우(馬欄河口)로부터 멀리 대해가 보이는 풍치가 수려한 작은 구릉으로, 지구(地區)로 이용하기 어려운 약 77,000평의 땅"[45]을 공원예정지로 지정하면서 쇼토쿠 공원의 축조계획을 명시했다. 그러나 본격적인 공사가 진행된 흔적은 거의 보이지 않으며, 원내에 스모장(相撲場)이 건조되고 있었으나 일본이 패전할 때까지 완성되었는지의 여부조차 확인할 수 없다.

쇼토쿠 공원은 근처에 사는 중국인을 위한 근린공원이었으므로 이민족 유화의 정치적 의미를 지니고 있었다. 그러나 꽤 이른 단계에 계획되었음에도 불구하고 결국 완성되지 않았다는 사실을 통해 식민지도시 다롄에서 중국인의 사회적 지위를 짐작할 수 있다. 즉 일본이 통치하던 다롄에서는 일본인 우위의 민족적 차별구조가 고정된 채였고, '민족협화(民族協和)'는 유명무실한 공언(空言)에 지나지 않았던 것이다.

3) 준공원 – 가가미가이케 공원, 야요이가이케 공원, 호시가우라 유원, 전기유원

원래 가가미가이케 공원과 야요이가이케 공원은 공원이 아니었다. 두 공원은 일종의 준공원으로, 다롄의 적은 강수량과 수해에 대처하기 위해 만들어진 우수조정지(雨水調整池)를 중심으로 형성되었다. 1925년부터 1930년까지 5년간의 강수 자료를 보면, 다롄의 강수일수는 연평균 75일이었고, 강수량은 연평균 596.3밀리미터였다. 같은 시기 도쿄의 강수일수 146일, 강수량 1,567밀리미터와 비교하여 격차가 매우 컸음을 알 수 있다.[46] 또한 다롄은 남산(南山)을 등진 지세와 점토질의 토양 때문에 강우 시의 유출계수(流出係數)가 커서, 일시에 대량의 빗물이 흘러들 위험성을 내포하고 있었다.

야요이가이케는 빗물을 일시적으로 저수할 목적으로 1920년에 남산 산복을 잘라 만든 저수지(최대저수량 5만 5천 톤)였다. 동일한 목적으로 가가미가이케(최대저수량 8만 톤)와 가스가이케(최대저수량 5만 5천 톤)도 축조되었다. 이들 저수지의 물은 하계에는 도로 살수용으로 사용되었으나, 가가미가이케와 야요이가이케의 주변에 식재가 이루어지면서 공원으로 정비되었다. 이들 공원은 평상시에는 레크리에이션 시설로 사용되었지만, 동시에 도시용수 공급이나 수해 방지라는 실용적인 기능을 유지하고 있었다.

한편 호시가우라 유원과 전기유원은 만철의 경영 아래 각각 교외와 시가지에 계획, 축조된 준공원이었다. 이들 공원의 목적은 본래의 도시공원이 지향하는 것과는 달리, 경제적 효과의 향상에 중점을 두고 있었다.

호시가우라 유원은 앞서 서술한 『만몽안내서(滿蒙案內書)』에서도 언급했던 것처럼 "만주 무이의 유락피서지"로서, '만주'뿐만 아니라 멀리 홍콩 등지로부터 관광객이 방문할 정도로 이름을 떨치고 있었다. 호시가우라 유원은 1909년부터 건설되었는데, 당초 예정 면적은 257,852제곱미터에 지나지 않았으나, 1913년의 확장공사와 1914년의 골프장 증설로 인해 여섯 배에 가까운 1,486,083제곱미터까지 확대되었다.[47] 호시가우라 유원은 교외에 있었음에도 불구하고 1910년대 말 전차가 놓이면서 시가공원과 교외공원의 특질을 동시에 구비하고 있었다. 당초에는 만철사원을 위한 위락시설의 일환으로 경영을 시작했으나, 만철 경영의 확대와 함께 관광객 유치 효과를 감안한 여러 가지 증설공사가 이루어졌다. 관광객이 증가하면서 해상(海床)의 정리와 탈의장 증설, 운동시설(테니스코트와 각종 해외 운동기구)과 임대별장, 수족관, 골프장의 건설과 확대공사가 이루어졌다.

〈그림 3〉 호시가우라 해수욕장

· 주: 만철이 경영했던 호시가우라 유원 내의 해수욕장이다.
· 출처: 新光社 編(1930), 『世界地理風俗大系 第一卷』, 112쪽.

전기유원은 만철전기작업소(滿鐵電氣作業所)의 창안에 따라 시내 굴지의 번화가인 렌사쇼텐가이(連鎖商店街)가 있는 후시미다이(伏見臺)의 고대에 축조된 유원지였다. 1932년 당시 성인의 입장료는 2전(錢)이었으나 어린이는 무료로 아동공원의 기능도 가지고 있었다.[48] 전기유원의 특징은 그 이름에서 알 수 있듯이 전기와 관계가 있는 전

등 장식과 시설을 갖추고 있었다는 점이다. '만주' 지역 최초의 전문영화관(1909)을 비롯하여 볼링장 · 회전목마 · 사격장 등 최신 유행시설 외에도, 전기관 · 음악당 · 도서관 · 조수(鳥獸) 표본진열소 · 일본 각지의 토속 완구와 목어를 전시하는 목어암(木魚庵) 등의 시설도 세워졌다. 전기유원은 전기를 통한 근대성의 상징 외에 문화시설로서의 의의도 컸다. 1925년 개최한 다롄권업박람회(大連勸業博覽會)의 회장으로 사용되면서 일대 유행의 발신지로 부상했고, 다롄 시민의 인기를 독차지했다. 더불어 전기유원은 서쪽의 중국인 거주지 시강쯔(西崗子: 小崗子라고도 부름) 및 샤오다오얼 시장(小盜兒市場)과 동쪽의 일본인 번화가를 분화하는 정치적인 의미도 지니고 있었다.

호시가우라 유원과 전기유원은 근대성을 상징하는 준공원이었으나, 근대적 도시공원의 요소뿐만 아니라, 일본적인 정원 문화의 요소도 함께 도입되어 있었다. 먼저 두 곳 모두 일본 문화를 상징하는 벚꽃을 식재하여 쥬오 공원과 함께 벚꽃의 명소로 시민에게 친숙한 공간이었다. 호시가우라 유원의 벚꽃은 소나무나 인공계류, 분수지 대좌(台座)와의 결합으로 일본 정원의 분위기를 자아내고 있었다. 전기유원의 연못에 놓인 흙다리와 등나무, 버드나무, 호안(護岸)을 쌓는 법, 점경(点景)의 등롱에서도 일본 정원 문화의 요소를 확인할 수 있다. 또한 호시가우라 유원 기리가오카(霧ケ丘) 정상과 전기유원 내에 만들어진 만철 초대총재 고토 신페이의 동상(1928), 고무라 주타로(小村壽太郎)의 동상(1940), 호시가우라 유원 내에 만들어진 집회용 잔디광장을 통해, 유원의 건축 역시 전쟁과 정치의 요구에 응해 일본인의 국민의식을 고양시키는 정치적 기능을 지니고 있었음을 알 수 있다.

3. 다롄 도시공원의 특징

다롄 도시공원의 개관에 이어, 다롄 도시공원의 탄생과 변천 및 그 특징을 다음의 다섯 가지로 정리하여 논하고자 한다.

첫 번째로 도시공원이 본격적으로 다롄에 도입, 건설된 것은 일본 통치시대였다는 점이다. 러시아 통치시대의 공원건설은 근대적 도시공원이라기보다는 식물 재배와 동물 사육에 중점을 두는 등 자연환경의 창성을 지향하는 측면이 있었다. 더불어 러시아 통치시대가 예상보다 빨리 종결되면서 그 이상의 사업 전개가 불가능했다. 이러한 이유에서 근대적 공원의 이념, 특히 운동시설과 아동유원 및 오락시설의 증설이 다롄에 도입된 것은 일본 통치시대에 들어서면서부터이다. 19세기 말에 유행한 운동공원과 아동공원의 건설 이론을 흡수한 일본의 조원가들은 그 이념형을 다롄에서 실현하고자 한 것이다.

두 번째로 다롄의 도시공원은 다양하고 다기능적이었다. 앞서 서술한 바와 같이 다롄에는 대공원, 소공원, 준공원 등 다양한 종류의 도시공원이 있었다. 또한 쥬오 공원의 사례에서 보이는 것처럼, 확대공사와 더불어 시민의 쉼터, 운동장, 정치의 장이라는 기능이 더해지면서 다기능적인 공원이 되었다. 다양하고 다기능적인 도시공원의 개조가 가능했던 것은 식민지도시의 성격에서 기인하는데, 토지 수탈 등을 통해 공원용지를 간단히 확보할 수 있었기 때문이다. 당시 일본 국내의 '초려적 반성시대'와 '고난시대'의 고뇌가 거의 보이지 않을 정도로 다롄은 이상적인 조원의 실험장이었다.

또한 다롄의 도시공원은 다기능의 측면에서 근대성을 과시하는 장이자, 도시 기능을 보전하는 기능도 갖추고 있었다. 식민지도시 다롄의 거리구조와 도시공원은 그 자체가 근대적인 표징(表徵)이었으나,

호시가우라 유원과 전기유원처럼 일본 국내에서도 볼 수 없는 근대성을 제시하는 곳도 있었다. 일본 국내를 둘러보고 온 다롄 학생의 수학여행기 중에서 "(내가) 보고 온 일본은 작고 가난하고 더러워서 왠지 실망스러웠다"[49]라는 기술을 통해, 식민지도시 다롄과 일본 국내와의 격차를 알 수 있다. 도시기능의 보전이라는 관점에서 만들어진 것은 가가미가이케 공원과 야요이가이케 공원이었다. 이들 공원은 당초 다롄의 적은 강우량에 대비한 저수와 지형에 따른 수해 방지라는 목적에서 만들어졌으나, 주변에 식재 등을 정비하면서 도시기능의 보전에 시민의 쉼터라는 기능을 더하여 공원으로 성립한 것이다.

세 번째로 다롄의 도시공원은 이국정서와 문화융합의 양식을 표현하고 있었다. 기무라 료지(木村遼次)는 저서 『다롄이야기(大連物語)』에서 기타 공원에 대해 "러시아식으로 쌓은 벽돌담에 둘러싸여 담 밖을 걷고 있어도 공원 안이 잘 보였고", "도리고야(鳥小屋)에서 언덕을 오르면 러시아풍의 마루타고야(丸太小屋)가 있었다."라고 그 이국적인 정서를 묘사하고 있다.[50] 다롄의 도시공원에서는 이러한 이국정서 및 근대적 도시공원의 요소와 함께, 벚꽃의 식재와 일본 정원 양식의 도입과 같은 문화융합의 일면도 볼 수 있었다. 이는 일본 문화를 현창(顯彰)하여 다롄 재주 일본인의 향수를 달래기 위한 장치이기도 했다.

네 번째로 공원이 가진 정치성이다. 다롄 도시공원의 이용과 관련해서는, 중국 내 공원에 대한 기존 연구들이 지적해 온 민족주의의 대립이 현저하게 보이지는 않는다. 그러나 쥬오 공원과 전기유원이 일본인 거주지와 중국인 거주지를 분리한 것처럼, 공원이 가진 정치성은 결코 작지 않았다. 또한 공원에 세워진 위령비와 영웅 동상, 집회용 잔디광장에서도 그 정치성을 엿볼 수 있다. 다롄 도시공원의 건설이 일본인 우위의 공원건설이었다는 점도 간과해서는 안 된다. 본래

도시공원은 모든 주민의 이용을 전제로 하고 있으나, 다롄의 경우 반드시 그렇지만은 않았다. 앞서 살펴본 것처럼 이민족 유화라는 목적으로 중국인거리 내 쇼토쿠 공원의 건설이 이른 단계에 계획되었지만, 식민지 지배가 종식될 때까지 완성되지 않았다. 대신 일본인이 주로 이용하던 쥬오 공원, 기타 공원, 호시가우라 유원과 전기유원 등이 우선적으로 개조 · 건조되었다. 공원 내 벚꽃의 식재는 일종의 제국 풍경을 창출했는데, 이는 '일본제국령(日本帝國領)'이라는 상징적인 날인인 동시에, '제국일본신민'의 일체감을 양성하기 위한 정치적 장치이기도 했다.[51]

다섯 번째로 공공 공간으로서의 공원 이용에서 보이는 민족적 차별이다. 공원은 일상적인 이용을 전제로 하지만, 일본 국내의 많은 공원이 재래의 신사 경내, 명소고적 등의 사유지를 바탕으로 만들어진 것처럼, 공원이 감상 본위의 영역을 벗어나지 못하고 이상적으로 이용되지 않았던 점이 문제시되었다.[52] 다롄 재주 일본인들은 이러한 문제에서 일정 정도 벗어날 수 있었지만, 중국인 거주지에 공원이 없었던 점이나, 일에 시달려 공원을 이용할 여유가 없는 중국인이 많았던 점에서 중국인의 공원 이용은 이상과는 먼 것이었다.

게다가 일본인은 중국인의 공원 이용에 대해 차별적인 시선을 던지고 있었다. '만주'에 11년 간 재류한 신문기자 호시나 기소지(保科紀十二)는 저서에서 중국인의 쥬오 공원 이용에 관해 다음과 같이 서술했다. "나무 그늘의 공동의자는 거의 중국인들에게 점령되어 일본의 소년소녀는 걸터앉을 여지도 없으며", "중국인이 나무 그늘에 새장을 매달아 천래(天來)의 묘음(妙音)을 넋을 잃고 듣고 있는데, 그다지 부유한 사람처럼 보이지는 않지만 법열(法悅)을 닮은 정적과 만족의 미소를 띤 유유한한(悠悠閑閑)한 모습은 부럽다."[53] 그는 다수의 중국인 이용자에 대해 "니시 공원(西公園: 즉 쥬오 공원)에서도 여기(浪速街)서도 하등(下等)의 중국인이 넘쳐난다. 도대체 누구를 위해 시가를 깨끗이 정비한 것인가"라는 불만과 함께, 유유한한하게 시간을 보내는 중국인을 부러워하는 복잡한 심정을 드러내고 있다. 새장으로 시간을 보내는 공원 이용의 양상에서 중국인에게 도시공원은 전통적인 공공공간의 연장에 지나지 않았음을 알 수 있으나, 이러한 언설이 등장하는 배후에는 "공동의자"의 설치와 "시가를 깨끗이" 한 것은 "중국인"이 아니라 "일본의 소년소녀", "일본인"을 위한 것임이 전제가 되어 있다. 또한 "그다지 부유한 사람처럼 보이지 않는다."라는 대목에서 일하지 않는 중국인의 이미지를 방불케 하듯이, 이민족에 대한 차별적인 시선을 내포하고 있다.

Ⅴ. 나오며

다롄의 도시공원은 도시계획과 함께 설계, 건설된 것으로, 그 기원은 식민지 통치시대로 거슬러 올라간다. 다롄의 도시공원은 여명기라 할 수 있는 러시아 통치시대를 거쳐, 일본 통치시대에 본격적으로 건설되었다. 식민지도시로서 다롄의 특수성으로 인해, 대부분의 공원건설이 종주국의 행정 주도 아래 도시계획과 함께 단기간에 완성되었다. 서양에서 탄생한 도시공원 본연의 성격에 비추어보면 자본주의가 일정 단계에 접어든 후에야 공원의 건설이 요구되지만, 다롄의 도시공원은 그러한 자본주의의 발달이나 사회내부의 수요에서 발생한 것이 아니었다. 다롄 도시공원의 계획과 건설은 식민지 경영 정책의 일환으로 도시계획과 함께 일관되게 추진되어 왔다. 특히 오랜 기간 동안 다롄을 통치해 온 일본의 경우에 그 특징이 더욱 현저하게 드러나고 있다. 이 글을 정리하며 마지막으로 강조하고 싶은 것은 다롄의 도시공원은 그 성격과는 관계없이, 명백히 일본인 우위로 건설되었다는 점이다. 도시공원의 건설은 다롄의 지세와 기후, 도시계획의 실태와 주민 거주지 분화구획에 맞추어 창의적인 고안을 거듭했으나, 식민지가 가진 특수한 비대칭성은 '민족협화'라는 슬로건으로는 결코 극복되지 않았다.

다롄 도시공원의 건설 프로세스에서는, 서양 근대공원의 구현이나 전통적 조원양식으로부터 근대적 조원양식으로의 전환으로 고뇌하는 일본인 조원가의 모습도 엿보였다. 도시공원을 문명국가의 불가결한 위생시설로 건설하고자 하는 일본 국내의 조원환경에 의문을 가진 조원가들에게 다롄은 이상적인 실험장이었다. 따라서 그들은 전후(戰後. 제2차 세계대전 종식 후)에도 다롄의 도시공원을 적극적이고 긍정적으로 평가하는 경향이 있다. 그러나 조차지 계획과 함께 탄생하여 발전을 거듭한 다롄의 도시공원은 식민지공간으로서의 특징을 내포하고 있었다는 점을 간과해서는 안 된다. 그리고 그 문제는 식민지 시대뿐만 아니라 탈식민지 시대의 문제이기도 하다.

이 글에서 거론한 대부분의 공원은 전후에도 이어져, 쥬오 공원은 라오둥 공원(勞動公園), 기타 공원은 베이하이 공원(北海公園), 쇼토쿠 공원은 중산 공원(中山公園), 가가미가이케 공원은 얼통 공원(兒童公園), 야요이가이케 공원은 다롄식물원(大連植物園), 호시가우라 유원은 싱하이 공원(星海公園), 전기유원은 다롄삼림동물원(大連森林動物園: 1997년에 다른 곳으로 이전)으로 개조, 사용되어 왔다. 이들 도시공원은 시장, 다관, 극장, 묘회(廟會)라는 중국의 전통적인 공공공간과는 다른 공공공간을 창조하여 현지 사람들의 생활양식에까지 영향을 미치고 있었다. 단 이 글에서는 근대적 도시공원을 둘러싼 현지 주민의 수용과 전후의 변천에 관해서는 논하지 못했으므로 차후 기회를 빌려 다시 논하고 싶다.

식민지도시 시대에 탄생한 다롄의 도시공원은 전후에도 이용되어, 지금은 다롄 시민의 생활에 불가결한 존재가 되었다. 이들 공원에 의해 구획된 다롄 시가의 구도 역시 전후 오랜 기간 동안 다롄 시의 도시계획을 규정해 왔다. 그러나 현재 공원의 간판 등에서 식민지 시대에 관한 언급은 거의 보이지 않는다. 이들 도시공원이 도시의 역사를 기록하는 동시에 주민 생활공간의 일부로 정착했다는 점을 고려하면, 현재의 시점에서 과거와의 대화를 통해 미래를 전망함에, 공원을 둘러싸고 전개된 역사의 고찰 역시 매우 중요하다고 할 수 있다. 한 세기 이상이 지난 지금, 우리는 그 역사를 조명해야 할 시기에 당도한 것이다.

리웨이 | 중국 퉁지대학 연구원
미나미 마코토 | 나가사키대학 다문화사회학부 준교수

▣ 주

1) 선행연구로는 다음을 들 수 있다. 史明正(1998),「從御花園到大衆公園：20世紀初期北京城區空間的變遷」,『Modern China』24(3)；閔潔(1998),『近代中國社会文化變遷録 第二卷』, 浙江人民出版社；熊月之(1998),「晩清上海私園開放與公共空間的拓展」,『學術月刊』8；李德英(2000),「城市公共空間與城市社会生活：以近代城市公園為例」,『城市史研究』19；陳蘊茜(2005),「日常生活中殖民主義與民族主義的衝突：以中國近代公園為中心的考察」,『南京大學學報』5.

2) 일찍이 제국주의 하의 일본에는 공원의 건조를 둘러싼 사람 · 물자 · 정보의 네트워크가 존재하고 있었다. 필자들은 그러한 네트워크의 해명을 목표로 하고 있는데, 이를 고찰하는 과정에서 니시자와 야스히코(西澤泰彦)의 일련의 연구가 큰 도움이 되었다. 西澤泰彦(2008),『日本植民地建築論』, 名古屋大學出版会；西澤泰彦(2009),『日本の植民地建築—帝國に築かれたネットワーク』, 河出書房.

3) 佐藤九郎(1940),「滿洲の都邑計画に於ける綠地問題」,『公園綠地』4(9), 99~105쪽.

4) 일본 근대 도시공원의 탄생에 관해서는 다음을 참조할 것. 白幡洋三郎(1995),『近代都市公園史の研究：歐化の系譜』, 思文閣出版.

5) 田村剛(1936),「支那庭園の再檢討」,『庭園』18(9), 日本庭園協会.

6) 佐藤昌(1973),「公園100年の回顧と反省」,『新都市』, 27(11). 사토 아키라(佐藤昌)는 일본 공원 100년사를 다음의 세 시기, 즉 1873년에서 1923년까지를 공원초창시대(公園草創時代), 1948년까지를 고난시대, 1973년까지를 공원진전시대(公園進展時代)로 나누어 설명했다.

7) 陳蘊茜(2005),「日常生活中殖民主義與民族主義的衝突：以中國近代公園為中心的考察」,『南京大學學報』5.

8) 중국인 입장금지제도는 당연히 당시 사람들의 반발을 샀다. 그 해결책으로서 입장권 배포제도가 강구되었으나, 입장권의 사용기간이 일주일에 한정되었고, 배포 매수가 매우 적었던 점에서 누구나가 이용할 수 있는 공공공간은 아니었음을 알 수 있다. 그 후, 조계 밖에 누구나 이용할 수 있는 신공원(新公園: 후에 華人公園으로 개명)이 건설되었으나, 조계 공원과 비교하여 시설 등이 열악했다. 또한 일본의 조계 공원이 제도 상 '내외공용(內外共用)'을 대전제로 하고 있던 것과 비교하여 중국에서의 대응은 명백히 달랐는데, 중국 국내 공원의 비교뿐만 아니라 이러한 국제적인 비교도 흥미롭다. 관련 기술은 천윈첸, 앞의 글이나 야나기 고로(柳五郎)의 다음 글을 참조할 것. 柳五郎(1984),「上海共同租界の公園」,『造園雜誌』48, 7~12.

9) 식민지도시 다롄에 관한 기술은 다음 글을 참조할 것. 水内俊雄(1985),「植民地都市大連の都市形成—1899~1945年」,『人文地理』37(5).

10) 橋谷弘(2004), 『帝國日本と植民地都市』, 吉川弘文館.

11) 펑톈, 하얼빈과 창춘(신징) 등 '만주국' 대도시는 세 번째 유형으로 분류되지만, 하얼빈도 다롄과 마찬가지로 도시계획이 러시아 통치시대에 기원을 두고 있음을 고려하면, 하시야의 세 유형에서 또 하나의 유형, 즉 다른 제국주의 국가의 도시계획을 계승한 형태로 형성된 식민지도시 유형을 도출할 수 있다. 이 유형을 통해 복수의 식민주의가 도시계획과 건설에 미친 복잡한 상호작용이나 제국 간의 대립 등을 분석 대상화 하는 것이 가능하다.

12) 水内俊雄(1985), 앞의 글.

13) 水内俊雄(1985), 앞의 글.

14) 橋谷弘(2004), 앞의 책.

15) 러시아어로는 '달니'로 발음되는데 '먼 곳(遠方)의'를 의미한다. 영어표기로는 Dalny가 되는데 본고에서는 일본어표기의 '다리니'를 사용한다.

16) 일본 통치시대에는 오히로바(大廣場)로 개칭되었고, 지금은 중산 광장(中山廣場)이라고 불린다.

17) 越澤明(1984), 「大連の都市計画史1898－1945」, 『日中經濟協會會報』 134・ 135・136 ; 關東局文書課 編(1937), 『關東局施政三十年業績調査資料』 등을 참조.

18) 伊藤武一郎(1916), 『滿洲十年史』, 滿洲十年史刊行會, 134쪽.

19) 西澤泰彦(2006), 『圖說「滿洲」都市物語 : ハルビン・大連・瀋陽・長春』, 河出書房, 52쪽.

20) 關東都督府官房文書課(1919), 『關東都督府施政誌』, 342쪽.

21) 劉長德 編, 『大連城市規劃100年』, 大連海事大學出版社. 참고한 도서에서는 '점령'을 사용하고 있으나, 본고에서는 용어의 통일을 위해 '통치'로 썼다. 또한 고시자와 아키라(越澤明)는 다롄의 도시계획을 '일본 통치 초기의 도시계획(1904~1910), '일본 통치 중기의 도시경영(1910~1920)', '신 계획의 시기(1930년대)'로 구분하여 논하고 있다. 越澤明, 앞의 글.

22) 曲曉範(2001), 『近代東北都市的歷史變遷』, 東北師範大學出版社.

23) 越澤明(1978), 『植民地滿州の都市計画』, アジア經濟研究所 ; 水内俊雄(1985)의 앞의 글을 참조.

24) 越澤明(1984), 앞의 글을 참조. 그밖에 전관지역의 사례로서 유곽지역 지정을 들 수 있다.

25) 고시자와 아키라가 지적한 것처럼 일본의 관료・기술자・학자들에게 중국 둥베이 지방은, 식민지 경영과 관련된 새로운 제도와 기술을 적용하여 사회시스템을 구축하는 실험장으로서의 의미를 가지고 있었다. 또한 이러한 경험을 통해 획득한 제도와 기술이 일본 국내에 환류(還流)한 사례도 적지 않다. 越澤明(1993), 「臺灣・滿洲・中國の都市計画」, 『岩波講座 近代日本と植民地3 植民地化と産業化』,

岩波書店.

26) 일본 국내와의 격차는 '만주국'이 성립한 이후에 더욱 현저하게 나타났다. "(만주) 공원녹지계획안 및 사업수행의 자취를 보면, 기성 도시의 개량 보수에 시종하는 일본 내지의 도시계획사업에 비해, 사업 그 자체의 순정(純正) 기술적 방면은 말할 것도 없이 심대한 차이가 있다고 보인다. 즉 그 도시계획, 나아가 공원녹지사업은 우리보다도 더욱 좋은 환경에 있다고 여겨진다." 丹波木聖(1940), 「滿洲國の公園綠地に寄す」, 『公園綠地』 4(9), 91쪽.

27) 北岡伸一(2002), 『後藤新平—外交とヴィジョン』, 中央公論新社.

28) 南滿洲鐵道株式會社(1923), 『滿鐵土木十六年史』, 176쪽.

29) 中西敏憲(1940), 「滿鐵附属地に於ける綠化事業」, 『公園綠地』 4(9), 18~26쪽.

30) 佐藤昌(1985), 『滿洲造園史』, 日本造園修景協會, 22쪽.

31) 橋谷弘(2004), 앞의 책, 25쪽.

32) 越澤明(1978), 앞의 책, 24쪽. 이 수치는 『관동청시정20년사(關東廳市政二十年史)』의 기술을 바탕으로 평(坪)을 제곱미터로 환산한 것이다. 공원 내역으로는 니시공원, 쇼토쿠 공원(聖德公園), 전기유원, 세이메이다이 공원(晴明臺公園)을 들 수 있다.

33) 쥬오 공원은 다롄 시정이 시행되기 전까지는 관동국의 관리하에 있었다.

34) 佐藤昌(1921), 『文化生活と庭園』, 成美堂書店, 282쪽.

35) 물론 시기가 다르므로 비교불가한 부분도 있다. 또한 기술한 것처럼 일본 국내 공원의 확장을 기대할 수 없는 상황에서 도쿄 인구의 증가까지 고려하면, 일본 국내 공원에 대한 도시인구의 비율은 더욱 악화되고 있었을 것으로 보인다.

36) 다롄 시의 인구 통계에 관해서는 大連市役所編(1936), 『大連市史』, 16쪽을 참조. 그에 따르면 1932년 다롄 총인구는 285,164명, 일본인(조선인을 제외)은 105,386명이었다.

37) 1935년 다롄 총인구는 362,808명, 일본인은 134,329명이었다. 大連市役所編(1936), 앞의 책, 16쪽.

38) 滿鐵鮮滿案內所(1925), 『朝鮮滿洲旅行案內』, 41~43쪽.

39) 滿鐵鮮滿案內所(1925), 앞의 책, 45쪽.

40) 佐藤昌(1985), 앞의 책, 22쪽 ; 越澤明(1984), 앞의 글, 42쪽.

41) 佐藤九郎(1940), 앞의 글.

42) 난카엔은 가쿠다 쓰루시(角田鶴司)가 1905년 9월부터 사재를 이용하여 건조한 요리점이다. 佐藤九郎(1940), 앞의 글, 12쪽.

43) 杉本文雄(1832), 「滿洲に於ける公園(五)」, 『庭園と風景』 14(8).

44) 木村三郎(1934), 「公園統計より見たる都市の公園」, 『造園雜誌』 1(3), 185~198쪽.

45) 大連市役所編(1936), 앞의 책, 657쪽.

46) 관련 수치는 間瀨眞平(1934), 「滿洲の氣象」, 『建築雜誌』 昭和9年7月號를 참조.
47) 南滿洲鉄道株式会社總裁室地方部残務整理委員会(1939), 『滿鉄附属地經營沿革全史 上卷』, 957쪽.
48) 佐藤昌(1965), 「新京の公園」, 『あ、滿洲』, 214쪽.
49) 牧野彰夫(2005), 『少年の日の大連—夢の街・不思議の國』, 中央精版印刷, 131쪽.
50) 木村遼次(1972), 『大連物語』, 謙光社, 113쪽.
51) 벚꽃과 풍경에 관한 논의는 다음을 참조. 高媛(2012), 「帝國の風景—滿州における桜の名所「鎮江山公園」の誕生」, 『ジャーナル・オブ・グローバル・メディア・スタディーズ』 11.
52) 田村剛(1936), 앞의 책.
53) 保科紀十二(1925), 『最近の南滿洲』, 滿州政研究會, 29~31쪽.

12.
지배와 향수 - 근현대 일본의 다롄 표상

이수열

Ⅰ. 들어가며

중국 랴오닝 성(遼寧省) 남부에 위치하는 다롄은 20세기 동아시아의 역사를 체현하는 해항도시이다. 열강의 진출과 중국의 저항을 기본 축으로 하여 전개된 다롄 시의 굴곡의 역사는 19세기 후반 영국과 프랑스의 연합군이 다롄 주변에 상륙하면서부터 시작되었다. 영국군은 이때 다롄 만(大連灣)과 그 주위 육지를 측량하면서 다롄 항 어귀를 빅토리아 만(Victoria Bay), 진저우(金州)의 다허샹 산(大和尙山)을 삼손 산(Mount Samson), 뤼순(旅順)을 아서 항(Port Arthur)으로 일방적으로 명명했다. 하지만 영불연합군의 지배는 단기간에 그쳤다. 다롄이 제국주의 열강의 주목을 다시 받게 되는 것은 제정 러시아가 관동주(關東州)를 조차하면서부터였다. 물론 그 이전에는 청일전쟁, 일본의 랴오둥 반도(遼東半島) 영유, 삼국간섭, 일본의 반환이라고 하는 전사(前史)가 있었다. 뤼순이라는 부동항을 손에 넣은 러시아는 태평양함대를 배치하여 웨이하이웨이(威海衛)의 영국 동양함대, 칭다오(靑

島)의 독일함대, 그리고 동해를 사이에 두고 일본 해군과 대치하는 한편, 그때까지 한산한 어촌에 불과했던 칭니와(青泥窪)에 자유항을 건설하기 시작했다. 러시아는 그곳을 '달니'라고 불렀는데 그것은 '머나먼'이란 의미였다. 도시 건설에 착수한 러시아는 프랑스 파리를 모델로 삼아 달니를 '동양의 파리'로 조성할 것을 목표로 했다. 다롄 거리에 심겨진 아카시아나무는 파리의 가로수를 모델로 한 것이었다.

달니가 다이렌(大連의 일본식 발음)이 되는 것은 러일전쟁 이후 일본이 러시아의 권익을 이어받으면서부터였다. 일본은 러시아가 중도에 포기한 도시 건설을 계승하여 다롄을 '근대화 실험도시'로 만들 것을 계획했다. 당시 만들어진 다롄 부두는 한꺼번에 만 명까지 수용할 수 있는 시설로 대합실에만 오천 명이 들어갈 수 있었다. 다롄 부두에 "입항한 사람들은 먼저 이 건물의 위용에 놀랐다"[1]고 한다. 많은 일본인 건축가들이 바다를 건너 '국제도시' 건설에 참여한 것도 그러한 상황하에서였다.[2] 일본통치 시대는 1945년에 이르기까지 계속되는데, 패전 직후 이 '문화적 근대도시'에서 출발하는 일본행 인양선을 타기 위해 '만주' 각지로부터 수많은 일본인이 모여들었다. 대전 이후 다롄에는 소련군이 일시적으로 진주했지만 새롭게 성립한 중화인민공화국에 회수되어 한동안 이름을 뤼다 시(旅大市)로 변경한 뒤 다시 뤼순, 다롄으로 분리되어 오늘날에 이르고 있다.

칭니와를 시작으로 달니, 다이렌을 거쳐 오늘날의 다롄에 이르기까지의 역사를 회고해 보면 다롄은 그 자체로서 20세기 제국주의의 대표적 유물임과 동시에 최근 100년간 동아시아 역사의 산 증인이라고 할 수 있을 것이다.[3] 명칭의 변천은 비단 도시 이름에 그치는 것이 아니라 시내 곳곳에 존재하는 역사적 건축물, 도로, 공원의 경우에서도 찾아볼 수 있다. 예를 들어 다롄 중심부에 위치하는 중산 광장(中山廣

場)[4]은 파리의 에투알광장(지금의 샤를 드골 광장)을 모델로 하여 러시아통치 시대에 만들어진 니콜라예프스카야 광장[5] 그리고 일본통치 시대의 오히로바(大廣場)를 거쳐 오늘에 이른 것이다. 중산광장을 둘러싸고 있는 근대적 식민지 건축물들 또한 마찬가지이다. 미국 르네상스식 건축물로 당시 중국 둥베이 지방 최고의 위용을 자랑하던 만철 경영의 호텔 다이렌야마토호텔(大連ヤマトホテル)은 지금 다롄빈관(大連賓館)으로, 요코하마 정금은행(横浜正金銀行) 건물은 중국은행 다롄분국(中國銀行大連分局)으로 바뀌었다. 또 현재의 다롄자연박물관은 처음에 달니 시청사로 만들어졌다가 그 후 만철 본사 건물과 야마토호텔 별관으로 사용되던 건물이다. 야마가타도오리(山縣通)가 스탈린루(斯大林路)가 되고, 오야마도오리(大山通)가 상하이루(上海路)가 되고, 일본교(日本橋)가 승리교(勝利橋)가 되고, 야요이가이케 공원(弥生ケ池公園)이 루쉰 공원(魯迅公園)이 된 것도 같은 사정이다. 일본통치 시대에는 있었지만 지금은 사라져 없어진 것으로는 중산 광장 한가운데에 세워져 있던 관동도독부(關東都督府) 초대 도독 오시마 요시마사(大島義昌)의 동상을 들 수 있을 정도이다.[6]

이처럼 20세기 동아시아에 만들어진 식민도시 다롄에는 근대 이후 중국 사회가 걸어 온 역사의 흔적이 시내 곳곳에 남아있다. 그러나 다음에 소개하는 어느 일본인 작가의 회고담 속에는 다롄 사회와 중국인들이 겪어야만 했던 고난의 역사 과정이 고스란히 빠져있는 것을 확인할 수 있다. 1916년 일본에서 태어나 아버지를 따라간 다롄에서 소녀시절을 보낸 작가 마츠바라 가즈에(松原一枝)는 자신의 어린 시절을 회상한 작품 『환상의 다롄(幻の大連)』에서 다롄 거리를 다음과 같이 묘사하고 있다.

> 시내 중앙에는 직경 700피트(약 200미터) 크기의 광장(大廣場이라고 불렸다)이 조성되어, 이 광장에서 방사선 모양으로 10 갈래의 큰 도로가 뻗어나갔다. 저녁 무렵이 되면 광장 중앙을 둘러싸고 있는 가스등에 청백색 불이 밝혀져 신비한 분위기를 자아냈다. (중략) 주택은 돌로 만든 집도 있었지만 주로 기와집이 많았다. 건축 양식은 영국 풍으로 정원이 집 앞쪽에 있는 것이 아니라 뒤편에 있었다. 적, 녹, 청, 회색의 기와로 쌓아올린 지붕은 집집마다 아름답게 색을 발하고 있었다. 도로는 어디나 아스팔트로 포장되어 있었다. 아스팔트 도로를 보수할 때 나는 자극적인 콜타르 냄새를 맡으면 나는 지금도 다롄에 대한 향수가 되살아나곤 한다.
>
> 松原一枝(2008), 『幻の大連』, 新潮新書, 5쪽.

이같이 아름다운 다롄 풍경 속에서는 제국주의 열강의 각축도, 중국 사회의 고뇌도, 일본 지배의 역사도 찾을 수 없다. 오직 자신의 어린 시절에 대한 강렬한 향수만이 있을 뿐이다. 사실 마츠바라는 소학교 수업 시간에 러일전쟁과 일본의 조차에 관한 교사의 설명을 들을 때까지 "다롄이 식민지라는 사실을 알지 못했고 식민지란 말도 처음 들었다"[7]고 고백하고 있다. 물론 지금의 시점에서 이러한 어린 소녀의 무지에 대해 비판하는 일은 가당치 않은 일이겠지만, 문제는 그녀가 왜 다롄에서 조선은행이 발행한 화폐가 사용되고 또 조선에서 생산된 쌀이 소비되었는가, 그 이전에 일본인인 자신이 왜 이국의 땅에서 유년 시절을 보냈는가에 대해 그 후 성년이 되고서도 인식을 심화시켜 나가지 않았다는 점일 것이다. 그리고 더욱 심각한 문제는 마츠바라의 회상에 보이는 그러한 중대한 결함, 즉 식민지적 현실과 유리된 환상의 도시(幻の大連)로서의 이미지가 근현대 일본의 다롄 표상에 유출한다는 사실이다.

동서양이 어우러진 근대적 계획도시, 자유항 특유의 국제적 분위기와 풍부한 물자, 아름다운 자연과 청명한 기후 등은 다롄 회상기에서 흔히 발견할 수 있는 상투적 묘사들이다. 이 글은 근현대 일본의 다롄 체험을 소재로 식민지배의 기억과 표상의 문제에 관해 살펴보는 것을 목적으로 한다. 이를 위해 여기서는 몇몇 작가들이 남긴 다롄 방문기나 다롄을 무대로 한 문학 작품을 제국의식, 오리엔탈리즘, 내셔널리즘 등의 문제에 주목하면서 분석할 예정이다. 그들은 다롄에서 무엇을 보고 또 무엇을 보지 못했는가. 다롄 경험은 그 후 그들의 작품세계에 어떻게 반영되었고 또 어떠한 변화를 가져왔는가. 식민도시 다롄이 제기하는 이러한 문제들은 근현대 동아시아사회에 있어서의 다양한 문화접촉 현상과 공생의 논리를 발견하는 데 있어 중요한 전제가 될 것이다.

Ⅱ. 식민도시 다롄

관동주를 조차한 러시아가 계획도시로 개발하기 이전의 다롄, 다시 말해 달니가 되기 이전의 칭니와가 한산한 어촌에 불과했다는 점에 대해서는 이미 언급했다. 그러나 다롄에서 얼마 떨어지지 않은 뤼순은 그 전략적 위치 때문에 이미 대포로 둘러싸인 군사도시가 되어 있었다. 그것은 청국의 북양대신(北洋大臣) 리훙장(李鴻章)이 웨이하이웨이와 뤼순을 북양함대(北洋艦隊)의 거점으로 지목했기 때문이었다. 생각해보면 랴오둥 반도의 끝자락에 위치하여 발해와 황해를 제어할 수 있는 뤼순이 산둥 반도(山東半島)의 웨이하이웨이와 함께 북양함대 최대의 군사적 요충지가 되는 것은 당연한 일이었다.[8] 청일전쟁 시 해군종군기자로 종군한 구니키다 돗포(國木田獨步)와 그가 동선한 군함 치요다(千代田)가 다롄 만을 통과하여 뤼순을 향한 이유도 바로 그러한 군사적 거점을 확보하기 위해서였다.

구니키다의 청일전쟁 종군기는 "냉정한 관찰자"나 "보고자"의 입장이 아니라 동생 슈지(收二)에게 보내는 편지의 형태를 취함으로써 독자들에게 전장의 현실뿐만 아니라 중국 사회와 자연에 이르기까지 다양한 주제를 "자유롭게" 전달할 수 있었다.[9] 도쿠토미 소호(德富蘇峰)가 창간한 『국민신문(国民新聞)』에 반년에 걸쳐 연재된 구니키다의 통신은 독특한 서한 형태와 자유로운 묘사로 많은 반향을 불러일으켜 구니키다는 일약 주목받는 문인이 되었다고 한다.[10] 그러나 그것은 나중의 일로, 여기서의 주제인 다롄 표상에 한정하여 볼 경우 당시 한적한 어촌에 불과했던 칭니와는 군함에서 바라본 몇몇 중국 어민들과 고깃배를 제외하고는 이렇다 할 흥미를 끌만한 지역이 아니었다.

1894년 10월 15일, 히로시마 우지나(宇品) 항을 출발한 군함 치요다는 사세보(佐世保)와 대동강을 거쳐 같은 달 25일에 랴오둥 반도 화위안커우(花園口)에 상륙했다. 이후 일본 해군은 다롄을 점령하고 11월 초가 되면 다롄 만 전역을 장악했다. 이 짧은 기간 동안 구니키다가 목격한 것은 청국 북양함대의 무력함과 국가의 전쟁에 아랑곳하지 않고 생업에 종사하는 "小民"으로서의 중국 민중의 모습이었다. 특히 다롄 만 점령 시 주위의 허샹다오(和尙島)의 포대가 이렇다 할 저항도 없이 항복한 사실은 북양함대의 나약함을 상징하는 사건이었다. 구니키다는 "이렇게 훌륭한 포대를 한 발도 쏘지 않고 적에게 내주다니 혼이 없는 지나병(支那兵)이란 생각이 들어 비록 적이지만 눈물이 날 지경이다"[11]라는 감상을 흘리고 있다. 또 구니키다는 국가의 전쟁과는 상관없이 고깃배를 저어 함대 근처로 와서는 일본군이 던져주는 빈병이나 먹을 것을 받아가는 어민들의 모습을 연민과 경멸이 교차하는 마음으로 지켜보았다. 물론 이러한 그의 시선에는 문명과 야만의 이분

법에 입각하는 근대적 세계관, 국권 확장을 기대하는 내셔널리즘의 문제 등이 내재되어 있었지만, 이를 논하기에는 구니키다의 체험은 너무나 단기간이고 또 제한적인 것이었다. 따라서 이하에서는 비교적 장기간에 걸쳐 다롄을 관찰한 기록을 대상으로 하여 근대일본의 다롄 표상에 대해 생각해 보도록 하자.

나츠메 소세키(夏目漱石)의 다롄 방문은 그의 문학적 명성에 걸맞게 만철 총재 나카무라 요시코토(中村是公)[12]의 초대로 이루어졌다. 1909년 9월 2일에 도쿄(東京)를 출발한 소세키는 오사카(大阪)에서 기선 데츠레이마루(鉄嶺丸)를 이용하여 다롄으로 향했다. 9월 6일 다롄에 도착한 소세키는 그 뒤 약 한달 반에 걸쳐 펑톈(奉天), 창춘(長春), 하얼빈, 평양, 서울 등지를 여행한 후, 시모노세키(下関)를 통해 같은 해 10월 17일 도쿄로 되돌아왔다.[13] 귀국 후 소세키는 『아사히신문(朝日新門)』에 여행기를 연재했는데 그것이 『만한 이곳저곳(満韓ところどころ)』[14]이다. 그러나 이 작품에는 중국사회와 중국인에 대한 노골적인 차별적 표현이 난무하고 있었다. 아래는 다롄의 첫인상을 묘사하는 장면이다.

> 해안 위로 많은 사람들이 서 있었다. 그들은 대부분 支那의 쿨리들로, 하나하나 살펴보아도 더럽지만, 둘이 모이면 더 더럽게 보였다. 이처럼 한꺼번에 많이 모여 있으니 더욱 꼴사납다. 나는 갑판에 서서 이 무리를 내려다보며 "췟 이상한 곳에 오고 말았다"라고 마음속으로 생각했다.(160쪽)

소세키의 중국 동북지방 방문은 시종일관 이러한 태도의 연속이었다. "창(チャン)"[15]과 같은 차별적인 표현은 물론 "무신경"(244쪽)하고 "더러운"(260쪽) 중국인에 대한 노골적인 적대감을 아무런 여과 없이 드러내고 있었다. 그런 한편 그가 머문 곳은 야마토호텔, 랴오둥(遼

東)호텔[16]과 같은 최고급 숙소였고, 그가 방문한 곳은 만철 본사, 가와사키조선소(川崎造船所) 다롄출장소, 다롄의원(大連醫院)[17] 등과 같은 일본의 제국주의적 달성을 기념하는 시설물들이었다. 한마디로 이야기하면 소세키의 사고는 대일본제국이 건설한 제국의 건축물 안에서 한 발짝도 나가지 않은 채 단지 인력거나 마차를 타고 거리의 풍경으로서 다롄 중국인사회를 지나쳤을 뿐이었다.[18]

그렇다고 소세키가 일본의 대륙진출을 선동하는 제국주의적 이데올로그였다고 이야기하는 것은 결코 아니다. 오히려 그는 애초부터 그러한 일 따위에 관심이 없었다고 하는 편이 실상에 가까울 것이다. 예를 들어 소세키는 중국 동북지방을 방문하기 이전까지 만철이라는 회사가 "도대체 무엇을 하는"(153쪽) 회사인지 정확히 알지 못했을 정도였다. 전기공원(電氣公園)[19]을 찾았을 때도, 뤼순의 러일전쟁 전적지를 방문했을 때도, 또 스케이트장과 테니스 코트가 있는 기타 공원(北公園)에 갔을 때도 그는 이렇다 할 반향을 보이지 않았다. 소세키는 그러한 일본의 제국주의적 진출의 결과물보다는 울퉁불퉁한 도로, 운전이 난폭한 조선인 인력거꾼, "기름때와 먼지로 범벅이 된 변발(辮髮)"(256쪽) 등에 더욱 주의를 기울였다. 그리고 지병인 위염이 여행 중에도 계속되는 등, 소세키의 '만주' 방문은 결코 유쾌한 일정이 되지 못했다. 그가 다롄의 근대적 실험도시 계획에 이렇다 할 관심을 표명하지 않는 것은 그러한 개인적, 육체적 이유 때문이었을 것이다.

그러나 이 논문에서 문제시하고자 하는 것은 바로 그러한 소세키의 무관심한 태도이다. 다시 말해 서구를 바라볼 때의 긴장감과 대비되는 일종의 지적 태만을 소세키의 시선 속에서 느낄 수 있다는 점이다. 생각해 보면 이러한 소세키의 마음가짐 내지 시선은 아시아사회를 바라보는 근대일본의 전형적인 태도이기도 했다. 예를 들어 1921년 『오사카마이니치신문(大阪每日新聞社)』 해외시찰원 자격으로 중국을 방문한 아쿠타가와 류노스케(芥川龍之介)는 그의 상하이 방문기 『상하이유기(上海遊記)』[20]에서 중국의 첫인상을 다음과 같이 서술하고 있다.

> 부두에서 벗어나자마자 수십 명이나 되는 차부(車屋)들이 갑자기 우리들을 에워쌌다. (중략) 원래 차부라는 말이 일본인에게 주는 이미지는 결코 지저분한 것이 아니다. 오히려 그것이 갖는 건강한 이미지는 어딘가 에도(江戶)의 분위기를 불러일으킬 정도이다. 그러나 支那의 차부는 불결 그 자체라고 해도 과장이 아닐 것이다. 그것만이 아니라 대충 살펴보아도 모두 수상스런 인상을 하고 있다.(12쪽)

소세키가 그랬듯이 아쿠타가와의 방문기도 상하이 내지 중국에 대한 부정적인 시각으로 가득 차 있다. 상하이에 도착하자마자 아쿠타가와가 느낀 첫인상은 "불결 그 자체"였고, 그러한 그의 "입에서 튀어나온 최초의 기념할 만한 지나어(支那語)"는 차부를 뿌리치며 하는 말 "부야오(不要)"(17쪽)였다. 아쿠타가와의 상하이방문은 시종 이러한 태도의 연속이었다. 상하이의 근대를 천박하고 타락한 근대("下品な西洋")로 인식하는 아쿠타가와의 상하이 방문기에는 시문(詩文)에서나 볼 수 있는 고전 중국의 종언과 현대 중국의 혼돈에 대한 실망감이 여과되지 않은 채 드러나 있었다.[21]

소세키도 아쿠타가와도 서구의 근대적 학문은 물론 중국의 고전이나 한학적 교양에 있어서도 당대 일본을 대표하는 지식인들이었다. 기왕의 연구가 지적하는 바와 같이 메이지유신의 바로 전년(1867년)에 태어난 소세키는 한적(漢籍)을 교양으로 하고 한학과 한문학을 가치로 삼는 그러한 세계에서 성장했다. 말하자면 소세키의 '문학'은 한

문학적 교양과 신학문(영문학) 사이의 긴장, 교착 속에서 탄생한 것이었다.[22] 한편 아쿠타가와는 그의 중국방문기 연재를 예고하는 신문광고의 문구를 빌리자면 "현대 문단의 제1인자, 신흥문예의 대표적 작가임과 동시에 지나취미(支那趣味)의 애호자로서도 세상에 널리 알려져"[23] 있었다.

그러나 그들의 관심은 오직 당시(唐詩)나 수호전(水滸傳)과 같은 고전 중국에만 집중되어 있었다. 중국의 식민지적 현실과 혼란에 대해 그들은 침묵을 지키거나 무관심으로 일관했다. 하지만 아쿠타가와의 상하이도 소세키의 다롄도 그곳에는 지배자로서의 조국 일본의 모습이 존재하고 있었다. 그러나 아쿠타가와와 소세키는 그러한 불편한 진실을 직시하지 않은 채 상하이와 다롄을 그냥 지나칠 뿐이었다. 『만한 이곳저곳』은 근대일본 최고의 지식인의 한 명이라는 소세키의 명성과는 동떨어진, 아시아사회에 대한 지적 태만의 결과물에 지나지 않았다.[24]

Ⅲ. 나카지마 아츠시(中島敦)의 다롄

대일본제국이 건설한 제국의 시설물을 맴돌면서 몇몇 일본 지인들과의 만남으로 일관한 소세키의 방문이 다롄의 중국 사회를 불결하고 기형적인 것으로 묘사한 것에 비해, 나카지마 아츠시가 그리는 다롄에는 지배와 피지배의 문제가 확연히 그 모습을 드러내고 있었다. 1929년의 작품 『D시 7월 서경(1)(D市七月叙景(一))』[25]은 딸꾹질에 시달리는 만철 총재("M社総裁のY氏"), 식민지에서 비로소 안정된 생활을 손에 넣은 만철 중견사원의 원인을 알 수 없는 불안감, 그리고 그에 대비되는 두 명의 중국인 쿨리의 체념적 평온을 그린 작품이었다.[26] 작품에서 나카지마는 만철 사원의 일상을 다음과 같이 묘사하고 있다.

> 목욕탕 밖에서는 아이들이 옆집 러시아사람의 남자 아이와 같이 돌이라도 차면서 놀고 있는 듯 웃음소리가 들려왔다. 부엌에서는 집사람이 바쁘게 支那人 보이와 함께 저녁준비를 하느라 여념이 없었다. 그는 이런 저녁 무렵의 가정적인 소리들이 좋았다. 그는 목욕탕 안에서 물에 잠긴 채 잠시 동안 바깥 소리에 귀를 기울였다.(360쪽)

15년 전 전차가 지날 때마다 흔들거리곤 하던 도쿄의 임대아파트 생활을 청산하고 부인과 어린 딸을 데리고 온 '만주'는 그에게 "예상한 것 이상으로 편안한 생활"과 "두 배에 가까운 수입"(360쪽)을 가져다주었다. 하지만 그렇게 해서 획득한 '만주'에서의 평화로운 일상은 옆집에 사는 러시아인과 가사를 도우는 중국인 보이로 인해 갑자기 불안한 것으로 변모하고 만다. 왜냐하면 그러한 사람의 존재는 "극락"(361쪽)과 같은 '만주' 생활이 다롄의 식민지적 상황과 밀접하게 관련되어 있거나 혹은 식민지적 현실에 의해 유지되고 있다는 점을 상기시키고 있기 때문이다. 나카지마가 만철 중견사원의 일상을 통해 말하고 싶었던 것은 바로 이러한 점이었다. '만주'에서의 "행복한 생활이 정말 자신에게 어울리는 것인지를 의심"하고, 또 아이들이 더 성장하면 "일본으로 돌아가려고"(361쪽) 생각하는 만철 사원의 불안은 아무도 행복할 수 없는 식민지적 불안을 이야기한 것이었다.

이 같은 중견사원의 불안은 막강한 권력을 행사하는 만철 총재의 경우도 마찬가지였다. 정치적 사건을 계기로 퇴진을 눈앞에 둔 Y氏는 아침부터 딸꾹질에 시달리고 있었다. 출사 후 일본의 대륙진출을 고무하는 내용의 퇴임연설문 초고를 검토하는 순간 그의 딸꾹질은 신기하게도 멈춘다. 하지만 모자도 쓰지 않은 채 낮잠을 자고 있는 "반나체의 쿨리"(353쪽)의 모습을 발견하자마자 총재의 딸꾹질은 다시 시작된다.

다롄의 식민지적 현실에 불안해하는 두 사람에 비해 중국인 쿨리들의 모습은 어떠한가? 배고픔을 견디다 못해 무전걸식을 일삼는 두 명의 쿨리는 그날도 식당 주인에 의해 내동댕이쳐졌다.

> 내팽개쳐진 두 명은 내던져진 자세로 넘어진 채 꼼짝하지 않았다. 그들은 좋은 기분이었다. 얻어맞은 곳의 고통을 제외하곤 모두가 만족한 느낌이었다. 배는 탱탱하게 불러 왔고 알코올 기운도 적당히 전신을 맴돌고 있었다. 도대체 이 이상 무엇이 필요하단 말인가? (중략) 둘은 하얀 먼지와 얼굴에서 흐르는 피 냄새를 맡으며 아주 만족한 기분으로 서로 뒤엉킨 채 잠에 빠져 들었다.(372~373쪽)

다롄은 지배자로서 군림하면서도 중국의 저항에 대한 불안감을 결코 떨쳐버릴 수 없는 일본인과 중국의 정치적 상황과 열악한 현실에 불만인 채 체념적인 일상을 보내고 있는 피지배자로서의 중국인이 공존하는 공간이었다. 근대적 계획도시의 이면에는 또 하나의 실상이 존재하고 있었던 것이다. 『D시 7월 서경(1)』은 아마 근대일본에서 그러한 다롄의 식민지적 정황을 가장 극명하게 그려낸 작품이었다고 말할 수 있을 것이다.[27)]

이러한 나카지마의 식민지주의, 더 나아가서 근대 문명 일반에 대한 비판적 인식은 어린 시절 교사였던 아버지 나카지마 다비토(中島田人)를 따라 식민도시(경성, 다롄)를 전전하며 형성된 것이었다. 예를 들어 식민지 권력의 말단에 기생하며 민족의 현실에 절망하는 조선인 순사

조교영(趙教英)의 눈을 통해 식민지의 암울한 풍경을 묘사한 『순사가 있는 풍경－1923년의 스케치(巡査の居る風景――九二三年のスケッチ)』,[28] 일본인 어머니와 조선인 아버지 사이에서 태어나 정체성 위기(identity crisis)에 시달리는 '조선인' 급우 조대환(趙大煥)의 성장을 그린 『호랑이사냥(虎狩)』[29] 등은 나카지마의 용산소학교(龍山小學校), 경성중학교(京城中學校) 시절을 토대로 한 작품이었다.[30] 한편 그의 '만주' 방문은 아버지가 관동청이 설립한 다롄 제2중학교로 옮겨가면서 이루어졌다.[31] 나카지마가 경성중학교를 졸업한 후 일본의 제1고등학교에 진학한 관계로 그의 중국 체류는 단기간에 그친 것이었지만 그때의 '만주' 경험을 토대로 하여 구상된 것이 바로 앞서 분석한 『D시 7월 서경(1)』과 『북방행(北方行)』[32]과 같은 작품들이었다.[33]

이러한 작품들에 등장하는 인물은 주로 조선인이거나 중국인들이었다. 일본인이 등장할 경우에도 중국인과 결혼한 일본인 여성(『北方行』의 白夫人), 그 사이에서 태어난 혼혈아(『虎狩』의 趙大煥, 白夫人의 딸들), 대륙을 전전하는 낭인(浪人)형 인물(『北方行』의 折毛伝吉) 등 경계적 인물들이 대부분을 이루고 있었다. 한 예로 白夫人의 둘째 딸 英美는 중국인들과 함께 교육을 받으며 궈모뤄(郭沫若)의 소설을 읽는 그러한 소녀였다.[34] 그녀는 자주 "도대체 자신은 支那語로 사물을 생각하는 것일까 아니면 일본어로 생각하는 것일까"[35]라는 의문을 품는다. 한마디로 나카지마는 그러한 문화적 국경의 경계선상에 서서 자신과 세계를 사고했던 것이다. 그렇기 때문에 그는 "支那에 대해 가장 많은 야심을 갖고 있는 일본인"[36]의 존재와 다롄의 식민지적 상황을 발견할 수 있었던 것이다.[37] 『D시 7월 서경(1)』은 식민도시에서 획득한 나카지마의 경계적 사고와 자기정화에 의해 탄생한 작품이었다.

Ⅳ. 아카시아의 다롄

1945년 일본의 패전을 계기로 다롄의 상황은 극적으로 변화했다. 쾌적한 주거환경과 근대적 시설물로 가득 찬 "꿈의 도시(夢の都)"[38] 다롄은 인양선을 타기위해 모여든 일본인들로 가득했다. 그때까지 지배자로서 군림하던 제국의 신민들은 패전국의 국민으로 전락하여, 그들이 일본행 인양선을 탈 때 가져나갈 수 있는 것은 "현금: 한 명당 1,000엔, 의복: 여름 겨울옷 각 한 벌, 식료품: 일주일 분량"[39]뿐이었다. 이는 타국을 침략하여 획득한 자산을 동결한다는 점에서 물론 개인차는 있다고 하더라도 당연한 처사였다고 할 것이다.

그래도 인양선에 탈 수 있었던 사람들은 운이 좋은 편이었다. 난민으로 남겨진 일본인들은 더욱 극적인 변화를 경험해야 했다. 1945년 8월 22일 소련군이 다롄에 진입하고 나서부터 다롄의 통치는 역전되었다. 이노우에 히사시(井上ひさし)에 따르면 그때까지 쿨리들의 일이었던 "도로 청소, 하수도 청소, 비료 운반"[40] 등의 일이 모두 일본인들의 몫이 되었다. 또 무장한 소련군은 지나가는 인력거를 멈추게 하여 일본인이 중국인 쿨리를 태워 그것을 끌게 했다.[41] 이 같은 퍼포먼스는 일본인들로 하여금 국가의 패전을 실감케 하기에 충분했을 것이다.

그러나 다롄의 기억은 그 후 전후일본 사회에서 식민의 기억과 함께 급격하게 풍화되어 갔다. 생각할 수 있는 이유로 아시아에 있어서의 냉전질서의 확립을 들 수 있다. 중국 대륙에 탄생한 사회주의국가와 미국이 주도하는 동아시아 냉전 정책은 일본인의 중국 체험을 국가적 책임의 문제가 아닌 개인적 회상의 차원으로 왜소화했다. 그 결과 역사가 없는 개인적 중국회상기가 횡행하게 되었다.[42] 그러한 상황은 다롄을 상기할 경우에도 마찬가지였다.

다롄의 기억이 풍화되는 또 하나의 이유로는 다롄 시의 '소멸'이 있다. 앞서 언급한 바와 같이 다롄은 1951년 뤼순과 함께 뤼다 시(旅大市)로 되었다가, 다시 분리되어 1981년 다롄으로 재탄생했다. 그 사이 다롄이란 도시명은 역사 속으로 사라져, 다롄의 기억도 아름다운 지난날의 추억과 함께 개인적 차원에서 회상되거나 '만주' 침략사의 한 부분으로 이야기되는 것이 일반적이었다.[43)]

이러한 상황에서 1969년에 발표되어 제62회 아쿠타가와상을 수상하는 다롄 출신 작가 기요오카 다카유키(淸岡卓行)의 『아카시아의 다롄(アカシヤの大連)』은 사람들의 기억 속에서 잊혀져가고 있던 다롄의 아련한 추억을 인상적인 제목과 함께 결정적으로 되살리는 작품이 되었다.[44)] 이후 기요오카는 다롄에 관한 글쓰기가 마치 자신의 "운명"이라도 되듯[45)] 다롄 관련 작품을 지속적으로 발표했다.[46)] 그는 자신의 창작 동기를 다음과 밝히고 있다.

> 잊어서는 안 되는 것은 다롄의 특수한 역사의 무대가 되는 것 혹은 그 역사를 초월하는 것으로, 역사와는 별개의 아름다운 자연이 있다는 사실입니다. 나의 경우 역사보다도 오히려 이 자연이야말로 몸과 마음에 깊은 영향을 주고 있지 않을까 생각합니다. 자연에 대한 그리움은 이해관계를 넘어 순수한 것에 다다를 수 있다고 생각됩니다. 태어난 고향의 자연에 대한 그리움이 저의 내부에서 사라질 일은 없을 것입니다.[47)]

1922년 다롄 출생, 1929년 다롄 아사히소학교(朝日小學校) 입학, 1935년 다롄 제1중학교 입학, 1940년 뤼순고등학교 입학 등의 경력에서 보이듯, 기요오카는 다롄에서 태어나 다롄에서 인격을 형성한 사람이었다. 이런 그가 『아카시아의 다롄』에서 고백하고 있는 것처럼 징병검사를 받기 위해 찾은 부모의 고향 고치(高知)를 "자신의 고향으로 생각하는 실감이 아무리해도 생겨나지 않는"(113쪽)[48] 것은 어쩌면 당연한 일이었다. 오히려 "이 마을(다롄－인용자)이야말로 자신의 진정한 고향이라고, 사고를 통해서가 아니라 육체를 통해서 절실히 느꼈다"(113쪽)라는 기요오카의 말은 솔직한 심경의 토로였을 것이다. 『아카시아의 다롄』은 다음과 같은 문장으로 시작한다.

> 일찍이 일본의 식민지 중에서 아마 가장 아름다운 도시였음에 틀림없는 다롄을 다시 한 번 보고 싶은가 라고 묻는다면 그는 오랫동안 주저한 끝에 고개를 가로로 저을 것이다. 보고 싶지 않은 것이 아니다. 보는 것이 불안한 것이다. 만약 다시금 그 그리운 거리에 서게 되면 그저 허둥댈 뿐 제대로 걷지도 못하는 것은 아닐까하고 남몰래 자신을 두려워하는 것이다.(71쪽)

문학연구자 가와무라 미나토(川村湊)는 이 부분을 인용한 뒤 "이 소설은 「다롄」이란 마을을 마치 한 명의 여성과 같이 사랑한 일종의 「연애소설」"[49]이라고 평한 바 있다. 이 같은 가와무라의 평가는 기요오카가 묘사하는 다롄에는 자신의 어린 시절에 대한 향수만 있을 뿐 식민도시 다롄에 있어서의 지배와 피지배의 문제가 보이지 않는 점을 비판한 것이었다. 기요오카는 다롄의 중국인들이 보이는 "자신들에 대한 차가운 무관심"[50]과 그곳이 "조국의 토지의 일부가 아니라는 사실"을 "자신의 불행"[51]으로 여기고 있었다. 하지만 그러한 다롄의 정치적 환경은 랭보와 보들레르에 심취한 문학 소년이 볼 때 너무나도 세속적이고 또 자신의 힘으로는 어쩔 수 없는 문제였을지도 모른다.[52] 그보다도 그는 다롄의 아름다운 자연과 국제적인 분위기가 좋았다. 다롄에는 "근대적 시민생활의 꿈을 상징하는"[53] 야구가 있었고, 도시의 국제성을 상징하는 아카시아나무가 있었다. 기요오카는 그러한 아름다운 고향 다롄을 파괴하는 국가의 전쟁을 혐오했다. 아래 문장은 그가 전쟁 중에 느꼈던 반군국주의적 심정을 회상한 부분이다.

> 나는 마음속으로 다롄이라는 근대화 실험의 도시에서, 비록 그것이 침략이 전제된 도화(徒花)였다 할지라도, 그곳에 나름대로 포함되어 있을 평화와 건설에의 의지, 그리고 국제적 우호라는 선의에 가담하여, 15년전쟁(아시아태평양전쟁—인용자)이 시작하고서도 이미 수년이 지난 군국주의에 대해 반발한 것이라고 상상한다.[54]

이 같은 회상에는 몇 가지 중요한 전제가 생략되어 있다. 아니 망각되어 있다. 먼저 "국제적 우호"라는 부분이다. 기요오카가 말하는 것처럼 다롄은 "일본의 근대화 실험도시이자 특수한 〈入歐〉가 행해진"[55] 곳이었다. 그러나 영국, 프랑스, 러시아 등이 관여한 이 특수한 "입구"의 과정이야말로 다롄의 제국주의화 과정에 다름 아니었다. 그리고 기요오카가 다롄 중국인 마을의 공중변소에서 본 "타도 일본"[56]이라는 낙서는 바로 그러한 "입구"에 대한 중국인의 의사 표시였던 것이다. 적어도 이 부분에 대한 상상력에 있어서 기요오카의 다롄은 나카지마의 다롄과 크게 달랐다.

또 하나, 반군국주의적 심정에 관해서이다. 국가의 전쟁에 대한 거부감에 대해 그는 자주 언급하고 있다. 교련과 검도를 싫어하고 문학과 야구에 심취한[57] 기요오카는 패전을 알리는 8월 15일의 라디오방송을 듣고서도 "밝은 세계"[58]의 도래를 예감하는 그러한 청년이었다. 그가 유일하게 "부끄럽고 양심의 가책을 느끼는"[59] 것은 조국과 학도출진 청년들에 대한 죄의식이었다. 그러나 다롄에서 군국주의 일본과 조국 일본은 서로 별개가 아니었다. 물론 양자의 구분은 일본 국내적 상황에 있어서는 중요한 일인지는 모르나 중국인의 입장에서 볼 때 그것은 어쨌건 상관없는 일이었다. 만약 그러한 구분의 중요성을 중국인에게 강제한다면 그것 또한 하나의 폭력이라고 말할 수 있을 것이다.

그리고 그보다 더 중요한 점은 기요오카의 죄의식이 중국인에게까지 미치지 못했다는 사실이다. 다시 말해 "우리들이 이 다롄에, 이 만주에 있다는 사실 그것만으로도 이미 (중국 사람들에게—인용자) 무언가를 하고만 것이나 마찬가지다"[60]라는 인식이 그에게는 결정적으로 부족했다는 점이다. 기요오카의 반군국주의적 심정이 일방통행적 내지 반쪽자리 반전의식으로 전락하는 이유는 바로 그 때문이었다.[61]

Ⅴ. 나오며

유럽의 거리를 연상하게 하는 아카시아나무, 시속 120킬로미터로 질주하는 특급 아시아호(特急あじあ号), 아름다운 해안과 밤하늘의 별을 감상할 수 있는 호시가우라(星ヶ浦) 해수욕장. 식민도시 다롄은 국제성과 근대성과 아름다운 자연을 겸비한 곳이었다. 다롄 출생 작가 기요오카 다카유키는 비록 한낱 "徒花"에 지나지 않았다 할지라도 그러한 다롄을 사랑했다.

『아카시아의 다롄』에는 다음과 같은 에피소드가 있다. 중학교 3학년 박물 수업시간에 기요오카는 다롄의 아카시아는 속칭으로, 정확한 식물명이 "가짜 아카시아"[62]라는 사실을 알게 된다. 다롄에는 진짜 아카시아나무가 두 그루 정도 있다는 말을 듣고 그는 그날 하교 시 진짜 아카시아가 심겨져 있는 곳을 찾는다.

그러나 그는 두 그루의 진짜 아카시아나무를 본 순간 안심했다. 왜냐하면

가짜 아카시아나무가 훨씬 아름답다고 생각했기 때문이다.(115쪽)

기요오카는 이 에피소드를 "「가짜」라는 말이 부당하게도 한 생명의 자연적인 아름다움 앞에 붙여진 것에 대한 일종의 의분(義憤)"(116쪽)과 함께 상기하곤 했다고 적고 있다. 실은 이 작은 에피소드는 기요오카의 자기정체성과 관련된 중요한 이야기이기도 했다. 비록 "가짜"이지만 진짜보다 아름다운 다롄의 아카시아나무는 비록 타인의 땅이지만 일생토록 사랑한 기요오카의 다롄을 상징하고 있었다. 그리고 아름다운 생명 앞에 붙여진 가짜라는 수식어에 대한 "의분"은 식민자의 아들로 태어나 이국의 땅을 고향으로 하는 기요오카 자신의 "불행"과 연쇄하고 있었다.

하지만 기요오카의 그리움은 오직 자신의 어린 시절과 다롄의 자연을 향하고 있을 뿐이었다. 국제성의 이면에 존재하는 제국주의의 역사나 열강의 압력 하에서 신음하는 중국사회의 현실은 "역사적이고 중층적인 관찰"의 대상이기는 했지만 결코 "나와 다롄과의 운명감(運命感)"[63]을 설명해주지 못하는 것이었다. 어린 시절 중국인 거주지 스얼거우(寺児溝)의 "참담한 모습"[64]이나 공중변소의 낙서를 보고 충격을 받은 것은 사실이지만 기요오카는 그러한 제국주의적 역사의 무대로서의 다롄보다는 역사를 초월하는, 역사와는 별개의 아름다운 자연으로서의 다롄에 의거하며 작품 활동을 전개했다.

이 같은 기요오카의 향수는 같은 식민자의 자식으로 이국의 땅에서 태어나 그런 자신의 출자를 출발점으로 하여 사상활동을 영위한 모리사키 가즈에(森崎和江)의 경우와 많은 대조를 보이고 있었다. 1927년생인 모리사키는 경상북도 대구부(大邱府) 미카사초(三笠町)에서 태어난 "자신의 출생" 그 자체를 "죄"[65]로 생각하며 식민지 이후를 살아간 인물이었다.[66] 그녀는 자신을 향해 다음과 같이 물었다.

> 나는 조선에서 일본인이었다. 內地人이라 불리는 부류였다. 그러나 나는 내지를 모르는 내지인이다. 내지인이 식민지에서 낳은 여자 아이이다. 그런 나는 무엇으로 자랐는가, 나는 무엇이 되었는가. 나는 식민지에서 무엇이었는가. 또 패전 후 모국이라는 곳에서 나는 무엇이었는가.[67]

식민지와 여성과 국가를 묻는 이 물음에 대한 답을 구하기 위해 모리사키는 조선과 세계와 일본을 사고했다. 모리사키는 자신을 키워준 조선의 어머니(オモニ)[68]들을 회상하며 말한다.

> 어머니(オモニ)는 어머니라는 말이다. 어머니의 생활도 모르고 어머니의 말도 모르지만 그 향기를 알고 촉감을 알았다. (중략) 군고구마도 사주었고 잠도 재워주었다. 옛날이야기도 해주었다. 나의 기본적인 美感을 나는 어머니와 여러 이름 없는 사람들로부터 받았다. 아무 말 없이 해준 것이 아니다. 의식하면서 식민 2세를 키운 것이다. 이제야 겨우 그것을 안다.(9쪽)

패전 이후 모리사키의 사상활동은 조선의 유모들과 식민 2세로서의 자신의 출자를 기본 축으로 하며 전개되었다. 어머니에 대한 그리움은 원향에 대한 향수이고 그것은 또 식민 2세라는 출자와 불가분의 관계에 있었던 것이다. 그리고 바로 이 점이야말로 모리사키에겐 있고 기요오카에겐 없는 부분이다. 기요오카에게 있어 다롄의 자연은 역사와는 "별개"의, 역사를 "초월"하는 향수의 대상이었다. 그에 비해 모리사키에게 있어 대구와 경주와 김천은 식민 2세로서의 자신의 "원형"이 만들어진 곳임과 동시에 "조선의 풍물습관, 조선의 자연" 그리고 "조선인의 생활"[69]이 있는 곳이었다. 향수의 대상이 곧 지배의 대상이었다는 역사적 사실을 모리사키는 직시하고 기요오카는 초월했던 것이다. 20세기의 식민도시가 제기하는 이러한 문제들은 아직도 식민지 이후의 시대를 살고 있는 우리들에게 여전히 현재적 문제라고 할 것이다.

이수열 | 한국해양대학교 국제해양문제연구소 HK교수

▣ 주

1) 井上ひさし・こまつ座編(2002),『井上ひさしの大連 寫眞と地圖で見る滿州』, 小學館, 24쪽. 이노우에 히사시와 다롄에 대해서는 후술.

2) 건축사가 니시자와 야스히코(西澤泰彦)의『海を渡った日本人建築家－20世紀前半の中国東北地方における建築活動』(1996, 彰国社)은 중국 동북지방에 만들어진 일본의 건축물과 도시계획 등에 대해 전체적으로 조망한 작품이다. 이 외에도 저자에게는『日本植民地建築論』(2008, 名古屋大學出版会),『圖說「滿洲」都市物語』(2006, 河出書房新社)와 같은 연구가 있다.

3) 니시자와 야스히코는 20세기에 들어 열강의 의해 조성된 식민지 도시, 예를 들어 다롄이나 칭다오와 같은 도시를 '20세기 도시'라고 명명하고 있다. 西澤泰彦(1999),『圖說 大連都市物語』, 河出書房新社, 16쪽.

4) 말할 필요도 없겠지만 쑨원(孫文)을 기념하기 위한 이름이다.

5) 이 이름은 당시 러시아의 황제 니콜라이2세와 관계되는 것이다.

6) 후술하는 다롄 출신 일본인 작가 기요오카 다카유키(淸岡卓行)는 그의 저서『アカシヤの大連』(1973, 講談社文庫),『大連小景集』(1983, 講談社),『大連港で』(1987, 福武書店) 등에서 다롄의 명칭의 추이에 대해 상세히 고증하고 있다. 1988년의『アカシヤの大連』(講談社文藝文庫판)은『アカシヤの大連』과『大連小景集』을 모아 한권으로 출간한 것으로, 본 논문에서 두 작품을 인용할 경우에는 講談社文藝文庫판을 사용한다.

7) 松原一枝(2008),『幻の大連』, 新潮新書, 25쪽.

8) 니시자와 야스히코『圖說 大連都市物語』의 제1장「旅順とダーリニー 帝政ロシアの世界政策と都市文化」와 제2장「日露戦争」에는 다롄의 역사적 형성과 국제정치적 배경에 대한 상세한 서술이 있다.

9) 十川信介(2008),『近代日本文學案内』, 岩波文庫別册19, 305~306쪽. 구니키다의 종군기는 그가 죽은 후인 1908년에『愛弟通信』으로 간행되었다.

10) 구니키다의 종군에 대해서는 芦谷信和(1992),「国木田独歩の見た中国」, 芦谷信和・上田博・木村一信 編,『作家のアジア体験 近代日本文學の陰画』, 世界思想社에 상세한 서술이 있다. 이하의 인용은 주로 동 연구에서 재인용.

11) 芦谷信和(1992), 앞의 논문, 32~33쪽.

12) 고토 신페이(後藤新平)에 이어 제2대 만철 총재에 취임한 나카무라는 소세키의 옛 학우이자 친구였다. 소세키는 그를 '제코'(是公의 음독)라고 부르고 있는데, 이런 호칭 속에는 애정과 친밀감이 포함되어 있었다.

13) 당시 소세키가 탄 배는 오사카 상선(大阪商船)이 운항하는 기선이었다. 오사카 상선은 일본에서 처음으로 이 항로를 개설한 회사였다. 오사카나 고베(神戸)에

서 출발하여 우지나, 모지(門司) 등을 경유하는 다롄 행 기선은 1920년대 중반에 이르자 다른 회사도 경쟁에 참가하여 하루에 한 편 이상이 출항하게 되었다. 이 같은 현상의 원인으로 당시 제1차 세계대전 후의 호경기를 반영한 투어리즘(Tourism)의 융성을 들 수 있다. 참고로 1909년 당시 오사카에서 다롄까지의 소요 시간은 약 71시간, 운임은 1등석 42엔, 2등석 24엔, 3등석 12엔이었다고 한다.

14) 이 작품은 『漱石全集 第八巻 小品集』(1966, 岩波書店)에 수록되어 있다. 여기서의 인용은 동 전집에 의한 것이다.

15) 중국인을 부르는 멸칭. '창창', '창콜로'라고 부르기도 했다. 한편 소세키는 러시아인에 대해서도 '로스케(露助)'란 멸칭을 사용하고 있다. 161쪽.

16) 다롄 信濃町(현 長江路)에 있었던 고급여관. 이토 히로부미(伊藤博文)가 머문 적도 있었다. 原武哲 「夏目漱石「滿韓ところどころ」新注釋 旧滿洲の今昔寫眞を添えて」(『文學批評 叙說Ⅱ－10 特集 中国観』 2006, 花書院)는 당시 소세키가 방문한 시설에 대한 상세한 고증과 사진 자료를 제시하고 있다. 이하, 다롄의 건축물이나 시설물에 대한 설명은 동 연구에 의한 것이다.

17) 만철이 경영하는 당시 동양 최대의 병원.

18) 『滿韓ところどころ』에 관해서는 많은 연구가 존재하지만 그 대표적 연구로서 소세키의 아시아사회 차별을 강하게 비판하는 金靜美 『中国東北部における抗日朝鮮・中国民衆史序說』(1992, 現代企画室), 차별적 시선에도 불구하고 소세키의 "이중적 시선"을 강조하는 武田悠一 「まなざしの帝国主義 ロンドンの漱石/漱石の滿州」(佐々木英和 편 『異文化への視線 新しい比較文學のために』 1996, 名古屋大學出版会 수록), 그리고 소세키에게 보이는 오리엔탈리즘의 문제를 통해 일본의 근대를 재고하는 입장을 취하는 友田悅生 『夏目漱石と中国・朝鮮－「滿韓ところどころ」の問題」(앞의 책 『作家のアジア体験 近代日本文學の陰画』 수록) 등이 있다.

19) 정확히는 전기유원(電氣遊園. 러일전쟁 시기의 외상 小村寿太郎를 기념하여 고무라공원이라고도 불렀다). 만철이 중국인들에게 일본의 근대적 과학 기술력을 과시하기 위해 만든 공원. 시설 내부에는 영화관, 사격장, 볼링장, 동물원, 식물원 등이 있었고, 연중 아름다운 일루미네이션으로 불야성을 이루었다고 한다. 이 유원지는 많은 다롄 회상기에 등장하는 곳이기도 하다.

20) 1925년 출간. 인용은 講談社學藝文庫 판 『上海遊記 江南遊記』(2001).

21) 아쿠타가와의 상하이방문과 그 의미에 대해서는 이수열(2010), 「근대일본작가의 上海체험－문화접촉과 탈경계적 상상력」, 『해항도시문화교섭학』 2에서 谷崎潤一郎, 武田泰淳, 堀田善衛 등과 함께 고찰한 바 있다.

22) 武田悠一(1996), 「まなざしの帝国主義 ロンドンの漱石/漱石の滿州」, 226쪽.

23) 講談社學藝文庫 판 『上海遊記 江南遊記』에 수록된 伊藤桂一의 해설 「芥川龍之介の紀行文」, 209쪽에서 재인용.

24) 동 작품에는 서명과는 다르게 한국(조선)에 대한 기술이 전혀 없다. 단 말미에 "선달그믐이 되었다. 2년에 걸치는 것도 이상하니 일단 그만 둔다"(270쪽)라는 기술이 있을 뿐이다.

25) D市는 다롄시를 의미. (一)에서 보이다시피 동 작품은 연작으로 구상된 것이지만 그 뒤 미완의 상태로 끝나고 말았다. 『中島敦全集1』(1993, ちくま文庫)에 수록. 인용은 동 문고판 전집에 의거.

26) 이 같은 만철 총재, 만철 사원, 쿨리의 삼중구조는 가와무라 미나토(川村湊)가 『異郷の昭和文學「滿州」と近代日本』(1990, 岩波新書)에서 지적하는 것처럼 "도식적"(77쪽)인 감도 없지 않지만, 동 작품이 제1고등학교 시절 『校友會雜誌』(제325호)에 실린 젊은 날의 습작이었다는 점을 감안해야 할 것이다.

27) 『異郷の昭和文學「滿州」と近代日本』에서 가와무라 미나토는 나카지마의 동 작품을 평가하여 "昭和의 문학을 이야기할 때 더욱 강조"(78쪽)될 필요가 있다고 지적하고 있다.

28) 1929년 작품. 『中島敦全集1』 수록. 부제에 있는 1923년은 관동대지진을 상징한다. 작품 중에는 관동대지진 때 학살당한 남편을 기다리는 조선인 매춘부가 등장한다.

29) 1934년 작품. 『中島敦全集1』 수록.

30) 그 외에 조선을 무대로 한 나카지마의 작품으로 미발표 유고, 『プウルの傍らで』(『中島敦全集3』, 1993, ちくま文庫 수록)가 있다.

31) 또 뤼순에는 숙부가 거주하고 있었다. 『ちくま日本文學 中島敦』(2008, 筑摩書房) 수록의 「年譜」를 참조(463~471쪽).

32) 미발표 유고(遺稿), 『中島敦全集3』 수록.

33) 한편 나카지마는 1941년에 남양청(南洋廳) 국어편수서기로 '남양군도'(미크로네시아 제도)에 부임한다. 그때의 경험을 토대로 하여 그는 『南島譚』, 『環礁』(두 작품 모두 1942년 작품, 『中島敦全集2』 1993, ちくま文庫 수록) 등을 발표했다. 작품 속에서는 문명사회의 불행과 원시사회의 건강함이 대비적으로 묘사되고 있는데, 이 또한 식민지주의 내지 근대 문명의 폭력성을 고발하는 내용이었다. 나카지마의 남양 관계 소설에 관해서는 가와무라 미나토 『南洋・樺太の日本文學』(1994, 筑摩書房), 동 『「大東亜民俗學」の虚実』(1996, 講談社選書メチエ) 등이 예리한 분석을 가하고 있다. 나카지마의 문학과 생애 전반에 관해서는 가와무라 미나토의 『狼疾正伝 中島敦の文學と生涯』(2009, 河出書房新社)가 출중하다.

34) 『北方行』, 169쪽.

35) 『北方行』, 181쪽.

36) 『北方行』, 144쪽.

37) 『ちくま日本文學 中島敦』에 수록된 해설 池澤夏樹, 「知性と南風」은 나카지마 아츠시를 "일본인과 타자의 관계를 객관적으로 보는 시점을 획득한" 지식인으로

자리매김하며 "국경을 넘어 하나의 지적 공화국에 속하는"(458~459쪽) 인물로 평가하고 있다.

38) 『井上ひさしの大連 寫眞と地圖で見る滿州』, 4쪽.

39) 『井上ひさしの大連 寫眞と地圖で見る滿州』, 4쪽.

40) 井上ひさし(2005), 『円生と志ん生』, 集英社, 62~63쪽. 동 작품은 엔쇼(三遊亭円生)와 신쇼(古今亭志ん生)라는 두 명의 실존 落語家가 다롄에서 경험한 패전을 소재로 하여 창작된 시나리오이다. 두 사람은 다롄에 있던 대중극장 '羽衣座' 무대에 출현하고 있었을 무렵 패전을 맞이했다. 이노우에는 패전부터 1947년 봄 그들이 일본으로 귀국할 때까지의 상황을 상세한 고증과 함께 코믹하게 그리고 있다. 한편 『井上ひさしの大連 寫眞と地圖で見る滿州』에 따르면 이노우에는 어린 시절 다롄으로 간 친구로부터 화려하고 장엄한 건물 사진을 배경으로 한 그림엽서를 받고부터 "다롄 숭배자"(4쪽)가 되었다고 한다. 그 뒤부터 그는 "우리들 일본인이 망각해서는 안 되는 과거의 잘못을 계속 기억하기 위해"(123쪽) 다롄 관련 자료를 수집하기 시작했다. 『円生と志ん生』도 그러한 이노우에의 노력의 결과물로, 본 논문이 동 작품이 창작임에도 불구하고 '출전'으로 사용한 것도 바로 그러한 이노우에의 다롄 연구에 대한 신뢰감 때문이다. 참고로 『円生と志ん生』는 2005년 2월부터 3월에 걸쳐 新宿 紀伊国屋홀 등에서 상연되었다고 한다.

41) 清岡卓行(1987), 『大連港で』, 福武書店, 81~82쪽.

42) 당시 사적인 중국여행이 거의 불가능했다는 점도 그 원인의 하나로 들 수 있을 것이다.

43) 가와무라 미나토 『異郷の昭和文學「滿州」と近代日本』 수록의 「滿州文學関連年表」를 참조하여 패전 이후 공간된 '만주' 관련 작품을 살펴보면 다음과 같다. 石光真清(1958), 『望郷の歌』, 龍星閣 ; 北村謙次郎(1961), 『北辺慕情記』, 大學書房 ; 星野直樹(1963), 『見果てぬ夢－滿州国外史』, ダイヤモンド社 ; 星野直樹(1964), 『昭和文學全集1 戦火滿州に挙がる』, 集英社. 이러한 작품들을 관통하는 주제는 한마디로 '망향과 전쟁'이라고 할 수 있다.

44) 1970년대에 들어 일본사회에서는 식민지에서 생활했거나 태어난 사람들에 의한 망향의 글이 이곳저곳에서 출현하기 시작했다. 이러한 현상의 원인으로 패전 이후 일정한 물리적 시간의 경과, 전후 일본사회의 경제적 안정, 그리고 당사자들의 육체적 연령 등을 들 수 있을 것이다. 동향회, 동창회 등이 조직되는 것도 같은 즈음의 일이었다.

45) 『大連港で』에서 기요오카는 다롄에 관한 글쓰기가 "앞으로도 피할 수 없는 나의 운명과 같은 일인지도 모릅니다"(333쪽)라고 이야기하고 있다.

46) 『フルートとオーボエ』(1971, 講談社), 『鯨もいる秋の空』(1972, 講談社), 『大連小景集』(1983, 講談社), 『大連港で』(1987, 福武書店) 등이 그것들이다.

47) 『アカシヤの大連』(講談社文藝文庫판)에 수록된 「著者から読者へ 制作のモチーフ」(360쪽).
48) 참고로 기요오카의 아버지는 토목 관계 기술자로 다롄부두 축항공사, 日本橋 건설 등에 관계했던 인물이었다.
49) 『異郷の昭和文學「滿州」と近代日本』, 80쪽.
50) 『大連港で』, 48쪽.
51) 『大連港で』, 156쪽.
52) 清岡卓行(2007), 『偶然のめぐみ』, 日本経済新聞出版社, 37쪽, 43쪽 ; 『大連港で』, 306~307쪽에서 기요오카는 젊은 시절 자신이 영향을 받은 인물로 萩原朔太郎, 森鴎外, 杜甫, 토마스 만, 쇼펜하우어, 랭보, 보들레르 등을 들고 있다.
53) 『偶然のめぐみ』, 24쪽.
54) 『偶然のめぐみ』, 31쪽.
55) 『偶然のめぐみ』, 100쪽.
56) 『アカシヤの大連』, 110쪽.
57) 『大連港で』, 300쪽.
58) 『アカシヤの大連』, 147쪽.
59) 『アカシヤの大連』, 147쪽.
60) 『円生と志ん生』, 76쪽.
61) 기요오카와 대비되는 다롄 출신 지식인으로서 센다 가코(千田夏光)를 들 수 있다. 센다는 아카시아 꽃이 필 무렵의 다롄의 아름다움을 회상하면서도 그것이 어디까지나 일본인 주택가나 학교 근처뿐이었다는 사실을 강조했다. 그는 다롄 시절을 회고한 『植民地少年ノート』(1980, 日中出版) 안에서 중국인에 대한 일상적인 차별이 엄연히 존재했다는 사실을 환기시키며 동향의 선배인 기요오카의 다롄 표상을 "낭만적"(19)이라고 비판하고 있다. 센다의 "식민지소년"이라는 자기규정은 기요오카가 지나쳐버린 식민도시로서의 다롄에 집착한 결과 도달한 아이덴티티였다. 식민지에서의 성장기를 "인생의 원점"(9)으로 설정하는 센다는 일본사회에서 더 이상 자신과 같은 "슬픈 존재"(210)가 생겨나지 않도록 하기 위해 '종군위안부', 일본군의 아편정책 등의 문제에 천착해갔다. 센다에 관해서는 이수열 「현대일본의 다롄(大連) 표상－방법적 존재로서의 식민도시」(『일본연구』 36, 2014년 2월)를 참조.
62) 영어로는 False Acacia이다.
63) 『偶然のめぐみ』, 100~101쪽.
64) 『アカシヤの大連』, 110쪽.
65) 森崎和江(1970), 『ははのくにとの幻想婚』, 現代思潮社, 178쪽.
66) 모리사키를 비롯한 식민 2세 출신 작가들에 관해서는 이수열 「재조일본인 2세의

식민지 경험－식민 2세 출신 작가를 중심으로」(『한국민족문화』 50, 2014년 2월)를 참조.

67) 森崎和江(1984), 『慶州は母の呼び声 わが原郷』, 新潮社, 7~8쪽.

68) 많은 식민 2세들은 '어머니'라는 말을 기억하고 있는데 그것은 주로 유모나 가정부를 의미하는 경우가 대부분이다.

69) 森崎和江(1984), 앞의 책, 7쪽.

13.
일본 '패전'과 다렌 표상

히구치 다이스케(樋口大祐)

Ⅰ. 들어가며

현재 동아시아 곳곳에서 발생하고 있는 역사 인식에 관한 대립은 19세기 후반 이래 150여 년의 역사체험에 대한 내셔널한 집합적 기억의 상호모순에서 비롯된 것이다. 집합적 기억에는 한계가 있어서 실재했으나 기억화·언설화되지 않고 억압되거나 망각된 '사건'도 적지 않다. 그중에는 집합적 기억에서 배제되어 개인적 기억으로만 전해지는 것도 있다. 심지어 개인적 기억에서조차 배제되어 무의식 속에 잠재하다가 어떤 자극에 의해 예상치 못한 형태로 회귀하는 '사건'도 있다.

이러한 '사건'이 상기되거나 회귀하는 순간에 사람들의 자의식은 흔들리고 끝없는 질문에 시달리게 된다. 그 순간은 동시에 내셔널한 집합적 기억과 개인적 기억에는 포함되지 않았던 (가해와 피해를 포함한) 타자관계를 재인식하고, 새로운 윤리에 눈뜰 수 있는 가능성을 지닌 순간이기도 하다. 현재 동아시아 곳곳에서 벌어지고 있는 마찰과 대립의 매듭을 풀기 위해서는, 제2차 세계대전 이후 형성된 내셔널한 집합적 기억들이 억압해온 '사건'으로 회귀하여 (설령 묻혀있던 가해와 피해의 관계를 드러낸다고 하더라도) 그것을 재고해야 한다.

이를 위해 이 글은 제2차 세계대전 전후의 식민지도시 다롄을 배경으로 한 미키 다쿠(三木卓)의 소설 『망국 여행(ほろびた國の旅)』(1969, 盛光社. 2009, 講談社 再刊)과 이시자와 에이타로(石澤英太郎)의 연작 『안녕 다롄(さらば大連)』(1988, 光文社文庫)을 분석하고자 한다. 잘 알려진 것처럼 일본의 대표적인 전후파 문학가 가운데 다케다 다이준(武田泰淳), 홋타 요시에(堀田善衛), 아베 고보(安部公房) 등 적지 않은 사람들이 전쟁시기부터 패전 후까지의 중국경험을 작품 활동의 원점으로 삼고 있다. 예컨대 전쟁 말기 상하이(上海)로 건너간 홋타 요시에의 경우, 미국을 등에 업은 국민당의 지배 아래 혼란이 극에 달한 상하이에서 1년 9개월간 머문 경험이 작품 활동에 결정적인 영향을 주었다.[1] 여러 열강의 조계가 병존한 상하이와 비교하여 다롄은 1905년부터 일본제국(관동청)의 일원적 지배 아래 있었고, 해방 후에는 소련의 점령으로 사회주의적 시책이 시행되었다는 점[2]에서 크게 다르다. 하지만 제국의 일등국민으로 우월한 지위를 누리던 일본인이 하루아침에 패전국민으로 전락해 그 차가운 시선을 견뎌야했다는 점은 같을 것이다. 그 경험은 일본 본토에서 패전을 맞은 사람들과는 다른 무거운 현실감을 느끼게 했을 것이다.

미키 다쿠[3]는 1935년 도쿄(東京)에서 태어나 두 살 때 신문기자인 아버지를 따라 중국 둥베이 지방(구 만주)로 건너가 소년기를 다롄, 펑톈(奉天: 지금의 瀋陽), 신징(新京: 지금의 長春)에서 보냈다. 열 살 때 패전을 맞이하고 1946년 10월에 인양되었지만, 그 전에 부친을 잃고 만다. 그는 패전 후 한 소년이 만주에서 조우한 사건을 그린 『검은방

울새(鶲)』(이후 『포격 후에(砲撃のあとで)』 중의 한 편이 된다)로 1973년 아쿠타가와상(芥川賞)을 수상했다. 그밖에도 파상풍에 걸린 소녀를 그린 『떨리는 혀(震える舌)』(1975, 河出書房新社), 사별한 부인에 대한 회상을 담은 『K』(2012, 講談社) 등을 썼다.

『포격 후에』(1973, 集英社)는 소년의 어리고 순진한 눈에 비친 만주제국 붕괴 후의 현실을 그린 것이다. 작가의 아버지를 비롯한 많은 지인들이 패전과 제국의 붕괴 속에서 살아남지 못했다. 작가는 살아남았기 때문에 만주 역사에 대한 총체적 시각을 가질 수 있었지만, 주인공 소년은 그렇지 못한 채 붕괴 과정의 소용돌이에서 죽을힘을 다해 살아남는다. 『포격 후에』는 소년의 착각, 차별의식, 공포, 희망을 억압된 정서로 그리고 있다. 이 작품은 작가처럼 만주 인양을 경험한 사람들에게는 잊고 있었던 과거의 트라우마적 경험의 현장을 떠올리게 하고, 직접 경험이 없는 우리에게도 트라우마의 전이를 일으키는 압도적인 작품이다.

『망국 여행』은 상술한 소설들보다 먼저 쓴 아동소설이다. 이 작품에는 후속작품들의 모티브가 포함되어 있지만, 패전에서 살아남은 소년이 십 년 후의 평화로운 일본에서 붕괴 전의 만주로 시간이동을 한다는 설정은, 후속작품에서는 볼 수 없는 많은 효과를 자아낸다. 그중에서도 일인칭 주인공인 '내'가 과거의 자신에게서 평화로운 전후 일본에 적합한 자아상과는 어긋나는 언행을 발견하는 부분이 가장 인상적이다. 이 소설은 아동소설의 형식을 빌려와, 전후 억압된 트라우마적 기억을 되살리고 그것의 의미를 묻는 작품으로, 오늘날의 동아시아, 특히 일본사회에 시사하는 바가 크다.

이시자와 에이타로[4]는 1916년 다롄 출생의 단편 추리소설가이다. 규슈경제조사회(九州経済調査会)에서 근무하면서 1966년 『양치행(羊

歯行)』으로 제1회 후타바추리상(双葉推理賞)을 수상했고, 1969년 퇴직 후 본격적인 집필활동을 시작한다. 『안녕 다롄』은 1988년 그가 자살한 직후 "고인의 뜻에 따라" 출판된 것이다. 미키 다쿠와 달리 그는 패전 당시 이미 서른 살에 가까운 성인이었다. 그가 과거에 어떤 사상을 가진 사람이었는지는 확실하지 않다. 그러나 그의 창작활동에 결정적인 영향을 끼친 것은, 전후 소련의 요청으로 잔류하여, 소련 지배 하의 다롄에서 중국인과 일한 경험이었다.

하루아침에 패전국민이 된 상황에 대해서는 이시도 기요토모(石堂清倫)의 『이단의 쇼와사(わが異端の昭和史)』[5)]와 도미나가 다카코(富永孝子)의 『다롄 공백의 600일(大連空白の六百日)』[6)] 등의 저작이 있다. 전자는 소련지배시기에 일본인 노동조합을 결성해 소련 당국과 교섭하면서 패전 후의 다롄 일본인사회를 이끈 이시도 자신의 경험을 담은 것이다. 후자는 패전 당시 14살 소녀였던 저자가 이후의 많은 기록을 바탕으로 패전 후 다롄 일본인사회의 역사를 재구성한 것이다. 전자에는 확실히 소련에 우호적인 사회주의적 시점이 녹아있고, 후자에는 패전국민으로 전락한 일본인의 몰락의식이 저변에 깔려 있다. 이에 반해 『안녕 다롄』은 몰락한 일본인인 자신을 비판적으로 바라보면서, 아이덴티티가 다른 혼혈아, 중국인, 백계 러시아인에 대한 '우애'를 소설의 모티브로 삼고 있다. 이 지향성은 지구화의 진전에도 불구하고 변함없이 국가적 이해로 분단된 21세기 동아시아인에게 시사하는 바가 크다. 본론에서는 이 작품들을 구체적으로 분석하고자 한다.

Ⅱ. 미키 다쿠의 『망국 여행』[7)]

'1954년 경' 도쿄에서 대학입시에 실패한 '나'는 어느 날 도서관에서 만주의 펑톈에 살 때 알고 지내던 야마가타(山形)라는 청년과 재회한다. 그의 책상 위에서 만철(滿鉄) 마크가 그려진 「만주의 어린이, 오족협화(五族協和)의 저녁」의 표를 발견한 '나'는 그것을 손에 넣으려 옥신각신하다가, 뒤집힌 책장 뒤의 어둠 속으로 떨어져버린다. 별이 빛나고 상쾌한 공기가 흐르는 길 위에서 정신이 든 '나'는 이곳이 1943년의 다렌이라는 것을 알게 된다.

야마가타와 함께 전기유원지(電氣遊園地)[8)]의 「만주의 어린이, 오족협화의 저녁」에 참가해, 각양각색의 옷을 입은 "만주인, 중국인, 몽고인, 조선인, 백계 러시아인, 그리고 일본인" 어린이들 틈에서 그리운 아메유(飴湯)를 마시던 '나'는 자신이 일본군 헌병에게 감시당하고 있다는 것을 알아챈다. 그리고 공원에 도착한 만철기관차 '아시아호(あじあ号)'[9)]에서 같은 아파트에 살던 영국인과 일본인 사이의 혼혈아 야스지(安治)가 밀려 떨어지는 것을 본다. 적국의 피가 흐르는 야스지를 비호하여 헌병에게 쫓기게 된 '나'는 그와 함께 공원의 비밀통로를 통해 남만공전(南滿工專)[10)]의 교정으로 도망친다. 교정의 비행기 안에서, 일본인에게 괴롭힘을 당하고 있기 때문에 더욱 '소년항공병'이 되어 자신이 멋진 일본인이라는 것을 보여주고 싶다는 야스지에게 '나'는 '오족협화'의 실태를 비판한다. 이로 인해 '나'는 야스지에게 스파이로 의심받는다.

야스지와 헤어진 '나'는 옛날에 살던 빨간 벽돌집으로 가서 정원 창문 밑에 우두커니 서 있다가, 아파서 누워있던 당시의 '내'가 어머니에게 '만인(滿人)'에게 쫓기는 꿈 이야기를 하는 것을 듣게 된다. '내'가

'소심한 아이'였다는 것을 알게 된 어른인 '나'는 "마음에 상처를 입고" 그 집을 떠난다.

그 후 다롄에서 하얼빈으로 가는 '아시아호'에 타고 있는 자신을 발견한 '나'는 조선인 중학생과 이야기를 나누고, 헌병에게 쫓기는 만주인 아이를 목격한 후, 마지막으로 신문기자로서 마지못해 만주국의 찬미 기사를 쓰고 있는 아버지를 만난다. 만주에서 성장한 아이들은 모두 왜곡된 교육밖에 받을 수 없다고 공격하는 '나'에게 아버지는, 상대가 자기 아들이라는 것을 모른 채 자신이 하고 싶은 말을 안 하게 된 것은 아들을 지키기 위해서였다고 고백한다.

'아시아호'가 사고를 당하고, 1945년 8월 북만주로 이동한 야마가타와 '내'가 숲 속의 나무 밑에서 개척단의 아이들이 잠든 것처럼 죽어있는 것을 목격하는 장면에서 '나'의 시간여행은 끝난다.[11] 아이들을 묻어준 '나'는 다시 도쿄에서 눈을 뜬다. 이야기는 아동문학답게, '내'가 꿈에서 재회한 아이들이 각자의 자리를 찾아 행복하게 살고 있는 것을 상상하는 것으로 끝난다. 하지만 책을 덮는 순간, 이런 해피엔딩으로는 도저히 해소되지 않는 무거움이 남는다. 그것은 '나'에게 감정을 이입한 독자가 과거로 돌아가 망각하고 있던 자신과 그 주변의 모습을 체험했기 때문일 것이다. 그렇다면 우리는 거기서 무엇을 체험한 것일까.

Ⅲ. '아이들을 구해!'

예컨대 아버지가 적국인이라는 이유로 괴롭힘을 당하는 야스지는 '나'에게,

어머니는 말이야, 누구보다 훌륭한 일본인으로 살아갈 각오를 해라. 그리고 네가 그런 생각을 가지고 있다는 걸 남에게 당당히 말해, 그게 네가 살아갈 길이다, 라고 말했어. 나도 그렇게 생각해.[12)]

라고 조금 떨리는 목소리로 말한 후 비행기의 조종간을 쥐고 기관총의 총목을 당기는 시늉을 해보였다("지금 야스지의 머리에서는 무엇을 향한 것인지는 자신도 잘 모르지만, 틀림없이 기관총이 불을 뿜으며 연신 발사되고 있었습니다."). 만주국의 민족차별을 비판하는 '나'에게 야스지는 "너 대체 누구야"라며 태도를 바꿔 "너 스파이야? 그러면 나는 헌병대에 고발하지 않으면 안 돼. 왜 그렇게 무서운 이야기를 하는 거야?"라며 의심의 눈초리를 보냈다. 적 · 친구의 정치학적 폭력에 노출되어 있던 야스지는 어떻게든 '적'으로 낙인찍히는 것을 피하려고 혼신의 힘을 다하면서, 정작 그런 정치학을 해체하려는 생각은 억압하려 한다. 이것은 그가 받은 차별이 트라우마적 경험이 되어 자신의 행동을 규제하고 있음을 드러낸다.

하지만 야스지를 동정하는 '나'도 민족차별에 깊이 물들어있었다는 것을 자신의 꿈을 통해 깨닫게 된다.

어둡게 했어, 불을 끄고. 그리고 잠들면 쫓겼어. 수염을 잔뜩 기르고 마늘냄새가 진동하는 새빨간 눈의 '만인'이 채찍 같은 걸 들고 나를 때리려고 따라왔어. 나는 있는 힘을 다해 도망쳤어. (중략) 소리를 내보려 했지만 소리도 안 나오고, 뒤돌아보면 채찍을 치켜든 '만인'들이 줄지어 나를 쫓아오고 있었어. 나는 누런 물속에서 푹푹, 푹푹, 힘들게 발버둥 쳤어.[13)]

또 '아시아호'에 타고 있을 때 '나'는 다카야마(본성은 高씨)라는 조선인 남매를 만나고, 그들에게서 겨울에 강에서 스케이트를 탔을 때 일본인 아이들에게 괴롭힘을 당했다는 이야기를 듣는다. '나'는 참회하며, "그런데 왜 그랬을까. 기분 나빠하지는 마. 나는 아무것도 모르면서 너희를 놀리는 건 금방 배웠고 또 쉽게 했어"라고 한다. 고(高)는 "어른이 나쁘면 아이도 나빠져. 나쁜 일본인의 아이들은 나빠"라고 중얼거렸고, '내'가 "그런 일본인의 아이들도 불쌍해"라고 하자 "그런 말 하지 마. 그건 내 알 바 아니야"라고 반발한다. 그리고 난 후에 만난 신문기자 아버지에게 "아이들은 이 시대가 가르치는 것을 그대로 받아들여요.", "아이들이 불쌍해요."라고 소리친다. '나'는 타민족의 아이들에게는 가해자이지만, 자신도 모르게 가해자가 되어버린 그 자체로는 당시 환경의 피해자라고도 할 수 있다. 그러나 그것의 무게를 '나'와 독자는 완전히 감당할 수 있을까.

시간여행을 끝내기 직전 북만주 국경 나무 밑에서 발견한 마치 잠든 것처럼 보이는 아이들의 모습은 전율을 느끼게 한다.

> 해가 기울어 하늘이 석양에 물들고 새들이 갸아갸아 울어대도 아무도 일어나지 않았습니다. 나는 일어서서 가장 가까이에 있는 아이 곁으로 갔습니다. 아이는 하야부사전투기(はやぶさ戰闘機)의 모형을 꽉 쥐고 있었습니다. 도망가는 걸 포기하고 여기서 계속 잠들어있는 것입니다. 나는 다음 아이들이 있는 곳으로 갔습니다. 잔무늬 바지를 입은 여자애였습니다. 카라멜 상자로 만든 핸드백을 소중히 들고 있었습니다. (중략) 모두 움직이지 않고 차갑게 식어있었습니다. 이 땅에서 일한 일본인의 아이들이었습니다. 이제는 아무 힘든 일 없이 즐겁고 편안한 세계에 있는 것입니다. 더 이상 도망가지 않아도 됩니다. 이렇게 아이들은 만주국의 속죄를 위해 짧은 생을 마쳤습니다. 이 아이들은 어른들이 저지른 죄 탓에 흙으로 돌아간 것입니다. 아니 일본인의 아이들뿐만 아닙니다. 여러 나라의 수많은 아이들이 만주 땅에서 죽었습니다. 이유도 의미도 없이 살해당한 것입니다.[14]

비록 "여러 나라 아이들"에 대한 언급은 있지만, 작가가 감정이입의 대상으로 선택한 것은 "이 땅에서 일한 일본인의 아이들"이었다. 그것은 작가의 시점이 결국 '일본'이라는 틀 속에서 완결되고 있다는 것을 보여준다.

작가는 2009년에 재판된 이 책의 '후기'에서 "중국 아이들도, 대한민국과 조선민주주의인민공화국 아이들도 읽어줬으면 좋겠다."고 했다. 현대일본의 언설공간에서 "조선민주주의인민공화국의 아이들"에 대한 관심이 전무한 것에 비춰본다면, 작가는 소년시절의 '오족협화' 사상을 다른 맥락에서 계속 추구해왔다고도 할 수도 있을 것이다. 전후 일본인은 이 작품에서 다룬 '가해자가 된 피해자'로서의 트라우마적 체험의 기억을 회피해왔다. 그런 의미에서 이 작품은 일본인의 집합적 기억을 재고하는 데 기여할 것이다.

상술한 것처럼 이 책은 결국 "이 땅에서 일한 일본인의 아이들"의 위상에 초점을 맞추고 있다. 그런 의미에서 글 속의 소년 다카야마처럼 "그건 우리 알 바가 아니"라고 반발하는 사람도 당연히 있을 것이다. 하지만 동아시아 각지에 형성된 집합적 기억의 배후에 숨겨진 트라우마의 실상에 대한 상호이해가 보다 나은 미래를 창조하는 데 꼭 필요하다면, 이런 작품이 인접국가에서 읽히는 것은 중요한 의미를 지닐 것이다.

Ⅳ. 『안녕 다롄』에 수록된 「츠루바아」와 「경쟁」

이시자와 에이타로의 『안녕 다롄』에는 일곱 편의 단편이 수록되어 있다.[15] 이 작품들은 모두 전후 일본에서 패전 직후의 다롄 경험을 회

상하는 형식으로 쓰였다. 이 글에서는 그중에서도 「츠루바아(つるばあ)」와 「국기(國旗)」, 「경쟁(競う)」, 「불가사의하게 살아남아(不思議に生命ながらえて)」에 대해 고찰하고자 한다.[16]

「츠루바아」의 배경은 "종전 직후 다롄에서 일본인, 중국인, 소련인이 한 직장에서 일한 시기"이다. 이 직장은 전력회사로, "전력 경사생산(傾斜生産)에 일본인을 이용하려는 소련인과 일본 기술을 빨리 배우려는 중국인 사이에서, 일본인은 불안정한 평균상태"로 "기묘한 안태(安泰)"를 누리고 있었다("한발만 나가도 기근과 혼란이 있었다"). 전력회사 계장인 화자는 어느 밤 소련인 영관과 함께 6층 자신의 방에 침입자가 있다는 것을 발견한다. 창을 통해 전력회사 여사원의 파란색 사무복이 사라지는 것을 목격한 것이다. 그날부터 여사원 와키타 미사코(脇田美佐子)가 결근한다. '나'는 그녀가 중국인 동료의 결혼식에서 화난 표정으로 눈물을 흘리던 것을 떠올렸다(그녀는 '나'에게 "우린 둘 다 태어난 고향이 다롄이네요"라고 말을 걸었고, "내지로 인양될 생각은 없어요"라고 했다). 또 '나'는 동료에게 그녀가 "직장에서 어딘가 불성실"했다 등의 이야기를 듣는다. 패전으로 일본제국의 후광이 없어진 후에도 의연히 일본어를 쓰던 다른 일본인 여사원들과 달리, 그녀는 중국인, 소련인과 상대방의 언어로 스스럼없이 이야기하며 친하게 지냈다.

인양이 시작되어 일본인들이 연이어 다롄을 떠나는 중에, '나'는 와키타 미사코의 집을 방문해 그녀가 "중국인의 피가 섞인" 사람이라는 것을 알게 된다(그녀의 어머니가 남편의 부재중에 관사를 돌보는 쿨리와 만든 아이였다). 인양 전야 '나'는 그녀와 친했던 중국인 공원(公員)에게 그날 밤 그녀가 중국인 공원과 정사를 나눈 후 '어머니'를 외치고 독을 마셨다는 사실을 듣게 된다. '내'가 6층에서 본 것은 창밖

굴뚝으로 도망치는 그에게 끌려간 미사코의 옷이었다. '나'는 독한 한기로 얼어붙은 길을 걸으며 미사코의 심정을 상상했다.

> 미사코는 왜 천(陳) 앞에서 몸을 던진 걸까. 사랑만은 아닐 것이다. 미사코는 왜 '어머니'를 외쳤을까. 공포만은 아닐 것이다. 어디도 갈 수 없는 고향상실감…… 이는 미사코만이 아니었다. 차가운 바람이 내 볼을 스쳤을 때 나는 처절한 고독을 느꼈다.[17)]

'나'는 폐병에 걸린 아내가 고향에서 죽음을 맞을 수 있도록 인양을 간청해 허가를 받았다. 부두로 향하는 '나'에게 소련인 영관이 의미를 알 수 없는 '츠루바아'라는 단어를 읊조렸다. "길모퉁이에서 뒤돌아보니 영관은 같은 자리에서 나를 바라보면서 동상처럼 서있었다." 병든 아내의 임종을 지킨 마츠에(松江)의 국립병원에서 '나'는 '러일사전'을 뒤져 그 말의 의미가 '굴뚝'이라는 것을 알게 되었다. 영관은 굴뚝 밑에 미사코의 사체가 묻혀있었다는 사실을 알고 있었고, 그것을 '내'가 깨닫는 장면에서 소설은 끝이 난다.

중국인과 일본인 사이의 혼혈아인 미사코는 일본인 가족에게 소외와 차별을 받았고, 패전을 계기로 중국인과 가까워지려고 했다. 일본인 공동체의 입장에서 배신으로 보인(전쟁 전의 그녀에게는 볼 수 없었던 분방한 태도였다) 그 행위는, 그녀로서는 자기자리를 찾기 위한 행위였다. 그러나 호적상 일본인인 그녀는 조만간 일본으로 송환될 운명이었다. 중국인 공원과의 정사와 음독자살은 사랑과 공포만이 아니라 중일혼혈인 자신에 대한 존재 증명이기도 했다. 그녀처럼 다롄에서 태어나 일본에는 자신의 자리가 없는 '나'는 그 기분에 조금이나마 공감할 수 있었을 것이다.

패전 후 일본의 국민국가적 성격은 더욱 강화된다. 전후 일본에 그녀의 자리는 없었다. 한편 그녀가 다롄에 계속 남아있었다 해도 그 후의 삶이 평탄했을 것이라고는 장담할 수 없다. 일본인과 중국인이 "함께 일한 그 시기"의 다롄만이 그녀의 존재를 허용하는 공간이었을 것이다. 식민지 해항도시는 구 제국에서 해방되어 새로운 국민국가에 포섭되기까지의 짧은 시간동안 혼혈아에게 그런 공간을 제공했을 것이다. "한발만 나가면 기근이 있고 혼란이 있었다"고 해도 거기서 해항도시의 가능성을 엿볼 수 있다.

「경쟁」도 같은 맥락의 단편이다. "종전 후 한때, 만주의 다롄에서 소련인, 중국인, 일본인이 공평한 조건 아래 자국의 긍지를 걸고 기술을 겨룰 때가 있었다."라는 문장으로 소설은 시작한다. 주인공은 소련, 중국, 일본 중 어디도 속하지 않은 백계 러시아인 로리아(リョーリア)라는 남자이다. 다롄은 소련이 점령, 통치하게 된 특수한 지역으로, 중국 대륙에서 국공내전이 심각해짐에 따라 육지의 외딴 섬이 되어 있었다. 소련은 증산운동의 일환으로 민족별 송전선(送電線) 건설 기능경기를 기획하는데, 내전으로 자재가 보관된 안산(鞍山)과 다롄의 교통이 끊어진다. 그때 목숨을 걸고 자재조달에 나선 사람이 로리아였다. 안산에 도착한 날 밤 로리아는 '나'에게 다음과 같이 말했다.

> 전쟁이 끝나고 너는 내게 여러 번 국적에 대한 질문을 했어. 네 기분은 잘 알지만, 나는 정말로 국적 없이도 괜찮다고 생각하게 되었어. 국가가 있기 때문에 총포를 메고 사람을 죽이러 가야하는 거잖아. 국가는 때에 따라 국민에게 범죄를 강요해.[18]
>
> 국가는 없어지지 않겠지. 국가 간 분쟁은 앞으로도 계속되겠지. 너도 일본에서 벗어날 수 없을 거야. 하지만 나는 그런 국가에 속하지 않은 인간이라 자유롭단다. 이게 지금까지 차별과 멸시에서 생겨난 자신감이야. 나는 지금 국가

를 등에 업은 인간을 무시할 수 있어. 또 국가라는 관념을 떠나 상대를 사랑할 수도 있어. 이번에도 기술경쟁에서 누가 이기든 그건 내 알 바가 아니야. 그렇지만 이 공사를 완성하기 위해 나는 목숨을 바칠 수 있어.[19]

자신의 이야기에 취한 듯 많은 말을 한 다음날, 그는 다롄으로 오는 도중 슝웨청(熊岳城)에서 날아드는 유탄에 맞아 죽는다. 무국적이 자유와 존엄을 의미할 수 있었던 시대는 전후의 혼란 속에 잠시 그 모습을 드러냈지만 냉전질서 속에서 급속히 소멸했다. 이 소설은 그 가능성에 대한 진혼곡이라고도 할 수 있다.

Ⅴ. 『안녕 다롄』에 수록된 「불가사의하게 살아남아」와 「국기」

Ⅳ에서 다룬 두 소설의 화자는 주인공은 아니지만 작품에 꼭 필요한 사람이었다. 한편 「불가사의하게 살아남아」와 「국기」는 화자자신이 주인공이다. 자신의 과거를 말하는 것은 쉬운 일이 아니다. 사람들은 과거의 트라우마적 '사건'을 무의식 속에 억압하고 더 안전한 외형으로 치환하는 것으로 안정된 일상을 구축한다. 따라서 그 '사건'을 상기하고 그것과 다시 마주하는 것은 화자의 의식에 균열을 일으켜 일상을 불안정하게 만들 수도 있다. 따라서 그 이야기도 준순(浚巡), 굴절(屈折), 도회(韜晦), 자문자답, 태도변화로 가득 찬 상태를 피할 수 없다. 「불가사의하게 살아남아」라는 표제의 울림은, 딱딱하고 세련된 표제가 많은 추리소설에는 어울리지 않는다. 하지만 그 부조화야말로 이 경험이 가지는 근원성, 트라우마성을 표현하고 있을 것이다.

「불가사의하게 살아남아」는 서두에 다음과 같이 쓰고 있다. 일반적으로 "당사자가 아니면 모르는 희귀한 경험, 힘든 성장과정, 죽느냐 사느냐의 절박한 사태"는 소설이 되기 힘들다. 왜냐하면 "희귀한 사건은 대개 독자의 공감을 얻을 요소가 부족하기 때문이다." "생사의 기로에 선 경험은 나도 두세 번은 겪었다." 전쟁경험자인 자기 세대에는 이미 죽은 사람이 많기 때문에 자신은 "불가사의하게 살아남은" 느낌이 강하다. 그러나 이런 경험은 소설이 "되지 않는다." 작가는 그 이유로 "그때가 소련인, 중국인, 일본인이 섞여있던 전후 특수한 상황 하의 다롄이었다는 것", "그 사건이 별것 아닌 말의 오해(말을 잘못 알아들었다는 것)에서 비롯되었다는 우연성", 그리고 "당시 다롄의 정세가 지금까지 나로서는 분석이 안 된다는 것"을 들고 있다. 하지만 그럼에도 불구하고 "나는 나대로 소설의 완성도 따위는 고려치 않고 기록으로 남겨야겠다는 생각에 이르렀다"는 결론으로 이 '기록'은 시작된다.

'내'가 경험한 '사건'은 소련 점령하의 다롄에서("소련에게 호의적이지만은 않은 중국인, 중국인 내부에서 격화되고 있던 중공 대 국민정부군의 정치사상적 대립, 샌드위치에 끼인 것 같이 꼼짝할 수 없는 일본인—이 폭주한 정세 속에서") 1946년 10월 1일에 일어났다. '나'는 소련의 요청으로 전력회사에서 일하며 일본인 중에서는 예외적으로 안정된 생활을 하고 있었다. 그날 '나'는 부하와 함께 다롄 교외의 라오후탄(老虎灘)에 있는 지인의 집에서 닭고기를 대접받느라 귀가가 늦어졌다. 당시 오후 8시 이후에는 외출이 금지되어있었지만 전력회사의 완장이 있으면 검문을 피할 수 있었다. 자정에 가까워 시내로 가는 발걸음을 재촉하고 있을 때 뒤에서 중국인이 탄 마차소리가 들려왔다. 부하가 그 마차에 태워달라고 부탁하자고 했으나 '나'는 '걷자, 걷자'라고 대답했다. 그러자 마차가 멈추고 적재함에서 남자가 내려 험

오에 가득 찬 표정으로 우리에게 다가왔다. 아무래도 '걷자, 걷자'라는 말을 자신들에게 '걸어, 걸어'라고 한 것으로 오해한 듯 했다. 그는 "패전국민인 주제에 건방지게"라며 '나'를 때렸다. 나에게 권총을 겨눴지만 이상하게 공포는 느껴지지 않고 자포자기하는 심정이 되었다.

> 패전 후, 나고 자란 이 땅이 타국이었다는 고향(을 잃은) 상실감에서 그것은 시작되었다. 다롄에서 태어났기 때문에 이 땅은 내 고향이고, 길거리에서 중국인 아이들과 함께 어울려 자랐기 때문에 그들도 나의 반신(半身)이었다. 언젠가 나는 일본으로 인양될 것이다. 나 같은 식민지의 아이들에게 일본은 타국이었다. 인양, 인양을 미치광이처럼 외치는 일본인을 나는 다른 나라 사람 보듯이 하고 있었다. 중국 귀화를 진심으로 고민한 적도 있었다. 이렇게 찢겨진 민족의식이 내안에 어떤 절망감을 만들어내고 있었다. 말의 오해라고 해도 귀화까지 생각했던 내가 중국인에게 죽인다는 말을 들었다. 아이러니했다. 아이러니로 느꼈기 때문에 내 얼굴에 웃음기가 어렸을 것이다.[20]

'나'는 중국인에게 빚을 지게 된 소년기의 체험을 떠올린다. 중국인 노동자 양(楊)이 자신의 목숨을 희생해 해수욕 중에 물에 빠져 허우적대던 '나'를 구해준 일이 있었다. 얼마 후 '나'는 아버지와 손님의 대화를 엿듣게 된다. 아버지는 손님에게 천 엔의 조위금을 양의 가족에게 전달했다고 하며, "철없는 아이에게 빚을 지게하고 싶지 않아"서 그것은 없던 일로 했다고 말했다. 그 말로 오히려 빚을 지게 된 '나'는 의식적으로 중국인들과 가깝게 지냈고, 그러는 중에 그들의 눈으로 일본인을 보게 되었다. "아니 일본인이라서 그들보다 더 일본인이 품고 있는 민족차별의식을 민감하게 느끼게 되었다." '나'는 중국인들의 살의의 이면에 흐르는 심정이 이해되었다. "타국에 있는 주제에, (중략) 어떻게 그렇게 뻔뻔한 얼굴을 하나—라는 분노는 과거에 차별당한 정도에 따라서는 살의로까지 번질 수 있었다." 분노의 정당성을 인정하기 때문에 더욱 자신의 상황을 자포자기한 것이다.

그러나 이 사태는 의외의 결말을 맞이한다. '나'를 소련사령부에 끌고 간 중국인은 '내'가 자신을 모욕한 것이 총살감이라고 주장했지만, '내'가 오해에서 비롯된 것이라고 설명하자 소련병사는 '나'를 석방해 주었다. 그러나 석방된 순간 중국인에게 맞은 머리의 상처에 통증을 느낀 '나'는 무의식적으로 권총으로 맞았다는 것을 소련병사에게 말해 버린다. "전시체제인 당시의 다롄에서 총기불법소지는 이유를 불문하고 총살이었다. 상처를 치료하고 호텔 계단을 한발 내디뎠을 때 나는 둔한 총성을 들었다." '나'의 의도치 않은 한 마디가 중국인에게 총살의 운명을 가져다준 것이다.

> 나는 부끄러운 인생을 불가사의하게 살아남아, 이 순간에도 빚의 균열을 깊이 새긴 것 같다.[21)]

결국 이 체험은 '나'에게 태어난 고향에서 '반신'처럼 여겼던 중국인과의 '역연(逆緣)'을 통감하는 것으로 끝이 난다.

이상의 세 작품은 모두 민족(언어문화) 차이를 초월한 관계에 대한 지향이 굴절/실패하는 결말을 보여준다. 이에 반해 「국기」는 사태의 결말을 굳이 명시하지 않고 희미한 희망이 녹아들 여지를 남겨둔다.

「국기」는 패전 이주일 후 치안이 극도로 나빠진 상황에서, '내'가 부상으로 입원한 중국인 천(陳)의 병문안을 위해 외출하는 장면에서 시작한다. 천은 화베이 지방 출신 쿨리(苦力) 일가의 아이로 다롄 토건업자의 아들인 '내'가 거둔 중국인이다. 그는 당초 아버지의 토건회사에서 일하다가 "전기공이 되고 싶다"는 꿈을 품고 '내'가 일하는 전력회사로 옮겨왔다. '나'는 어설픈 진에게 글자를 가르쳤고, 그도 점점

진지한 자세로 배우게 되었다. 천을 가르치는 것은 가끔 귀찮기도 했지만, 심야 공사현장의 어두운 불빛 아래서 '나'와 그 사이에는 "둘만의 교류가 있었고, 둘만의 연대"가 있었다. 한번은 천이 기능경기대회 지역예선에서 2위를 차지했다. 회사간부는 '만인'인 그를 대표로 뽑는 것을 탐탁지 않게 여겼지만 '나'는 그들에 맞섰다. 결국 대표로 선출된 그는 본선 직전에 긴장한 나머지 실금(失禁)을 해 '나'에게 실망을 주지만, 경기에서는 멋지게 우승을 거머쥔다. 한편 그날 밤 천은 '나'에게 자신이 만든 전기가 총포의 탄알을 만들고 그 총탄이 중국인과의 전투에 쓰인다고 하며, "나는 내 손으로 내 나라의 사람들을 죽이고 있다"고 한다.

전쟁 말기, '나'는 천과 함께 전력 도용을 적발하기 위해 '만인' 밀집 지역을 돌아다녔다. "어째서 만인거리만 합니까?"라고 불만을 말한 천은 삼 일째에 '내' 허락 없이 일본인 고급주택지인 남산록(南山麓)[22]에서 관동청 전력과장의 부정한 전기사용을 적발하고 만다. 같이 사죄하러 가기 위해, "우리는 친구"라고 설득하는 '나'에게 천은 "나는 더 이상 당신들에게 아무것도 받고 싶지 않다"고 창백하게 말한다. "여기는 중국 땅입니다"라는 그의 말에 '나'는 나와 그의 결정적인 괴리를 실감한다.

한편 패전 직후 전력회사가 중국인 군중에게 습격당할 때 천은 그것을 맨몸으로 저지하다 부상당한다. 현장조사 사건으로 독선적 선의의 무의미함을 통감한 '나'는 그 반동으로 진을 혐오하고 있었다. 하지만 그 광경을 보고 "지금까지 천에 대한 자신의 행위가 어리석었다는 것과 같은 의미에서", "천의 행동에 어리석음을 느끼고", "어리석음과 어리석음을 잇는 지점에서 지금까지 느껴보지 못한 정도의" 연대감을 느낀다. '나'는 부상당한 진을 문병하기 위해 일장기를 구축(驅逐)하고 소련기와 청천백일기(靑天白日旗)가 가득한 거리를 의기양양하게 걸어갔다.

소설은 “천과 헤어진 지 20년이 지났다”는 문장으로 끝이 난다. ‘내’가 무사히 천의 병원에 도착했는지는 알 수 없다. 다롄을 떠난 ‘나’는 더 이상 천과 만날 기회가 없었을지도 모른다. 그러나 이 문장은 두 사람의 우여곡절로 점철된 우정의 역사가 일본인 인양으로 끝나지 않았음을 희구하는 화자의 심정을 드러내고 있다.

Ⅵ. 나오며

홋타 요시에는 중일 국교회복 3년 전에 간행된『상하이에서(上海にて)』[23]의 서문에서 다음과 같이 서술한다.

> 나에게는 걱정스러운 예감이 하나 있다. 현재 양국의 관계방식이 멀지 않은 미래에 지금으로서는 상상조차 할 수 없는 위기를 초래할지도 모른다는 것이다. 국교회복은 매우 중대한 일이다. 그것은 우리나라의 진정한 독립과 연관되며, 따라서 우리의 윤리도덕과도 관계가 있다. 하지만 국교가 회복된다고 모든 게 순조로울 리가 없다. 내가 예감하는 것은 오히려 국교회복 이후에 대해서이다. (중략) 국교회복도 쉽지는 않을 것이다. 그리고 국교회복 이후도 쉽지는 않을 것이다.[24]

이시자와 에이타로도 홋타 요시에도 이미 이 세상을 떠났지만, 중일국교 회복 40년이 지난 지금도 이 말의 중요성은 가중되고 있다. 홋타도 전쟁 직후 일본군에 협력했다는 이유로 처형된 ‘매국노(漢奸)’의 운명과 그에 대한 천황과 일본인의 책임을 직시하고자 했다.[25] 그들의 이러한 의식은 전쟁과 연관된 트라우마적 '사건'에 대한 기억에서 비롯된 것으로, 전후 새롭게 출발한 국민국가 일본의 집합적 기억에서는 누락된 것이었다. 2015년 현재 국민국가의 시대는 지속되고 있다. 그러나 그것을 극복할 맹아를 식민지 해항도시에서 인생의 한 시기를 보낸 사람들의 작품에서 단편적으로나마 엿볼 수 있었다. 이것의 의미에 대해서는 앞으로도 계속 연구해나가고자 한다.

히구치 다이스케 | 고베대학 인문학연구과 교수

▣ 주

1) 堀田善衛(1969),『上海にて』, 筑摩書房 ; 紅野謙介編(2008),『堀田善衛 上海日記』, 集英社.
2) 石堂清倫(1997),『大連の日本人引揚の記録』, 青木書店.
3) 미키 다쿠의 경력에 대해서는 다음 책의 저자약력을 참조했다. 三木卓(1977),『砲撃のあとで』, 集英社文庫.
4) 이시자와 에이타로의 경력에 대해서는 石澤英太郎(1988),『さらば大連』, 光文社文庫에 수록된 노마 요시히로(能間義弘)의 '이시자와 선배의 넋에 감사(石澤先輩の霊に感謝)'에서 발췌한 것이다.『さらば大連』에 대해서는 다음을 참조했다. 川村湊(1990),『異郷の昭和文學』, 岩波新書.
5) 石堂清倫(1986),『わが異端の昭和史』上, 勁草書房.
6) 富永孝子(1986),『大連 空白の六百日』, 新評論. 도미나가의 저작은 그밖에도 富永孝子(1988),『遺言なき自決－大連最後の日本人市長・別宮秀夫－』, 新評論가 있다.
7) 이 글은 2009년에 講談社에서 간행된 것을 인용했다. 三木卓(2009),『ほろびた國の旅』, 講談社.
8) 「3. 몰래 들어간 세계(しのびこんだ世界)」의 주1 '전기유원지(電氣遊園地)'에는 "1909년에 개설된 유원지. 회전목마를 전기로 돌리고, 일 년 내내 야간조명을 밝혀, 만철의 전력공급량을 과시하고 만철의 힘을 선전하는 역할을 했다"고 적혀있다(위의 책, 39쪽). 나츠메 소세키(夏目漱石)의『滿韓ところどころ』(1909)와『彼岸過迄』(1912)에도 등장한다.
9) 「4. 다가온 기차(やってきた汽車)」의 주4 '아시아호(あじあ号)'에는 "1934년에서 43년까지 다롄－하얼빈 간 943.3Km를 최고속도 시속 30Km로 20시간 30분에 달린 특급열차(중략)"라고 적혀있다. 三木卓(2009), 앞의 책, 50쪽.
10) 「7. 비행기 안에서(飛行機のなかで)」의 주1 '남만공전(南滿工專)'에서는 "남만주공업전문학교(南滿州工業專門學校). 사립 고등교육기관으로 1922년 다롄에서 개교했다"고 설명한다. 三木卓(2009), 앞의 책, 95쪽.
11) 예컨대 관동군에게 버림받은 개척단이 스스로 남하(南下)를 시도하다가 과반수가 괴멸한 마산사건(麻山事件) 등이 떠오른다. 中村雪子(1983),『麻山事件－滿洲の野に婦女子四百余名自決す』, 草思社.
12) 三木卓(2009), 앞의 책, 86쪽.
13) 三木卓(2009), 앞의 책, 107쪽.
14) 三木卓(2009), 앞의 책, 213쪽.

15) 작품명은 「츠루바아(つるばあ)」, 「남색(男色)」, 「국기(國旗)」, 「경쟁(競う)」, 「불가사의하게 살아남아(不思議に生命ながらえて)」, 「임금에 대해(賃金について)」, 「구연보등(九連宝燈)」이다.

16) 이 글에서는 1988년 출판된 光文社文庫판을 인용했다. 石澤英太郎(1988), 『さらば大連』, 光文社文庫.

17) 石澤英太郎(1988), 앞의 책, 42~43쪽.

18) 石澤英太郎(1988), 앞의 책, 213쪽.

19) 石澤英太郎(1988), 앞의 책, 214쪽.

20) 石澤英太郎(1988), 앞의 책, 231~232쪽.

21) 石澤英太郎(1988), 앞의 책, 248쪽.

22) 전쟁 전의 남산록은 일본인 고급주택지로 일본인 다롄 노스텔지어의 상징이다. 清岡卓行(1970), 『アカシアの大連』, 講談社를 참조할 수 있다.

23) 주1과 같다.

24) 石澤英太郎(1988), 앞의 책, 11~12쪽.

25) 주1 '이민족교섭에 대해(異民族交渉について)'

제4부

대외개방과 도시의 변용

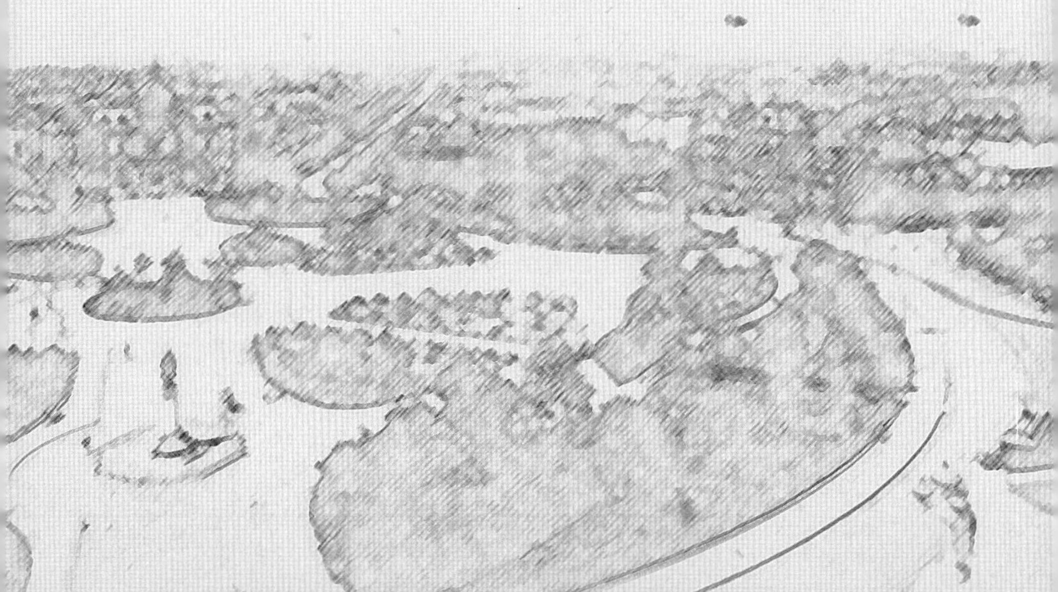

14.
다롄의 대외개방과 산업구조 변동

구지영

Ⅰ. 들어가며

중국의 대외개방으로 시작된 탈냉전의 흐름은 미국 중심의 한국, 일본, 대만의 관계를 중국으로 확장시키며 동북아시아 관계구도에 커다란 변화를 가져왔다. 특히 중국 해항도시의 적극적인 외자유치와 저렴한 생산기지를 찾던 주변국 기업의 응답은 생산 공정의 역내 분업과 초국적 경제의존도를 심화시켰다. 요컨대 동북아시아는 지난 30여 년간 중국 해항도시를 거점으로 새로운 관계를 형성해왔으며, 도시 단위의 경제권 논의는 현재를 기획 · 진단하고 미래를 전망하는 데 중요한 관점을 제공하고 있다.

우선 북 · 중 · 러 접경지대이자 동해를 끼고 한국과 일본으로 이어지는 두만강지역과 환동해권이 경제무역의 거점이자 구미로 가는 출발점으로 세계적인 주목을 받았다. 1991년부터 국제연합개발계획(United Nations Development Program)의 제안과 중국, 러시아, 북한, 한국, 몽골의 참여로 '두만강지역개발계획(Tumen River Area Development

Program)'이 추진되었다. 일본의 입장에서도 이곳은 상대적으로 낙후된 일본 서북지방을 출구로 동북아시아로 나아간다는 측면에서 중요한 투자거점으로 간주되었다.[1] 하지만 정치관계가 집약된 곳인 만큼 복잡한 관련국의 이해관계, '북핵문제'와 한반도 긴장, 북한과 러시아의 경기침체와 인프라 환경 미비로 실질적인 성과를 거두지 못했다.[2] 2009년부터 북·중 간 개발계획이 새롭게 성립되고 2012년에는 훈춘(琿春)－블라디보스토크(Владивосток)－동해－사카이미나토(境港)를 연결하는 4개국 복합운송항로가 개통되어[3] 이곳에 대한 관심이 환기되었지만, 정치적 불안정으로 다자간 관계에 기초한 권역 구성으로 이어지지는 않고 있다.

반면 중국의 환발해권(環渤海圈), 한국의 서남해안, 일본의 규슈(九州) 지역으로 구성된 환황해권은 1990년대 개혁개방의 북상, 한중수교, 저성장시대에 활로를 모색하는 일본 지방도시들의 활동으로 실질적인 교섭경험을 축적해왔다. 이 책 14, 15, 17장은 개방 후 다롄(大連)을 통해 동북아시아 초국적 관계의 실태를 파악하고 권역형성의 가능성과 한계를 검토하는 것이다. 앞서 살펴본 것처럼 19세기 말 역사무대에 등장한 다롄은 40년간의 일본통치 아래 동북아시아 이동과 교류, 혹은 침략과 수탈의 거점이었으며, 해방 후에는 중화학공업으로 중국의 대표적인 산업도시로 발전했다. 1980년대 중반에 대외개방과 경제권 확대로 해외직접투자를 성공적으로 유치했으며, 2012년까지 매년 10%가 넘는 경제성장을 달성했다.

한편 중국의 위상변화와 증대되는 동북아시아의 정치적 불확실성은 꾸준히 성장해온 초국적 경제관계에 새로운 자극이 되고 있다. 〈그림 1〉 2010년 이후의 경제성장률 하락은 중국경제구조 자체에도 변화가 시작되고 있음을 드러낸다.[4] 개방창구로 1990년대부터 10% 이상의

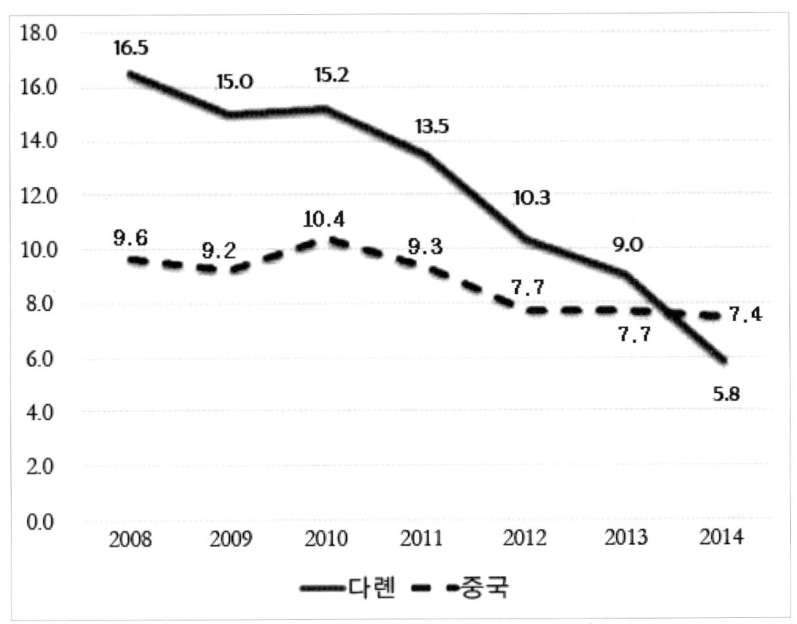

〈그림 1〉 다롄의 경제성장률

· 주: 大連市統計局 · 國家統計局大連調查隊編(2014), 『大連市統計年鑑』, 中國統計出版社.

성장률을 유지해온 다롄도 2013년부터 10% 이하로 하락했으며, 2014년에는 5.8%로 전국평균 7.4%를 밑돌았다. 즉 개혁개방 후 '세계의 공장'이 달성한 고도성장기가 막을 내리고 성장둔화의 시대가 도래한 것이다. 하지만 글로벌 기업들의 집적과 내수규모가 만들어낸 '세계최대의 시장'이라는 중국의 또 다른 측면이 여전히 자본과 사람을 끌어들이고 있다. 제5세대 지도부가 내놓은 '신창타이(新常態)' 담론[5)]과 대외확장을 위한 '일대일로(一帶一路)'는 이 새로운 시대에 지속가능한 발전을 모색하는 것이다. 지금 중국이 가지는 이러한 역동성은 다롄과 같은 해항도시는 물론 환황해권의 현재와 미래에도 영향을 줄 것이다.

이상의 연구배경 아래 필자는 2013년 11월 9일간의 예비조사를 시작으로 다롄에 관한 문헌자료 수집과 현지조사를 진행했다. 구체적으로는 다롄 시정부, 각국 영사관, 무역진흥기구, 상공회에서 관련 자료를 요청하고 관계자를 인터뷰했다. 도심과 개발구에서 공간의 형성과 활용을 답사·기록하고, 외자기업, 지역사무소, 개인들의 활동으로 구성되는 다양한 사회 공간을 참여 관찰했다. 끝으로 다롄의 보편성과 특수성, 타 도시와의 연관성을 파악하기 위해 칭다오(靑島)와 상하이(上海)를 보충 조사했다.[6)]

조사 결과, 지난 30년간 동북아시아 각국은 초국적 경제교류를 위해 다각도로 노력했고, 이것은 도시 재량권 확대를 기반으로 타자 간 경제의존도를 높이는데 기여했다는 것을 알 수 있었다. 현재의 정치경제적 변동 속에서도 이러한 경제공간의 긴밀도는 지속될 것이다. 한편 다양한 주체의 개입으로 동북아시아의 정치적 불확실성이 증대되고 있는 것도 사실이다. 경제적 필요로 상호 간의 정치적 조화가 유지되기도 하지만, 관계가 밀접한 만큼 정치적 긴장이 미치는 영향은 더 직접적일 수도 있다. 필자는 이 조사연구로 동북아시아 초국적 관계의 구조적 재현은 불가능했지만, 각종 사례를 통해 권역구성의 가능성을 귀납적으로 추론해 볼 수는 있었다. 이 장에서는 우선 개혁개방 이후 다롄의 산업구조 변동을 외자기업, 특히 일본기업과의 관계 속에서 파악해보고자 한다.

Ⅱ. 개방 초기(1980년대)

개혁개방 후 다롄은 해외와의 연계 속에서 경제개발을 추진해왔다. 우선 다롄의 투자와 성장의 토대가 된 초기 정책에 대해 개괄하고자 한다. 대만 수출가공구(輸出加工區)를 본보기로, 중국은 1979년부터 남방의 해항도시를 경제특구(經濟特區)[7]로 실질적인 경제개방을 시행한다. 변화가 초래할 사회적 부작용에 대한 우려가 대두되었지만, 1984년 덩샤오핑(鄧小平)의 제1차 남방시찰[8]이 정치적 동력이 되어 개방의 범위와 규모는 확대된다.

같은 해 다롄을 포함한 14개의 동남부 해항도시가 연해개방도시(沿海開放都市)[9]로 지정되었고, 외상투자 승인완화, 면세 · 감세 등 각종 우대정책으로 대외협력과 기술교류를 위한 도시의 경제권한이 강화되었다. 또 9월부터 이듬해 1월까지 국가급경제기술개발구(國家級經濟技術開發區, 이하 개발구) 11개가 비준된다. 이것은 대외개방을 위한 현대적 공업단지로, 성도(省都), 연해개방도시, 기타 개방도시에 위치한다. 2014년 현재 중국 전역에 215개의 국가급 개발구가 있다.[10]

경제특구와 개발구의 가장 큰 차이는 전자는 완전히 새로운 산업도시로 외자기업에 대한 세제혜택이 제조업과 비제조업 모두에게 주어진 반면, 후자는 모체가 되는 도시의 교외에 건설된 산업지구로 제조업 분야의 외자기업에만 세제혜택이 적용되었다. 기본원칙이 '2면3반(2免3半. 이익이 난 후 2년간 면세, 이후 3년간 반액)'인 것은 동일하다. 다롄도 1984년 10월 시내에서 27킬로미터 떨어진 진 현(金縣. 현재의 진저우 구)에 개발구를 승인받고, 1988년부터 조업을 시작했다. 당시 다롄 개발구는 시 전체 외상투자의 절반 이상을 유치해, 중국 내에서도 성공적인 사례로 평가되었다.

다롄의 정치경제적 위상은 1984년 계획단열시(計劃單列市) 지정에서도 잘 드러난다.[11] 이때부터 행정적으로 랴오닝 성(遼寧省)에 소속되지만 경제적으로는 독립된 주체로 생산 · 분배 · 소비를 독자적으로 계획하고, 중앙정부뿐만 아니라 외자기업과도 직접 교섭할 수 있는 권한을 가지게 되었다. 개별 도시의 경제권 확대는 성(省) 정부 입장에서는 세수의 손실이자 권력약화를 의미했다. 당초 랴오닝 성 정부도 다롄 시의 계획단열시 지정에 반대했지만, 중앙정부의 압력과 개발성과의 확산 및 공유에 대한 기대로 인정하게 되었다.[12] 해항도시와 성 정부의 관계, 말하자면 '경제주체'와 '정치주체'의 긴장 및 공모관계는 변화 속에서도 여전히 유지되고 있다.

〈표 1〉 다롄 시 외상투자 건수(1984~1991년)

순위	국가	계약건수(건)
1	홍콩	265
2	일본	232
3	대만	66
4	미국	56
5	한국	25
6	기타	89
합계		733

〈표 2〉 다롄 시 외상투자 계약금액(1984~1991년)

순위	국가	계약금액(만 달러)
1	일본	55,491
2	홍콩	17,304
3	미국	6,310
4	대만	2,094
5	한국	1,820
6	기타	30,482
합계		113,501

〈표 1〉과 〈표 2〉는 개방정책의 결과로, 연해도시로 지정된 1984년

에서 급격히 확대되는 1992년 전까지의 국가별 투자규모를 나타낸 것이다.[13] 계약건수는 홍콩이 가장 많지만, 금액 면에서는 일본이 압도적이다. 당시까지만 해도 홍콩은 투자규모가 작은 서비스업이나 경공업 위주이고, 일본은 상대적으로 규모가 큰 제조업 비중이 높았다. 아울러 중국 전체 외상투자의 절반 이상을 점유하는 홍콩과 7%에도 못 미치는 일본이 다롄에서 차지하는 비중을 생각하면, 일본기업의 다롄 집중이 얼마나 큰지를 알 수 있다.[14]

Ⅲ. 노동집약적 제조업 투자기(1990년대)

중국의 다른 연해도시들처럼 다롄의 개혁개방도 1990년대, 특히 1992년 덩샤오핑의 남순강화(南巡講話) 이후 양적 · 질적으로 확대된다.[15] 규모로만 봐도 1992년 한 해 동안의 외자유치는 785건으로 지난 8년간의 성과를 넘어섰다. 1992년 11월 국무원은 다롄 개발구에 인접한 다야오 만(大窯湾)에 보세구(保稅區), 시 서쪽에 하이테크파크(高新園)를 설치하고, 진스탄(金石灘)을 국가급 리조트지로 지정했다. 아울러 다롄 시는 도시-농촌 간 일체화로 개발을 확산하기 위해 '경제개발소구(經濟開發小區)' 12개를 설립 인가했다. 우대정책은 국가급 개발구와 같이 '2면3반'을 원칙으로 하고, 국가가 부과한 기업소득세의 일부를 시가 부담해주었다. 당초 3제곱킬로미터였던 개발구 면적도 1989년 17제곱킬로미터, 1993년에는 24제곱킬로미터로 확장되었다.

개방정책의 추진과정에서 가장 큰 역할을 한 것은 다롄 시장 웨이푸하이(魏富海, 1983~1992년 재직)[16]와 보시라이(薄熙來, 1993~2001년 재직)[17]였다. 이들은 '북방의 홍콩(北方香港)'을 목표로 다양한 실천전략을 세워나갔는데, 특히 일본과의 관계에 주력했다. 중일공동프로젝트 '다롄 공업단지(大連工業團地)' 조성, 국제공항 건설과 항만개발을 비롯한 교통망 정비,[18] 각종 우대정책 시행과 현지 투자유치 설명회를 개최했다. 다롄 공업단지에 대해서는 다음 장에서 자세히 소개할 것이다.

이 활동들은 가격경쟁의 압박 속에서 아시아 진출을 검토하던 일본 측의 호응을 이끌어냈다. 〈표 3〉과 〈표 4〉는 이 시기 투자가 가장 활발했던 1995년의 다롄 시 외상투자 규모를 정리한 것이다.[19] 한중수교의 영향으로 한국 투자가 증가했지만 계약건수와 금액 모두 일본의 비중이 높다.

〈표 3〉 다롄 시 외상투자 건수(1995년)

순위	국가	계약건수(건)
1	일본	295
2	홍콩	256
3	한국	166
4	미국	134
5	대만	74
6	기타	148
합계		1,073

〈표 4〉 다롄 시 외상투자 계약금액(1995년)

순위	국가	계약금액(만 달러)
1	일본	91,258
2	홍콩	69,031
3	한국	32,163
4	미국	11,798
5	대만	4,792
6	기타	46,404
합계		255,446

대외무역량에서도 일본이 압도적이다. 1994년 수출액에서 일본은 58.5%를 차지했으며, 1997년에도 54.0%였다. 수입도 거의 같은 비중으로 1997년에 53.0%로 절반을 넘었다.[20] 1995년 아홉 개의 외국계 은행이 다롄에 진출했는데, 이 중 여섯 개가 일본계였다. 이것은 싸고 풍부한 노동력을 보유한 다롄이 일본기업의 수출 생산거점이었다는 사실을 반영한다. 1995년 다롄 시의 최저임금은 26달러였다. 다롄 일본상공회가 개발구 일본기업을 대상으로 한 설문조사에 따르면, 일반생산직 노동자의 임금이 보험료 포함 66~67달러, 부장급 중간관리직의 임금이 180~230달러로 아시아에서도 가장 저렴한 편에 속했다.[21] 이런 기업 환경은 원재료와 부품을 일본에서 들여와 다롄에서 가공한 후 모두 일본이나 해외로 납품하는 생산시스템을 가능하게 했다.

업종별로는 석유가공, 기계, 전기·전자 등 대규모 제조업이 많았다. 정부는 부동산이나 서비스업과 같은 비생산부문에 집중된 홍콩기업보다 자본, 기술, 경영노하우의 이전을 동반한 일본회사의 진출을 환영했다. 아울러 다롄 시는 중일 간 상호이해 부족으로 발생할 수 있는 갈등과 이에 대한 우려를 불식시키기 위해 일본의 단독투자를 장려했다. 이것은 1990년대 초 외국인 단독투자의 절반 이상을 일본기업이 차지할 정도로 효과적이었다. 절차상의 편의를 위해 마련된 일련의 장치들은 일본기업이 현지사회를 이해할 필요성을 최소화했다.

Ⅳ. 산업고도화 추진기(2000~2012년)

투자의 양적 증대에 맞춘 초기정책은 1990년대 말부터 기술집약적 산업의 선별적 육성으로 전환되기 시작한다. 10차 5개년 계획(2001~

2005년)에서 자동차, 금속, 석유화학, IT, 의약 등 14개 분야의 추진 안이 발표되었다. 2003년부터 산업고도화와 국내기업 육성을 위한 '동북진흥계획(東北振興計劃)'이 추진되고, 이 성과를 바탕으로 2007년 8월에 '동북지구진흥계획'이 새롭게 재정된다. 여기서는 국가경쟁력을 갖춘 장비제조기지, 신형재료와 에너지, IT · 하이테크 산업으로의 선택과 집중이 강조된다.22)

동북진흥의 관건은 무엇보다 남방은 물론 중국 전체평균보다 비중이 높은 국유기업의 개혁과 대외개방에 있었다. 정책시행으로 구조조정이 어느 정도 완성되어, 공업 생산액에서 국유기업이 차지하는 비중이 2003년 67.5%에서 2011년 36.9%로 대폭 줄었다. 아울러 대외개방을 위해서는 해항도시의 역할이 부각될 수밖에 없다. 다롄은 둥베이 삼성 유일의 관문이자 랴오닝 성의 핵심지역으로 동북아시아 국제운송센터, 국제물류센터, 권역금융센터와 조선업 · 해양사업, 석유화학, IT산업에 대한 중점계획을 수립했다. 2003년에서 2012년까지 외국인 직접투자액에서 지린 성(吉林省)과 헤이룽장 성(黑龍江省)은 각각 22위와 25위에 그친 반면 랴오닝 성은 1,262만 달러를 유치하며 전국 3위를 차지했는데, 그 절반 이상이 다롄에 집중되었다.23)

〈표 5〉 다롄 시 외상투자 건수 (단위: 건)

	2007	2008	2009	2010
일본	225	171	141	152
홍콩	89	79	108	124
한국	201	131	84	75
미국	35	29	30	22
대만	15	10	11	10
기타	115	87	99	89
합계	680	507	473	472

〈표 6〉 다롄 시 외상투자 계약금액 (단위: 만 달러)

	2007	2008	2009	2010
일본	35,087	140,160	70,524	53,588
홍콩	187,746	131,001	328,968	530,568
한국	93,442	87,476	55,011	15,915
미국	36,058	55,926	42,536	9,132
대만	394	4,593	16,504	10,160
기타	241,790	183,081	143,939	189,321
합계	594,517	602,237	657,482	808,684

한편 중국이 WTO에 가입한 2001년부터 외자기업 우대정책이 본격적으로 축소·철폐된다. 〈표 5〉와 〈표 6〉은 2000년대 후반의 외상투자 규모를 정리한 것이다.[24] 건수에서는 변함없이 일본이 가장 많고, 금액에서는 홍콩의 비중이 높다. 이것은 2000년대 중반부터 일본의 대규모 제조업 투자가 줄고, 투자유치 주력산업인 IT·정보기술서비스업이 증가한 것을 반영하고 있다. 2004년에 완공된 다롄 소프트웨어파크(DLSP: 이하 소프트웨어파크)가 '중일정보서비스·중일소프트웨어개발기지'라는 기조 아래, 파나소닉, 히타치(日立), 스미토모 부동산(住友不動産) 등 일본기업과 연계해 건설, 유치, 임대를 추진한 것도 어느 정도 영향을 주었을 것이다. 입주기업의 고용규모로 보면, 가장 큰 편에 속하는 소프트뱅크가 약 1,500명, 파나소닉, 소니 등이 300명 정도로, 천 명 이상을 고용하는 개발구 제조업에 비해 전반적인 규모가 작다는 것을 알 수 있다.[25] 소프트웨어파크 전반에 대해서는 다음 장에서 소개할 것이다. 〈표 7〉 소프트웨어·정보서비스업 총매출액을 보면, 2008년까지 다롄은 중국 평균의 두 배가 넘는 성장률을 보이고 있다.[26]

〈표 7〉 소프트웨어 · 정보서비스업 총매출액 (단위: 억 위안, %)

연도	중국 전체	성장률	다롄	성장률
2006	4,800.0	23.0	145.0	45.0
2007	5,800.0	20.8	215.0	48.3
2008	7,572.9	29.8	306.2	42.3
2009	9,513.0	25.6	402.7	31.5
2010	13,364.0	31.3	506.7	25.8

소프트웨어파크의 일본회사는 모두 모회사(母會社)의 ITO(Information Technology Outsourcing)나 BPO(Business Process Outsourcing)를 담당했다. 예컨대 2005년 5월에 입주한 중일합작 S사는 자동차용 케이블 생산으로 유명한 일본의 스미토모 전장 주식회사(住友電装株式会社)의 세 번째 해외 개발거점이다. 주요업무는 사무용시스템 개발로, 일본 모회사에서 주문을 받으면 이곳에서 프로그래밍과 테스트를 담당한다. 2008년 금융위기와 시장변동을 계기로 중장기 계획을 수립해 2012년부터 서서히 중국시장을 개척했다. 2015년 현재 업무의 85%는 모회사의 발주가 차지하지만, 중국회사의 IT인프라를 지원하는 등 내수 진출도 비교적 안정적으로 추진하고 있다. 단독투자가 아니기 때문에 다른 일본회사보다는 중국 진출이 쉬웠다고 한다. 일본인 주재원 한 명, 중국인 근무자가 약 50명이다. 다롄을 선택한 이유는 일본어를 비롯한 일본 사회문화 전반에 대한 이해가 깊은 소위 '지일파(知日派)'가 많고, 대졸인력의 임금이 상대적으로 낮기 때문이다.[27]

매년 10%대의 임금상승과 전반적인 세제개혁은 생산비용을 꾸준히 높이고 있다. 2006년 증치세(增值稅: 부가가치세) 개정으로 노동집약적 제조업의 환급이 축소 · 폐지되었고, 11월부터는 에너지과소비 및 오염산업 804개 품목에 대한 가공무역이 금지되고, 증치세 및 수입관세가 부과되었다.[28] 2007년 7월에도 2,831개 품목의 증치세 환급이 폐지 · 축소되고, 노동계약법 제정으로 노동자 보호비용이 상승하기 시작했다.[29] 2008년 1월부터는 기업소득세법에서 일반기업 소득세율이 국내 · 외자 상관없이 25%로 통일되고 5년간의 유예기간을 거쳐 전면 시행될 예정이었다. 거기다 다롄은 하천건설유지비(河道管理費)[30]와 사회보장 부담금이 다른 도시보다 높아서 상공회 차원에서 지속적으로 감면을 건의하고 있는 상황이었다.

〈표 8〉 다롄과 상하이 임금 비교 (단위: 달러)

	2006 1달러=8.0694위안		2007 1달러=7.8715위안		2008 1달러=7.2454위안	
	다롄	상하이	다롄	상하이	다롄	상하이
일반노동자	102~247	172~301	101~252	272~362	168.4~258.2	191.6~289.6
중견기술직	197~393	334~593	218~411	441~641	308.2~445.2	243.9~626.2
중간관리직	473~878	772~1,521	468~987	663	545.2~897.1	995.5~1,655.7
법정 최저임금	개발구:61.96/월 시내:55.76.월	85.51/월	개발구:83/월 시내:76/월	95.3/월	96.6/월	115.9/월

이러한 기업환경의 변화 속에서도 다롄은 일반노동자 임금은 중국 내륙이나 동남아시아 도시들보다 높지만, 〈표 8〉에서 알 수 있듯이 중견기술자나 중간관리자의 임금이 상하이를 비롯한 남방 해항도시에 비해 낮고 당시까지만 해도 엔의 가치가 높았기 때문에, 엔 거래를 기본으로 하는 기업은 현상유지가 가능했다. 하지만 2008년 미국발 금융위기는 다롄의 일본기업에게도 큰 타격을 주었다. 경영악화로 철수하거나 동남아시아로 이전을 검토하고 사업규모를 축소하는 등, 중장기적인 구조조정이 불가피하게 되었다.

Ⅴ. 전면 개혁기(2012년 이후)

지금까지 살펴본 것처럼 개혁개방 후 다롄의 산업화과정에서 일본과의 관계는 매우 중요했다. 〈표 9〉는 2013년 말 현재 외상투자의 국가별 누계로, 계약건수에서 일본은 30.1%로 가장 높고, 실행액은 18.4%로 홍콩에 이어 2위를 차지한다. 랴오닝 성 전체에서도 일본투자가 홍콩에 이어 2위인데, 투자의 80%가량이 다롄에 집중되어 있다. 또 수출액으로 상위 50위에 드는 다롄 기업 중에 일본기업이 22개나 포함되어 있다. 2000년대에 폭발적으로 증가한 BPO업무와 소프트웨어 개발 등 IT관련업의 경우, 2012년까지 전체의 약 70%가 일본과의 거래였다.[31)]

〈표 9〉 다롄의 국가별 직접투자 누계

국가/지역	계약(건)	비중(%)	실행액(억 달러)	비중(%)
홍콩	2,989	19.9	307.4	36.8
일본	4,510	30.1	153.8	18.4
한국	2,650	17.7	72.7	8.7
미국	1,623	10.8	51.1	6.1
유럽	778	5.2	46.3	5.5
대만	791	5.3	12.0	1.4
전체	15,008	100.0	834.3	100.0

한편 2012년 말부터 다롄 일본기업의 기업환경에 전면적인 변화가 일어난다. 앞서 언급한 외자기업 우대정책의 철폐, 임금인상, 세제개정에 더해 이때부터 시작된 엔저 현상은 엔 거래를 기본으로 하는 기업의 이익을 30~40%까지 떨어뜨렸다. 거기다 2012년 9월의 '센카쿠 열

도 · 댜오위다오(尖閣諸島 · 釣魚台列嶼) 분쟁(이하 센카쿠 문제)'으로 촉발된 반일데모와 얼어붙은 중일 정치관계는 현지 일본인사회를 위축시켰다. 물론 격렬한 데모가 일었던 칭다오와 같은 도시에 비하면 다롄에서는 직접적인 대립이 없었다는 이유로 '이 사건이 다롄 일본계 기업에 끼친 영향은 거의 없다'고도 하지만,[32] 기업의 신규진출 급감, 가족동반 이주 감소, 일본상품의 소비위축이 일어난 것도 사실이다. 소프트웨어파크 일본인 업무담당 TM씨는 다음과 같이 말한다.[33]

> 최근 몇 년간은 신규입주가 한 건도 없습니다. 소프트웨어파크에 일본기업 상담이 뚝 끊어진 건 센카쿠 문제 이후입니다. 다롄은 칭다오와 같은 일은 없었지만, 그래도 전체적으로 중국에는 가지말자는 분위기가 있습니다. 그런데 '다롄은 괜찮아요' 하기도 뭐하잖아요. 다롄 사람들도 중앙정부가 그러는데 다롄은 친일적이라고 할 수도 없고…… 그런 차원에서 프로모션이 상당히 힘들어졌습니다. 사회적인 교류가 있고 파크에도 사람들이 왔다갔다는 하지만…… (중략) 오히려 그 직후에는 영향이 없었는데, 그건 아마 이전에 세워둔 계획이라서 그랬을 겁니다. 일본은 대체로 몇 년 전에 계획을 세우니까요. 2012년 이후에는 새로운 계획을 세우지 않아서 2013년부터 안 오는 거라 생각합니다. 지금은 엔이 약세라 비용문제도 크지만요.

그럼에도 불구하고 일본기업의 중국에 대한 관심과 다롄의 중요성은 여전하다. 2012년 이후 일본무역진흥기구 다롄 사무소에 들어오는 기업 상담의 10% 정도가 철수에 관한 것인데, 또 그만큼의 신규진출에 관한 상담이 있다. 2015년 신규진출 상담에 제조업 분야는 없었다.[34] 다롄 일본상공회의 경우에도 매년 3~5사가 탈퇴 · 제명되지만 그만큼의 신규가입이 있다고 한다.[35] 〈표 10〉 투자건수에서 일본은 여전히 가장 많지만 금액규모는 많이 줄어들었다.[36] 필자의 인터뷰조사에 의하면, 수출을 위한 제조업은 거의 없고 판매업이나 서비스업 등 중국시장을 상대로 한 제3차 산업이 늘고 있다. 일본기업의 수출생산거점으로 성장한 다롄의 산업구조에도 근본적인 변화가 일어나고 있는 것이다.

〈표 10〉 다롄 시 외상투자 규모 (단위: 건, 억 달러, %)

	2011			2012			2013		
	건수	금액	비중	건수	금액	비중	건수	금액	비중
홍콩	79	26.6	50.3	57	45.7	49.8	68	46.5	41.9
일본	134	4.5	8.3	136	6.9	7.5	75	21.8	19.6
한국	54	4.9	9.3	37	6.8	7.5	27	9.7	8.7
미국	12	0.5	0.9	8	5.6	6.1	12	2.3	2.1
기타	86	16.3	31.2	45	26.6	29.1	58	30.8	27.7
합계	365	52.8	100	283	91.6	100	240	111.1	100

이미 진출한 일본기업들도 철수, 규모축소, 내수전환 등의 전략으로 변화된 환경에 대응하고 있다. 하지만 통상적으로 '진출은 쉽지만, 철수는 어렵다'고 한다. 기업철수는 비용이 많이 들뿐만 아니라 절차도 복잡하고 기간도 1, 2년으로 매우 길다. 따라서 급격한 경기침체를 겪던 2000년대 말에는 경영악화로 무단철수를 하는 기업도 있었다. 2012년 이후에는 중국기업에 매각하거나 정식으로 철수절차를 밟는 기업도 늘고 있다. 최근 도시바(東芝) 텔레비전 생산부문이 철수했다.

다롄 시는 임금상승의 해법으로 기계화·자동화를 제시하지만, 기업 입장에서는 대규모 해고의 어려움과 시설확충을 위한 기계 유입 시에 발생하는 관세부담으로 단기간에 바꾸기가 어렵다고 한다. 그럼에도 불구하고 2012년 이후 다수의 제조공장이 고용규모를 축소했다. 〈표 11〉은 2015년 8월 다롄 일본상공회에서 회원사를 대상으로 실시한 설문조사 중 2012년부터 2015년까지 고용규모 추이를 정리한 것이다.[37] 총 113사의 응답자 중 61%가 감소, 20%가 현상유지 했으며, 증가한 경우는 19%에 지나지 않는다. 또 하나의 유의미한 현상은 고용규모가 500명 이상인 비교적 규모가 큰 기업은 모두 인원을 감축했고, 고용을 확대한 것은 대체로 규모가 작은 비제조업 분야라는 것이다. 인원감축으로 인한 생산 공백은 중국기업에 위탁가공하거나, 인건비가 저렴한 동남아시아에 새 공장을 건설해서 보충한다.

〈표 11〉 2012~2015년까지 고용 규모 추이 (단위: 명, %)

고용규모	100 이하	100~199	200-299	300~399	400~499	500~999	1000~	합계(%)
증 가	12	4	1	2	2	-	-	21(19)
감 소	23	10	7	5	5	7	12	69(61)
현상유지	20	1	-	-	-	2	-	23(20)
합 계	55	15	8	7	7	9	12	113(100)

이후의 사업방향성에 대해서는 현상유지(51%)와 확대(24%)라는 의견이 많았다. 현상유지라고 답한 경우는 새로운 환경에 맞춘 구조조정을 이미 끝냈거나 중국투자 환경과 시장동향을 관망하는 거점으로 다롄이 유용하기 때문이라고 했다. 확대의 이유에는 내수시장에 거는 기대와 글로벌 기업들의 중국 집적이 주는 이점이

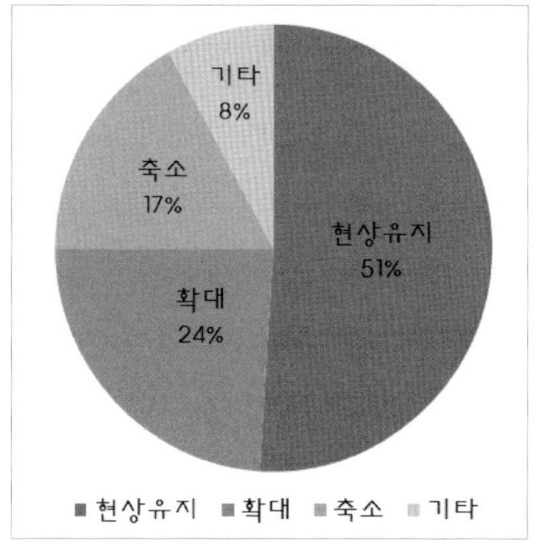

〈그림 2〉 이후 다롄의 사업방향성

큰 부분을 차지했다. 기타 의견에는 내수시장 개척을 희망하지만, 사회문화적 장벽이 있기 때문에 당분간은 실현가능성을 타진하겠다는 의견이 있었다.

일본기업들이 내수시장 진출을 어려워하는 이유를 살펴보면, 지금까지 현지사회와의 관계가 잘 드러난다. '중국판매의 시도는 신규 진출과 같다'는 것이다. 이것은 중국시장에 맞는 상품을 개발하고 중국인 영업부서를 신설하는 등 상호이해를 바탕으로 한 철저한 현지화를 요구한다. 일본기업은 대개가 다롄을 수출생산거점으로만 활용했기 때문에 중국사회에 대한 이해가 깊지 않았다. 종래의 주재원은 대부분이 공장관리자나 기술자로 사회문화적 교류에는 무관심했을 수도 있을 것이다. 하지만 산업구조의 전면개혁에 따라 앞으로는 연구개발 및 경영 인력을 보충하고 중국과 합작할 필요성도 커질 것이다. 그런 의미에서 상기의 설문응답에서도 언급되었듯이, '지일파'가 많은 다롄은 새로운 차원에서 그 중요성이 부각될 것이다. 2014년 10월부터 조업을 시작한 닛산(日産) 자동차 중국합작회사(東風汽車有限公司)의 경우는 일본인 주재원을 두지 않는 철저한 현지화 전략으로 인건비 절감을 위해 시트와 타이어 부착은 모두 로봇으로 자동화했다.[38)]

2014년 6월 다롄에 열 번째 국가급 신구인 진푸 신구(金普新區)가 승인되고 8월에 '신동북진흥책'이 발표되었다. 동북진흥전략을 강화하기 위한 11개 분야, 35개 항목의 중점내용이 결정되었는데, 다롄과 관련된 것은 ① 창싱다오(長興島) 석유화학 관련 산업 비준권의 지방정부 이양, ② 단둥-다롄 간 고속철도와 진저우 만 국제공항(金州灣國際機場) 건설, ③ '한중일 순환경제모델기지' 구축, ④ 진푸 신구(金普新區) 건설 등이 있다. 진푸 신구는 둥베이 삼성 유일의 국가급 신구로 다롄 시 중남부에 위치하며, 진저우 구(金州區)와 푸란뎬 시(普蘭店

市)의 일부를 포함해 총면적이 약 2,299제곱킬로미터에 상당하는 규모이다.[39] 신창타이 담론하의 전면개혁에 맞춰 이곳에는 의료, 금융, 정보기술서비스 등 고부가가치의 제3차 산업 비중을 최대 60%까지 높이려는 계획하에 있다. 한편 진푸 신구 지정 후의 변화에 대해 아직 명확한 비전이 공유되고 있지는 않은 것으로 보인다.

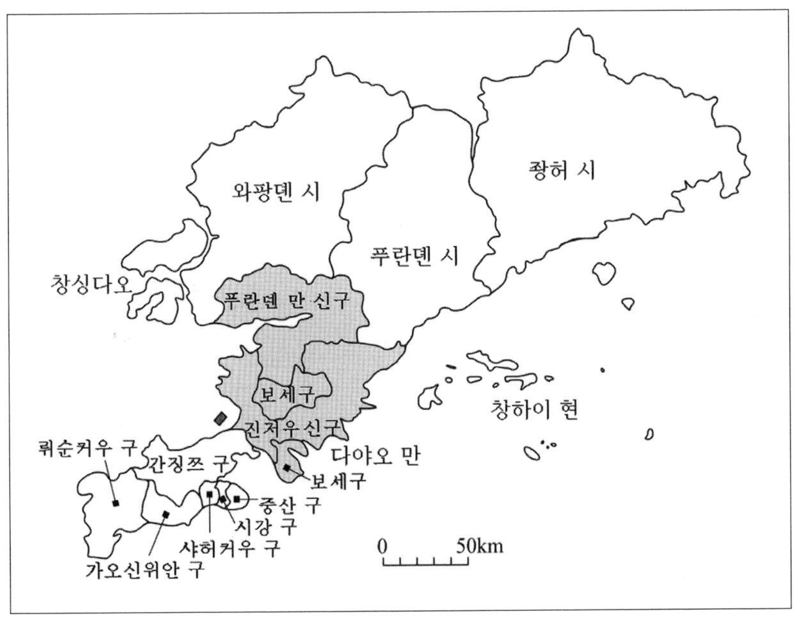

〈그림 3〉 다롄 시 행정구와 진푸 신구

Ⅵ. 나오며

개혁개방 후 다롄은 중앙정부의 승인 아래 동북아시아 권역구성을 주도하는 '경제주체'로 활약했다. 지리적으로 인접한 국가들과의 비용

격차를 활용해 상호보완적 경제관계를 형성했는데, 이것이 환황해권 관계구조의 밑그림이 되었다. 한편 신창타이와 중국경제의 전면개혁으로 이러한 관계가 경쟁 내지는 중국시장으로의 흡수로 전이되고 있다. 바로 지금 환황해권의 산업구조는 과도기에 서있다고 할 수 있을 것이다.

본문에서는 권역의 한 점으로 해항도시 다롄의 산업구조 변동을 살펴보았다면, 끝으로 이 점을 시공간적으로 확장해서 드러나는 몇 가지 논점을 제시하는 것으로 결론을 대신하고자 한다. 첫째, 칭다오가 한국과의 관계에 주력한 것처럼[40] 다롄은 초기부터 일본과의 관계형성을 정책적으로 추진했다. 이것은 다음과 같은 의미에서 다롄의 과거와 미래를 연결한다. 우선 도시의 역사적 경험과 기억의 재활용이다. 산업구조 변동을 다룬 이 장에서 완결되는 내용은 아니지만, 다롄이 경제적 파트너로 일본을 선택한 배경에는 이 책의 전반부를 할애한 다롄 역사에서 일본의 의미, 일본역사에서 다롄의 의미가 직간접적으로 작용했을 것이다. 이를 논증할 사례는 이어지는 「개혁개방 후 다롄의 도시 공간」과 「개혁개방 후 다롄의 일본인사회」에서 소개하고자 한다.

또 개방 후의 교섭경험은 앞으로의 중일관계, 나아가 환황해권 구성의 발판이 될 것이다. 이것은 일본기업들이 수출생산거점으로서의 이점이 거의 사라진 2012년부터 다롄의 역할을 재조정하는 과정에서도 잘 드러난다. 앞으로 다롄은 중국인 파트너를 만나고 내수시장을 관망하는 등, 중국 내 활동을 전개하는 전략적 거점으로 자리매김 될 것이다. 특히 동북아시아의 정치경제적 불확실성이 증대되는 지금, 다시 말해 경제관계의 긴밀함이 유지되면서 센카쿠 문제와 같은 정치적 갈등이 고조되는 모순된 상황에서 상호이해의 폭이 다른 도시에 비해 넓은 다롄의 중요성은 더욱 부각될 것이다.

둘째, 지금까지 다롄은 권역 내 '경제주체'로서의 역할을 비교적 충실히 수행해왔다. 반복하자면 확대된 도시 재량권으로 투자환경을 정비하고 외국과의 교섭을 추진해 환황해권의 수출제조기지로 활약했다. 아울러 여기서 발생한 재정수입으로 경제개발소구를 건설하는 등 개발 담론과 성과를 배후지로 확산시켰다. 지면의 한계로 본론에서 자세히 다루지는 않았지만 그간 중국 내 해항도시 간에도 협력관계가 형성되어 상호 모방과 학습이 활발하게 이루어졌다. 경제특구를 모델로 연해개방도시와 국가급 개발구가 설치·운영되고, 이 성과가 배후지의 경제개발소구로 이어졌듯이, 1980년대 중반부터 착실하게 추진된 다롄 개발구의 성공사례는 칭다오의 정책적 모델이 되기도 했다. 학습의 대부분은 도시와 지역들 사이에 조직된 각종 회의를 통해 이루어졌다. 예컨대 다롄은 '환발해 경제협력을 위한 시장연석회의', '동북지역 5개 도시 시장연석회의', '랴오닝 성 경제기술협력위원회'의 주요 구성원으로 활동하고 있다. 해외 해항도시와의 연계에 대해서는 이 책의 17장에서 다룰 것이다.

셋째, 이러한 '경제주체'의 활동범위를 결정하고 정책을 승인하는 중앙정부 및 성정부라는 '정치주체'의 역할을 간과할 수 없다. 본론에서 살펴보았듯이, 투자유치의 양적 확대를 위해 다롄에 부여된 각종 경제권한은 국내기업 우선정책과 선별적 투자유치로 전환되는 과정에서 서서히 축소되었다. 결국 '경제주체'의 활동은 기본적으로 중앙정부의 그늘 아래 있고, 이들에게 허용된 것은 시행단계의 융통성에 지나지 않는지도 모른다. 필자가 다롄에서 만난 외자기업 관계자들은 이곳이 상하이를 비롯한 남방 해항도시들에 비해 중앙정부의 시책에서 자유롭지 못한 점을 커다란 한계점으로 들었다. 다음 대화에서 그

관계의 일면을 엿볼 수 있을 것이다.

한국인(상)회와 진저우 신구 간담회[41]

YI(H기업 총경리): 내년도 3월 1일부로 시행되는 노동법과 관련해서 질문을 드립니다. 저희는 합동공(合同工: 계약노동자)을 전환시키는 문제로 곤란을 겪고 있습니다. 합동공 비율을 90%로 하라고 하지만 산업성격상 상당히 힘듭니다. 지난 번 자리에서도 건의를 드렸습니다만, 건의는 건의대로 끝나고 시기는 시기대로 다가오고 있어서, 회사를 책임지고 있는 사람으로서 굉장히 긴박감을 가지고 있습니다. (중략) 국가법규에서는 그렇게 밖에 할 수 없지만 지방자치단체 특히 진푸 신구에서 적용유예라든지 변동방법이 있는지 문의를 드립니다.

LW(다롄 개발구 인력자원 및 사회보장국): 다 맞습니다. 국가에서 그렇게 말하기 때문에 저희도 다른 방식으로 기업부담을 줄이려고 노력했습니다. 예를 들어 작년 국가지정 사회보험 20%인데, 다롄 시가 18%로 줄였고 진푸 신구는 거기서 다시 2%를 줄여줬습니다. 그리고 금방 말씀하신 합동공 전환은 2년이란 기간을 주지 않았습니까. 많은 기업들이 자체적인 조치를 취했습니다. 예를 들면, 비용이 올라가는 대신 생산의 자동화를 실시해서 인원을 줄인다든지……

끝으로 다롄의 사례로 환황해권 구성의 가능성과 한계를 추론해 보고자 한다. 개방 초기부터 동북아시아 각국의 정치교섭으로 초국적 경제권의 발판이 마련되었지만, 이후 급속도로 전개된 경제, 사회, 문화 영역의 교류는 새로운 차원의 정치적 화합을 이끌어내지는 못했다. 즉 강력한 국가의 존재와 그들 간의 이익이 복잡하게 얽혀있는 상황은 환황해권 구성에 앞서 극복해야할 과제일 것이다. 또 개별 국가의 공적 기억으로 수렴되어온 대립의 경험은 센카쿠 문제 · 반일데모와 같은 갈등으로 표출되고, 이는 경제관계뿐만 아니라 미시적 인간

관계에까지 영향을 주고 있다. 실제 두만강지역 개발과 환동해권 구성의 실패가 냉전구도의 잔존처럼 여전히 미해결로 남아있는 정치적 문제에서 기인했다는 것은 시사하는 바가 크다. 한편 정치경제적 불확실성이 증대되는 과도기적 상황일수록, 다양한 영역에서 실질적인 교섭경험을 축적해온 다롄과 일본, 칭다오와 한국의 관계는 이후 환황해권의 지속가능한 관계 형성에 대한 가능성의 불씨라고 할 수 있을 것이다.

구지영 | 한국해양대학교 국제해양문제연구소 HK연구교수

▣ 주

1) 일본에서 환동해(일본해)권 논의는 정치적 해빙기인 1990년대 전후 동해에 면한 서쪽지방을 중심으로 전개되었다. 학회 및 연구소가 건립되고, 각종 심포지엄이 개최되었으며, 보고서와 단행본이 출간되었다. 대표적으로는 다음과 같은 성과들이 있다. 小川和男 · 小牧輝夫編(1991), 『環日本海經濟圈』, 日本經濟新聞社. 小川雄平 · 木幡伸二編(1995), 『環日本海經濟最前線』, 日本評論社. 中藤康俊(1999), 『環日本海經濟論』, 大明堂. 金田一郎(1997), 『環日本海經濟圈—その構想と現實』, 日本放送出版協會. 環日本海學會編(2006), 『北東アジア事典－環日本海圈の政治 · 經濟 · 社會 · 歷史 · 文化 · 環境』, 國際書院.

2) 림금숙(2012), '창지투선도구와 북한 나선특별시 간 경제협력', 『국제지역학논총』 5(2), 국제지역연구학회, 27~51쪽.

3) 『연합뉴스』(2012. 06. 28) '中훈춘서 한 · 러 · 일 복합운송항로 개통' http://news.naver.com/main/read.nhn?mode=LSD&mid=sec&sid1=101&oid=001&aid=0005666565

4) 大連市統計局 · 國家統計局大連調査隊編(2014), 『大連市統計年鑑』, 中國統計出版社.

5) 신창타이(新常態)는 말 그대로 '새로운 상태(New Normal)'로, 2014년 5월 시진핑(習近平) 주석이 중국경제가 고도 성장기를 끝내고 새로운 시대로 이행하고 있다고 하며 처음 사용한 것이다. 이 담론과 함께 제시된 '전면개혁' 중 산업구조 변동과 관련된 것은 다음 일곱 가지로 정리할 수 있다. ① 소비가 투자와 수출을 대신해 성장의 기본 동력이 되게 한다. ② 서비스업의 비중을 높여 내수 위주의 안정적인 성장을 실현하고 일자리 창출에 기여한다. ③ 국유기업을 개혁해 경영효율을 높이고 민간기업, 특히 중소기업의 지위와 역할을 강화해 경제 활력을 제고한다. ④ 성장 원천을 요소 집약형에서 혁신 주도형으로 전환한다. ⑤ 동부, 중부, 서부 지역을 고루 발전시키고, 각 지역경제권 안에서 자원을 효율적으로 재배치해 지역간 시너지 효과를 극대화한다. ⑥ 외국기업에 대한 특혜와 차별을 동시에 철폐하고 지역별로 비교우위에 입각해 투자 흡인력을 키움으로써 우량한 외국자본이 시장 논리에 따라 중국에 활발히 투자하도록 유도한다. ⑦ 고질적인 환경오염 및 에너지 부족 문제를 해결하고 지속가능한 발전의 기반을 마련하기 위해 녹색 · 저탄소의 생태문명 건설, 즉 환경 친화적 경제성장을 목표로 한다. 자오유(2015), 「중국 신창타이의 9대 수혜도시」, 『LG Business Insight』 1335호, LG경제연구원, 32~40쪽.

6) 현지조사는 모두 다섯 번에 걸쳐 진행했다. 첫째, 2013년 11월 13일부터 21일까지(9일간)의 예비조사에서는 중산 광장(中山廣場), 러시아거리, 일본인 집거지, 뤼순 감옥(旅順監獄) 등 역사적 공간과 다롄 역에서 민주 광장에 이르는 금융가

와 주요 외자기업이 입지한 개발구를 답사했다. 둘째, 2014년 3월 21일부터 27일까지(7일간)는 이주민 개인들에 초점을 맞추어 생애사를 인터뷰했다. 셋째, 2015년 3월 11일부터 18일까지(9일간)는 개방에 따른 도시공간의 변화를 구역 별로 나누어 기록하고, 관계자 인터뷰를 진행했다. 대표적으로는 개발구의 공업단지와 근린 생활공간, 소프트웨어파크와 하이테크파크, 일본계 사무실과 상업공간이 밀집한 시강 구(西崗區), 다롄 항 부근에 형성된 이주민의 주거 및 상업공간 등이다. 넷째, 2015년 10월 14일부터 23일까지(10일간)는 개발구 초상국(招商局), 다롄 시 관광국, 다롄 한국인(상)회, 다롄 일본상공회 등 각계각국의 대표조직과 글로벌 기업, 지역사무소, 외국계은행의 관계자들을 인터뷰했다. 다섯째, 2015년 11월 29일부터 12월 6일까지(8일간) 다롄의 보편성과 특수성을 포착하기 위해 칭다오와 상하이에서 관련기관에 대한 조사를 진행했다.

7) 2015년 현재 중국에는 여섯 개의 경제특구가 있다. 1980년 8월에 선전(深圳), 주하이(珠海), 산터우(汕頭), 1981년 11월에 샤먼(廈門), 1988년 4월에 하이난다오(海南島), 2010년 카스(喀什)가 지정되었다. 경제특구 외자기업에 대한 대표적인 우대정책에는 제조업과 비제조업 모두 기업소득세 15%(보통 30%), 지방세 면제(보통 3%)와 이른바 '2면3반 정책(이익이 난 후 2년 간 면세, 다음 3년간은 반액)'이 있었다. 예컨대 선전은 개방초기 중국의 경제변동을 가장 상징적으로 보여주는 도시로 1980년대는 '선전의 시대'라고 불릴 정도였다. 인구규모로 본다면, 1979년에 약 7만 명(호적인구 7.09만 명, 잠정인구 0.05만 명)이던 인구가 경제특구 지정 후 10년이 지난 1990년에는 100만 명(호적인구 39.53명, 잠정인구 61.45만 명)으로 늘어났고, 2010년 이후에는 1,000만 명을 훨씬 넘어섰다. 이러한 급성장은 외자유치를 통해 이루어진 것이라고 해도 과언이 아니다. 關滿博(2000), 『日本企業/中國進出の新時代: 大連の10年の經驗と將來』, 新評論, 48~49쪽.

8) 1984년 춘절(春節) 전후 선전, 주하이, 샤먼을 시찰한 덩샤오핑은 '선전의 발전과 경험은 우리의 경제특구 설립이 옳다는 것을 증명하고 있다'고 하며 개방의 확대를 지시했다. 1980년대 개혁개방 당시 경제특구에 대한 중국사회의 논란에 대해서는 다카하라 아키오 · 마에다 히로코 저, 오무송 역(2015), 『중국근현대사5－개발주의 시대로 1972-2014』, 삼천리, 73~86쪽 참조.

9) 1984년에 지정된 연해개방도시는 다롄(大連), 친황다오(秦皇島), 톈진(天津), 옌타이(烟台), 칭다오(青島), 롄윈강(連雲港), 난퉁(南通), 상하이(上海), 닝보(寧波), 원저우(温州), 푸저우(福州), 광저우(廣州), 잔장(湛江), 베이하이(北海)이다. 이어 1985년에 잉커우(營口), 1986년에 웨이하이(威海)가 추가 지정되었다.

10) 중소기업수출지원센터: http://www.exportcenter.go.kr

11) 정식명칭은 '국가사회 및 경제발전 계획단열시(國家社會与經濟發展計劃單列市)'이다. 개혁개방 초기 단계인 1980년대에 기존 행정체제를 유지하면서 성 관할(省轄市 · 區)의 주요 대도시에 성급 경제 관리권한을 부여하기 위해 시행된 것이다. 1983년 2월 충칭(重慶)이 계획단열시로 비준된 후, 우한(武漢), 선양(瀋陽),

다롄(大連), 하얼빈(哈爾濱), 시안(西安), 광저우(廣州), 청두(成都), 칭다오(青島), 닝보(寧波), 샤먼(厦門), 선전(深圳), 난징(南京), 창춘(長春)이 연이어 승인을 받아, 1990년대 초까지 총 14개의 계획단열시가 유지되었다. 이 도시들에 부여된 재량권은 생산, 투자, 분배, 외자도입, 수출입 등 경제분야에 국한된 것이었다. 한편 1994년 2월 중앙기구편재위원회가 성도(省都)는 계획단열시에서 제외하는 대신 부성급도시(副省級城市)를 설립했다. 이에 따라 기존 14개의 계획단열시와 새롭게 항저우(杭州)와 지난(濟南)이 부성급도시가 되고, 계획단열시는 여섯 개로 감소했다. 같은 해 5월 중앙기구편제위원회 제6차 회의에서 '계획단열시가 부성급도시가 되면서, 성과 계획단열시 간의 권한이 불분명한 것에서 기인한 모순과 갈등이 해소될 것'이라고 전망했다. 즉 계획단열시는 개혁개방 초기 신구체제 교체기의 과도기적 장치였다고 간주된다. 이후 1997년 충칭이 직할시가 되면서 계획단열시는 다롄, 칭다오, 닝보, 샤먼, 선전으로 다섯 개 도시로 감소했다.

12) Jae Ho Chung(1999), "Preferential policies, municipal leadership, and development strategies: a comparative analysis of Qingdao and Dalian", *Cities in China: Recipes for economic development in the reform era*, Routledge, p.112 참조.

13) 〈표 1〉과 〈표 2〉의 자료는 일본무역진흥기구 다롄사무소 제공.

14) 關滿博(2000), 앞의 글, 17쪽.

15) 덩샤오핑은 1992년 1월 18일에서 2월 21까지 우한, 선전, 주하이, 상하이를 시찰하며, '계획과 시장 모두 경제발전의 수단이므로 생산력 향상을 위해 과감한 개혁개방을 추진하라'고 지시했고, 이것은 1992년 '당중앙2호문건(黨中央2號文件)'으로 전체 간부에게 전달된다. 같은 해 10월 11일부터 18일까지 베이징에서 열린 제14차 중국공산당 전국대표회의에서는 '개혁개방과 현대화를 촉진하고, 지난 14년간의 경험으로 중국식 사회주의시장경제의 건설'을 결의했다. 中國共産黨大事記1992年『中國共産黨新聞』: http://cpc.people.com.cn/GB/64162/64164/4416144.html

16) 웨이푸하이는 외국과의 경제관계를 위해 다롄의 환경을 바꾼 결정적인 인물로 평가된다. '투자환경 증진을 위한 리더십 모임(改善投資環境領導小組)' 창설, 다롄−도쿄(東京) 간 직항개설, 외국은행을 유치했을 뿐만 아니라, 지금까지도 다롄의 대표행사로 손꼽히는 무역박람회, 국제마라톤대회, 국제패션 페스티벌 등을 조직했다. 당시 이데올로기적으로 논란이 될 수도 있는 정책들을 추진했다는 점에서 실용주의자로 불렸다. Jae Ho Chung(1999), 앞의 글, p.121.

17) 보시라이는 1984년 현 진저우 구의 당부서기로 임명되어 둥베이 지방으로 온 후 1993년 다롄 시장이 된다. 다롄 공업단지 건설을 진두지휘했을 뿐만 아니라, 경제개발소구 건설과 철도부설로 개발을 내륙으로 확산시켰다. 특히 외국인 투자 유치와 해외사업대표단 조직에 유능했다. Jae Ho Chung(1999), 앞의 글, p.122.

18) 1984년 저우수이쯔 공항(周水子機場)을 국제공항으로 승격·확장한 후, 도쿄(1986), 후쿠오카(福岡·1991), 센다이(仙台·1994), 오사카(大阪·1996) 간 직항을 개설했다.

19) 〈표 3〉과 〈표 4〉는 일본무역진흥기구 다롄사무소 제공.
20) 日本貿易振興機構大連事務所(2015. 08), 『大連市概況』.
21) 日本貿易振興機構海外調査部(1995. 09), 『第1回アジア主要都市・地域の投資關連コスト比較』.
22) 『中華人民共和國中央人民政府』(2009. 10. 10), '공화국 발자취-2003년: 동북 구공업기지 진흥': http://www.gov.cn/jrzg/2009-10/10/content_1435090.htm
23) 김부용·임민경(2013), 『중국의 동북진흥전략 10년 평가와 전망』, KIEP대외경제정책연구원 참조.
24) 大連市統計局・國家統計局大連調査隊編, 『大連市統計年鑑・2009・2010・2011』, 中國統計出版社.
25) 다롄소프트웨어파크 상담고문 TM 씨 인터뷰(2015년 10월 19일).
26) 日本貿易振興機構(ジェトロ) 大連事務所(2012. 04), 『大連市概況』.
27) S사 총경리 NM 씨 인터뷰(2015년 10월 16일).
28) 日本貿易振興機構海外調査部(2007. 03), 「第17回アジア主要都市・地域の投資關連コスト比較」.
29) 日本貿易振興機構海外調査部(2008. 05), 「第18回アジア主要都市・地域の投資關連コスト比較」.
30) 하도관리비는 도시마다 징수기준이 상이한데 다롄 외자기업의 경우, 2011년 전까지 면제를 받다가 2011년과 2012년에 전년도 보험료 수입의 0.5%로 징수를 시작했다. 2013년 판매액의 0.1%, 국내 판매 1%이다.
31) 日本貿易振興機構大連事務所(2015. 03), 『大連スタイル』.
32) 일본무역진흥기구 다롄사무소 소장 AH 씨 인터뷰(2015년 10월 16일).
33) 다롄소프트웨어파크 상담고문 TM 씨 인터뷰(2015년 3월 17일).
34) 일본무역진흥기구 다롄사무소 소장 AH 씨 인터뷰(2015년 10월 16일).
35) 다롄일본상공회 사무국장 IO 씨 인터뷰(2015년 3월 12일).
36) 日本貿易振興機構大連事務所(2015. 08), 『大連市概況』.
37) 이 글의 설문조사 자료는 2015년 10월 다롄일본상공회에서 제공받은 것이다.
38) 『日本經濟新聞』(2014. 10. 18) (http://www.nikkei.com/article/DGXLASDZ1800E_Y4A011C1TJC000/)
39) '国务院关于同意设立大连金普新区的批复'国函[2014]76号 http://www.gov.cn/zhengce/content/2014-07/02/content_8916.htm
40) 구지영·권경선·최낙민(2014), 『칭다오, 식민도시에서 초국적 도시로』, 선인.
41) 한국인(상)회-진저우 신구 간담회 참여관찰(2015년 10월 20일).

15.
개혁개방 후 다롄의 도시 공간

구지영

Ⅰ. 들어가며

랴오둥 반도(遼東半島) 최남단에 위치한 다롄은 동쪽으로 황해(黃海), 서쪽으로 발해(渤海), 남쪽으로 바다건너 산둥 반도(山東半島)를 마주하고 있다. 앞서 살펴보았듯이 1980년대 중반 이후 본격적으로 추진된 경제개방은 다롄의 도시공간에도 급격한 변화를 가져왔다. 다롄의 도시개발은 크게 도심과 경제기술개발구(大連經濟技術開發區. 이하 개발구)를 중심으로 추진되었다.

도심은 다롄 역과 중산 광장(中山廣場)을 중심으로 기차, 버스, 노면전차 등의 교통망이 뻗어나가며, 몇 개의 주거 및 상권으로 구성된다. 급증하고 있는 자동차로 도로정체와 주차난이 심각해지고 있으나, 2015년에 개통된 지하철 1, 2호선으로 도심 내 이동은 다소 용이해질 것으로 전망된다.[1)]

개발구는 벌판에 조성된 대규모 제조업 단지에서 거주지와 상권이 파생된 것으로, 2014년 6월에 진푸 신구(金普新區)로 승인될 때까지 지속적인 공간 확장이 이루어졌다. 2010년 이후에는 제조업 단지에서 주택 및 상업지구로 성격이 바뀌고 있다. 2002년 가을에 개통된 경전철('快軌3號線')은 다롄 역에서 개발구, 보세구(保稅區)를 지나 대표적인 관광지인 진스탄(金石灘)까지를 한 시간 내에 연결한다.

아울러 역사적으로 다롄과 연관이 깊은 러시아, 일본의 흔적이 여전히 도시공간에 남아있다. 일본 통치기에 오히로바(大廣場)로 불리던 중산 광장에는 당시에 지어진 열 개의 건물이 아직도 정부기관이나 금융기관으로 활용되고 있다. 예컨대 〈그림 1〉의 옛 야마토 호텔(大和ホテル)은 현재 다롄 호텔(大連賓館)로 개방 초기 중일관계의 상징적 거점이었다. 또 옛 요코하마 정금은행 다롄 지점(橫浜正金銀行大連支店)에는 현재 중국은행 다롄 분행(中國銀行 大連分行)이, 옛 다롄 시청('大連市役所')에는 중국공상은행 다롄 분행(中國工商銀行大連分行)이 자리하고 있다.

다롄 역에서 〈그림 2〉의 노면전차가 지나가는 창장루(長江路)를 따라 동북쪽으로는 옛 니폰바시(日本橋)인 성리 교(勝利橋)가 있다. 이 다리를 건너면 과거 러시아인들의 주거지에 도착한다. 이곳의 러시아풍 건물은 〈그림 3〉처럼 2003년 9월에 시급문물보호단위(市級文物保護單位) '러시아거리 옛터(露西亞町舊阯)'로 지정되었다. 한편 〈그림 4〉 러시아 통치기의 다리니 시청은 일본통치기에 만철본사에서 만몽자원관(滿蒙資源館)으로, 중화인민공화국 성립 후에는 다롄 시 자연박물관(大連市自然博物館)으로 사용되다가 2013년 11월 현재 비어있는 상태였다.

요컨대 다롄의 곳곳에는 과거와 현재가 공존하고 있으며, 그중에서도 일본은 역사적 공간뿐만 아니라 개방 후 새롭게 조성된 공간에서도 그 존재감을 드러내고 있다. 이 글에서는 도심과 개발구로 나누어 다롄의 도시 공간을 일본과의 연관성을 중심으로 소개하고자 한다.

〈그림 1〉 중산 광장과 다롄 호텔 전경(2013년 11월)

〈그림 2〉 노면전차와 러시아거리 진입로(2013년 11월)

〈그림 3〉 러시아거리 옛터(2013년 11월)

〈그림 4〉 러시아 통치기 다리니 시청(2013년 11월)

Ⅱ. 도심

다롄 역(a)을 중심으로 동쪽으로는 역사적인 중심지 중산 광장(A)과 톈진제(B)가 있다. 중산 광장 북동쪽은 일식당과 술집이 밀집한 민주 광장(C)이며, 여기서 금융기관, 사무건물, 고급 쇼핑몰이 입지한 ⑥런민루를 따라가면 항구에서 파생된 상권인 강안 광장(D)과 2015년 다보스포럼이 열린 국제회의장(c)에 도착한다. 둥강(E)은 2007년부터 개발이 시작된 고층빌딩의 주거단지와 상업공간으로, 2015년 현재 동남

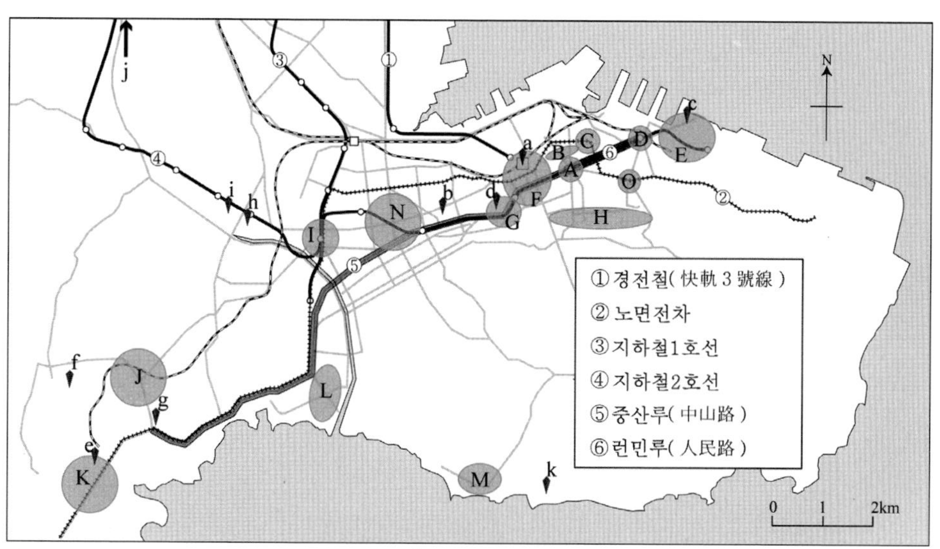

〈그림 5〉 다롄의 도심 공간

· 주: A 중산 광장(中山廣場), a 다롄 역(大連驛)/ B 톈진제(天津街), b 시청(市政府)/ C 민주 광장(民主廣場), c 다롄 국제회의장(大連國際會議中心)/ D 강안 광장(港灣廣場), d 션마오 빌딩(森茂大廈)/ E 둥강(東港), e 다롄 해사대학(大連海事大學)/ F 칭니와(靑泥窪), f 다롄 이공대학(大連理工大學)/ G 시왕 광장(希望廣場), g 둥베이 재경대학(東北財經大學)/ H 치치제(七七街), h 랴오닝 사범대학(遼寧師範大學)/ I 시안루(西安路), I 다롄 교통대학(大連交通大學)/ J 소프트웨어파크(軟件園), j 개발구(開發區) 방면/ K 하이테크파크(高新園區), k 구 다롄 일본인학교(大連日本人學校)/ L 싱하이 광장(星海廣場)/ M 푸지아좡(付家庄)/ N 올림픽광장(奧林匹克廣場)/ O 산빠 광장(三八廣場).

쪽 해안을 따라 확장 중에 있다.

다롄 역 남쪽으로 백화점, 쇼핑몰, 고급호텔로 구성된 다롄의 최대 상권인 칭니와(F), 시왕 광장(G)이 위치한다. 이 일대에는 외국인을 위한 각종 주거시설, 병원, 레스토랑, 술집이 밀집해있다. 무엇보다 다롄의 도심에는 일본인을 위한 서비스를 제공하는 곳이 많다. 예컨대 시왕 광장에서 다롄 시청(b)으로 가기 전에 일본계 사무실이 집중된 션마오 빌딩(d), 일명 '모리 빌딩'이 있다. 도쿄에 본사를 둔 모리 빌딩 주식회사에서 설립한 이 건물은 1996년에 완공된 이후, 일본영사관 다롄 영사사무소, 일본무역기구 다롄 사무소, 다롄 일본상공회, 지역 사무소, 항공사 등 도심의 일본기업이 대거 입주해있다. 건물의 뒤에는 '모리 빌딩 거리(森ビル通り), 어서오세요(いらっしゃいませ)'라는 일본어 간판이 붙어있는 식당가가 조성되어 있다. 니코 호텔(大連日

〈그림 6〉 다롄 역(2013년 11월)

〈그림 7〉 다롄 국제회의장(2015년 10월)

〈그림 8〉 '모리 빌딩'의 뒷골목
(2015년 3월)

航飯店, Nikko hotel Dalian)이나 샹그릴라 호텔(大連香格里拉大飯店)에는 일본인 단기체류자가 숙박할 뿐만 아니라, 호텔 경영 레지던스에는 기업 주재원들이 거주한다. 따라서 민주 광장(C) 일대의 일본어 간판이 즐비한 식당가에는 근처에서 일하거나 거주하는 주재원들이 저녁시간을 보내는 것으로 잘 알려져 있다.

시안루(I)는 다롄 역에 버금가는 교통의 요충지로, 도심 확장을 위한 '서탁북진(西拓北進)' 정책에 따라 2001년부터 개발한 곳이다. 시안루 역에서는 지하철 1, 2호선의 환승이 가능하다. 랴오닝 사범대학(h)과 다롄 교통대학(i)에 다니는 젊은 층을 대상으로 한 비교적 저렴한 상권이 형성되어 있다. 다롄을 시작으로 중국 전역으로 진출한 따상 그룹(大商集團)의 마이카이러(麥凱樂)와 중저가 상품을 취급하는 백화점 바이성(百盛) 등이 있으며, 유니클로, ZARA, H&A가 입점해있다.

〈그림 9〉 다롄 소프트웨어파크(2015년 3월)

다롄 소프트웨어파크(J)와 다롄 하이테크파크(K)에는 다롄 해사대학(e), 다롄 이공대학(f), 둥베이 재경대학(g)이 입지해 있어 인력수급이 용이하고, 휴렛팩커드, IBM, 파나소닉, 소니, NTT 등 글로벌 기업이 집적해 있어 단지(團地) 내 아웃소싱이 유기적으로 이루어진다. 아울러 이곳에서 근무하는 사람들을 대상으로 인근에 거대한 주거 및 상업공간이 형성되고 있다. 2013년에는 다롄에서 중국 전역으로 확산된 대형 쇼핑몰인 완다 광장(万達廣場)이 건설되었고, 피자헛, 스타벅스뿐만 아니라 각종 일본음식점이 입점한 루안징 광장(軟景廣場)이 있다.

소프트웨어파크(DLSP)[2]는 2004년 24동 규모로 건설된 정보서비스산업 기술단지로 단기임대(1~3년)로 운영되고 있다. 경영자는 베이징이공대학(北京理工大學)을 졸업한 다롄 출신자이다. 당초 '중일정보서비스, 중일소프트웨어개발기지'로 출발해 건설에서 임대까지 파나소닉, 히타치, 스미토모 부동산(住友不動産) 등 일본기업과 연계했다. 초기에는 파크 차원에서 단지 내 중국인들에게 일본어강좌를 열기도 했다.

2010년 이후 '아시아태평양 정보서비스센터'로 전환해 한국과 러시아로 사업대상을 확대하고 있지만, 여전히 일본기업이 중심이다. 2015년 현재 단지 내 일본어 사용자는 3만 명이 넘는다. 주요업무는 일본회사의 ITO(Information Technology Outsourcing)나 BPO(Business Process Outsourcing)이다. 제조업과 마찬가지로 다롄에서는 연구개발보다 단순 제작과 테스트만을 담당한다. 2014년 현재 입주기업은 약 400사로 절반은 중국계, 약 100사가 일본계, 나머지는 구미와 인도계이다. 다롄 진출 일본계 정보서비스분야의 80% 정도가 이곳에 입주해 있다. 한편 한국과 조선족 IT관련 기업들은 하이테크파크의 나미 빌딩(納米大廈)과 포스코웨이(浦項道)에 입주해있다.

다롄 일본인학교(k)는 2014년까지 도심의 해변에 위치해 가족동반

이주자의 경우 푸지아좡(M)의 고급 타운하우스에 많이 거주했다. 다롄에서는 모리 빌딩 주식회사, 니코 호텔 외에도 다이와하우스(大和ハウス), 미츠비시 상사(三菱商社), 스미토모 부동산 등의 일본계회사가 주택건설 시장에 참여하고 있다.

도심에서는 일본이 아닌 다른 국적의 존재감은 잘 드러나지 않는다. 민주 광장이나 다롄 역 근처에서 한국어간판을 만날 수 있지만, 집거지나 상권으로 알려진 곳은 없다. 인터뷰조사에 의하면, 단기 방문자는 항구에서 가까운 강안 광장(D)에 머물고, 장기거주자의 경우 산빠 광장(O) 근처의 아파트를 임대해서 살고 있기 때문에 그곳들을 중심으로 한국인 대상의 서비스업이 산재해 있는 정도이다. 조선족의 경우에도 칭다오와 달리, 집거지가 없어서 부녀회, 노인회 등의 모임을 형성·유지하기가 쉽지 않다고 한다.

〈그림 10〉 민주 광장의 식당과 술집(2015년 10월)

Ⅲ. 개발구

개발구는 1984년 9월 25일 국무원의 정식 비준을 받고 같은 해 10월 15일에 착공했으며, 1988년부터 입주와 조업이 시작되었다. 앞서 살펴본 것처럼 다롄의 경제발전에 외자기업의 역할이 상당했고, 기업유치에 개발구의 역할은 중요했다. 초기에는 공업지, 주택지, 상업지 등 용도별 공간편성과 더불어, 일본공업단지, 대만공업단지 등 국적별 편성을 추진했다. 하지만 이어서 소개할 다롄 공업단지의 사례를 통해서도 알 수 있듯이 모든 것이 계획대로 실현되지는 않았다. 그럼에도 불구하고 다롄 개발구는 전국적으로도 성공적인 사례에 속한다. 일본의 대규모 제조업은 대개 개발구에 진출했고, 〈그림 12〉의 ⓒ와 같은 주택단지, 사무건물 등이 일본자본으로 조성되었다.

〈그림 11〉 개발구 전경(2013년 11월)

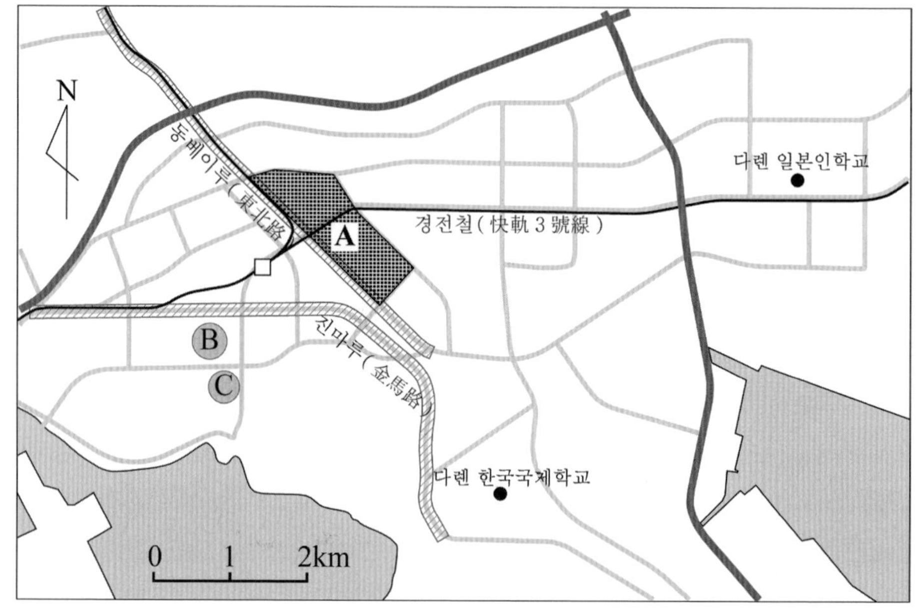

〈그림 12〉 다롄 개발구

Ⓐ 다롄 공업단지(大連工業團地) Ⓑ 코리아타운(韓國風情街) Ⓒ 일본인 집거지

2004년 진스탄 관광구, 2005년 수출가공구와 합병되고, 2010년에는 '진저우 신구(金州新區)'로 통합되었다. 1990년대 중반부터 도심에서 개발구로 이어지는 고속도로를 건설하는 등 교통인프라 정비가 시작되었고, 2002년에 경전철이 건설되었다. 다음으로 개발구의 대표적인 공간인 다롄 공업단지에 대해 소개하고자 한다.

다롄 공업단지[3]는 중일민관합동기획으로 건설한 중소기업 진출을 위한 대규모 공업단지로, 사업모체는 중일합작 '다롄 공업단지개발관리유한공사(大連工業團地開發管理有限公司)'이다. 투자금액 6,250만 달러, 자본금 1,250만 달러로, 개발구에서 20%, 일본정부를 대표하는 해외경제협력기금(일본투자액의 70%)과 민간기업(일본투자액의 30%)이

공동 출자해서 설립한 다롄 공업단지투자주식회사(大連工業團地投資株式會社. DIPIC)가 80%를 출자했다. 민간기업은 이토츄 상사(伊藤忠商社), 마루베니(丸紅), 도쿄 은행(현재 三菱東京UFJ銀行), 미쓰비시 상사(三菱商社), 일본 공업은행(현재 みずほ銀行) 등 22사로 구성된다. 개발면적은 2.1695제곱킬로미터, 분양면적은 1.847제곱킬로미터로 2002년에 분양을 완성했다.

이것은 1988년 10월 일본정부파견의 '제2회 중국투자환경시찰단(中國投資環境視察團)'이 다롄을 방문했을 때, 다롄 시장 웨이푸하이(魏富海)가 일본 중소기업 유치를 위한 공업단지 건설에 대한 협력을 요청한 것이 그 출발점이었다. 1990년 일본입지센터(日本立地センター)의 전문가가 다롄을 조사한 후 긍정적인 보고서를 작성하고, 이듬 해 11월에 일본 측 다롄 공업단지 프로젝트위원회와 개발구관리위원회

〈그림 13〉 외국인 별장구(2013년 11월)

간 투자관련 세부사항에 대한 합의를 도출했다.

중앙정부도 적극적으로 지원해, 중국 최초로 50년간의 토지사용권을 일본기업에 양도하는 것을 허가했다. <그림 14>는 다롄 호텔에서 열린 양도계약서 조인식으로, 2007년 계약완료 기념으로 간행된 『다롄 공업단지 15년사』에서 발췌한 것이다. 1992년 10월 4일 베이징(北京)에서 정부 인사들이 참석한 가운데 정식으로 조인식을 가진 후 10월 19일에 다롄 공업단지 기공식을 개최했다. 요컨대 이 프로젝트는 '중일국교정상화 20주년 기념사업'이라는 명목 아래 양국 정부 간 협력에 의해 추진된 것이다.

〈그림 14〉 다롄 공업단지 국유토지사용권 양도계약서 조인식.
1992년 10월 20일, 다롄 호텔

1993년에는 다롄 시청과 일본무역진흥기구가 공동으로 기타큐슈

(北九州. 5월 19일), 오사카(大阪. 5월 21일), 도쿄(東京. 5월 24일)에서 '다롄 시 투자상담회(大連市投資商談會)'를 개최했다. 이곳에는 보시라이(薄熙來) 다롄 시장을 비롯한 중국 측 인사 약 300명이 참석했고, 일본에서도 통상산업성, 외무성, 대사관이 협력했다. 이것을 시작으로 1994년까지 일본의 주요도시에서 약 30회에 걸친 '다롄 공업단지 투자 세미나'를 개최했다. 아울러 60여 개의 일본 유력기업체를 방문해 투자유치 상담을 추진했다. 1995년 9월부터는 입주기업의 중국인 사원을 대상으로 중견간부 육성을 위한 트레이닝센터를 설치해 일본어연수 강좌를 열었고, 이것은 분양이 완료되는 2002년 말까지 지속되었다.

하지만 실제 분양은 시장의 역동성과 정책변동으로 난항을 겪는다. 1990년대 중반 일본의 '버블경제 붕괴'뿐만 아니라, 중국의 외환법, 관세법 및 산업정책이 재정과 개정을 반복해 투자환경의 불확실성을 상승시켰다. 예를 들어 1996년 4월에 외자기업 생산설비 수입관세의 면제제도가 철폐되었다. 게다가 통상 일본기업의 해외진출 촉진요인으로 작용하는 엔고 현상(1달러=79.75엔)이 엔 거래를 기본으로 하는 이 단지에는 부정적으로 작용했다. 상하이 부근, 인도네시아, 필리핀 등 달러 거래에 기반한 지역과의 경쟁에서 밀렸기 때문이다. 1995년 말까지는 분양면적 비율이 45.5%로 비교적 순조로웠지만, 1996년 초에서 1997년 말까지 판매면적이 9.8% 정도밖에 증가하지 않았다(총면적의 55.26%).

일본 측에서 다롄 공업단지 내의 우대정책을 지속적으로 요구해, 1998년 1월 외자기업 기계설비 수입관세 면제제도가 다시 부활했지만 판매 실적은 한 건, 면적비율은 0.6% 증가(총면적의 55.85%)에 그쳤다. 1990년대 말에는 대출금 반환은 물론, 이자를 내는 것도 힘들어져 다롄 시, 해외경제협력기금, 민간금융기관과 교섭해 자본금 변제 유

〈그림 15〉 다롄 공업단지의 일본기업(2015년 10월)

예를 받고, 일본인 주재원을 줄이는 등 예산 삭감을 진행했다. 이러한 분양부진에 대해 중국 측에서는 일본 측의 노력 부족으로, 일본 측에서는 남방 지역보다 떨어지는 다롄의 지역적 우위와 그것을 상쇄할 우대정책이 없기 때문이라고 주장했다.

하지만 양국우호를 내걸고 시작한 사업이기 때문에 각 기관의 협력으로 투자유치활동을 지속할 수밖에 없었다. 2000년 이후 아시아 금융위기의 타격에서 회복되면서 중국 투자에 대한 관심이 다시 증가했다. 2001년 입주기업 중 최대 규모인 토스템(大連通世泰建材有限公司)과의 계약체결을 전환점으로 2002년에 차입금 변제와 분양을 완료했다. 2007년 10월 관리회사의 합작기간이 만료될 당시 일본계 63사, 중국계 8사, 미국계 3사, 한국계 1사, 독일계 1사로 모두 77사가 입주했고, 주요 업종은 반도체, 전자정보, 광학기기, 기계가공, 건축자재, 의료기기, 식품이었다. 총 투자금액은 약 13억 달러로 다롄 개발구 일본기업 투자액의 30.8%를 차지한다. 2007년 말 현재 현지고용인이 약 3만 2천 명, 외국인 주재원이 약 3백 명이었고, 15년간 시찰·조사 목적으로 방문한 단체가 약 500개, 기업이 약 740사였다. 단지조성으로 일본 내 다롄의 지명도를 높였고, 궁극적으로 다롄의 고도성장을 촉진했다. 2005년 자료에 따르면 이 단지에는 개발구 납세 100위 기업 중 49사, 판매액 100위 기업 중 64사가 입주했다.

〈그림 16〉 개발구의 성격변화 (2015년 10월)

이상의 다롄 공업단지는 정치적 협력이 경제관계에 미치는 영향과 한계를 잘 보여준다. 실행단위인 지방정부의 협력에도 불구하고, 중앙정책 변동, 시장의 역동성, 그리고 다롄의 지역적 비교우위가 한계로 작용했다. 그래도 그 정치적 명분이 난항 속에서도 프로젝트를 지속할 수 있는 기본 동력이 되었다는 것도 간과할 수는 없을 것이다.

Ⅳ. 나오며

마지막으로 다롄의 공간 변화를 상징적으로 보여주는 두 개의 장면을 소개하고자 한다. 〈그림 17〉과 〈그림 18〉은 2015년 봄에 도심에서 개발구로 이전한 일본인학교를 찍은 것이다. 보다시피 학교 외벽의 현판자리는 비어있고, 대문과 유리문을 통과한 실내에 '다롄 일본인학교'이라는 것이 붙어있다. 이것에 대해 학교 이전을 추진한 다롄 일본상공회 일본인학교 이사회 관계자는 다음과 같이 설명했다. "(현판을) 걸 수 없습니다. 걸지 않았습니다. 주변이 주택지라서. (중략) 센카쿠 때 문제도 있었고...... 주변이 아파트 단지라 평소에는 안전하겠지만, 그래도 어떤 일이라도 생기면 무섭기 때문에, 가능한 한 눈에 띄지 않게 하고 있습니다."

앞서 소개한 것처럼 다롄의 도시화와 산업화 과정에서 일본의 협력을 이끌어내기 위해 다롄 호텔과 같은 역사적 공간이 적극적으로 활용되었고, 개발구라는 무(無)에서 유(有)가 탄생하는 과정에서도 일본의 개입으로 다롄 공업단지와 같은 공간이 건설되기도 했다. 하지만

〈그림 17〉 다롄 일본인학교 외관
(2015년 10월)

〈그림 18〉 다롄 일본인학교 내부
(2015년 10월)

이 일본인학교와 같은 정치적 갈등을 내포하고 있는 사례가 존재하는 현실도 무시할 수는 없을 것이다.

〈그림 19〉와 〈그림 20〉은 2013년 11월과 2015년 3월에 〈그림 12〉의 Ⓑ개발구 코리아타운의 입구를 촬영한 것이다. 이 길의 양쪽 끝에 있던 '코리아타운'과 '한국풍경가(韓國風情街)'라는 현판이 2015년에는 사라졌다. 필자의 현지조사에 의하면, 이 현판은 한국기업이 자금을 모아 한국 상점이 밀집한 이 거리를 알리기 위해 세운 것이다. 실제 개발구 거주민들은 이 거리를 코리아타운이라고 부르고 있었다. 현판이 없어진 것에 대해 이곳에서 식당을 경영하는 한국인은 다음과 같이 말한다. "통행에 방해된다고 없앴어요. 앞으로는 안 할 거 같아요. 이런저런 이유가 있겠지만, (중략) 이제 우리가 필요 없다는 거겠죠."

지금까지 살펴본 것처럼 경제개방 과정에서 역사적 공간이 활용되고 새로운 공간이 만들어지기도 하지만, 개발구의 코리아타운처럼 공간의 공적 의미가 사라지기도 한다. 한편 산업구조 변동에 따른 전면 개혁을 앞둔 다롄에서 이러한 변화는 더욱 역동적으로 진행될 것이라

〈그림 19〉 개발구 코리아타운 (2013년 11월)

〈그림 20〉 개발구 코리아타운 (2015년 3월)

예상된다. 〈그림 15〉의 다롄 공업단지에 입주한 일본 제조공장 뒤로 보이는 고층의 상업 및 주거시설(〈그림 16〉이 그 고층빌딩의 전면이다)은 이 변동을 예고하고 있다. 다롄의 도시공간이 어떤 변화를 겪을지, 이 과정에서 타자 간 관계는 어떤 모습으로 드러날지는 앞으로 중요한 연구과제가 될 것이다.

구지영 | 한국해양대학교 국제해양문제연구소 HK연구교수

▣ 주

1) 다롄도 자가용과 가전제품의 보유율이 급격히 증가하고 있다. 100가구 당 보유 대수를 보면 평균적으로 자가용은 네 가구에 한 대, 텔레비전과 냉장고는 한 가구에 한 대, 휴대전화는 각 가구당 두 대를 보유하고 있다는 것으로 집계된다. 大連統計年鑑(2013)의 자료를 日本貿易振興機構 大連事務所(2015.03), 『大連スタイル』에서 재인용.
2) 다롄 소프트웨어파크에 대한 내용은 이곳 일본담당 고문인 TM 씨에 대한 인터뷰 내용을 정리한 것이다(2015년 3월 17일과 2015년 10월 19일).
3) 다롄 공업단지에 관해서는 大連工業団地開発管理(2007), 『中日合弁大連工業團地15年史: その概要と軌跡』과 입주한 일본기업의 인터뷰 내용으로 구성했다.

16.

현대 다롄의 항만과 해양경제, 그리고 도시발전

우양호 · 김상구

Ⅰ. 들어가며

현재 중국의 다롄(大連)은 개념적으로 근대 이후의 해항도시(海港都市, sea port city), 외형적으로는 현대 항만도시(港灣都市, port city)의 전형적 특징을 내포하고 있다. 원래 해항도시는 바다를 인접한 항만이 담당하는 기능에 크게 의존하고 있는 일종의 교역도시(交易都市)를 말한다. 해안에 위치하고 있는 해항도시는 육지의 내륙도시(內陸都市), 강안의 하안도시(河岸都市)와 함께 근대 국민국가 체제를 구성하는 중요한 유기체적 구성부분이 된다.[1] 해항도시는 일련의 내륙도시 성장과 대비되는 독특한 양상을 나타내고 있기도 한데, 기본적으로 바다에 인접하면서 항만이 담당하는 기능에 크게 의존하고 있으며, 주로 교역과 교류, 개방성 등의 도시특성을 가지고 있다. 다롄은 이러한 특성을 전형적으로 보여주고 있는 해항도시이다.

동아시아 핵심국가인 중국의 둥베이 지방에서 가장 큰 해항도시인 다롄은 1970년대 이후부터 지금까지 국가 및 둥베이 삼성(遼寧省, 吉

林省, 黑龍江省)의 경제성장에 크게 기여했던 도시들 중의 하나로 평가되고 있다. 그 이유는 개혁개방 이후, 고도로 대외 의존적이었던 중국의 수출주도형 경제성장 구조에 있어 다롄이라는 해항도시가 가진 항만은 원자재 수입 및 완제품 수출을 위한 관문기능을 담당했기 때문이다. 다롄은 지난 1984년에 중국 중앙정부가 공표한 14개 연해개방도시 중의 하나로, 대략 110년이 넘는 도시건설의 역사를 가지고 있다.

지금의 다롄은 창싱다오(長興島) 공업지역을 중심으로 제철 및 조선 산업이 발전하고 있으며, 한국의 STX조선 및 포스코(POSCO), 현대LCD, 두산중공업 등의 주요 기업들이 현지 투자하고 있는 중요한 거점도시이기도 하다. 다롄에는 현재 한국기업이 약 2,125개 정도가 진출해 있으며, 투자액은 약 25억 달러에 달한다. 그러나 이러한 역사적, 현재적 중요성에도 불구하고 다롄의 항만시설과 운영에 관한 자료는 근래까지 체계화되지 못했고, 항만의 부가적인 지역경제효과에 대해서도 공식자료가 생산되지 않고 있다. 따라서 중국은 국가는 물론이거니와 다롄이라는 도시 스스로도 항만과 해양경제, 도시발전의 상관성이 모호한 실정임을 역설적으로 인정하고 있는 형국이다.

현재 북중국의 환발해권(環渤海圈), 동중국의 창장(長江) 삼각주 및 남중국의 주장(珠江) 삼각주 등은 중국 입장에서는 국가적으로 중요한 3대 경제권이다. 즉 산업 · 물류 관련 비즈니스 기능을 3대 경제권을 중심으로 집중하여 경제성장을 추진하고 있는 것이다. 그런데 최근에는 중국의 국가발전전략의 축이 점차 동부에서 북부로 옮겨감에 따라, 북중국 환발해만의 다롄 항이 많은 주목을 받고 있다. 특히 최근에는 상하이 항(上海港)에 이어서 중국 제2의 물류중심항이 되기 위해, 다롄을 위시한 항만들 사이에서는 치열한 경쟁이 벌어지고 있다. 이러한 가운데, 다롄 항은 지정학적, 역사적으로 항만 고유의 특색 있는 색깔과 산업이 존재하며, 다른 항만이 대체할 수 없는 특징을 가지고 있다.

특히 1990년대 이후부터 현재까지 약 20년 동안 다롄 항은 명실공히 중국 5대 항만의 하나가 되었으며, 북중국 최대의 대외무역항으로 급속히 변모하였다. 이러한 발전상은 다롄의 항만과 해양경제, 그리고 도시발전의 관계를 연구하는 대상으로 충분히 매력적이다. 요컨대 다롄과 같은 특수성 있는 해항도시에 있어서 항만을 중심으로 한 해양경제와 도시의 경제발전은 불가분의 관계에 있을 것으로 생각된다. 따라서 항만과 해항도시가 서로 상생 발전하고 경쟁력을 높이기 위해서 우리는 중국 다롄의 사례에서 해항도시에 대한 항만의 경제적 효과와 그 원인을 정확하게 이해해 볼 필요가 있다.

Ⅱ. 다롄과 항만의 지정학적 의의

1. 근대 이전 다롄 항의 위치

중국 둥베이 삼성 중 랴오닝 성(遼寧省)에 위치한 다롄은 중국 역사에서 변방에 속하는 지역으로 중국인의 인구분포가 상대적으로 희박한 지역이었다. 다롄은 중국의 전통사회에서 역사적으로 크게 주목을 받지 못한 변방이었고, 청나라 왕조의 행정시설조차 설치되어 있지 않았던 소규모 어촌에 불과하였다. 그러나 근대 이후 다롄은 역사적으로 랴오둥 반도(遼東半島)의 중심지 역할을 하기 시작했으며, 하얼빈으로 연결되는 남만주철도의 시작점이 되기도 하였다. 특히 근대 해항도시로서의 다롄은 러시아의 남하정책과 일본의 중국진출이 서로 격돌하게 된 대표적인 접촉과 갈등의 공간이었다.

구체적으로 1894년 청일전쟁에서 일본이 승리한 이후, 일본이 랴오둥 반도를 할양 받고자 하였지만, 러시아, 프랑스, 독일의 공동 개입으로 좌절되었고, 1898년 러시아가 이 지역을 조차 받았다. 1898년 이후부터 러시아가 다롄의 항만을 개발하기 시작하면서, 비로소 근대 해항도시로서 본격적인 발전을 하게 되었다. 이후 1904년 러일전쟁이 발생하기 전까지 다롄은 '달니(Dalny, 멀다라는 뜻)'라는 이름으로 러시아의 손에 의해 근대 해항도시로 개발되고 있었다.[2)]

1904년에 발발한 러일전쟁에 의해 동년 5월 말에는 일본군이 다롄에 입성을 하였으며, 전후 1905년에 「포츠머스조약」을 맺어 러시아가 일본에게 다롄의 조차권을 양도했다. 이후 다롄은 일본인들의 손에 의해 도시개발이 지속되어, 근대 해항도시로서 완전한 면모를 갖추게 된 것이다. 그 이전에 일본과 다롄 간에는 특별한 역사적 관계가 거의 없었지만, 이 시기부터 다롄은 일본의 반(半)식민도시로 변하였다.

러시아 조차시대의 다롄에는 현재 다롄 역의 동쪽지역에 일부의 건축물만이 생긴 상태였다. 그러나 일본은 다롄을 러시아로부터 넘겨받은 후에, 군사적 거점이자 무역도시로 발전시키기 위해서 관동도독부와 남만주철도와 같은 사회간접자본에 대한 정비를 전략적으로 속행시켰다. 이어서 1945년 제2차 세계대전 말기에 소·일 중립조약을 파기하고 소련이 참전하여 다롄을 점거하게 되었고, 이후 소련은 다롄항을 뤼순 항 및 남만주철도와 함께 계속해서 자국의 관리하에 두었다. 이 때문에 다롄이 중화인민공화국 정부에 완전히 반환되는 것은 1951년의 일이다. 1951년에 다롄은 뤼순을 합병하여, 상당기간 동안은 지역명을 뤼다(旅大)라고 개칭하기도 하였으나, 1981년에 원래의 명칭인 다롄으로 되돌렸다. 그 이후 다롄은 1990년대의 개혁개방 경제체제 아래, 중국 동북부 내에서도 특히 눈부신 경제적 발전을 이루게 되었고, 지금에 이르고 있다.

〈그림 1〉 근대 다롄 항의 모습(1901년과 1945년)

과거 러시아와 일본이 집중적으로 도시를 건설하였던, 다롄 만(大連灣)의 자유무역항은 초기 토착인구가 미미한 지역이었다. 이러한 이유 때문에 근대 이후 다롄에서는 토착민, 원주민 사회와의 갈등을 상대적으로 줄이면서 전체 도시공간에 대한 과감한 정비계획을 수립하고, 비교적 빠르고 수월하게 현대적 항만과 도시를 계획, 건설할 수가 있었다. 그러다보니 도시의 전체면적이라든지 개별 건축물들의 규모는 크고 화려하게 변하였다. 반면, 근대 초기까지 랴오둥 반도의 전통적 행정중심이었던 진저우(錦州)는 쇠퇴해 갔고, 청나라 무역상이 많이 왕래하였던 잉커우(營口)의 항만경제도 자유무역항인 다롄이 생기면서 자연히 쇠퇴하게 되었다.

이와 같은 역사적 배경에서 다롄은 중국에서도 일련의 내륙도시 성장과 대비되는 독특한 양상을 나타내고 있다. 근대 이후 다롄이라는 도시의 경제성장의 역사에서 항만이 도시경제에 미친 긍정적 효과는 부정할 수 없을 것이다. 주변이 바다인 탓에 다롄은 중국 둥베이 삼성의 내륙도시들과는 다르게 고유한 항만의 존재와 그 혜택을 보고 있으며, 이를 통해 경제적 부가가치의 창출능력을 부여받아 왔다. 그리고 앞으로도 다롄의 항만은 기업, 국가뿐만 아니라 도시경쟁력 향상의 근본요인으로 취급될 가능성이 크다고 생각된다. 따라서 오늘날 다롄이 항만이 가진 경제적 편익(economic benefit)과 장점을 충분히 활용한다면 향후 지속가능한 발전의 영광을 창조하는 것은 어렵지 않을 것으로 생각된다.

2. 현대 다롄 항의 지정학적 의의

역사적으로 다롄 항은 1899년에 개항한 중국에서 세 번째로 큰 항구이며, 중국 둥베이 지방의 최대 무역항이다. 지금 다롄은 랴오닝 성, 지린 성, 헤이룽장 성의 관문역할을 수행하면서 둥베이 삼성이 배출하는 해상 물동량의 약 90% 정도를 처리하고 있다. 둥베이 삼성은 중국의 전통적인 중화학 산업기지로서, 특히 1960년대 이후 중국 경제발전에 크게 기여하였다. 여기에 속한 다롄과 다롄 항은 한반도, 일본 열도, 러시아 극동지역을 포함한 동북아시아 지역의 중심에 위치해 있을 뿐만 아니라, 국제 및 국내 경제구역의 합류점에 위치한 중국 북부의 중요한 해항도시이자 항만이다. 근대 이후의 다롄은 중국 북방의 가장 중요한 해항도시이며, 동북아시아 국제항운의 중심지이자, 국제물류의 중심기지로서의 위상을 가지고 있다. 현재 다롄은 중국의 부성급 도시로서 여섯 개의 구(區), 세 개의 현급(縣級) 시(市), 하나의 현(縣)으로 구성되어 있다. 구체적으로 중산(中山), 시강(西崗), 샤허커우(沙河口), 간징쯔(甘井子), 뤼순커우(旅順口), 진저우(金州)의 여섯 개 구와 와팡뎬(瓦房店), 푸란뎬(普蘭店), 좡허(莊河)의 현급 시, 창하이 현(長海縣)으로 이루어져 있다. 다롄의 대외개방지구로는 국가급 개발구(開發區)로서 보세구, 하이테크단지, 창싱다오(長興島) 개발구, 화위안커우(花園口) 경제구 등이 소재하고 있다.

대외적으로 중국 북방지역 최대 무역항인 다롄 항은 중국 랴오둥 반도 남단에 위치하는 항으로 중국, 한국, 일본, 러시아의 영향권에 속해 있어 전략적으로 매우 중요한 위치에 있다. 먼저 항만의 입지적인 측면에서 해항도시 다롄은 대외적으로 넓게 보면 동북아시아 경제권역과 환발해경제권의 중심에 위치하고 있으며, 좁게 보면 산둥 반도와 마주한 중국 둥베이 경제권의 중심에 위치하고 있다. 또한 다롄의 항만은 해상운송 부문에서 한국과 일본, 그리고 중국의 창장 삼각주, 주장 삼각주 등의 경제발달지역 및 북한, 몽골, 러시아 등의 경제접경지역에서 중추적인 교역무대로서의 역할을 수행하고 있다.

지정학적으로 현재의 다롄 항은 둥베이 지방 최대의 대외관문 무역항만이다. 따라서 중국 둥베이 지방에서는 단연 다롄 항의 지리적 우위가 가장 크다. 물론 중국의 최대 무역항인 상하이는 그 경쟁력과 영향력이 매우 크지만, 일단 환발해 지역에 진입하면 지리적 위치에서 그 이점이 많이 사라지기 때문이다. 중국의 입장에서는 북부지역의 화물이 다롄 항과 다야오 만(大窯灣)을 통해 전 세계에 수출하는 것이 가장 효과적인 방편이다. 게다가 1980년대 이후 둥베이 삼성은 산업구조조정에 들어가 현재 주력산업은 석유화학, 석탄, 철강, 장비제조, 자동차, 조선, 정보전자, 농업 등으로 나타나고 있다. 이러한 가운데, 다롄의 항만 수출·입 화물의 총액은 이들 둥베이 지방 중화학 수출입 화물총액의 약 3분의 2가량을 차지하고 있는 것이다. 내몽골 지역에서도 해외로 수출·입 되는 물동량의 상당부분이 다롄을 통과하고 있다.

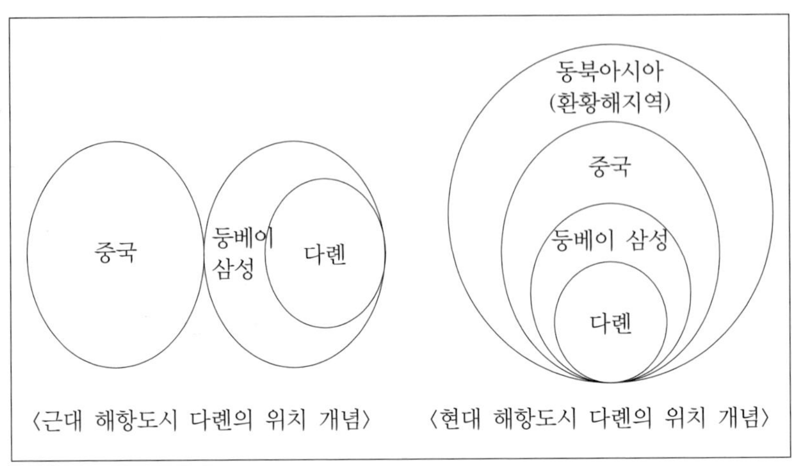

〈그림 2〉 근대와 현대의 다롄 항의 지정학적 위치개념의 변화

국제지정학적인 의미에서 보면, 다롄과 다롄 항은 한국, 일본, 러시아의 영향권에 속해 있어 외교전략 상으로 매우 중요한 위치에 있기도 하다. 중국의 둥베이 삼성과 옌볜 조선족자치주(옌지, 룽징, 화룽, 투먼, 훈춘, 둔화, 안투, 백두산 등지)에 거주하는 중국인들은 북한의 함경북도와 러시아에 가로막혀 동해를 볼 수 없다. 현대 교통의 발달에도 불구하고 항구나 바다를 직접 보기 위해서는 가장 가까운 다롄으로 무조건 와야 하고, 이것은 다롄이 여전히 주변 인구와 물자이동의 필수적 관문역할을 하고 있음을 단적으로 상징하고 있다.

보다 구체적으로 근대 이전과 이후의 다롄 항의 위치개념 변화를 살펴보면, 전자의 경우에 근대 이전의 다롄은 중국의 둥베이 지방에 속한 하나의 도시였고, 주변과의 소통이나 사람과 물자의 이동도 극히 드물었다. 그러나 후자의 경우 현대에 들어와서는 이야기가 달라졌는데, 오늘날의 다롄과 다롄 항은 둥베이 삼성에 속한 도시에서뿐만 아니라 중국 본토 전역과의 교류와 교역을 하고 있으며, 인접 접경

지역에서도 인구들이 이동하고 있다. 나아가 다롄은 인구와 물자의 장거리 이동성을 기반으로 동북아시아 환황해 초국경 지역 및 환발해 경제권의 핵심지역으로 부상하고 있다. 이러한 다롄과 항만의 위치개념 변화는 비교적 100년 이내의 단기간에 급속하게 이루어진 점도 특징적이다. 즉 근대 해항도시로서 다롄의 위치개념과 현대 해항도시로서 다롄의 위치개념은 서로 확연한 차이를 보여준다.

한편, 다롄에서 항만의 지정학적 현황을 살펴보면, 지형적으로 다롄 항은 최대 컨테이너 심수항이면서, 해안선의 자원이 풍부하고 지질도 좋은 편이다. 다롄의 항만은 평균 수심이 약 13~14미터이고, 최대 수심이 약 33미터 정도이다. 대형 컨테이너 선박이 출입할 수 있는 항만의 기본 조건은 항로와 수심이 약 14미터 이상은 되어야 하는데, 다롄 항은 이런 조건을 잘 구비하고 있다. 또한 다롄의 항만은 그 관할 수역이 약 346제곱킬로미터이고, 항만의 육상면적은 약 10제곱킬로미터이다. 이러한 자연조건은 현대적 항만이 갖추어야 할 선박의 대형화 추세에 알맞고, 향후에 항만의 규모를 확대하기 위한 발전의 여유 공간도 가질 수 있도록 만든다.

또한 다롄에서 항만은 다른 교통수단인 전용철도와 연결되어 그 연장은 약 150킬로미터에 달하며, 이는 다시 다롄과 창춘(長春) 간을 주간선으로 하고 둥베이 삼성의 주요 도시를 연결하는 화난(華南) 철도망과 연결되어 있다. 다롄 항은 컨테이너뿐만 아니라 원유, 식량, 석탄, 화학 등의 특수대형화물을 다루기 위한 전용 선석도 갖추고 있다. 즉 다롄의 항만은 육상 교통망의 발달로 인하여, 국제물류 시장에서의 우세를 갖추고 있는 것이다. 이는 현재 트럭 운송망도 철도와의 연계 운송이 가능하게 되어 더욱 이점이 높아졌으며, 둥베이 삼성의 전체 지역은 다롄 항에서 각종 육상교통망으로 용이하게 연결이 되고 있다. 다롄 국제공항은 2014년 기준으로 약 84개 노선을 운영 중이며 국내적으로는 76개 도시, 해외에는 10개 도시와 연결이 되어 있으며, 향후 이를 더 확장하는 신공항 건설 프로젝트가 추진되고 있다. 이는 세계적인 해항도시들이 공통적으로 가진 '3-port(sea-port, rail-port, air port)' 체제를 다롄도 함께 완성해 간다는 의미해서 향후 도시의 발전과 세계화에 매우 긍정적인 신호로 해석된다.

Ⅲ. 다롄의 주요 산업과 지역경제

다롄은 이미 중국의 둥베이 지방에서 종합적인 지역경제수준이 가장 높으며, 대외개방 정도도 가장 높은 도시이다. 예를 들어 다롄은 현대화된 국제도시표준과 지속 가능한 발전전략의 요구에 따라 전면적으로 도시기초시설과 환경시설 건설을 강화하였으며, 도시기능과 시민들의 정주환경을 전면적으로 개선하기 시작했다. 1994년부터 전면적으로 저개발지구, 판자집촌, 구도심 등을 개조하면서 약 10여만 시민들이 신시가에 들어갈 수 있게 조처하였으며, 1995년부터는 약 160개 기업을 이전하여 600여만 평방미터의 토지를 비우고, 이를 서비스 산업시설과 주택단지, 광장 및 공원건설에 사용하였다. 1996년부터 현재까지는 다롄 관내의 불법건축물을 철거하고 녹지건설을 중점으로 하여 도시면모를 개선하고 있다. 현재 다롄의 도시 광장은 58개, 도시공원 41개, 도시녹화를 위한 복개율은 약 45%에 달하고, 이는 중국의 다른 도시에 비해 상대적으로 양호한 수준으로 평가되고 있다. 그리고 최근 중국 정부로부터 환경보호 모범도시와 관광도시 등의 칭호를 받은 바 있다.[3)]

이렇듯 최근 개방과 개발로 현대화된 해항도시인 다롄의 지역경제를 지탱하는 주요 산업은 전통적으로 제조업 분야에 집중되어 있는 상태이다. 다롄의 지역경제를 좌우하고 있는 주력산업은 기계(기관차, 컴퓨터제어 공작기계, 보일러, 광학기계 등), 조선, 석유화학, 야금, IT, 전기 · 전자부품, 제약, 식품, 건축자재, 방직, 의류, 신발 제조업 등이며, 관광 및 컨벤션 산업 등이 일부 나타나고 있다. 이외에 무공해 농산물 재배, 수산물 양식 및 가공, 축산업 및 식품가공업 등의 산업기반이 일부 조성되어 있다. 산업을 위한 기초시설인 용수와 발전량은 중국 내 도시 중에서도 손꼽힐 정도로 풍부하며, 현대화된 컨테이너 부두와 국제공항, 고속도로와 철로, 통신 인프라 등이 구축되어 있다. 다롄은 이미 둥베이 지방 최대의 국제결제센터가 되었으며, 국외 100여 개의 은행 업무제휴가 된 상황에서 중국 둥베이 지방 최대의 외환시장(foreign exchange market)으로 부상했다.

특히 항만의 물류를 중심으로 한 다롄의 해양경제 부문의 성장은 주목할 만한 부분이다. 다롄은 현재 연간 559억 달러 정도의 지역총생산액(GRDP)을 나타내고 있는데 이 중에서 절반가량이 항만에서 창출되는 것으로 추산되고 있다. 왜냐하면, 다롄의 산업구조는 1차 산업인 농수산업이 약 7% 수준이며, 2차 산업인 제조업은 주력산업이지만 부가가치가 낮아 약 40% 정도의 지역총생산액에 그친다. 반면에 항만물류를 중심으로 한 3차 서비스 산업은 대략 부가가치 액수가 53% 정도로 도시산업의 절반을 넘게 차지한다.[4] 즉 다롄 시는 항만을 중심으로 물동량을 기준으로 중국 국내 7위 규모의 해운물류기반으로 활용하고 있으며, 다롄의 항만은 중국 내 상하이, 칭다오, 톈진 외에도 한국의 부산 및 광양, 대만의 가오슝(高雄), 일본의 고베(神戸) 및 다카마쓰(高松) 항과도 활발히 교역하여, 이른바 동북아시아 국제물류허브로의 경쟁력을 확보하기 위해 주력하는 대형항만의 위치가 되었다.

산업 및 경제를 둘러싼 환경적 측면에서 다롄은 현지에서의 인력자원이 풍부하고 지역 내 기업을 위한 각 분야의 수준 높은 전문 인력을 확보하기 용이하다. 각 기업은 국가 법률과 자체여건에 맞춰 채용 및 근무규정을 수립할 수 있으며, 모든 기업은 노동법규에 따라 근로계약을 체결하고 이를 실행할 수 있다. 최근 다롄 시의 총 노동인구는 약 365만여 명으로 집계되어 있으며, 이 중 농촌지역 노동인구가 여전히 절반 정도로 많다. 그러나 산업단계별 종사인원도 1차 산업이 감소하고, 2·3차 산업이 증가하는 선진화가 급속하게 진행되고 있다. 최근 3차 산업의 노동인구는 약 180만 명 수준이지만, 매년 가파르게 성장하고 있다.

해항도시의 성장에 관한 경제적 토대(economic basis)의 핵심은 앞서 밝힌 산업구조와 인력고용의 문제이다.[5)] 이는 도시의 산업규모와 인력이 장기적으로 증가하되 질적 구조에 있어서 2차 제조업과 3차 서비스 산업의 배분 문제를 중요하게 다룬다. 여기에는 고용자 수, 생산액, 소득, 급여액, 부가가치액, 지출회계, 공업출하액, 소득, 소비액, 수출력, 고용기회, 고용구조, 고용기회의 창출, 산업구조의 특화, 수출기반의 확충 등의 여러 가지 요소가 존재하고 있다. 나아가 근대 이후 다롄과 같은 해항도시에서는 수출산업의 성장이 도시성장의 주된 요인이 되어 왔지만, 근래 경제자유구역(free economic zone)과 같은 기제를 활용해 도시경제의 규모를 지속적으로 확대하고 있는 것도 특징적이다.

1984년에 다롄은 중국 인민정부에 의해 연해개방도시로 지정된 이후 점차 금융, 서비스산업의 거점으로 자리를 잡으면서 현재 중국에서는 소위 '북부지역의 홍콩'으로 불리고 있다. 특히 최근 중국의 핵심

권력층이었다가 2013년 비리혐의로 숙청된 보시라이(薄熙來)가 과거 다롄 시장을 맡았던 1992년부터 2001년까지의 시절에는 다롄 발전의 전성기였다. 이 시기에 다롄은 공업화를 적극 추진하면서 경제기술개발구 내에 외국 투자기업을 적극 유치하는 개방정책을 실시하여, 약 8,000개에 달하는 외국인투자기업을 불러들였다. 이는 현재 랴오닝 성 전체에 진출해 있는 외국투자기업의 약 절반에 해당하는 수치이다.

다롄 항의 보세구 및 수출가공구는 1992년과 2000년에 중국 국무원(國務院)의 허가를 받아 설립되었고, 운영 방식은 자유무역지구(free trade zone)의 국제관행에 따라 입주기업들에 대한 세제 및 통관상의 혜택을 제공하고 있다. 다롄 항의 보세물류원구는 둥베이 삼성 최고의 심수항인 다야오 만 컨테이너 부두에 인접하고 있어 화물 처리의 효율성이 높고, 보세구의 이러한 이점을 동시에 향유할 수 있는 것으로 평가받고 있다. 특히 2003년에 창설된 다롄국제물류센터는 보세구역 내의 입주기업에 대한 면세 등 세제혜택을 제공하고, 다야오 만 항(大窯灣港) 등과 직통으로 연결된 이점도 있다. 다롄 항의 국제물

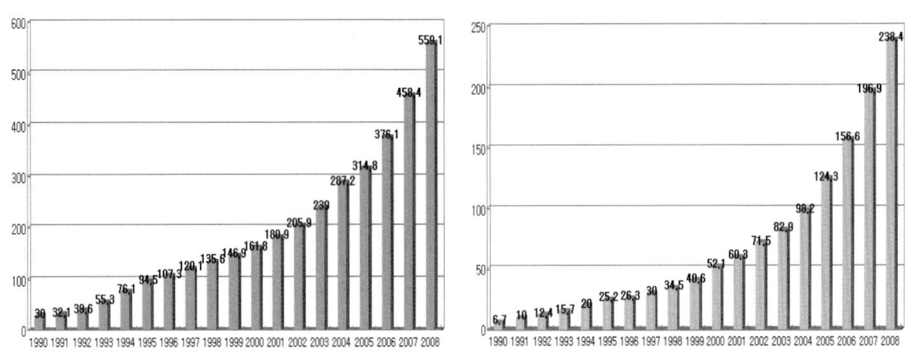

〈그림 3〉 다롄 시 국내총생산액(GDP)과 연도별 수출총액(단위: US 억 $)

· 출처: 다롄시대외경제무역합작국(大連市對外經濟貿易合作局) 연도별 통계.

류센터는 물류설비 외에도 금융, 세제, 외자기업 설립의 편리성 등 각종 투자혜택을 완비하고 있다. 이는 외국인기업의 투자유치를 촉진하고 궁극적으로는 다롄 항을 동북아시아의 자유무역항으로 발전시키는 원동력이 되고 있다.

Ⅳ. 다롄의 항만경제와 도시발전

일반적으로 항만은 터미널 기능을 기반으로 하여 외국교통망과의 연결을 통한 교역의 증대, 교통의 배분, 고용의 창출, 무역의 창출, 제조업 생산의 증대, 서비스 산업의 증진 및 시장경쟁력을 강화하는 효과를 가져온다. 또한 항만은 터미널 기능 및 경제적 기능을 기반으로 하여 배후의 해항도시와 조합하고 광역적 물류경제권을 형성한다. 더 나아가 항만의 친수 공간화를 통하여 해항도시의 해양관광, 해양레저, 해양문화 등의 다른 부가가치 창출기능도 가지고 있다. 중국의 경제 영역에서도 항만물류는 독립적인 산업이 아니라는 것이 특징이며, 항만물류는 다른 경제영역인 운송, 통신, 상업물자 및 대외 무역 등 여러 가지 산업을 연결하는 선상에서 복합적으로 다루어지고 있다.[6] 즉 항만경제는 여러 부문의 관련 산업들이 어우러진 복합경제이다.

전통적인 항만은 화물의 선적 및 하역, 선박의 입항·출항이 수행되는 화물처리 공간만 있었으나, 최근에 다롄과 같은 선진화된 항만에서는 항만물류의 경쟁력을 향상시키기 위해 다각적인 노력이 시도되고 있다. 예컨대, 화물의 보관, 환적 전시, 판매, 제조, 금융 등 서비스가 동시에 이루어지고, 과거의 단일한 기능에서 보다 발전한 형태로서의 현대적인 종합물류항만서비스 기지로 변화하고 있다. 특히 다롄 항과 같은 거점항만의 경우에는 이른바 '세계의 공장'으로 부상한 중국 항만 배후지의 막대한 물동량 처리를 자체의 항만물류 기능으로 처리하고 있으며, 이를 기반으로 항만물류의 선점경쟁에서 유리한 위치를 차지하려는데 노력을 집중하고 있다. 특히 세계적인 수출입 대국인 중국에게는 생산과 유통을 합리화하고 유통비용을 감축하는 것이 무엇보다 중요하며, 이러한 점 때문에 항만의 경제적 기능은 해항도시의 경제발전에 있어서 가장 중요한 역할을 수행하고 있다.

최근 중국국가통계국(中國國家統計局)의 경제연감에 따르면, 현재 중국 둥베이 지방에서 헤이룽장 성의 해상물동량 약 95%, 지린 성의 해상물동량 약 67%, 네이멍꾸 자치구 지역의 해상물동량 약 70% 등이 다롄의 항만을 통해서 이동하고 있다. 또한 랴오닝 성 해상물자는 일부분이 잉커우, 단둥(丹東), 진저우, 진시(錦西) 등의 중소형 항만을 통해 운송되고 있다. 중국 둥베이 지방의 풍부한 자원 및 그 중견산업의 발전은 항만물류에 관한 수요를 크게 증가시켰으며, 이러한 이유 때문에 다롄의 항만물류 및 도시발전을 마련하기 위한 초석이 놓이게 되었다.

보다 구체적으로 현재 중국 둥베이 지방의 주요 화물집산지로서 하얼빈, 선양(瀋陽), 창춘 등 지방의 약 90% 이상의 화물은 다롄 항을 거쳐 국내외 각지로 운송되고 있다. 1990년대 이후 지난 20년 동안 다롄 항의 컨테이너 처리물동량 증가율 평균은 약 19% 이상으로 나타나고 있는데, 이는 세계적으로도 유례가 드문 높은 성장수치로 볼 수 있다. 지난 20년 동안 다롄 항의 컨테이너 처리물동량 증가율 평균은 같은 기간 다롄 시의 일반회계 재정수입 증가와도 깊은 연관을 갖는다.[7] 즉 다롄 시의 재정수입 증가율 평균은 약 17% 수준으로 나타나, 컨테이너 처리물동량 증가율과 다롄 시의 일반회계 재정수입 증가율은 비슷한 양상을 보여주고 있다.

다롄에서 항만이 해항도시의 재정에 기여하는 것은 전적으로 항만비용과 이로 인한 수입구조 때문이다. 즉 각종 항만비용이나 요금은

〈표 1〉 다롄 시의 재정수입과 다롄 항의 물류경제 변화

연도	재정수입 (억위안)	증감율 (%)	물동량 (천TEU)	증감율 (%)
1999	70.90	10.09	735	+38.68
2000	77.60	9.45	1,010	+37.42
2001	95.20	22.68	1,210	+19.80
2002	98.70	3.68	1.350	+11.57
2003	110.54	12.00	1,670	+23.70
2004	117.17	6.00	2,210	+32.34
2005	151.42	29.23	2,690	+21.72
2006	196.10	29.51	3,210	+19.33
2007	268.00	36.67	3,810	+18.69
2008	339.10	26.53	4,138	+8.61
2009	400.20	18.02	4,552	+10.10
2010	500.80	25.14	5,242	+15.16

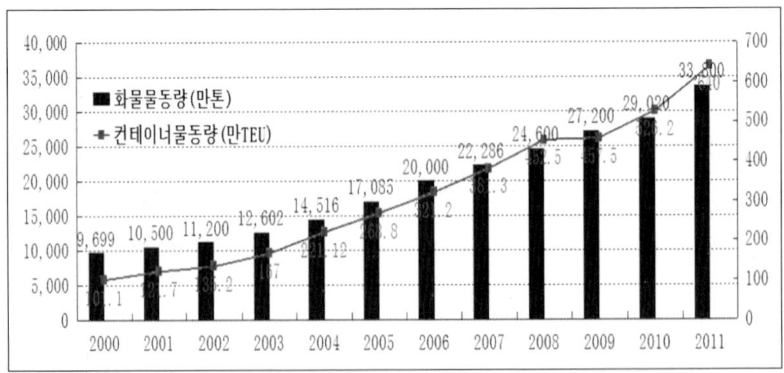

· 출처: 中國經濟年鑑(1999-2011), 다롄항무집단(大連港務集團) 연도별 통계.

정부와 도시재정에 긍정적인 영향을 준다. 예를 들어 도시정부의 수입으로 직결되는 항만시설사용료에는 선박회사가 부담하는 선박 입·출항료, 접안료, 정박료, 계선료 등이 있고, 화주가 부담해야 하는 화물입·출항료, 화물체화료, 국제여객터미널이용료 등도 있다. 기타 항만시설을 일정기간 전용하여 사용할 때 부담하는 창고 및 야적장 사용료, 건물·부지 등의 사용료, 싸이로 및 냉장창고 등 특수창고 사용료, 에이프런 사용료, 수역점용료 등도 비용수입으로 집계될 수 있다. 사실상 다롄 시 인민정부는 이러한 항만비용과 요금수입에 재정수입의 대부분을 의존하였으며, 현재도 상당부분 그렇게 하고 있다.

현재 다롄 항은 20피트 컨테이너 1개의 경우 THC(Terminal Handling Charge)는 미화 54달러 수준이며, 통관비용은 미화 22달러, 문서비용은 미화 20달러, 검사비용은 미화 15달러, 수수료는 미화 18달러, 포장비용은 미화 51달러 등이다. 40피트 컨테이너 1개의 경우에 THC는 미화 82달러, 통관비용은 미화 22달러, 문서비용은 미화 20달러, 검사비용은 미화 15달러, 수수료는 미화 18달러, 포장비용은 미화 102달러 수준이다. 이 중에서 약 3분의 1가량은 다롄 시 인민정부의 주요 재정수입원이 되고 있다. 항만이용자나 기업에 대한 금전적 요금체계라 정의할 수 있는 이러한 항만비용은 현재 다롄의 지역경제와 도시정부에 대해 시민소득과 세수창출의 역할을 동시에 하고 있는 것이다.

한편, 다롄 항은 지난 2001년에 누적된 화물물동량이 처음으로 1억 톤을 돌파하였다. 2004년부터 현재까지 다롄 항의 물동량은 빠른 증가속도를 유지하고 있으며, 2008년 이후 다롄 항의 화물 처리량은 2012년까지 3억 톤을 초과하여 유지하고 있다. 최근 다롄항무집단(大連港務集團)의 통계에 따르면, 컨테이너 물동량이 연간 700~800만 TEU 정도로 다롄 항의 항만 경쟁력은 중국 내에서 5위권, 세계적으로는 20위권

이내에서 유지되고 있다. 둥베이 지방은 특히 공업경제의 물적 토대가 풍부하고 중화학공업의 비중도 상대적으로 크다. 원유, 석탄, 광석 등 중요 지하자원의 이동이 대부분 항만을 이용하고 있어, 배후지의 고정적 수요가 큰 것이다. 예를 들면, 중국석유공사(中國石油公司) 다롄지사의 정유능력은 연간 3000만 톤에 이르는데, 랴오닝 성의 3개 정유공장과 합칠 경우 중계능력이 5000만 톤 이상으로 증가하여 다롄 항이 중국 최대 원유저장, 가공, 중계항만이 될 것으로 전망되고 있다.

이렇듯 다롄의 항만발전에 있어서 둥베이 삼성이라는 배후지역은 매우 중요한 역할을 하고 있다. 기본적으로 항만은 운송과정에서의 연결점으로, 특히 국제운송과정에서 물품의 국제적 이동을 가능하게 한다. 경제발전에 따라 사회가 필요로 하는 물품의 규모와 그 이동은 크게 증가한다. 또한 수출과 수입은 국내뿐만 아니라 해외로 또는 해외로부터 많은 물품의 이동을 발생시키게 된다. 이것은 물동량의 증가를 가져오고, 다시 이를 바탕으로 항만의 발전이 촉진되는 선순환구조(virtuous cycle)를 가지게 된다. 그런 점에서 다롄 항은 지하자원이라는 화물의 특성으로 인해서 향후 환경오염을 초래할 위험성도 동시에 증가하고 있으나, 여전히 지하자원에 의한 물류의 고정 수요는 다롄과 항만의 지속 가능한 발전에 동력이 될 것임은 분명해 보인다.

결론적으로 아직도 다롄이 속한 둥베이 지방의 경제구조는 사회주의 계획경제의 색채가 농후한 편이라 볼 수 있다. 그리고 이 때문에 과거 사회주의 관리체제에서 개혁·개방에 의한 완전한 자본주의 시장경제체제로의 전환과정에서 여러 가지 시행착오를 경험하고 있다. 예를 들면 도시 빈부격차의 확대, 자원고갈과 대체산업의 부족, 여전히 과도한 국유경제의 비중, 산업부문의 구조조정의 지연에 따른 경쟁력 저하, 일부 국유기업의 비효율 및 과다한 부실채권, 재정적자의 확대,

실업 증가 및 도시, 농촌 간 소득격차의 확대, 디플레이션에 대한 우려 등이 다롄의 지역경제에 대한 잠재적인 위협요인으로 작용하고 있다. 그럼에도 불구하고 다롄의 도시와 항만은 고정된 물류수요와 배후지역의 발전으로 인해서 향후 상당기간 동안은 약진할 것으로 예상된다.

Ⅴ. 다롄의 항만시설과 교통망

다롄의 항만시설은 다롄 구항(舊港)을 포함한 주변 10여 개의 지방항만과 기업부두로 이루어져 있다. 현재 다롄 항은 다롄 본항(大連 本港), 다야오 만 항, 베이량 항(北良港), 녠위 만 석유항(鮎魚灣油港), 다롄 만 어항(大連灣漁港)과 허샹다오 석탄항(和尙島港)의 6개 기능별 항구로 구성되어 있고, 2010년 이후 새로운 다야오 만 항에 대한 확장건설이 계속 진행되고 있다. 현재 다롄 항은 세계 160여 국가 및 중국 지역의 약 300개 항만과 교역을 하고 있으며, 총 85개의 국내·외 컨테이너 항로를 개통하였다. 또한 다롄의 다야오 만 항은 중국에서 가장 대형화된 부두 중의 하나이며, 약 30만 톤급의 광석부두와 원유부두를 보유하고 있으며, 완제품 부두와 약 30만m^2 수준의 석유매장탱크 등도 갖추고 있다.

현재 이러한 다롄 항의 대규모 운영을 실제적으로 총괄하는 다롄 항무국(Port of Dalian Authority)은 다롄 항에 총 42개 전용선석을 가지고 있다. 이 중에서 외부 임대분을 제외한 37개의 선석과 터미널부두를 보유하고 있다. 또한 다롄 항에는 1996년부터 세계 1위 컨테이너터미널 운영사인 싱가포르항만운영공사(PSA)와 공동으로 설립한 다야오

만 DCT(Dalian Container Terminal Co. Ltd)가 운영 중이다. DCT는 부두 총연장 1,500m, 5개의 선석과 13개의 C/C를 보유하고 있으며 연간처리능력은 180만 TEU 수준에 달한다. 다롄 시내에 있는 다롄 본항 여객터미널과 컨테이너부두에서는 인구와 물자의 국내무역 및 근해수송이 주로 이루어지고 있으며, 연간 취급능력은 약 30만여 명과 40만 TEU에 달하고 있다.

〈그림 4〉 다롄 본항의 여객터미널과 컨테이너 부두

현재 다롄에서는 철도, 도로, 해상, 항공 등의 교통망 연결 및 확충도 빠르게 개선되고 있다. 국내로는 베이징(北京), 선양, 창춘, 칭다오, 단둥 등지와 철도로 직접 연결되어 있고, 다롄과 선양, 다롄과 단둥 간의 고속도로가 이미 건설되어 전체 랴오둥 반도 경제발전의 중추적 역할을 수행하고 있다. 그리고 상하이, 베이징 등 78개 도시와 연결된 항공노선이 개통되어 있으며, 한국의 서울을 포함해 15개 국가의 78개 국제도시들과 직항노선을 개설했다. 또한 다롄 항은 세계 160개 국가와 무역을 하고 있으며, 정시선사는 동남아시아, 중동, 유럽, 북미지역을 운항하고 있다. 항공, 해운, 육로 등 다양한 운송방식으로 형성된 다롄 항의 해운-철도 복합운송서비스는 연속 취급되는 물동량 총량이 중국 내에서도 최상위권을 차지하고 있다.

Ⅵ. 다롄의 항만운영 및 관리체계

중국의 항만을 아직 사회주의적인 국가독점체제(國家獨占體制)의 운영원리로만 이해하는 사람들이 있으나, 이것은 커다란 오해이다. 물론 1990년대 이전에 중국은 외자기업의 항만건설과 운영에 대한 지분을 49% 이하로 제한하고 있었다. 그러나 1990년대 들어서서 중국 중앙정부는 본격적인 자본주의 개방체제 도입을 표방한 이후, 가장 먼저 항만에 대하여 서구의 선진화된 자본주의적 운영방식을 접목하였다. 중앙정부 격인 중국의 국무원은 지난 2004년 항구법(港口法) 개정과 함께 지방항무국을 주식회사(corporation) 형태로 전환하는 등의 내용을 포함하는 항구체제 개혁정책을 결정하였다. 특히 다롄 항은 중국 정부의 개혁개방에 따른 소위 '정경분리(政經分離)', '정기분개(政企分開)의 원칙'에 따라 외형적으로 과거 국유항만의 형태에서는 완전히 벗어나게 되었다.

구체적으로 중국의 경우 개혁개방이래 국유기업 개혁을 지속적으로 진행해오고 있는데, 이는 아직 사회주의 체제를 고수하고 있는 정부가 기업의 독자적 경영활동에 깊숙이 관여하여 국유기업의 책임경영을 불가능하게 한 상태를 막기 위함이었다. 즉 중국은 과거 사회주의 계획경제 시대에 있었던 국유기업 위주의 발전구조에서 민영경제 성장을 중심으로 하는 자본주의식 시장경제로 전환되면서 많은 발전과 변화가 있었으며, 정부로부터의 간섭을 최대한 배제하고 순수한 시장경제 메커니즘에 의한 경쟁적 발전을 모색하고 있는 것이다. 그리고 이러한 현상의 중심에는 다롄 항이 포함된 중국의 주요 항만들이 자리하고 있다.

1990년대 이후 다롄 항은 국가관리체제에서 보다 선진화된 항만공사 운영체제인 다롄항무국(PDA: Port of Dalian Authority)을 조직하고, 항만관리와 항만기업의 통합체제를 마련하였다. 그리고 다롄항무국 조직을 기반으로 2003년 4월에는 국유독자기업인 다롄항집단유한공사(大連港集團有限公司)를 설립하였고, 2005년 11월에는 다롄항집단유한공사를 주축으로 다시 다롄항주식유한공사(DPC: Dalian Port Company Limited, 大連港株式有限公司)를 설립하였다. 다롄항주식유한공사는 2006년 4월에 홍콩 증시에 주식을 상장하였으며, 2010년 12월에는 상하이 증시에도 주식을 상장한 상태이다.

유한공사(有限公司)는 중국의 공사법(公司法)에 규정된 회사의 종류인데, 일반적인 주식회사와 비슷하게 대외적으로 주식을 공개 모집한 회사를 주식유한공사로 본다. 즉 유한책임회사의 범위 내에 국유독자회사를 포함하고, 주식유한회사는 다시 발기설립회사와 모집설립회사로 구분한 후, 이 중에서 주식시장에 등록된 회사를 다시 상장회사로 분류하고 있다. 쉽게 말해 집단공사(集團公司)는 산하에 자회사(分公司)를 거느린 일종의 그룹회사와 같다. 따라서 국유독자기업이 모태인 다롄항주식유한공사의 대부분의 수익은 결국 국가가 관리하고 일부는 항만과 자회사를 운영하는데 재투자하는 것으로 볼 수 있다.

2014년을 기준으로 다롄항주식유한공사의 자회사 등의 상황을 살펴보면, 다롄콘테이너부두유한공사(DCT), 다롄항만콘테이너부두유한공사(DPCM), 다롄대항중해컨테이너부두유한공사(DDCT.CS), 다롄항컨테이너주식유한공사부두지사(DPCT)가 다롄의 본항 및 다야오 만 항

등지에서 활발하게 운영되고 있다. 이들은 모두 외형상으로는 주식회사 그룹의 형태로 각자 책임경영체제를 표방하고 있으며, 과거의 국가에 의한 독점적 항만관리체제보다는 확실히 달라진 자본주의식의 선진경영기법을 도입하여 항만운영과 관리체계를 고도로 효율화하고 있다.

그러나 중국은 정치적인 측면에서는 사회주의체제를 고수하는 관계로 본질적인 영리추구행위가 아직은 쉽지 않은 상황이다. 즉 체제는 유지하고 기업의 자본을 국가를 대신해서 국영공사라는 형태로 운영하는 경우가 많은데, 다롄항주식유한공사도 그러한 상태로 볼 수 있다. 지금 다롄 항의 관리체계는 주식회사 그룹의 외형에 비해서 아직 국가가 지분을 소유한 대주주로 일반 항만기업의 활동을 직접 지원하는 형태이지만, 근래 10년의 기간 동안 나타난 다롄항집단유한공사 체제와 주식유한공사 체제로의 전격적인 전환은 그 사실 자체만으로 시사하는 바가 크다. 즉 기존 사회주의 국가의 중앙집권적 항만운영에서 보다 선진화된 자치항만의 책임경영체제를 도입했다는 점에 있어서는 중요한 의의를 가지고 있다. 그리고 이러한 의미는 향후 다롄 항의 성장과 발전가능성을 확실히 담보해 주는 부분이기도 하다.

〈그림 5〉 다롄 본항의 다롄항집단유한공사(大連港集團有限公司)와 국제물류센터

Ⅶ. 다롄 항의 발전과 미래

중국의 개혁개방 정책이 남부지역부터 시작되면서 다롄이 속한 둥베이 지방은 상대적으로 늦게 개발이 이루어진 지역적 이미지를 가지고 있었다. 이에 2003년 말 중국 정부는 둥베이 지방 전통산업기지 진흥전략 실시에 관한 의견을 통해 둥베이 삼성의 관문인 다롄 항을 이 지역의 국제해운센터로 건설한다는 이른바 '동북진흥계획'을 발표하였다. 2004년 3월에 개최된 제10기 전국 인민대표대회 제2차 회의에서 국가전략으로 채택된 동북진흥계획은 "구조개혁을 통해 둥베이 삼성을 새로운 특화산업의 성장거점으로 육성"한다는 것이다. 즉 둥베이 삼성을 중화학공업의 거점이자 식량공급기지로 육성하고, 기존의 철광석과 석유개발 등에 걸친 풍부한 지하자원을 바탕으로 에너지 사업을 발전시킬 계획에 있다.

다롄 항의 향후 발전과 밀접한 관계를 갖는 동북진흥계획을 세부적으로 살펴보면, 랴오닝 성에서는 장비제조업을 중점 육성하고, 다롄 항을 중심으로는 항만물류 기반시설 건설을 추진하고 있다. 다롄 항의 배후지역 경제권은 헤이룽장 성, 지린 성, 랴오닝 성과 네이멍꾸 자치구를 포함하고 있어, 이들 배후지역의 인구는 약 1억 명 이상에 달하며, 중국 전체인구의 약 9%를 차지하고 있다. 그러나 다롄 항은 물동량의 증가 속도가 빠르고 컨테이너의 처리량이 뛰어나지만, 랴오닝 성을 포함한 배후지역의 산업경제의 구조와 질이 남부지역의 상하이나 텐진 등에 비해서 상대적으로 낙후하였다는 것이 약점이다. 다만 아직 중국 내에서 국가적으로 인증하고 있는 국제항운중심이 다롄과 상하이에 집중되고 있으므로, 동북진흥계획을 포함한 이러한 국가의 우대정책을 충분히 이용할 필요성이 커지고 있다. 또한 다롄의 항만을 관리하는 민·관 분야의 그룹은 둥베이 지방 및 주변지역의 전략적인 제휴를 강화하고 인근의 상하이 항, 한국 부산항, 일본 요코하마 항과 전략적 동맹을 촉진하려 노력하고 있다.

다른 한편으로 최근 몇 년 동안 환발해권 및 접경지역의 경제가 지속적으로 성장함에 따라 국제무역 거래가 활발해지고 컨테이너 물동량도 대폭 늘어나고 있다. 즉 최근 다롄 항의 수출·입 컨테이너 화물의 증대와 선사들의 기항 서비스 확대는 자연히 항만에 대한 수요증가로 나타나고 있다. 그래서 기존의 항만시설로는 이러한 수요를 감당할 수 없게 되었으며, 실제 2010년 이후 다롄의 항만물류 현장에서는 체선·체화 현상이 일부 나타나고 있는 상황에 있다. 그러므로 다롄 항에게는 환발해만의 모든 해상환적화물을 유치하는 것이 중요한 사안으로 대두되었다. 또한 컨테이너 선박의 대형화 추세는 항만의 환적화물의 집화능력을 지금보다 확대시킬 것을 요구하고 있다. 따라서 다롄 항은 환발해 내지선 환적 운송을 발전시키는 것이 동북아시아에서 다롄 항이 컨테이너 중추항만으로서 설 수 있는 중요한 토대가 될 것으로 예상된다.

다롄 항을 중심으로 한 해양경제의 성장이 둥베이 삼성으로 확대되는 것은 국가적 차원의 동북진흥계획의 실행으로 인해 인접한 베이징, 톈진, 탕산 등의 도시네트워크인 화베이경제권(華北經濟圈)에 대해서도 긍정적인 영향을 주고 있다. 특히 중국에서 이들 경제권의 일체화가 진행되면, 환발해만 경제권이 지금보다 분명하게 탄생할 것으로 예상된다. 이에 다롄과 그 항만은 환발해만 경제확대에 있어 대륙경제와 해양경제를 연결하는 매개지역으로 양성하는 거점화 전략을 추진하고 있다. 특히 다롄 시는 국제물류기지화 전략의 일환으로 우선 중국에서도 가장 먼저 도시물류 현대화 기본기획을 마련하여 추진하고 있다. 항만의 기능을 재배치하고 공항과 철도, 도로망을 체계적으로 정비하여 둥베이 지방의 물류거점도시의 기반을 구축하고자 노력하고 있으며, 미래 도시 전체를 정보화된 물류 중심도시로 개발할 장기계획을 추진 중에 있다.

결론적으로 다야오 만 항의 대규모 컨테이너부두 개발과 둥베이 삼성의 경제성장의 가능성 및 다롄경제개발지구의 성공적인 투자유치와 운영 등에 힘입어 다롄 항은 현재 중국 제2위권의 핵심 무역항을 목표로 빠르게 발전하고 있다. 특히 다롄경제개발 지구는 자유무역지역과 유사한 경제특구로 다롄 지역의 경제발전을 주도하고 있으며, 물류산업 육성정책에 따라 향후 중국 동북부의 생산·물류거점으로 성장할 전망이다. 지금 다롄은 2007년 다보스 포럼(Davos Forum)이라 불리는 세계경제포럼(World Economic Forum)이 개최되었을 만큼, 국제적인 해항도시로서의 위상을 갖고 있다. 그리고 현대적 항만을 가진 다롄의 빠른 성장과 발전은 동북아시아 전체에 긍정적인 영향을 줄 것으로 기대되고 있다.

Ⅷ. 나오며

오늘날 중국에서 항만과 해항도시는 하나의 경제적 유기체로 성장과 쇠퇴를 함께 하고 있으며, 다롄은 이러한 점에 대해 가장 전형적인 모습을 보여주고 있다. 이제 해항도시 다롄은 지리적, 경제적 장점을 극대화하고 활성화시켜 도시의 경쟁력과 시민의 삶을 제고해야 할 새로운 숙제를 받았다. 이런 점에서 이 글은 다롄의 사례를 통해 해항도시에 대한 항만의 경제적 기여를 새롭게 인식하고, 항만에 대한 적정한 개발과 운영을 하기 위한 기초자료를 제공할 수 있었다. 즉 학문적으로는 해항도시의 발전과 성장에 대한 일반적인 이해를 제공함과 동시에 성장의 양상에 있는 해항도시에 대해서는 경제성장의 동인으로 삼고 있거나 삼으려는 항만요인에 대한 정보를 제공하였으며, 더 나아가서는 다롄과 비슷한 처지에 있는 동북아시아 여러 해항도시에게는 도시발전계획과 항만관리의 단초를 찾는데도 도움을 줄 수 있었다.

해항도시 다롄과 항만에 관한 전반적인 분석에 의하면, 현재 다롄은 항만이 가진 성격과 특색이 도시의 역사적 특성과 상당부분 유사하며, 항만의 지역경제성장 효과도 비교적 명확하게 나타나고 있다. 즉 항만이 해항도시의 경제성장 및 도시발전에 미치는 효과를 추정한 결과, 여타 조건이 동일한 경우 항만은 지역내총생산이나 도시의 재정수입에 긍정적인 효과를 미치는 것으로 밝혀졌다. 또한 다롄이라는 해항도시의 발전과 경제구조를 둘러싼 둥베이 삼성과 주변의 인구, 경기, 재정 등을 종합적으로 살핀 결과 이러한 요인들이 가진 환경적인 의미도 밝혀졌다.

이에 다롄과 같은 근대와 현대의 지리적, 역사적 특징을 공유한 해항도시는 항만 특유의 개방성과 내륙도시에 대한 지리상의 상대적 우월성, 즉 다양한 종류의 산업과 다수의 기업체, 물류와 교통의 입지우위를 점하고 있어 성장의 잠재력이 크다는 점을 실제로 확인하였다. 다롄과 같은 해항도시의 항만경제는 국가경제뿐만 아니라 지역경제의 일부분을 이루고 있어, 지역경제와는 불가분의 관계를 유지하면서 끊임없이 상호작용을 해나가고 있는 것이다. 이에 다롄과 비슷한 상황에 있는 다른 해항도시들은 스스로 지리적, 역사적 장점을 인식하여 항만의 기능과 장점을 더욱 부각시키는 방안을 강구해야 할 것이다.

또한 국가적 입장에서는 모든 항만에 정책적 지원을 집중하는 것은 국가적 낭비를 초래하므로, 향후 중국은 선택과 집중의 기준을 다롄을 비롯한 각각의 해항도시로부터 직접 제공받음으로써 정책의 선별성과 신뢰성을 높여가야 할 것이다. 다롄에서 항만이 가진 지역발전과 경제효과에서 보듯이, 동북아시아 여러 해항도시들은 여전히 항만개발과 운영이 국가와 중앙정부 주도로 이루어짐을 탓하고 있기보다는 지역항만의 고유한 장점과 가능성을 발굴하고, 이를 지역경제의 성과와 부가가치로 연결하는 것이 무엇보다 중요할 것이다. 예컨대 동북아시아 항만 간 경쟁과 자체적인 역량이 중요해진 지금, 각 해항도시의 특성과 정체성을 살린 자원개발과 성장에 대한 발상의 전환이 필요한 것이다.

비단 과거처럼 항만은 국가가 건설하고 해항도시는 배후지역에 대한 개발이익을 얻으려는 식으로 안이하게 접근해서는 안 될 것이다. 다롄의 경우, 현재 항만시설의 소유권과 운영권을 가지고 있는 다롄항집단유한공사와 다롄 시는 앞으로 항만개발에 있어 민자유치를 활성화시키고 항만자치의 주도권 확보할 필요가 있다. 즉 해항도시에서 지역사회 부문이 직접 항만개발사업을 위한 민자유치에 앞장서고 투자재원의 공동조달을 위한 협력체제(port governance)를 만들어 내야 한다. 또한 다롄이라는 해항도시가 가지고 있는 고유한 특성과 항만으로 인한 유·무형의 자원을 재검토하고 이것을 목록으로 만들어 가치와 매력을 분석, 발굴하여 항만운영과 관련 산업의 유인으로 활용해야 할 것이다.

근대 이후 항만의 존재가 해항도시 다롄의 도시경제와 발전에 갖는 기여효과를 여기에서 상당부분 증명한 점은 현실세계에서 지속 가능한 경제성장이나 침체될 수 있는 해항도시의 경제를 회복하는데 항만이 중요한 원동력이 될 수 있음을 알려주었다. 항만산업과 도시의 주력산업(전략산업)과의 연계성을 강화할 필요성은 앞으로 해항도시 다롄이 가장 주지해야 할 대목이다. 나아가 다롄을 모델 삼아 아직 발전이 더딘 해항도시들은 지역발전정책이나 도시경제정책을 입안하거나 결정할 경우에 좋은 참고를 할 수 있다. 물론 이 과정에서 최우선 정책순위로 항만을 고려해야 하는 동시에 이것의 긍정적인 부대효과도 간과하지 말아야 한다. 기본적으로는 해항도시가 항만시설과 운영에 대한 정기적인 자료를 생산하고, 종합적인 관리체계를 구축할 필요성도 크다. 다롄을 위시한 많은 해항도시에서 이미 항만과 해양경제의 활성화, 도시발전이 서로 불가분의 관계에 있다는 점은 분명한 사실(fact)로 확인되었기 때문이다.

우양호 | 한국해양대학교 국제해양문제연구소 HK교수
김상구 | 한국해양대학교 국제대학 해양행정학과 교수

▣ 주

1) 우양호(2009a), 「우리나라 항만도시의 성장 영향요인 분석」, 『한국행정논집』 21(1).
2) 大連市人民政府. http://www.dl.gov.cn/gov.
3) 상동.
4) 大連市對外經濟貿易合作局. http://www.investdl.org.
5) 우양호(2009b), 「항만이 해항도시 경제성장에 미치는 효과: 부산과 인천의 사례(1985~2007)」, 『지방정부연구』 13(3).
6) 우양호(2009b), 앞의 글 ; 우양호(2012), 「우리나라 주요 항만의 항만공사(PA) 운영 성과와 요인: 부산, 인천, 울산, 경기평택 항만공사의 사례」, 『한국행정논집』 24(3).
7) 김상구 · 류리엔(2012), 「해항도시 항만컨테이너의 지방재정 기여도에 관한 연구: 한국 부산항과 중국 다롄항의 비교분석」, 『해항도시문화교섭학』 6.

17.
개혁개방 후 다롄의 일본인사회

구지영

Ⅰ. 들어가며

개혁개방 후 다롄의 산업화·도시화 과정에서 일본은 가장 중요한 동반자였다고 해도 과언이 아닐 만큼 큰 역할을 했다. 이 장에서는 실제 다롄에 거주하는 일본인들이 다양한 활동으로 만들어내는 사회공간에 대해 소개할 것이다. 본론에 들어가기 전에 다롄 일본인사회를 개괄해보자.

〈표 1〉은 2003년부터 2014년까지 주재원, 동반가족, 유학생 등 장기거주 일본인(3개월 이상 체류신고자)의 추이를 나타낸 것이다. 2000년대까지는 비교적 가파르게 증가하다가 2010년부터 증가 폭이 둔화되었고 2014년에는 전년 대비 167명이 감소했다.[1] 관광이나 비즈니스를 위한 단기 방문자의 경우, 2011년까지 연간 50만 명을 넘던 규모가 2012년 9월 '센카쿠 열도·댜오위다오(尖閣諸島·釣魚台列嶼) 분쟁(이하 센카쿠 문제)'과 반일데모의 영향으로 절반으로 줄었다가, 2014년 현재 전년대비 2.94%를 회복해 약 279,900명이 되었다.[2] 이는 중국에

서 일본인이 가장 많이 거주하는 상하이(上海)에 비하면 적은 규모이지만, 총 2천 명을 조금 넘는 칭다오(青島)에 비해서는 많은 편이다. 2012년 현재 상하이의 장기거주자 및 영주자는 약 5만 7천 명이고, 잠정인구를 포함하면 10만 명이 넘는 것으로 기록된다.[3)]

〈표 1〉 다롄의 장기거주 일본인 (단위: 명)

연도	2003	2004	2005	2006	2007	2008	2009	2010	2011	2012	2013	2014
인구	2,312	2,823	3,145	4,020	4,123	4,868	5,427	6,151	6,175	5,979	6,039	5,872

필자의 현지조사에 의하면, 2013년부터 다롄뿐만 아니라, 상하이, 칭다오에서도 장기체류자가 줄어드는 추세였다. 상하이의 경우, 2013년 장기체류자가 전년 대비 1만 명 가까이 줄었다. 이것은 앞서 「다롄의 대외개방과 산업구조 변동」에서 살펴본 것처럼 신규진출기업의 감소, 제조업의 규모축소와 주재원 감원, 엔저 현상과 같은 경제적 요인뿐만 아니라, 영토분쟁에서 촉발된 중일간의 정치관계 악화, 중국 도시들의 대기오염 등으로 가족동반 이주가 감소하고 있기 때문이다.

경제적 영향력에 비하면 인구 규모는 크지 않지만, 다롄 일본인들은 다양한 조직을 통해 정치, 경제, 사회, 문화 활동을 영위하고 있다. 재선양 총영사관(在瀋陽總領事館) 다롄 영사사무소, 일본무역진흥기구(日本貿易振興機構) 다롄 사무소, 다롄 일본상공회(大連日本商工會)와 같은 대표조직 외에도, 100여 개가 넘는 동향회('縣人會'), 동창회(同窓會), 동호회(同好會)가 결성되어 있다. 이들은 대개 일본어정보지, '웬에버 다롄(Whenever大連)', '컨시어지 다롄(Concierge大連)'을 통해 정보를 공유하면서 한 달에 한두 번씩 모임을 가지고 있다.

2015년 현재 활동 중인 동향회는 35~38개로, 일본의 47개 도도부현(都道府縣) 중 약 80%가 이곳에서 모임을 가지고 있다. 가장 규모가 큰 것은 규슈(九州) 지역 동향회이다. 동창회는 모두 13~15개로, 도쿄대학(東京大學), 와세다 대학(早稲田大學), 게이오 대학(慶應大學), 고베 대학(神戸大學), 히로시마 대학(廣島大學) 등이 활동 중이다. 타지 생활의 외로움을 달래는 것이 가장 큰 목적이지만, 실제 모임에서는 다롄을 비롯한 중국 전역에서 비즈니스를 전개하는 데 필요한 각종 정보들이 자연스럽게 교환된다.

필자는 2015년 10월 22일 게이오 대학 동창회 '다롄 미타회(大連三田會)'의 정기모임을 참여 관찰했다. 총 34명의 회원 중 17명이 참석했는데, 1969년 졸업생에서 2008년 졸업생까지 폭넓은 연령대의 다양한 분야 종사자들로 구성되어 있었다. 직장 선후배의 권유로 참석한 일부를 제외하면, 대개 처음에는 대중정보지를 통해 모임을 알게 되었다고 한다. 중국인 회원도 총 세 명인데 이날은 한 명만 참석했다. 공식 일정은 회비납부와 자기소개를 하고 술을 곁들인 저녁식사를 마친 후, 단체사진 촬영으로 마무리되었다. 모임이 진행되는 동안 개별적으로 업무 관련 약속을 잡기도 했다.

동호회는 골프, 테니스, 마라톤과 같은 스포츠에서 다도(茶道), 바둑, 음악 등 문화 전반에 이르기까지 그 종류와 규모가 다양하다. 많게는 일주일에 한 번, 적게는 한 달에 한 번씩 모임을 가진다. 통상 일본 국적자에 한정된 상공회와 같은 대표조직과 달리, 동향회, 동문회, 동호회는 모두 국적불문이다. 단 다롄 국제음악클럽과 같은 특수한 모임을 제외하면, 모두 일본어를 매개로 교류한다.

한편 다롄은 일본어 전공자 · 학습자, 일본유학 경험자 등 일본어로 의사소통이 가능한 사람이 전체 인구에서 차지하는 비중이 중국 도시들 가운데 가장 높다. 다롄 외국어대학(大連外國語大學), 다롄 이공대학(大連理工大學), 다롄 해사대학(大連海事大學), 둥베이 재경대학(東北財經大學), 랴오닝 사범대학(遼寧師範大學)에 모두 일본어학과가 있고, 선양(瀋陽), 창춘(長春), 하얼빈(哈爾濱)에서 일본어학과를 졸업한 사람들이 일자리를 찾아 다롄으로 오는 경우가 많기 때문이다. 〈표 2〉는 2014년도 일본어능력시험 수험자의 지역별 분포이다.[4] 응시자수는 상하이에 비해 적지만, 2014년 현재 상하이의 호적인구가 약 1,429만 명(상주인구 약 2,425만 명)이고 다롄의 호적인구가 약 594.3만 명인 것을 고려하면, 전체인구에서 일본어 가능자가 차지하는 비중을 가늠할 수 있다.[5] 이들은 경제활동뿐만 아니라 상기의 모임들에도 참여해, 다롄 일본인사회의 외연을 넓히고 있다.

〈표 2〉 일본어능력시험 수험자 지역별 분포

순 서	도 시	응시자(명)
1	상하이	10,814
2	다 롄	9,615
3	광저우	9,605
4	베이징	6,223
5	난 징	4,676
6	우 한	4,327
7	톈 진	3,866
11	선 양	3,142
-	창 춘	2,672
-	하얼빈	2,116
-	옌 지	413
중국 전체		99,198

"다롄은 중국에서도 특수한 도시라고 생각합니다. 이렇게 일본인에 대해 우호적인 인구가 많고, 길거리에서 일본어가 통하는 곳은 중국의 다른 곳에는 없으니까요. 여기서는 제가 일본인이라고 생각하면 상대방이 일본어로 말 걸어주는 것이 흔한 일입니다. 중국의 다른 도시에서는 절대로 없는 일이라고 생각합니다."[6] 앞서 일본 친화적으로 조성된 도시공간에서도 드러나듯이, 일본인들은 이곳이 '중국에서 가

장 살기 좋은 도시'라고 입을 모은다.

이상을 배경으로 본문에서는 다양한 규모에서 구성되는 일본인의 사회공간에 대해 살펴보고자 한다.

Ⅱ. 경제활동의 구심점, 다롄 일본상공회

다롄 일본상공회[7]는 '회원들의 원활한 상공활동을 촉진시켜 중일 경제교류와 우호증진에 기여하는 것을 목적'으로 1983년 6월에 설립되었다. 크게 시내분회(市內分會)와 개발구분회(開發區分會)로 나뉘며, 전자는 업종별로 여섯 개의 소그룹(제조업, IT · 통신업, 운수업, 서비스 · 소매 · 도매업, 금융 · 보험, 상사), 후자는 구역별로 16개의 소그룹으로 분류된다. 2014년 말 현재 회원은 시내분회 418사, 개발구분회 373사, 기타 3명으로 모두 794사(정회원 774사, 준회원 17사, 특별회원

〈표 3〉 다롄 일본상공회 산업별 분포(2014년 말)

업종별	시내	개발구	합계
제1차 산업(농림수산업)	6	1	7
제2차 산업(제조, 건설업)	98	275	373
제3차 산업(상기 이외)	306	91	397

〈표 4〉 다롄 일본상공회 규모별 분포(2014년 말)

종업원수(명)	시내	개발구	합계
100명 이하	301	178	479
100~500	57	109	166
500~1,000	7	32	39
1,000 이상	5	23	28

3명)이다. 〈표 3〉의 산업별 분포를 보면, 전체적으로는 2차 산업과 3차 산업의 비율이 비슷하지만, 시내 쪽에 3차 산업의 비중이, 개발구에 제조업 등 2차 산업의 비중이 높다는 것을 알 수 있다. 〈표 4〉의 규모별 분포를 보면 대규모 제조업이 입지한 개발구의 고용규모가 대체로 큰 편이고, 소매업, IT · 정보통신서비스업 등 비제조업의 비중이 큰 시내분회에는 100명 이하의 소규모 고용이 많다. 2014년 말 현재 상공회 회원사가 고용하고 있는 중국인 직원 수는 모두 150,377명이다.

조직 운영은 세 개의 위원회(운영위원회, 조사기획위원회, 친목교류위원회)와 하나의 부속기관(일본인학교 이사회)으로 이루어진다. 임원단은 이사장 한 명, 부이사장 두 명, 사무국장 한 명을 포함해 모두 12명이며, 사무실 상근자 세 명(일본인 한 명과 중국인 두 명)이 일상 업무를 처리한다. 임원은 대개 대기업 주재원으로 구성되며, 참여기업의 변동은 적은 편이다.[8] 통상적으로 회사 후임자에게 상공회 업무까지 인계하는 형식으로 이어진다. 연간회비는 1,800위안(입회비 200위안)이며, 기업회원의 경우 주재원 수에 따라 회비가 달라진다. 예컨대 3~5명은 2,400위안, 6~8명은 3,000위안 등이다.

주요활동은 ①대외업무, ②일본인학교 운영, ③회원 간의 친목도모이다. 대외업무 중 제일 중요한 것은 대정부교섭, 즉 인건비, 관세, 지방세 징수에 관한 시정부와의 협의이다. 설문조사로 회원사의 의견을 수렴해 대정부 제안서를 작성하고 간담회를 통해 의견을 제시한다. 아울러 이 의견들은 2010년부터 중국 일본상공회 차원에서 현지정부와의 대화를 촉진하기 위해 중국어와 일본어로 발행하고 있는 백서(白書)에 반영되기도 한다.

일본인학교 이사회는 학비책정, 학생관리, 지역사회와의 교섭 등 학교운영 전반을 담당한다. 예컨대 2015년에 학교를 시내에서 개발구로 이전할 때, 부지선정 및 대정부교섭을 비롯한 입주에 이르는 전 과정을 상공회가 추진했다.

〈그림 1〉 다롄 일본상공회 시내분회 납회(2015년 3월 21일)

매년 정기총회, 납회(納會), 분회, 위원회뿐만 아니라, 신년회, 망년회, 골프대회 등을 개최한다. 〈그림 1〉은 필자가 '시내분회 2014년도 납회(大連日本商工會 市內分會 2014年度 納會)'를 참여 관찰할 때, 그룹별 장기자랑을 촬영한 것이다. 여기서는 2014년도 간사와 2015년도 간사 후보를 소개하고, 그룹별로 준비해온 장기자랑을 선보인 후, 식사와 담소를 나누었다.

회원사에게는 중국인 직원의 일본사증 발급을 간소화해 주는 것과 같은 실무적인 혜택이 주어지기도 하지만, 주요활동들은 모두 회원

간의 정보교환과 친목도모에 맞춰져있다. 하지만 상공회 차원에서 다른 외자기업들과의 교류를 추진하지는 않는다. 그 이유로 국적별 특수성을 들기도 하지만, 많은 사람들이 의사소통을 위한 공통의 언어가 부재하기 때문에 시도조차 하지 않는다고 했다. 지금까지 주재원들은 기술전수나 공장관리를 위해 파견되는 경우가 많았고, 중국어(혹은 영어)로 의사소통이 불가능한 사람이 대다수였다. 심지어 주재원으로 발령받기 전까지는 일본을 떠나본 적이 없는 사람도 적지 않았다.

한편 이러한 교류의 사회문화적 장벽은 작은 계기로 허물어지기도 한다. 예컨대 상공회 중국인 상근자인 조선족 HY 씨는 랴오닝 사범대학 일본어학과를 졸업해 한국어, 중국어, 일본어를 자유롭게 구사할 수 있다. 일본어로 이루어지는 상공회 업무는 물론 중국어를 매개로 하는 현지사회와의 창구역할을 할뿐만 아니라, 필요에 따라서는 한국인 사회와의 가교역할을 했다. HY 씨의 주선으로 일본사회에 관심이 있는 다롄의 한국인과 일본상공회 관계자들이 개별적인 모임을 가지기도 했다.

Ⅲ. 다롄을 거점으로 생산 공정을 이전한 KM 사

KM 사[9]는 사진기와 필름 생산의 종합화학 브랜드로, 감광재료, 기계, 정보기기, 복사기, 카메라용 렌즈, 프린터, 팩스 렌즈 등을 생산하고 있다. 1873년 창업한 K 사가 2003년 10월에 M 사와 합병한 것으로, 본사는 도쿄에 있다.

가격경쟁의 압박으로 1992년부터 아시아 진출을 검토하다가 도쿄은행(현재 三菱東京UFJ銀行)의 소개로 1994년에 다롄 공업단지(大連

工業團地)에 진출했다. 당초 계약면적 2만 제곱미터, 자본금 6억 엔으로 단독투자였다. 1995년 1월 야마나시 현(山梨県) 고후 시(甲府市)의 플라스틱렌즈 생산라인을 이전해 120여 명의 직원과 함께 조업을 시작했다.

상품개발은 일본, 규격화된 생산은 해외 이전, 저가 스틸카메라는 위탁가공하는 등 다각도의 전환을 모색하면서도, 1990년대 말까지는 고후, 하치오지(八王子), 히노(日野)의 지역공장을 유지했다. 다롄 공장에서는 플라스틱렌즈, 비디오카메라, 유리렌즈를 가공해 모두 일본이나 해외로 납품했다. 1996년에 기계설비 투자에 대한 면세정책이 폐지되기 직전에 대량의 설비 투자를 진행했다.

진출 초기에는 원자재를 일본을 비롯한 아시아 각지에서 조달했다. 예를 들어 플라스틱렌즈의 특수재료는 모두 일본 조달, 유리렌즈 재료는 일본에서 용액을 공급받아 대만과 한국에서 프레스를 찍어 홍콩에 집결시켰다. 모터와 같은 기계는 동남아시아에 진출한 일본기업에서 조달하기도 했다. 당시에도 유리렌즈의 가공은 베이징(北京)의 일본기업과 단둥 시(丹東市)의 국유기업에 위탁 가공했다.

한편 운송기간, 운송비용, 파손위험 등을 고려해 현지조달의 길을 끊임없이 모색했고, 2010년부터는 중국 조달의 비율을 급격히 높였다. 2015년 10월에 필자가 인터뷰할 당시에는 원자재의 90% 이상을 중국에서 공급받고 있었다. 금액 기준으로 보면, 쓰촨 성(四川省) 30%, 후난 성(湖南省) 10%, 우한(武漢) 부근이 10%이며, 나머지는 모두 상하이나 그 인근이었다. 다롄과 둥베이 지방은 공급시장이 상대적으로 작아, 운송비가 비싸거나 운송이 곤란한 것, 예컨대 카메라 상자와 같은 것만 공급받고 있었다. 원자재 조달을 위해 거래하는 회사는 약 300사이다.

원자재뿐만 아니라 생산 공정 자체도 중국이나 제3국으로 서서히 옮겨왔다. 2010년까지 다롄 공장을 3만 5천 제곱미터(건평은 5만 제곱미터)로 확장하고, 고용인원도 최대 6,000명까지 늘렸다. 현재까지 광학부문에서는 다롄 공장이 제일 크고, 상하이 인근 송장(松江)에서도 생산을 하고 있다. 복사기는 중국 우시(無錫)의 규모가 가장 크고, 말레이시아에서도 생산한다. 따라서 현재 일본에는 본사기능과 차세대 기술개발을 위한 첨단 연구 분야만 남아있다.

「다롄의 대외개방과 산업구조 변동」(구지영)에서 살펴본 중국경제 변동과 전면개혁에 대응하기 위해, KM 사도 2009년부터 중기계획을 세워 인원감축과 위탁가공의 범위를 서서히 넓혀나갔다. 2010년대 초반까지만 해도 최대 6,000여 명에 이르던 고용규모가 2015년 말 현재

〈그림 2〉 KM 사 다롄 공장(2015년 10월)

1,700여명(정규직 약 1,250명)으로 축소되었다.[10] 구조조정을 진행하는 과정에서 파업과 같은 진통도 있었지만, 이를 추진한 NM 씨는 "비정규직 감원, 신규채용 축소, 노동규정 강화로 사직을 유도해 비교적 자연스럽게 인력규모를 줄일 수 있었다"고 한다. 일본인 주재원도 20여 명에서 9명으로 줄었다. 한편 인원감축이 다롄 공장의 경영축소를 의미하는 것은 아니다. 당시까지 다롄에서 생산하던 품목을 중국 내륙의 국영기업 등에 저가로 위탁가공하는 것으로 충당하고 있기 때문이다.

물론 이러한 전환이 단기간에 이루어진 것은 아니었다. 중기계획 수립 후, 중국기업 두 곳, 중국 내 생산이 불가능한 경우를 대비해 제3국 기업 한 곳을 선정해 기술제공과 함께 시험생산을 시도했다. 이렇게 몇 년에 걸쳐 위탁가공 기업을 육성해, 기술습득이나 납품기한 준수에서 어느 정도 궤도에 오른 회사가 열 곳 정도 만들어졌다. 현재 그중에서 제일 싼 가격대를 제시하는 곳과 계약을 한다. 가격이 맞지 않는 대만, 한국과의 거래는 중단했고, 2000년 이후에는 말레이시아, 2009년부터는 미얀마를 개척하고 있다. 2015년 현재 기술력이 필요한 일부를 제외하고는 모두 위탁가공을 하고 있다. 품질은 다소 떨어지지만, 비용은 절감된다. 가령 이것을 모두 다롄 공장에서 생산하려면 5,500명 정도의 종업원이 필요한데, 인건비와 사회보장 보험료가 급등한 다롄에서는 더 이상 이 시스템을 유지하기가 불가능하다. 위탁가공 기업은 작은 부품까지 포함하면 300곳 정도 되지만, 주요 부품은 열 곳 정도이다.

아울러 2014년부터는 내수시장을 개척하고 있다. 원래 카메라렌즈와 같은 상품은 중국 내 수요가 적었지만, 최근 중국시장도 급성장하고 있다. 따라서 내수시장을 공략할 연구개발부와 영업부를 신설하고 일본으로 연수를 보내는 등 인재 육성에 투자해왔다. NM 씨는 이 과정에 대해 다음과 같이 설명했다. “본사를 설득하는 게 힘들었습니다. 일본은 아직도 자신들이 최첨단이라고 생각하고 있지만, 그건 아니거든요. 사실 중국에서 사업을 한다는 건, 중국인만을 상대하는 것이 아닙니다. 다시 말해 구미의 회사들도 지금 거의 중국에서 생산하고 있기 때문에, 여기가 글로벌 시장입니다. 몇 년 동안 본사를 설득해 겨우 허가를 받은 게 작년(2014년)입니다. 아직 금전적으로 성과를 올리지는 못하고 있지만, 이런저런 업무상담은 들어오고 있습니다.”

다롄 공장이 중요한 만큼 지역사회에 뿌리내리기 위한 사회활동도 적극적으로 전개해왔다. ‘중국청소년기금회’가 1989년부터 실시하고 있는 ‘희망프로젝트’에 동참해 좡허 시(庄河市)에 ‘KM 희망소학교(KM 希望小學校)’를 건설했고, 2006년 9월 1일에 개교했다. 이외에도 각종 정부행사를 후원하고 있다. 이처럼 다각도로 다롄 사회에 공헌하고 있기 때문에, 타 도시에 시장조사를 갈 경우 다롄 시의 협조를 얻기도 한다. 제조업에 대한 우대정책이 철폐되고 내수시장 진출에 대한 지원도 전혀 없지만, KM 사는 비교적 초기에 진출했고 그간의 사회공헌이 축적되었기 때문에, 앞으로도 최소한의 정부 협조는 기대할 수 있을 것이라고 전망했다. KM 사에게 다롄은 중국 전역으로 뻗어나가기 위한 출발점인 것이다.

Ⅳ. 환황해권을 무대로 재도약하는 YM 은행

시모노세키(下関)에 본점을 두고 야마구치 현(山口縣), 히로시마(廣島), 후쿠오카(福岡)에서 활동하는 YM 은행[11]은 일찍부터 환황해권 해항도시에 지점을 개설하며 활동영역을 넓혀왔다. 1973년 9월에 부산의 주재원사무소 개설을 시작으로(1986년 7월 지점 승격), 1985년 11월 칭다오 주재원사무소(1993년 2월 지점 승격), 1987년 9월 다롄 주재원사무소(1995년 10월 지점승격), 2004년 5월 홍콩 주재원사무소를 개설했다. 자카르타와 방콕의 주재원사무소는 아시아 금융위기와 각종 정치 불안으로 1990년대 말에 철수했다. 2015년 현재 부산, 칭다오, 다롄에 지점이 개설되어있고, 홍콩은 주재원사무소로 남아있다. 지점과 주재원 사무소 설치에는 도시 간 정치관계가 가장 중요한 배경이 된다. 즉 부산은 시모노세키 · 후쿠오카와 자매도시이며, 칭다오는 시모노세키, 다롄은 기타큐슈 시(北九州市)와 우호도시이다. 또 야마구치 현은 산둥 성(山東省)과 우호관계에 있다.

주요업무는 예금, 송금, 대출, 환전 등 통상적인 은행 업무에, 기업유치와 기업설립 지원 활동이 추가된다. 고객 범위는 중국 전역의 일본기업과 외자기업, 거류허가를 받은 일본인과 외국인이다. 거래지역에 제한은 없지만, 산둥 성, 랴오닝 성, 베이징, 톈진(天津) 등 소위 환발해권(環渤海圈)과 상하이가 중심이다. 중국기업과의 거래도 가능하지만(개인거래는 100만 위안 이상의 정기예금으로 한정) 실제로 거래는 이루어지지 않고 있다. 다롄에는 소위 일본의 메가뱅크에 해당되는 미쓰비시도쿄UFJ 은행, 미즈호 은행(みずほ銀行), 미쓰이스미토모 은행(三井住友銀行)의 지점이 개설되어 있는데, YM 은행은 이들과 연계해 기업 간 교류회나 다롄 시와 일본기업 간의 비즈니스 상담회를 개최하기도 한다.

2015년 현재 다롄 지점의 일본인 주재원은 여섯 명으로 지점장, 부지점장, 차장, 일반 영업이 세 명이다. 중국인 사원은 모두 아홉 명으로, 한 명이 운전사이고 나머지는 은행업무나 대외관계를 담당한다.

중국인 사원 중에는 일본어를 전혀 모르는 사람도 있다. 지금까지 다롄에는 야마구치 현 소재 기업이 약 열 곳 정도 진출해 있고, 이 중 YM 은행 다롄 지점과 거래하는 기업은 두 곳에 지나지 않는다. 업종은 수산가공업과 식품업이다. 2015년 조사당시 YM 은행과 함께 다롄 진출을 준비하는 기업은 총 여섯 개로, 대개 식품, 생활용품 등 소비재 관련 서비스업이었다.

2012년 1월에 다롄 지점에 부임한 UN 씨는 은행활동과 환황해권의 변화에 대해 다음과 같이 전망했다. “갑자기 변하지는 않을 겁니다. (다롄 일본기업은) 급격히 늘지도 않겠지만, 그렇다고 급격히 줄지도 않을 거라고 봅니다. 규모가 큰 제조업은 확실히 축소경향이지만, 일본물건을 좋아하는 중국인이 많기 때문에 중국에 물건을 팔려는 사람들이 회사를 설립할 것입니다. 그러면 무역량은 늘 것으로 봅니다. (중략) 우리 은행은 동아시아 도시 간 관계를 증진시켜 이익을 이끌어내는 것이 목표입니다. (중략) 지금은 한중일 리사이클 관계도 협정을 체결하려고 하고 있고, 재생자원에 대한 이야기도 나오고 있습니다. 그런데 정치관계가 좋아졌다 안 좋아졌다 하고, 경제도 한쪽이 좋아지면 다른 한쪽이 안 좋아지고를 반복하고 있기 때문에 큰 진척은 없습니다. 그래도 형태는 어느 정도 만들어지고 있다고 생각합니다. 여러 가지 면에서”

YM 은행은 환황해권의 거점도시에 뿌리내리기 위해 중장기적 전망 속에서 각종 사회활동을 추진해왔다. 대표적으로 1980년대부터 다롄 시와 칭다오 시의 일본어능력시험 1급 자격증을 취득한 공무원을 시모노세키에서 일 년간 연수할 수 있도록 지원하고 있다. 이들이 일터로 복귀해 시정을 담당할 때, 도시 간 관계의 가교역할을 해줄 것으로 기대하는 것이다. 실제로 양 도시에는 유학경험자들이 60명을 넘어서고 있고, 별도의 모임을 가지기도 한다.

YM 은행은 환황해권의 중심을 산둥 성에 두고 있기 때문에, 칭다오 지점의 활동이 가장 활발하다. 1992년부터 'YM 은행 배 일본어말하기 대회'를 개최하고 있는데(참고로 다롄에는 '캐논 배 일본어 말하기대회'가 개최된다), 매년 6월부터 12월까지 고등학생, 대학생, 일반인으로 나누어 예선전을 치르고 연말에 결승전이 열린다. 우승자에게는 일주일간의 일본여행권이 주어진다. 아울러 1993년부터는 초등학교 간 교류도 추진하고 있다. 매년 교사 한 명, 학생 세 명이 시모노세키 소재 초등학교에 가서 연수를 한다. 칭다오에는 지역사무소가 없기 때문에 진출역사가 오래된 YM 은행의 역할이 상대적으로 크다.

이러한 활동은 YM 은행은 물론 규슈 지역에 대한 이해를 높이는데 기여하고 있으며, 도시 간 정치, 경제, 사회, 문화교류를 추진하는 과정에도 직간접적으로 영향을 주고 있다.

Ⅴ. 도시 간 협력의 지속과 변화, 기타큐슈 시 다롄 사무소

기타큐슈 시와 다롄 시는 개방이 시작되는 1979년에 우호도시를 체결했고, 기타큐슈 항과 다롄 항은 1985년에 우호항(友好港)이 되었다.[12] 당초 직접적인 경제효과를 기대하기 보다는 항구가 있는 공업도시라는 유사점을 바탕으로 도시 간 우호를 증진한다는 상징적 의미가 강했다. 1991년에 '기타큐슈 국제교류협회 다롄 경제 · 문화교류사무소(北九州國際交流協會 大連經濟 · 文化交流事務所)'를 설치해, 시민들의 사회문화적 교류를 중심에 두고 활동을 추진했다. 한편 중국의 성장에 따라 2000년대부터는 경제교류에 대한 요구가 커져, 2005년에

'기타큐슈 무역협회 다롄 경제사무소(北九州貿易協會 大連經濟事務所)'로 개칭하고 경제영역의 활동을 강화하기 시작했다.

주지하는 바와 같이 기타큐슈 시는 1901년 관영 야하타 제철소(八幡製鐵所)의 창업을 시작으로 철강, 화학, 금속산업이 집적해 일본 4대 공업지대를 구성한 곳이다. 1960년대 고도성장기에는 '죽음의 바다'로 불릴 정도로 대기 및 수질이 오염이 심각했는데, 1970년대에 행정, 시민, 기업이 협력해 공해 극복을 위한 활동을 전개한 것으로도 유명하다. 1990년 유엔환경계획(UNEP)으로부터 환경개선에 기여한 개인과 단체에게 주는 '글로벌500'을 수상했다. 한편 1990년대부터 성장둔화, 저출산, 고령화 문제를 해결하기 위해 도시경험, 즉 환경협력과 상하수도개선 결과를 모델화해 아시아 각 도시로 전파·판매하려는 활동을 추진했는데, 그 시초가 다롄이었다. 이 글에서는 기타큐슈 시가 다롄과의 협력을 위해 추진한 다음 세 가지 활동에 대해 소개하고자 한다.

1. '다시 찾은 다롄의 파란 하늘, 환경우정이야기(環境友情物語)'

기타큐슈의 환경오염과 그 극복과정을 하나의 모델로 우호도시 다롄의 환경을 개선하고자 하는 취지의 활동이다. 1993년 12월 기타큐슈 시는 '다롄 시 환경모델지구' 건설을 제안하고, 1996년 12월부터 2000년 3월까지 국제협력기구(JICA)와 공동으로 정부개발원조(ODA)를 통한 조사와 환경개선을 위한 기본계획을 책정했다. 시 중심지 모델구역(약 217제곱킬로미터, 인구 170만여 명)에 대기오염, 수질오염, 폐기물 등 종합적 환경개선 대책을 실시하는 것이다.

이 계획은 도시 간 협력이 처음으로 국가지원을 이끌어내고, 최초

〈그림 3〉 기타큐슈 시 다롄 사무소 발행엽서

주: 왼쪽 1960년대 기타큐슈 시의 하늘, 오른쪽 현재 기타큐슈 시의 하늘

로 국제협력기구와 지방도시의 공동조사를 성사시켰다는 점에서 의의를 가진다. 기타큐슈 시는 공해 극복의 경험이 있는 정부관계자, 기업가, 자문회사를 중심으로 '기타큐슈 조사단(北九州調査團)'을 편성해 다롄에 대한 개발조사를 실시했다. 이에 다롄 시도 부서설치, 인력충원, 예산확보를 통해 호응했다. 1993년부터는 다롄 시 환경업무 관계자가 기타큐슈 시에서 반 년간 환경행정 전반에 대한 연수를 받고 있다. 아울러 환경관련 국제세미나를 다롄에서 개최해 이 활동들을 홍보했다. 이러한 노력들이 국제적인 주목을 받아, 2001년 다롄 시도 기타큐슈 시가 받은 유엔환경계획(UNEP)의 '글로벌500'을 수상했다. 같은 해 중국 중앙정부는 기타큐슈 시 시장에게 '중국국가우호상'을 수여했다. 현재는 대기오염뿐만 아니라 토양, 상수도, 하수도 개선에 주력하고 있고, 이 활동이 또 하나의 모델이 되어 중국의 다른 도시로 전파되고 있다.

2. 기타큐슈 시 다롄 사무소의 활동

설립 당초는 사회문화 교류가 중심이었지만, 2000년대부터 경제활동의 비중이 커지고 있다. 기타큐슈 기업의 다롄 진출이나 중국기업의 기타큐슈 유치를 도울 뿐만 아니라, 지역특산물, 기업생산품, 기술을 중국시장에 판매하는 것을 지원한다. 즉 중국시장 진출을 모색하지만 법인설립이 어려운 기업의 거점이 되어준다거나 상품선전을 대신한다. 또 중국내수를 개척하기 위해서는 좋은 파트너를 만나는 것이 관건인데, 지역사무소가 지역은행과 더불어 이러한 네트워크 형성을 주선한다. 최근 환경과 관련된 공공사업을 다롄 시가 공개 입찰할 때, 사무소가 기타큐슈 시의 기업을 적극 추천하기도 했다. 1990년대 기타큐슈에 본사를 둔 TOTO, 야스카와 전기(安川電気)가 진출한 것을

〈그림 4〉 기타큐슈 시 다롄 사무소 지역상품 전시코너(2015년 10월)

시작으로, 2015년 현재 약 20사의 지역기업이 다롄에서 조업 중이다.

2010년 이후에는 중국인의 해외관광이 활성화되면서, 관광 상품 개발과 선전도 업무의 30% 정도를 차지할 정도로 비중이 커졌다. 2015년 10월에 다롄 방송국에서 기타큐슈를 포함해 벳부(別部), 쿠마모토(熊本)를 취재해서 텔레비전이나 지하철에서 방영했다.

한편 그동안 모든 활동들이 순조롭지만은 않았다. 소장 TJ 씨는 "센카쿠 때 부임해 왔는데 행사가 거의 취소되었습니다. 올해도 아카시아축제를 크게 했는데, 한국주간과 러시아주간은 있었지만 일본주간은 없었습니다. 다롄에서 반일데모는 없었지만, 그 영향은 분명히 있었습니다. 다롄 방송에서 주말마다 12시부터 두 시간동안 '사쿠라의 바람(桜の風)'이라는 일본어방송을 방영했는데, 그것도 센카쿠 때 없앴습니다. (중략) 다롄이 일본과 친하다기보다는 일본기업에서 일하는 중국인과 그 가족, 친척을 고려하면 규모가 상당해서, 반일데모를 하면 월급이나 뭐나 자신의 목을 조르는 격이 되기 때문에 안했지요, 그게 클 겁니다. 4년 전에 다롄에 있던 '아시아호(アジア号)'를 센카쿠 문제로 선양으로 옮겼습니다. 외국인은 못 보는 곳으로...... '정치는 정치, 경제는 경제다'라고 하지만, 역시 센카쿠 이후에 힘든 건 사실입니다. 그래도 물론 다른 도시들에 비하면 다롄은 500% 좋다고 생각하지만요."

3. '동아시아(환황해) 경제교류추진기구'

1991년에 기타큐슈 시의 제안으로 시모노세키, 다롄, 칭다오, 인천, 부산 간 지식인회의가 개최되었다. 이후 환경문제, 경제교류, 스포츠교류를 진행하다가, 2004년에 '동아시아(환황해) 경제교류추진기구'를 설립했다. 참여 도시는 한국의 부산, 인천, 울산, 중국의 다롄, 칭다오, 톈진, 옌타이(煙臺), 일본의 후쿠오카, 기타큐슈, 시모노세키이다. 2015년부터 구마모토 시가 참여하기 시작했다. 2년에 한번 시장연석회의를 개최하고, 네 개 분회(제조, 환경, 물류, 관광)가 각각 정기회의를 개최한다.

이 기구의 궁극적인 목표는 도시 간 FTA, 즉 환황해권 경제특구의 구성이지만, 동북아시아의 강한 국가 시스템하에서는 도시가 제도적인 변화를 가져올 실질적인 협상을 이끌어내기에는 한계가 있었다. 현재는 상호투자를 촉진하기 위한 도시 선전의 장에 그치고 있다. 2015년 회의는 11월 1일 옌타이에서 열렸다.

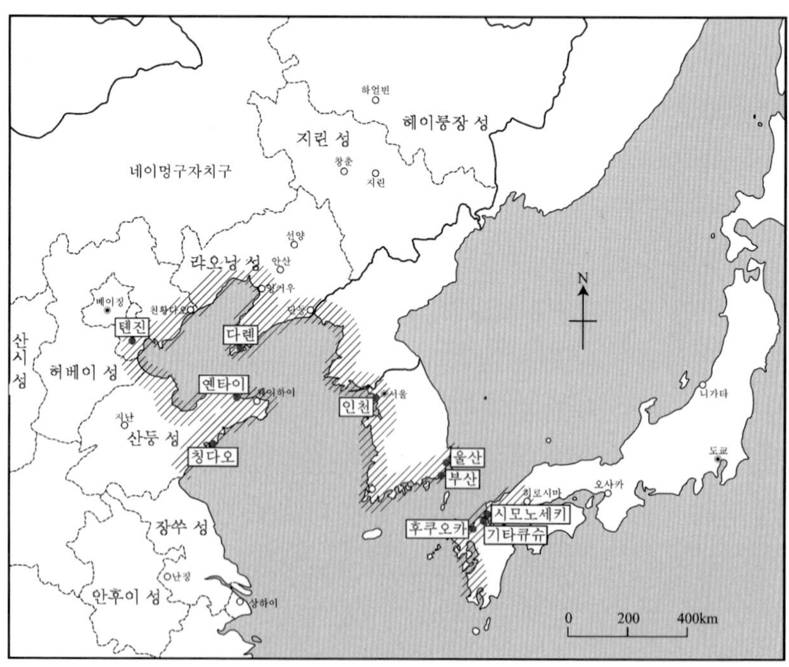

〈그림 5〉 환황해권 구성도시

Ⅵ. 다양성을 내재한 개인들

개방이 시작된 지 30여 년이 지난 지금, 다양한 경험을 축적한 개인들이 등장하고 있다. 여기서는 일정기간 다롄에서 활동하는 주재원이 아니라, 비교적 장기간 다롄에 거주하는 일본인 두 명을 소개하고자 한다.

1. 중일 교류의 가교, TM 씨

TM 씨[13]는 1993년에 베이징 대학 역사학과 석사과정에 진학하여 중국으로 건너갔다. 학위 취득 후 1998년에 귀국해서 나고야의 중국서적을 취급하는 서점에서 일하다가, 2002년 결혼 직후 남편이 다롄 주재원으로 발령을 받아 동반 이주했다. 2006년에 이혼한 후에도 다롄에 남아, 소프트웨어파크(軟件園) 트레이닝센터의 일본어 강사로 취직했다. 2010년에 센터에서 만난 다롄 출신자와 재혼했다.

입사 후 4년간은 파크에 입주한 기업의 직원들에게 일본어를 가르쳤는데, 트레이닝센터가 없어지면서 기업유치 및 상담부서로 이동했다. 2015년 현재 총 사원 350여 명 중 유일한 일본인으로 주로 일본관련 영업을 담당하고 있다. 최근에는 일본에서 개최하는 유치행사가 거의 없어, 파크 방문자에 대한 업무비중이 높아졌다. 예컨대 중일 대학 간 공동프로젝트에 관여해, 일본으로 가는 중국학생들에게 일본생활에 대한 오리엔테이션을 하고, 단기연수 온 일본학생들에게 다롄의 정보서비스산업의 변천과 파크의 현황에 대해 소개하기도 한다.

'센카쿠 문제'와 엔저 현상으로 IT 분야에도 2013년부터는 신규진출자가 거의 없다. 따라서 TM 씨의 일도 가시적인 성과가 없고 월급도

거의 오르지 않고 있다. 2015년 3월 인터뷰 당시 그녀는 "물가상승률에 비해 월급이 적지만 일이 많지 않아 괜찮은 편"이라고 하면서도 "다롄이 지루해져서" 귀국이나 재이주를 고민하고 있다고 했다. "상하이로 갈까? 근데 그게 근본적인 해결이 될 것 같지는 않습니다. 지금의 일이 애매하기도 하고, 어쩌면 다롄이라는 도시가 어중간하고, 또 여기 일본인의 입장이라는 것이 어중간한 것도 있을 겁니다. 다른 도시에 비해서 뭐랄까, 중국인과 대등하게 겨루는 환경은 아니니까요. 중국에서 일하지만 일본인을 상대하기 때문에, 일본인다움을 잃지 않도록 노력해야하는...... (중략) 중국어 실력도 여기서는 잘하는 편이라고 하지만, 상하이나 베이징에서 활약하는 일본인들은 스스로 중국어로 문장도 쓰고 발표도 합니다. 그에 비하면 역시 멍한 상태로 이 어중간함에 빠져있는 거 같아요. 최근에는 귀국한 사람들이 많아서 돌아가고 싶다는 생각도 많이 하지만, 가면 일도 없고, 무엇보다 지금까지 변화무쌍한 중국에 있다가 변화가 없는 일본에 적응할까 싶기도 합니다. 당분간은 다롄에 있겠지만 다음 단계가 고민되는 건 사실입니다."

하지만 그 '어중간한 다양성'은 '일본과 중국을 잇는 가교' 역할에 적극적으로 활용된다. TM 씨는 다롄 일본어교사회, 다롄 IT클럽, 다롄 국제음악클럽 등 일본어라는 문화장벽에 제한되지 않는 각종 모임에서 대표를 맡고 있다. 다롄 국제음악클럽은 1993년 중국인과 일본인이 함께 결성한 오케스트라이다. 2015년 현재 대표는 중국인이지만, 2005년에 가입한 TM 씨는 현재 가장 오래된 일본인 구성원으로 각종 활동을 주도한다. 상주인구의 감소에 따라 주 1회의 정기연습 참석자(50여 명) 중에 일본인은 세 명밖에 안되지만, 매년 11월에 개최하는 정기콘서트에는 귀국한 일본인 30명 정도가 다롄으로 와서 함께 연주하는 장을 가진다. 이때 TM 씨가 일본 측 창구로 활약한다.

다롄 일본어교사회는 일본어를 가르치는 사람들의 모임이다. 다롄의 일본어교육에 공헌한다는 취지로 결성했다. 다른 도시의 경우 대학을 중심으로 일본어교육이 이루어지지만 다롄은 취업을 위해 일본어를 배우는 인구가 많기 때문에, 그 특수성을 고려한 학습법에 대해 논의하는 장이다. 등록회원은 약 200명이고, 그중 활발하게 활동하는 사람은 100명 정도이다. TM 씨는 2008년부터 이 모임의 회장이 되어, 한 달에 한 번씩 집담회를 기획하고 있다. 원래는 일본인이 중심이었는데 최근 중국인 교사가 늘어나면서 참가자의 성향이 다양해지고 있다. 각종 활동으로 지명도가 꾸준히 높아져 일본어교육에 대한 다양한 상담이 들어온다. 2015년 11에는 선양 지역 일본어교사와 연계해서 연합회의를 개최했다. 큰 행사의 경우 베이징의 일본외무성 국제협력기금에 신청해서 비용을 지원받는다.

2. 일본 법률자문회사 경영자 NT 씨

NT 씨[14]는 중국에 관심이 많던 작은아버지의 권유로 고등학교를 졸업한 1993년에 베이징으로 유학을 갔다. 2년간의 어학연수를 마치고 베이징 대학 법학부에 진학했다. 2000년에 귀국해서 1년간 오사카(大阪)의 일본어학교에서 일하다가, 2001년 작은아버지의 소개로 만난 중국인 변호사와 함께 다롄에서 일본기업 대상의 법률상담서비스를 시작했다.

주요업무는 일본기업이 중국에서 회사를 설립하는 것부터 철수하기까지의 전 과정이다. NT 씨가 다롄에 온 2000년대 초까지만 해도 기업진출도 활발하고 일본인 인구도 증가하는 추세였기 때문에, 사업은 비교적 빨리 안정권에 접어들 수 있었다. 한편 2008년 미국발 금융위기 이후 전반적으로 위축되고 있다.

2015년 3월 현재 고문 계약을 체결한 회사가 약 30사, 문제가 생겼을 때 의뢰를 받는 회사가 5, 6사 정도이다. 사례금은 1년 단위로 받기도 하고(약 2만 위안), 매달 받기도 하는데(약 3,000~5,000위안), 금액은 계약조건과 상담내용에 따라 달라진다. 계약 후에는 문제가 발생하면 회사 쪽에서 해결을 의뢰하는 형식이기 때문에, 경우에 따라서는 고문계약을 맺고 있지만 1년 동안 거의 연락이 없는 경우도 있다. 2013년 이후 신규설립에 관한 상담은 소매업 한 건이고, 열 개 정도의 기업 철수를 처리했다.

지금까지 가장 빈번한 상담항목은 노무 관리이고, 그중에서도 해고 관련 문제가 가장 많았다. "해고도 결국 돈 문제"인데, 대기업은 갈등을 키우기보다 보상금을 주고 해고를 시키는 쪽을 택하지만, 중소기업의 경우 비용과 시간부담이 크기 때문에 NT 씨와 같은 법률자문회사에 의뢰해 협상을 주선하도록 한다. 최근에는 갈수록 규정이 엄격해지는 환경문제에 대한 상담이 증가하고 있다. 법률제정이나 시행전반에 대한 의견 제안은 상공회 차원에서도 가능하지만, 실질적으로 문제가 발생하거나 해결이 필요한 경우 상공회가 적극적으로 나서지는 않는다고 한다.

예컨대 2014년에는 다음과 같은 문제 해결했다. "우리 회사고객이 산업폐기물을 업자에게 맡겨서 처리해왔는데, 그 업자는 자기에게 맡기면 문제가 없다고 했지만 작년에 문제가 발생해버렸습니다. 단속이 엄격해지면서 우연히 그 고객이 걸려든 것은 분명하지만, 이럴 땐 주변에도 다들 똑같이 하고 있는데 왜 나만 가지고 그러냐는 말은 안 통합니다. 운이 나빴다고 밖에 할 수 없지만, 그래도 해결은 해야 합니다.

(중략) 우리는 표면적으로 잘못했다는 태도를 취하면서, 제출할 수 있는 서류를 꼼꼼히 준비해서 협상을 유도합니다. 중국법률을 보면 잘 알 수 있을 건데, 벌금이라고 하면 기본적으로 세 배에서 다섯 배라고 되어있거든요. 최소한 세 배에 그칠 수 있도록 조정하는 거지요. 절대 없었던 일로 만들 수는 없습니다. (중략) 이럴 때 '꽌시'는 상황파악을 위해 동원됩니다. 어떤 배경에서 단속이 있었고, 어디까지 협상이 가능한지, 다음 행동범위를 결정하기 위한 것입니다."

NT 씨는 중국에서 일한지 오래되었지만 인간관계의 90% 이상이 일본인에 한정되어있다고 한다. 중국인과는 업무상 만남이 전부이고, 다른 외국인과의 교류는 전혀 없다. "다롄에 있는 한은 별로 곤란할 일이 없습니다. 친한 중국 사람이 몇 명 있고, 문제가 있으면 그 사람들에게 부탁하면 대체로 해결이 됩니다. 여기 인간관계는 역시 주고받는 세계이기 때문에, 너무 많아도 관리하기가 힘듭니다. 그래서 저는 능력 있는 몇 명만 제대로 사귀어, 그 사람들이 자기 인맥을 활용해 도움을 줄 수 있도록 합니다. 중국인들처럼 관계를 맺는 것은 일본인인 저로서는 불가능합니다. 그 룰이 아주 독특하다고 생각합니다."

생활환경으로서의 다롄에 대해서는 다음과 같이 해석했다. "(센카쿠 문제 당시) 여기는 아무 일도 없었습니다. 그만큼 반일감정이 없습니다. 일본기업도 이만큼 많고...... 이 이야기 들은 적 없습니까? 다롄은 원래 일본이 통치했잖아요. 1945년 독립 후에도 중국이 처음에 안 오고, 일본이 나간 후에 러시아가 왔습니다. 그때 러시아가 너무 엉망으로 해서 일본인이 통치했을 때가 좋았다는 평가가 있다고 합니다. 이후에 해방군이 왔을 때도 역시 상대적으로 일본이 좋아서 여기는 일본인을 싫어하는 사람이 원래 없습니다. 개혁개방 후에도 일본기업이 들어왔기 때문에...... (중략) 길에서도 일본어가 통하는 도시는 중국 어디에도 없을 겁니다."

그럼에도 불구하고 앞으로의 다롄 일본인사회에 대해서는 다소 어두운 전망을 제시했다. "1990년대에 진출한 기업들은 최소 10년 동안은 돈을 벌었을 겁니다. 그리고 더 이상 이익이 안 나는 체제가 되서 지금까지 왔을 거구요. 인건비도 그렇지만, 그때는 중국에서 뭘 해도 오늘보다는 내일이 절대적으로 좋아질 때였으니까요." 그는 지금 일본인에게 다롄의 가장 큰 문제점은 높은 생산비용이고, 내수시장 개척은 중일 간 사회문화적 장벽으로 결국 불가능할 것이라고 보고 있었다. "철수할 수밖에 없을 겁니다. 적응도 안 되고, 이해도 안 되니까요, 이 나라는. 시스템을 바꾸려면 중국인들에게 이런저런 일을 맡겨야하는데 그러면 모든 일들이 불투명해질 겁니다. 일본인에게는." 하지만 한번 내린 터전에서 철수하는 것도 쉽지 않다. "지금은 방법이 없습니다. 솔직히 그렇습니다. 아니 힘들지만 어떻게든 버티고 있다고 할 수밖에 없습니다." 일본인 고객을 상대로 사업체를 운영하는 NT 씨의 경우, 일본인사회의 축소와 경기 변동에 더 민감할 수밖에 없을 것이다. 귀국을 생각하지만, 일본에는 일이 없기 때문에 "여기서 버틸 수밖에 없다"고 한다.

Ⅶ. 나오며

2015년 10월 20일 다롄 시 관광국에 가기 위해 민주 광장에서 택시를 탔다. 필자가 외국인이라는 것을 알아본 운전사가 갑자기 'どこへ行きますか(어디가십니까), 飲み物飲みますか(음료수가 필요하십니까), 建物(건물), 飲み物(음료수)'라고 더듬더듬 일본어 단어들을 말하

기 시작했다. 감탄하는 필자에게 그는 외할아버지가 도쿄에 자주 왕래했고 일본어를 잘했다고 했다. 일상에서 반복해서 듣던 뜻 모르는 일본어 단어들을 그는 제법 많이 기억하고 있었다. 그의 외할아버지는 1911년에 다롄에서 태어나 1992년에 사망했다. 그는 아들도 오사카에서 4년 동안 유학을 했고, 지금 개발구의 일본 대기업에서 일하고 있다고 했다. 해항도시 다롄의 역사적 시간이 사람과 사람을 통해 세대로 이어지고 있다는 것을 이 짧은 대화를 통해 확인하는 순간이었다.

본문에서는 상공회, 기업, 은행, 지역사무소, 개인들의 활동으로 구성되는 각종 사회공간들에 대해 살펴보았다. 이 공간들은 고정된 것이 아니라 다롄을 둘러싼 거시적인 변동에 직접적인 영향을 받으며 역동적으로 변해왔으며, 행위자의 해석과 대응도 이 흐름에 어느 정도 영향을 주고 있다는 것을 알 수 있었다. 글을 마치며 다롄 일본인사회의 특징을 간략히 정리하고 이후의 연구 과제를 제시하고자 한다.

첫째, 기업 활동이 만들어내는 사회공간에 대해서는 상기한 KM 사의 사례에 몇 가지 설명을 덧붙이고자한다. KM 사는 1990년대 이후의 경기변동에 적극적으로 대처하며 다롄이라는 지역사회에 성공적으로 정착한 사례로 간주된다. 다시 말해, 다롄을 시작으로 아시아의 해항도시에 공장을 설립해 일본의 생산라인을 모두 이전했고, 원자재의 현지조달 비율을 90%까지 올렸으며, 비용 상승에 대비해 저가의 위탁가공 시스템을 개척했다. 2012년 이후 중일 간의 정치적 긴장이 고조되었음에도 불구하고, 본사를 설득해 내수시장 개척을 위한 중국인 인재양성에 투자하기 시작했고, 기본거래를 달러와 위안으로 전환해 엔저 현상에도 큰 타격을 받지 않고 있다.

요컨대 지난 20년간 KM 사는 경기변동에 앞서 다양한 모험을 감행해왔고, 이것은 기업구조의 유연성을 높이는 것으로 귀결되었다. KM

사와 같은 소위 '글로벌 기업'의 이 같은 움직임은 다음과 같은 공간변화를 의미한다. 생산 공정의 공간적 분업이 만들어내는 환황해권의 기본구조에 중국 내륙도시, 말레이시아, 미얀마 등 새로운 장소들을 끊임없이 편입시키고 있다. 이것에는 이 모험이 초래할 수도 있는 각종 리스크를 지역적으로 분산시키려는 목적도 있을 것이다. 아울러 생산 공정의 장소적 구속력을 줄여나가는 한편, 거점이 되는 지역사회에서 빨리 자리 잡기 위해 기부, 기여 등의 사회환원 사업에 적극적으로 참여한다. 필자는 이러한 관행이 개인을 노동과 재분배의 권리를 가진 존재가 아니라 기업의 시혜를 받는 불특정 다수로 전락시켜, 필요에 따라 호출되고 그 효용이 다하면 소멸되어버리는 존재로 만들 수도 점에서 긍정적으로 받아들일 수만은 없었다.

둘째, YM 은행과 기타큐슈 시의 활동에서도 알 수 있듯이, 개방 초기부터 냉전 시대의 주변부에 속했던 일본의 서쪽지방이 중심이 되어 도시를 단위로 한 권역구성이 기획 · 추진되어왔다. 유학생 지원과 초등학교 간 교류 등 중장기적 전망에서 상호이해를 심화시키기 위한 활동뿐만 아니라, 기타큐슈 시의 환경사업처럼 전문분야의 구체적인 교류가 추진되기도 했다. 또 이러한 양 도시의 경험이 하나의 모범사례가 되어 다른 도시로 전파되기도 한다. 하지만 2012년 이후 중국의 산업구조 변동과 동북아시아의 정치경제적 불확실성의 증대는 이런 활동들까지 위축시키고 있는 것도 사실이다. 본문에서 언급한 것처럼, 센카쿠 문제 당시 종래의 사회문화적 교류행사들이 대거 취소된 채 오늘에 이르고 있다. 즉 지역사무소의 계획과 실행은 국가 간 관계에서 자유로울 수 없으며, '동아시아 경제교류추진기구'와 같은 느슨한 차원의 연합체는 새로운 제도적 장치로 발전되지 못한 채 반복적인 선언에 그치고 있다.

셋째, 개인들은 정치경제적 불확실성과 구조적 유연성에 전략으로 대응해왔고, 이 과정에서 다양성을 체화하고 있다. 예를 들어 기타큐슈 시 다롄 사무소의 소장 TJ 씨의 아들은 3년간의 다롄 거주 경험을 살려 일본이 아닌 상하이 소재 대학으로 진학했다. 교류의 시간이 축적될수록 이러한 다양성을 내재한 개인들은 늘어날 것이다. 한편 유연한 구조 속에서 생성된 다양한 개인(성)들은 하나의 사회공간으로 범주화되지 못한 채 파편화되어 흩어지고 있다. 존재의 자리가 마련되지 않은 사회에서 개인은 그 효용성만으로 평가되어버릴지도 모른다. 따라서 이 파편화된 개인들의 목소리(존재)를 담을 수 있는 사회적 범주를 만들어나가는 것, 즉 교섭의 내용 이전에 이들을 교섭주체로 세울 수 있는 사회적·개념적 공간을 마련하는 것이 앞으로의 과제가 될 것이다.

구지영 | 한국해양대학교 국제해양문제연구소 HK연구교수

▣ 주

1) 在瀋陽日本國総領事館在大連領事事務所, http://www.dalian.cn.emb-japan.go.jp/itprtop_ja/index.html

2) 大連市旅遊局(2014), 『大連旅遊統計便覽』

3) 日本貿易振興機構 上海事務所(2015.06), 『上海市概況』; 日本貿易振興機構 青島事務所(2014.05), 『青島市の概況』

4) 일본어능력시험(日本語能力試驗) 홈페이지 http://www.jlpt.jp/index.html

5) 2014年上海市國民經濟和社會發展統計公報
(http://www.stats-sh.gov.cn/sjfb/201502/27739 2.html);
2014年大連市國民經濟和社會發展統計公報
(http://www.tjcn.org/tjgb/201504/28170_5.html)

6) 일본경제신문사 다롄 사무소 HD 씨의 인터뷰(2015년 10월 16일).

7) 이 글은 2015년도 상공회 회장 HN 씨(2015년 3월 13일)와 사무국장 IO 씨(2015년 3월 12일 외)에 대한 인터뷰 내용과 상공회에서 제공받은 자료를 정리한 것이다. 따라서 출처가 다른 자료를 제외하고는 다른 설명을 붙이지 않았다.

8) 한국인(상)회는 대기업 주재원보다 장기거주 중소영세기업인들을 중심으로 운영된다. 반면 일본상공회의 경우 '정착형 기업인'들은 비중이 적다. 이들 중에는 상공회에 가입했다가 큰 이점을 찾지 못하고 그만두는 사람도 있다고 한다.

9) 이 글은 KM 사 다롄 공장의 총경리 NM 씨에 대한 인터뷰(2015년 10월 16일, 22일) 내용을 바탕으로 작성했다. 아울러 진출 초기의 정황에 대해서는 關滿博(2000), 『日本企業/中國進出の新時代: 大連の10年の經驗と將來』, 新評論를 참조했다.

10) 총무 · 회계 관련이 약 50명, 생산관리 · 조달 · 영업이 약 40명으로 이른바 사무직 종사자가 100명 정도이고, 이외에는 모두 생산직이다. 생산직의 임금은 2,100~2,200위안이고, 사회보장 보험료를 포함하면 약 4,000위안이다. 관리직은 6,000위안에서 1만 위안 사이이며, 부장급이 1만 5천 위안 정도이다.

11) 이 글은 YM 은행 다롄 지점장 UN 씨의 인터뷰(2015년 10월 21일), YM 은행 칭다오 지점장 SM 씨의 인터뷰(2015년 12월 2월), YM 은행 부산지점장 NG 씨의 인터뷰(2015년 12월 18일) 내용을 정리한 것이다.

12) 이 글은 기타큐슈 시 다롄 사무소 소장 TJ 씨의 인터뷰(2015년 10월 21일), 기타큐슈 시 상하이 사무소 소장 OU 씨의 인터뷰(2015년 12월 4일) 내용과 양 사무소에서 제공받은 자료를 바탕으로 작성했다.

13) 이 글은 두 차례에 걸쳐 진행된 TM 씨(여성, 1969년 名古屋 출생)에 대한 인터뷰 내용을 정리한 것이다(2015년 3월 17일과 2015년 10월 19일).

14) 이 글은 두 차례에 걸쳐 진행된 NT 씨(남성, 1974년 구마모토 출생)에 대한 인터뷰 내용을 정리한 것이다(2015년 3월 16일과 2015년 10월 21일).

편집후기

환황해권을 시야에 담은 두 번째 국제공동연구가 일단락되었다. 공저의 출판 일정이 계속 미루어지면서 절대 오지 않을 것처럼 여겨졌던, 한중일 열다섯 명의 연구자가 따로 또 함께 달려온 2년 반의 자취를 더듬어 볼 때가 왔다.

첫 번째 공동연구과제였던 『칭다오, 식민도시에서 초국적 도시로』의 출판을 위해 분주히 움직이던 2013년 9월, 한국해양대학교 국제해양문제연구소를 중심으로 뜻을 함께 하는 한중일의 연구자들이 모여 다롄 공동연구에 착수했다. 같은 해 11월에는 공동연구 참가자들이 다롄에 모여 학술회의와 현지조사를 진행했고, 이를 통해 개별연구의 내용을 조율하고 공동연구의 구체적인 틀을 잡을 수 있었다. 2014년 4월에는 제4회 세계해양문화연구소협의회 국제학술대회(한국해양대학교 개최)에 다롄 특별 세션을 마련하여 중간점검을 겸한 학술회의를 진행했으며, 그밖에도 열 번의 한국해양대학교 학내 연구회를 통해 개별연구의 내용은 물론 공동연구의 흐름에 대한 의견을 계속적으로 교환했다. 그렇게 완성된 개별연구 결과물 중 네 편은 2015년 4월에 발행된 국제해양문제연구소의 학술지 『해항도시문화교섭학』 12호에 기획논문으로 수록되었고, 같은 해 여름부터는 모든 참가자들의 연구 성과물을 취합하여 공저의 편집에 착수, 오늘의 출판에 이르렀다.

2013년 11월 다롄 학술회의 및 현지조사

상단은 다롄 대학에서 열린 학술회의, 하단은 '뤼순 감옥' 답사 시의 모습 (2013.11.15. 구지영 촬영)

아쉽게도 2년 반에 걸친 공동연구의 전 과정을 모든 참가자들이 함께 할 수 있었던 것은 아니다. 연구가 진행되고 있는 과정 중에 뜻을 모아준 참가자들도 있고, 피치 못할 사정으로 인해 마지막까지 함께 하지 못한 참가자들도 있다. 공동연구의 일정에 따라 개인의 일정을 계속 조정해야 하는 쉽지 않은 과정을 감내하고, 편자들의 계속되는 원고 수정과 조율 요청에 흔쾌히 대처해주신 모든 참가자들께 감사드린다. 학문적으로 미숙하고 세련되지 못한 편자들로 인해 참가자들께 누를 끼친 것은 아닌지 송구한 마음도 크다. 더불어 결과물에 이름이 오르지 않음에도 불구하고 공동연구의 진행에 많은 시간과 노력을 할애해 주신 한국해양대학교 국제해양문제연구소와 다롄 대학의 선생님들께 공동연구의 참가자들을 대표하여 감사의 말씀을 드린다.

다롄 공저의 편집에 들어가면서 환황해권 시리즈의 마지막 도시인 단둥 공동연구도 첫걸음을 내딛었다. 단둥 공동연구의 참가자들 중에는 칭다오와 다롄 연구를 함께 해 온 연구자들도 있고, 새롭게 참가하는 연구자들도 적지 않으며, 현재 접촉 중인 연구자들도 있다. 단둥은 연일 보도되는 관련 뉴스가 말해주듯이 급박하게 돌아가는 국제 관계가 실시간으로 반영되는 민감한 지역이다. 대개 감사의 말씀으로 끝을 맺는 편집후기에 새로운 연구를 언급하는 것은 쉽지 않을 후속 작업에 대한 배수의 진이라고 할 수 있다. 많은 분들의 계속적인 관심과 도움을 부탁드린다.

2016년 봄 공동연구 참가자들을 대표하여 권경선 씀

출전

왜 지금 다롄인가 | 권경선

신고(新稿)

1. 식민지도시 다롄의 건설 | 장샤오강

신고(新稿)

2. 일본 제국주의 시기 다롄의 식민통치기관과 사법제도 | 진완훙

신고(新稿)

3. 20세기 초 다롄의 산업구조와 주민의 직업구성 | 권경선

신고(新稿)

4. 식민지도시 다롄과 주민의 생활공간 | 권경선, 사카노 유스케

권경선 · 사카노 유스케(2016), 「식민지도시 다롄과 주민의 생활공간」, 『역사와 경계』 98, 127~158쪽.

5. 20세기 초 해항도시 다롄과 말라리아 | 김정란

신고(新稿)

6. 식민지도시 다롄과 노동자 | 권경선
신고(新稿)

7. 한인의 다롄 이주와 민족사회의 형성 | 류빙후
유병호(2015), 「한인의 다롄 이주와 민족사회의 형성」, 『해항도시문화교섭학』 12, 1~25쪽.

8. 다롄 일본인사회의 신사 창건과 지역 유력자 | 한현석
한현석(2015), 「1905년-1910년 대련신사(大連神社)의 창건과 유력자」, 『일어일문학』 67, 339~355쪽.

9. 다롄 일본인사회와 일본불교 | 김윤환
김윤환(2016), 「근대 해항도시 다롄(大連)과 일본불교」, 『해항도시문화교섭학』 14, 1~31쪽.

10. 식민지도시 다롄을 그린 도시도 | 사카노 유스케
신고(新稿)

11. 식민지도시 다롄의 도시공원 | 리웨이, 미나미마코토
리웨이 · 미나미마코토(2015), 「다롄 도시공원의 탄생과 변천 : 식민지 통치시대(1898~1945)를 중심으로」, 『해항도시문화교섭학』 12, 49~81쪽.

12. 지배와 향수－근현대 일본사회의 다롄 표상 | 이수열
이수열(2011), 「지배와 향수 : 근현대일본의 大連 표상」, 『일어일문학』 50, 337~351쪽.

13. 일본 '패전'과 다롄 표상 | 히구치 다이스케

히구치 다이스케(2015),「다롄 패전문학론: 미키 다쿠(三木卓), 이시자와 에이타로(石澤英太郎)의 작품을 중심으로」,『해항도시문화교섭학』12, 27~47쪽.

14. 다롄의 대외개방과 산업구조 변동 | 구지영

구지영(2016),「개혁개방 후 다롄의 산업구조 변동과 일본기업」,『동북아 문화연구』46, 271~287쪽.

15. 개혁개방 후 다롄의 도시 공간 | 구지영

신고(新稿)

16. 현대 다롄의 항만과 해양경제, 그리고 도시발전 | 우양호, 김상구

우양호(2015),「해항도시의 항만경제와 도시발전의 상관성 : 중국 다롄(大連)의 특징과 사례」,『해항도시문화교섭학』12, 83~114쪽.

17. 개혁개방 후 다롄의 일본인사회 | 구지영

신고(新稿)

찾아보기

저자 소개(가나다 순)

❖ 구지영(具知瑛)

한국해양대학교 국제해양문제연구소(韓國海洋大學校 國際海洋問題研究所)
인문한국 연구교수
전공 및 관심분야: 사회학, 도시, 동아시아, 이민, 지구화

❖ 권경선(權京仙)

한국해양대학교 국제해양문제연구소(韓國海洋大學校 國際海洋問題研究所)
인문한국 연구교수
전공 및 관심분야: 사회학, 사회사, 동아시아, 도시, 이민, 노동자

❖ 김상구(金相九)

한국해양대학교 국제대학(韓國海洋大學校 國際大學) 해양행정학과 교수
전공 및 관심분야: 행정학, 해양 정책

❖ 김윤환(金潤煥)

일본 고베대학 인문학연구과(神戸大學 人文學研究科) 외국인연구원
전공 및 관심분야: 역사, 일본사, 사회사, 도시, 종교, 제국주의비판

❖ 김정란(金貞蘭)

영국 옥스퍼드대학 웰컴의학사연구소(Wellcome Unit for the History of Medicine, University of Oxford) 연구원
전공 및 관심분야: 공중위생사, 전염병사, 도시사, 제국일본사, 사회사

❖ 류빙후(劉秉虎)

중국 다롄대학(大連大學) 교수
전공 및 관심분야: 한국근현대사, 재만한인역사(이주사), 재만한인독립운동사, 북한경제문제

❖ 리웨이(李偉)

중국 퉁지대학(同濟大學) 연구원
전공 및 관심분야: 문화교류사, 경관론, 일본문화, 정원론, 도시공원

❖ 미나미 마코토(南誠)
일본 나가사키대학 다문화사회학부(長崎大學 多文化社會學部) 준교수
전공 및 관심분야: 역사사회학, 국제사회학, 이민, 역사기억, 경계문화

❖ 사카노 유스케(阪野祐介)
일본 나가사키대학 다문화사회학부(長崎大學 多文化社會學部) 객원연구원
전공 및 관심분야: 인문지리학, 근대, 동아시아, 도시 공간, 지도

❖ 우양호(禹良昊)
한국해양대학교 국제해양문제연구소(韓國海洋大學校 國際海洋問題硏究所) 인문한국 교수
전공 및 관심분야: 행정학, 해양 정책, 거버넌스, 네트워크, 글로벌지역연구

❖ 이수열(李秀烈)
한국해양대학교 국제해양문제연구소(韓國海洋大學校 國際海洋問題硏究所) 인문한국 교수
전공 및 관심분야: 일본사상사, 동아시아 문화교섭학

❖ 장샤오강(張曉剛)
중국 다롄대학(大連大學) 교수
전공 및 관심분야: 일본사, 동북아시아사, 비교도시사

❖ 진완홍(金万紅)
중국 다롄해사대학(大連海事大學) 교수
전공 및 관심분야: 법학, 상법, 해사법

❖ 한현석(韓賢石)
한국해양대학교(韓國海洋大學校) BK21PLUS
해양문화콘텐츠융복합전문인력양성사업단 전임연구원
전공 및 관심분야: 생활문화사, 종교, 도시, 동아시아, 세계화

❖ 히구치 다이스케(樋口大祐)
일본 고베대학 인문학연구과(神戸大學 人文學硏究科) 교수
전공 및 관심분야: 일본중세문학, 동아시아비교문학